Beatrice Dernbach · Michael Meyer (Hrsg.)

Vertrauen und Glaubwürdigkeit

Beatrice Dernbach
Michael Meyer (Hrsg.)

Vertrauen und Glaubwürdigkeit

Interdisziplinäre Perspektiven

VS VERLAG FÜR SOZIALWISSENSCHAFTEN

VS Verlag für Sozialwissenschaften
Entstanden mit Beginn des Jahres 2004 aus den beiden Häusern
Leske+Budrich und Westdeutscher Verlag.
Die breite Basis für sozialwissenschaftliches Publizieren

Bibliografische Information Der Deutschen Bibliothek
Die Deutsche Bibliothek verzeichnet diese Publikation in der Deutschen Nationalbibliografie; detaillierte bibliografische Daten sind im Internet über <http://dnb.ddb.de> abrufbar.

1. Auflage März 2005

Lektorat: Barbara Emig-Roller

Der VS Verlag für Sozialwissenschaften ist ein Unternehmen von Springer Science+Business Media.
www.vs-verlag.de

Umschlaggestaltung: KünkelLopka Medienentwicklung, Heidelberg
Druck und buchbinderische Verarbeitung: MercedesDruck, Berlin
Gedruckt auf säurefreiem und chlorfrei gebleichtem Papier
Printed in Germany

ISBN 3-531-14116-3

Inhalt

Das Lob

Iris Pompesius

Hoppe spürte einen feinen Haarriss. In seiner Seele? Seinem Geist? Seinem Weltbild? Er musste das klären. Sofort. Der Ernstfall war eingetreten. Sein Chef hatte ihn gelobt.

Er mochte jetzt nicht dorthin zurück, wo er für gewöhnlich die Abende, Nächte und frühen Morgenstunden verbrachte. In die zwei Zimmer mit Duschbad und Küche, die er behauste. Hoppe hauste, er wohnte nicht. Das, was er unter Wohnung verstand, trug er mit sich. Als Kern oder Hülle. Möglich, dass diese Wohnung einen Riss bekommen hatte.

Hoppe legte Wert auf passende Worte. Und die fand er durch säuberliches Trennen. Aber Risse machten ihm Angst. Dann drohte etwas zu zerspringen. Es war nur eine Frage der Zeit, und Hoppe musste nach Begriffen für die Teile suchen. Das war mühsam. Schon ein zersprungener Kaffeebecher kostete ihn Stunden. Hoppe brachte es nicht über sich, ihn als Scherbenhaufen zu bezeichnen. Schlampigkeiten dieser Art erlaubte er sich nicht. Hoppe war ehrgeizig. Aber auch faul. Deshalb fürchtete er Risse, diese Vorboten von viel, viel Arbeit.

Er zürnte seinem Chef, weil der ihm diesen Riss verpasst hatte. Hoppe hörte, wie es knackte im Gebälk seiner Wohnung.

Wie kam sein Chef dazu, ihn zu loben? Vor Zeugen zu loben! Und wofür überhaupt? Hoppe hatte es, ja, er hatte es – vergessen. Gott lob! Der vertrug's vermutlich. Er, Hoppe, nicht. Deshalb ein Kreuz über sein schlechtes Gedächtnis, und hoffentlich keine Auferstehung der Erinnerung an das, was er angeblich gut gemacht hatte. Vielleicht käme er dann davon. Vielleicht würde der Riss in seiner Seele heilen.

In die Kneipe ging's nach rechts, ins Café nach links. Hoppe am Scheideweg. Halt! Nachdenken! Waren das seine Alternativen? Das Café besuchte er, wenn er sich belohnen wollte. Dort sammelte er Einfälle, die er später am Schreibtisch in der Küche verarbeitete. Die Kneipe kannte er nur vom Hörensagen. Dort betäubten sich die Unglücklichen.

Zur Belohnung gab es keinen Grund, und ob er unglücklich war, vermochte er nicht zu sagen. Diese seltsame Idee, sich zu besaufen, musste eine Folge des geheimnisvollen Risses sein. Wenn Hoppe sich mit Schnaps voll pumpte, würde er bersten. Und dann wär's aus mit ihm.

Das fürchtete er schon lange. Man hatte ihm das Verhängnis in die Wiege gelegt. Mit dem Namen Herbert Hoppe. Er nannte sich nur Hoppe. Seit Ende der Schulzeit. Seit er sich jedes Lob verbat. Herbert, diesen ihm Grauen einflößenden Namen hatte er vom Großvater geerbt. Schon der war gegen sein Ende hin nicht mehr ganz beisammen gewesen. Konnte nur noch lachen oder weinen. Nichts dazwischen. Hoppe wusste, es kam vom Namen. Keiner blieb bei Troste, wenn er „Herr" zu sich selbst sagen musste. Deshalb hatte Hoppe seinen Vornamen aufgetrennt, den Bert weggefegt und den Herren herausgekehrt. Er pflegte und kleidete sich wie ein solcher. Namen verpflichteten.

Also nicht in die Kneipe und nicht ins Café. Weiterwandern und dabei arbeiten. Das tat er ohnehin nach Feierabend. Aber diesmal ging es um Sein oder Nichtsein. Hoppe zündete sich eine Zigarre an. Schon für Hamlet hatte es keine Rettung gegeben. Hoppe musste die Zeit nutzen, die ihm verblieb.

Er strebte in den Botanischen Garten, den Duft der Zigarre und der Blumen zu genießen. Andere Gerüche regten ihn nicht an beim Denken. Auch ein Grund, weshalb er damals selten in die Uni gegangen war. In den Bibliotheken herrschte immer schon strenges Rauchverbot, und in den Seminaren wuchsen keine Blumen. Er hatte sich also mutterseelenallein hineinbegeben in die Philosophie, ohne Anleitung und Gemeinschaft. Hatte sich verschuldet für Bücher und sich deshalb verdingt. Als Nachtwächter. Das war seine bisher einzige Stelle, bei der er gleichzeitig arbeiten konnte. Na, eigentlich war es umgekehrt gewesen: Das Nachwächtern hatte ihm Geld eingebracht, obwohl er dabei arbeitete.

Überhaupt eine fruchtbare Zeit, damals. Mit den Manuskripten war er hin und wieder in die Sprechstunden der Professoren gegangen. Um sich auszutauschen. Doch diese Männer verstanden ihn nicht. Er sie auch nicht. Das hatte ihn auf seinen Weg gebracht. Auch wenn er anfänglich mehr stolperte als schritt, was ihn manchmal so sehr grämte, dass er sich nach Unterstützung sehnte. Von einer Frau mit Professur. Damals hatte er Frauen für verständnisvoll gehalten.

Heute brachte ihn eine Frau, die Verständnis für ihn zeigte, zur Weißglut. Oder sie machte ihn ratlos. Was steckte hinter diesem an Raserei grenzenden Bemühen der Frauen, einen verständnisvollen Eindruck zu hinterlassen? Merkten sie denn nicht, dass sie sich Beulen holten? Sie rannten ja gegen die Logik an! Männer verstanden einander nicht, wenigstens darin waren sie sich einig. Möglich, dass Frauen sich einig waren, einander zu verstehen. Aber das befähigte sie keineswegs, Männer zu begreifen, denen Frauen ein Rätsel blieben. Über die Kluft zwischen den Geschlechtern führte keine Brücke. Hoppe fand das nicht weiter schlimm. Allein schon der einzigen Gewissheit wegen, die der Mensch als Mann oder Frau besaß. Deshalb schüttelte er über Männer den Kopf, die nach verständnisvollen Frauen suchten.

Hoppe hatte zwar bald aufgehört, sich nach einer Professorin zu verzehren, aber bis heute wünschte er sich eine Frau. Schweigsam sollte sie sein und eine Gefährtin. Leider zog er nur gesprächige Frauen an. Er stellte höfliche Fragen. Und dann redeten sie und redeten sie. Wenigstens musste er keine Kinder ernähren. Er hatte sich exmatrikuliert, ohne Abschluss natürlich, und war zur Eisenbahn gegangen.

Eine gute Entscheidung! Darauf gebracht hatte ihn ein angeheiterter Anwalt. Mit dem war er auf einem Fest über Nachbarschaftsstreitereien ins Gespräch gekommen. Der Anwalt hatte ihm erzählt, dass die meisten seiner unbeugsamen Mandanten bei der Bahn beschäftigt seien. Muss an den Schienen liegen, hatte der Anwalt gesagt und sich ausgeschüttet vor Lachen. Für die gäb's kein rechts und kein links, nur die Richtung der Weichen. Hoppe fand das nicht zum Lachen. Genau so wollte er sein Geld verdienen.

Und jetzt saß er in der Verwaltung und machte Ablage der Beschwerden. Für die Dienstaufsichtsbeschwerden war seine Kollegin zuständig. Er für die Kundenbeschwerden. Irre, worüber Menschen sich alles in einem Brief beklagten! Hoppe sah sich genötigt, manche Schreiben fünf Mal zu vervielfältigen und auf jeder Kopie eine andere Passage zu unterstreichen. So passten wenigstens die Duplikate unmissverständlich zu einem der Stichworte, die da hießen: Verspätung, Ausstattung, Toiletten, Unfreundlichkeit, Preise und so fort. Die Originale heftete er nach Datum ab. Das machte er fast wie im Schlaf.

Kopf und Kraft brauchte er für seine Arbeit. Er entwickelte die Grundlagen einer Philosophie des Bezeichnens für Natur-, Geist - und Gesellschaftsphänomene. Daran saß er seit gut zwanzig Jahren und hatte einen kleinen Teil der Geistesphänomene bewältigt. Manchmal verspürte er Zeitdruck, besonders, wenn ihn kaputte Tassen aufhielten, wie ziemlich oft in letzter Zeit. Zähneknirschend erledigte er die Bruchstücke gewissenhaft als Fingerübungen. Das festigte seine Methode. Und nun funkte ihm sein Chef mit dem Lob dazwischen.

Gehörte ein Lob überhaupt zu den geistigen Phänomenen? Wenn es ein gesellschaftliches war, musste er es wohl oder übel zurückstellen. Nein, es hatte ja geistige Auswirkungen und durfte also der Dringlichkeit halber vorgezogen werden. Hoppe vermutete, dass ein Lob etwas mit seinem geistigen Lieblingsphänomen zu tun hatte, der Selbstbestimmung, auch Autonomie oder Freiheit genannt. Drei Ausdrücke. Hoppe wollte alle gelten lassen. Das Phänomen war komplex.

Schlau, dass er damals sein Werk mit den geistigen Phänomenen begonnen hatte. Sie reizten ihn, weil er es belanglos fand, ob sie existierten oder nur eingebildet waren. Genau darin unterschieden sie sich in der Hauptsache von den anderen Phänomenen.

Wenn durch den Riss in seinem Geist nun etwas eindrang, was da nicht hineingehörte, dann war seine Autonomie in Gefahr. Hoppe wischte sich den Schweiß von der Oberlippe.

Seine Autonomie war das Einzige, worauf er sich verließ. Er war zu oft hereingefallen, früher. Auf den Onkel, der ihn beim Tischtennis gewinnen ließ und ihn damit zu peinlicher Selbstüberschätzung trieb. Auf seine Mutter, die ihm einmal versprach, er dürfe nach dem Abendbrot zum Federball, wohlwissend, dass er Spielen verstehen würde, wohingegen sie auf Zubettgehen bestand. Und auf seinen Freund, der steif und fest behauptete, die Hauptstadt der Niederlande sei Amsterdam. Als ihm dann seine erste Freundin weglief, nachdem sie sein Liebesgeständnis als Heiratsantrag abgelehnt hatte, kam er zu dem Schluss, dass unbeabsichtigte Tragödien sich nur in Nuancen von solchen unterschieden, hinter denen böse Absicht steckte. Nur einmal noch hatte er sich aufgeregt, weil kurz vor der Abiturfeier das Gerücht kursierte, Hoppe sei schwul. Infam! Gegendarstellung? Lächerlich! Gegenbeweis: empirisch unmöglich! Da hatte Hoppe passen müssen und war nie zu einem Klassentreffen erschienen.

Verrückt, wie leichtfertig die Leute etwas als Tatsache nahmen. Er, Hoppe, nahm nichts als Tatsache. Das mit den Tatsachen war noch nicht erledigt. Da hatten seine großen Kollegen und Vorgänger ziemlich gestümpert bei dem Versuch, die Bedingungen der Möglichkeit von Tatsachen zu klären. Für Hoppe gab es keine Tatsachen. Sich auf sie zu verlassen, war reine Idiotie. Er, Hoppe, war kein Idiot.

Aber sein Chef war einer. Ein gefährlicher dazu. Wenn der annahm, Hoppe würde sich für weitere Belobigung ein Bein ausreißen, dann hatte er sich geschnitten. Hoppe kannte den Trick, hatte oft beobachtet, wie er funktionierte. Wer Lob fraß, der machte Männchen, der wusste bald nicht mehr, was er wollte. Der ließ sich hin und her, hinauf und hinab loben. Und gierte nach mehr.

Sein Chef hatte ihm heute die Einstiegsdosierung zwangseinverleibt. Wenn Hoppe nicht aufpasste, würde sein Chef die Dosis erhöhen. Dann kämen irgendwann auch Belohnungen. Fortbildungsseminare, ein Personalentwicklungsprogramm, Aufstiegschancen und schließlich – Leitung des Beschwerdewesens.

Musste er, Hoppe, Herbert Hoppe, so enden? Nur, weil schon dieses erste, so winzige Lob, dessen Anlass und Grund zum Vergessen nichtig war, ihm gefallen hatte? Oder war es das Lächeln gewesen, das Frauke Wittgenstein, zuständig für Dienstaufsichtsbeschwerden und heute im Blumenkleid, ihm geschenkt hatte? Hoppe setzte sich auf eine Bank und ihm war, als platze er vor Glück.

Einleitung: Vertrauen und Glaubwürdigkeit

Beatrice Dernbach, Michael Meyer

Seit einigen Jahren bilden Vertrauen und Glaubwürdigkeit zentrale Begriffe der öffentlichen Diskussion in allen gesellschaftlichen Hauptgebieten: Politik, Wirtschaft, Recht, Kultur, Wissenschaft und Medien. Schlagen wir die Zeitung auf, springen uns immer neue politische Skandale ins Gesicht: die Amigo-Affäre, die illegale Parteienfinanzierung, der Kölner Müllskandal, das Verprassen von Steuergeldern und so weiter.

Ein Reformversuch jagt den anderen. Die politischen Akteure, insbesondere die Parteien tun ihr Möglichstes, um die Glaubwürdigkeit der Gegner komplett zu untergraben, wobei diese selbst durch parteiinterne Querelen schon den Boden dafür bereitet haben. So wird aus dem Rentenloch flugs die Rentenlüge, und Patienten fühlen sich durch jede Reform mehr betrogen.

Die Opposition wirft der Regierung Wahlbetrug vor, die Regierung der Opposition Populismus ohne glaubwürdige Alternative. Den Bürgern fehlt das Vertrauen in die Politik, Lösungen für gesellschaftliche Probleme zu finden, und den Politikern das Vertrauen in die Bevölkerung, eine offene Darstellung der Probleme und notwendiger Veränderungen zu akzeptieren. Wird das deutsche Volk von Abzockern und von Zigarre rauchenden Beauvivants regiert? Die Diskussionen um Hartz IV verunsichern viele und zerstören das bisher große Vertrauen in das soziale Netz.

Kriminelle Energie, verborgen unter weißen Kragen, führt zu Zusammenbrüchen in der Wirtschaft: Enron, Worldcom und viele Firmen des deutschen Neuen Marktes, der mangels Vertrauens aufgelöst wurde, sind nur einige Beispiele. Falsche Empfehlungen von Analysten manipulieren Börsenkurse zu Gunsten großer Investoren. Der Vorwurf der Abzockerei durch einen Klüngel von Managern, Finanzfachleuten und windigen Geschäftemachern lässt Investoren misstrauisch werden.

Die Hiobsbotschaften reißen nicht ab. In dieser Situation sucht man Schuldige. Sind die schlechten Rahmenbedingungen, unfähige Entscheidungsträger oder fehlerhafte Entscheidungen Schuld an der Misere? Oder liegt die Krise des Vertrauens an den ewigen Pessimisten und Miesmachern, die alles nur schlecht reden? Ist es gar eine deutsche Krankheit? Man äußert Misstrauen gegenüber den Medien, die das Negative überzeichnen. Doch erfinden die Medien nicht unbedingt diese Krise, sondern vermitteln und verstärken sie. Es wäre verfehlt, die Probleme von Glaubwürdigkeit und Vertrauen nur in den Köpfen zu sehen, denn diese wirken sich direkt auf das Handeln aus: Bürger wählen Protestparteien, schränken ihren Konsum ein, ziehen das Sparbuch wieder den Aktien und die eigene Immobilie drei Kindern vor.

Vertrauen in die Zukunft? Fehlanzeige. Da nützen auch keine Rufe nach dem Ruck durch Deutschland, nach neuen Männern und neuen Kindern, die das Land brauche. Was fehlt, sind überzeugende Analysen von Bedingungen für Glaubwürdigkeit und Vertrauen sowie ihrer Gegenteile, differenzierte Definitionen, die Bestimmung ihrer Funktionen und Lösungsstrategien für Probleme. Doch Vertrauen ist gar nicht immer angebracht und Misstrauen nicht unbedingt von Nachteil.

1. Vertrauen in diesem Buch

Bei dem Wort *Vertrauen* denken Menschen wohl nicht zuerst und automatisch an das öffentliche Vertrauen oder das Vertrauen in Öffentlichkeit, an Vertrauen in Organisationen und Institutionen. Vertrauen zwischen Liebenden, zwischen Ehepartnern, zwischen Kindern und ihren Eltern, zwischen Freunden – kurz: zwischen Menschen – ist die Basis sozialer Beziehungen.

Gemeinsam durch Dick und Dünn zu gehen, im gemeinsamen Vertrauen zueinander und in die Zukunft, ist schwieriger geworden. Durchschnittlich jede dritte deutsche Ehe wird geschieden; Deutschland liegt damit im Mittel vieler so genannter zivilisierter Staaten. Trennung und Scheidung haben nicht selten mit zerstörtem Vertrauen, mit Misstrauen und enttäuschten Erwartungen zu tun.

Bei der intensiven Beschäftigung der Herausgeber mit Vertrauen und Glaubwürdigkeit blieb und bleibt es nicht aus, dass viele Ereignisse, Situationen und Phänomene durch die ‚Vertrauens-Brille' betrachtet werden. Vertrauen wird dabei zum großen Schlüssel, zum alles Umfassenden. Die Chance wissenschaftlicher Beschäftigung liegt in der Entmystifizierung im Sinne einer erkenntnisreichen Versachlichung eines solchen Begriffs.

2. Alltagssprachliche und wissenschaftliche Verwendung der Begriffe

Die Begriffe *Glaubwürdigkeit* und *Vertrauen* sowie ihre Ableitungen und Negationen werden im Alltag häufig vage verwendet und können durch eine Serie von anderen Begriffen umschrieben werden. Sie werden nicht selten durch den jeweils anderen Begriff ersetzt oder es findet eine Hierarchisierung statt – meist in der Unterordnung der Glaubwürdigkeit unter das Vertrauen. Wortbedeutungen ergeben sich durch die Art und Weise, wie sie verwendet werden. Wörterbücher geben eine Reihe von Verwendungen an, decken aber bei weitem nicht die Breite des Alltagsgebrauchs ab, der persönliche und situative Bedingungen einschließt.

Eine kleine sprachliche Gegenüberstellung ergibt für die Substantive *Vertrauen* beziehungsweise *Glaubwürdigkeit* ein Feld von synonym oder antonym verwendeten (zusammengesetzten) Substantiven.

Vertrauen	**Glaubwürdigkeit**
Vertrauenswürdigkeit	Glaube/ Unglaube
Vertrauensseligkeit	Gläubiger/ Ungläubiger
Vertraulichkeit	Gläubigkeit
Vertrautheit	Leichtgläubigkeit
Vertrautes/ Unvertrautes	Gutgläubigkeit
	‚in gutem Glauben'
Vertrauensperson	
Vertrauensmann	Gewissheit
Vertrauensarzt	Gewisses/ Ungewisses
Vertrauensbeweis	Zweifel
Vertrauensbruch	Überzeugung
Vertrauensfrage	Vermutung
Vertrauensvotum	Wahrheit
	Wahrhaftigkeit
Selbstvertrauen	Aufrichtigkeit
Misstrauen	Bekenntnis
‚gesundes Misstrauen'	Unerschütterlichkeit
Zuverlässigkeit	Erfahrung
Verlässlichkeit	Gefühle
Ehrlichkeit	Liebe
Sicherheit/ Unsicherheit	Treue

Angst Glück Geheimnis Verschwiegenheit Glaube Gott	 Gott
Hoffnung Erwartung Zuversicht Enttäuschung	 Zuversicht Enttäuschung
Glaubwürdigkeit	Vertrauen

Aus diesen Substantiven und den jeweiligen Verben *vertrauen/ glauben* ergeben sich spontan ebenso mehrere alltagssprachlich synonym oder antonym verwendete Adjektive und Verben beziehungsweise Wortgruppen.

vertrauen		**glauben**
vertrauenswürdig vertrauensselig vertraulich vertraut/ unvertraut vertrauenerweckend	trauen betrauen zutrauen anvertrauen Vertrauen schenken Vertrauen entziehen ins Vertrauen ziehen	glaubwürdig/ unglaubwürdig glaubhaft/ unglaubhaft gläubig/ ungläubig leichtgläubig gutgläubig
zuverlässig/ unzuverlässig verlässlich ehrlich/ unehrlich sicher/ unsicher misstrauisch hoffend hoffnungsvoll erwartend erwartungsvoll würdevoll/ entwürdigend ängstlich	einweihen zweifeln missbrauchen misstrauen hoffen sich verlassen erwarten würdigen genießen glaubhaft sein	gewiss/ ungewiss zweifelnd zweifelhaft überzeugt überzeugend vermutlich wahr/ unwahr wahrhaftig aufrichtig/ unaufrichtig unerschütterlich

glücklich/ unglücklich geheimnisvoll zuversichtlich enttäuscht enttäuschend	glaubhaft machen Glauben schenken Glauben entziehen enttäuschen	erfahren treu/ untreu zuversichtlich enttäuscht enttäuschend

In der Regel können die Begriffe wie folgt verwendet werden: Jemand findet eine Aussage *glaubhaft* oder eine Person in Bezug auf eine Behauptung oder Eigenschaft *glaubwürdig* oder *vertrauenswürdig*. Was meinen wir damit?

Wenn ich etwas oder jemanden *glaubwürdig* finde, *glaube* oder *vermute* ich, ohne Beweise dafür zu haben, dass etwas *wahr* oder jemand *wahrhaftig* ist. Ich *zweifle* nicht daran, weiß es aber auch nicht. Ich *verlasse* mich darauf, ohne absolute *Gewissheit* zu haben, bis zum Beweis des Gegenteils. Ich *schenke* der Aussage oder der Person *Glauben*, und *entziehe* ihr oder ihm den *Glauben*, wenn mir Hinweise vorliegen, dass dieser *Glaube* nicht gerechtfertigt ist und ich eventuell zu *leichtgläubig* war. Umgekehrt finde ich etwas oder jemanden *unglaubwürdig*, wenn bestimmte Anzeichen in der Aussage oder der Person dem Gefühl oder dem Verstand suggerieren, dass etwas nicht stimmt. Im so genannten ‚*guten Glauben*' steckt schon der Wurm, denn die Wendung impliziert, dass Gründe im Nachhinein dafür sprechen, dass der *Glaube* eine Fehlannahme beinhaltet.

Vertrauen ist ein weiter gefasster Begriff, der zwar auch durch ‚an etwas glauben' definiert werden kann, aber stärker als *Glaubwürdigkeit* die Hoffnung oder Erwartung auf Künftiges einschließt. Allerdings ist es mehr als zu *hoffen* oder zu *erwarten*, dass das Essen und der Wein gut schmecken. Es geht vielmehr darum, sich auf etwas oder jemanden zu *verlassen* und sich so in gewisser Weise abhängig zu machen, indem jemand etwa der Empfehlung eines ausgewiesenen Weinkenners *vertraut* und teuren Wein bestellt. Dabei sind Zweifel nicht unbedingt unangebracht. Für unbedingtes Vertrauen oder blindes Vertrauen müssen gute Gründe sprechen. Vertrauen ist gut, Kontrolle ist besser (Lenin): Wir sprechen von ‚*gesundem Misstrauen*' gegenüber etwas oder jemandem, weil bei *enttäuschtem Vertrauen* ein Schaden entstehen kann. Man darf aber weder zu *vertrauensselig* noch zu *misstrauisch* sein, um nicht Gefahr zu laufen beim Missbrauch des Vertrauens übervorteilt zu werden oder bei fehlendem Vertrauen jegliche Chance auf Vorteile zu verlieren. Man kann von dem bekannten und sicheren *Vertrauten* mit *Zuversicht* oder *Misstrauen* auf das *ungewisse* und *unsichere Unvertraute* blicken.

Das Spiel mit den Begriffen macht unterschiedliche Dimensionen sichtbar: Stimmte die Aussage ‚Kinder sagen die Wahrheit', dann wären Kinder *glaubwürdig* und man würde ihrer *Wahrhaftigkeit trauen*, aber man würde sie nicht unbedingt *ins Vertrauen ziehen* und ihnen keine *vertraulichen* Informationen *anvertrauen*.

Grundlegend für das Vertrauen in andere ist das Vertrauen in sich selbst. Ein gesundes Selbstvertrauen manifestiert sich im festen Glauben an die eigenen Fähigkeiten, die Gegenwart und die Zukunft bewältigen zu können. Dieses Vertrauen in die eigenen Kräfte wird sozial vermittelt: durch das Ur-Vertrauen der Eltern beziehungsweise der Kinder, durch Anerkennung und Lob sowie durch Förderung und Unterstützung in den klassischen Sozialisationsinstanzen. Früh gebrochenes Selbstvertrauen führt zu Unsicherheiten und Ängsten, die sich auf vielfache Weise (zum Beispiel Aggressivität) äußern können.

Möglicherweise spiegelt die Vertrauenskrise gegenüber öffentlichen Instanzen die gleichzeitige Vertrauenskrise vieler Einzelner in sich selbst wider: Das Vertrauen in materielle Größen – einen guten und vor allem gut bezahlten Job zu finden oder etwa ein Haus sein Eigen zu nennen – schwindet und reduziert gleichzeitig das Vertrauen in Immaterielles, zum Beispiel in die Fähigkeit, glücklich zu sein. Das Zutrauen in die eigene Kraft, richtige Entscheidungen treffen zu können, macht zunehmend Zweifeln Platz.

Ein Wörterbuch lässt offen, warum man etwas oder jemandem glaubt oder vertraut, für wen und in welcher Situation dies aus welchen Gründen nützlich, notwendig, gleichgültig oder gar nachteilig ist. Außerdem bleibt unklar, ob und warum Politik, Wirtschaft und Gesellschaft Glaubwürdigkeit und Vertrauen benötigen und ob die Konzepte in den verschiedenen Bereichen die gleichen Formen und Funktionen annehmen. Man vertraut auf die Wissenschaften beziehungsweise Experten mit wissenschaftlichem Hintergrund und Praxiserfahrung, auf diese Fragen glaubwürdige Antworten durch systematische und überprüfbare Untersuchungen zu finden.

Jedoch müssen gleich Erwartungen enttäuscht werden, dass bestimmte Personen, Sachverhalte oder Aussagen auf Grund der ihnen eigenen, innewohnenden Eigenschaften objektiv glaubwürdig oder vertrauenswürdig sind. Jemand ist nicht an sich (un-)glaubwürdig, weil es ihm oder ihr angeboren ist. Genauso wenig können bestimmte Kriterien, beispielsweise Mimik oder Verhalten, Beobachtern eindeutig helfen, objektive Urteile über die Glaubwürdigkeit von Personen zu treffen, wie es empirisch in psychologischen Versuchen bewiesen wurde. Wenn aber über Glaubwürdigkeit und Vertrauen ausschließlich subjektiv und rein individuell entschieden würde, wären keine allgemeinen und wissenschaftlichen Aussagen möglich, wie etwa über die Frage, warum man lieber süß, salzig oder sauer isst.

Was also kann Wissenschaft hier leisten, und was tut sie? Sie untersucht, wie die Konzepte von Glaubwürdigkeit und Vertrauen definiert werden können. Sie analysiert, warum wer wem oder was in welchen Situationen Glaubwürdigkeit oder Vertrauen schenkt beziehungsweise zuspricht. Sie versucht zu verstehen, welche Kriterien, Bedingungen und Prozesse notwendig sind, um Glaubwürdigkeit und Vertrauen aufzubauen, zu zerstören und wieder herzustellen. Die genauen Fragestellungen der Wissenschaften bedingt die möglichen Antworten: Daher stellen die Einleitungen der Beiträge in diesem Band die Fragen, den Blickwinkel und den Beobachtungsbereich dar, die im Mittelpunkt des Interesses der jeweiligen Disziplin stehen. So können die Untersuchungen die Glaubwürdigkeit oder die Vertrauenswürdigkeit eines Sachverhaltes entweder in den Blick des Kommunikators nehmen, der diese beansprucht, oder in den Blick des Rezipienten, der diese zu- oder abspricht. Es können die Rahmenbedingungen diskutiert und die (reziproken) Prozesse von ‚Vertrauen geben‘ und ‚Vertrauen nehmen‘ analysiert werden. Der Sinn dieser wissenschaftlichen Beschäftigungen mit Glaubwürdigkeit und Vertrauen liegt darin, über die Analyse und Reflektion dieser Phänomene unser Verstehen zu erweitern und letztendlich mit mehr Einsicht und Umsicht zu handeln.

3. Vertrauen bei der Auswahl der Themen, Beiträge sowie der Autoren und Autorinnen

Da sich unterschiedliche Wissenschaften mit verschiedenen Methoden diversen Bereichen der Wirklichkeit zuwenden, sind die Herausgeber davon ausgegangen, dass eine Sammlung von Untersuchungen aus verschiedenen Disziplinen interessante Differenzen der Konzepte offen legen und möglicherweise ihre Kombination das allgemeine Verständnis des Themas erweitern würde. Entscheidend war, kulturelle Kernbereiche abzudecken, also Wirtschaft, Politik, Medien, Wissenschaft und Technik, Kultur und Alltag. Dieser Themen nehmen sich die Betriebswirtschaftslehre, Kommunikations- und Publizistikwissenschaft, Kulturwissenschaft, Natur- und Ingenieurwissenschaften, Politikwissenschaft, Psychologie und Soziologie an. Die Herausgeber vertrauten darauf, dass das Gesamtsystem Wissenschaft trotz der unterschiedlichen Disziplinen Anschlussmöglichkeiten und Verstehen sichert.

Der Prozess der Auswahl der Autorinnen und Autoren bietet selbst ein gutes Beispiel für Glaubwürdigkeit und Vertrauen. Nach den grundlegenden Überlegungen, welche Disziplinen im Band vertreten sein sollten, bestimmten zwei Prinzipien die Auswahl der Autoren: Vertrauen in deren Sach- und Vermittlungskompetenz, beobachtet über Publikationen, Empfehlungen und persönliche Kontakte. In Gebieten, wo keine direkten Beziehungen zu Experten bestanden, dienten einschlägige, zumindest mehrere kleine Publikationen und/ oder eine größere Veröffentlichung als ein Indikator des Vertrauens in die Sachkompetenz der Verfasser über das Systemvertrauen in ihre Disziplin. Bei Kontakten in die Disziplin wurden dankbar Empfehlungen über thematisch ausgewiesene Kolleginnen und Kollegen aufgenommen. Die Herausgeber nutzten schließlich persönliche Kontakte über berufliche Zusammenhänge, um einzelne Experten und Expertinnen aus Wissenschaft und Praxis, in deren allgemeine Sach- und Vermittlungskompetenz sie vertrauten, zu fragen, ob sie einen Beitrag zu diesem Thema verfassen könnten.

Das – im Nachhinein – wirklich Überraschende ist, dass keiner der ‚unbekannten' angeschriebenen Kolleginnen und Kollegen in der Korrespondenz irgendwelche Nachfragen zu den Herausgebern stellte oder Indizien des Misstrauens zeigte: Offenbar fanden diese das Projekt, sei es wegen der Titel, Adressen und Positionen der ihnen persönlich unbekannten Herausgeber oder wegen des Exposés *glaubwürdig*. Bei persönlich bekannten Kontakten sind die sozialen Konsequenzen von nicht erwartungskonformem Verhalten größer, da beim Wiedersehen enttäuschtes Vertrauen sanktioniert werden kann. Beide Parteien, Herausgeber wie persönlich bekannte oder unbekannte Autoren, vertrauten offensichtlich darauf, dass das Projekt innerhalb einer bestimmten Zeit und mit einem bestimmten Qualitätsniveau organisiert werden kann, und dass es ihren Einsatz Wert ist. Sowohl die Autoren als auch die Herausgeber räumten einander einen gewissen Kredit ein, der es den Partnern erlaubte, Termine bis zu einem gewissen Maße zu überschreiten, ohne wegen Misstrauens den Beitrag zurückzuziehen oder das Projekt abzublasen. Hier stellen die Erfahrung von Verzögerungen und das grundlegende Vertrauen in die Organisation wissenschaftlicher Publikationen zeitliche Spielräume bereit. Wie in allen Lebensbereichen wurde auch hier Vertrauen durch die Nicht-Einhaltung des stillschweigend abgeschlossenen Vertrages enttäuscht – dies wog umso schwerer, wenn es sich um über persönliche Kontakte akquirierte Beiträge handelte.

Auf der anderen Seite des Projektes steckt der Verlag Vertrauen in die Herausgeber, den versprochenen Titel termingerecht zu liefern, insbesondere, wenn dieser schon im Verlagsprospekt angekündigt wurde.

4. Struktur des Bandes und Inhalte der Texte

Auf Grund der genannten Herangehensweise sind einerseits Gemeinsamkeiten, aber auch große Unterschiede programmiert. Die Heterogenität war gewollt: In jedem Beitrag verändern sich Perspektive, Zugang, Untersuchungsbereich (System, Organisation, Individuum), Methode und Ergebnisse der Bearbeitung zum Thema Vertrauen und Glaubwürdigkeit. Diese Unterschiede erschweren ein Durchlesen des Bandes, fördern aber nach Ansicht der Herausgeber die Auseinandersetzung.

Angesichts dieser Prämisse haben Herausgeber und Lektorin ein besonderes Experiment gewagt: Allen anderen Texten vorangestellt ist eine Kurzgeschichte. „Das Lob“ von Iris Pompesius entwirft eine amüsante und anregende Fallstudie einer durch und durch misstrauischen Existenz, die nicht nur Assoziationen an so manche Mitmenschen wach ruft, sondern auch ein Bewusstsein dafür weckt, wie fundamental fehlendes (Selbst-)Vertrauen die Lebensqualität beeinträchtigt.

Die der Einleitung nachfolgenden wissenschaftlichen Beiträge haben eine Reihe von strukturellen und inhaltlichen Gemeinsamkeiten:

- Die Autoren haben mehrheitlich zu Beginn ihrer Aufsätze die Sicht des Faches beziehungsweise ihre Ausgangsposition skizziert.
- Alle haben sich mit den Formen und Funktionen von Vertrauen und Glaubwürdigkeit befasst, auch und gerade in Unterscheidung zu den Dysfunktionen.
- Es wird in allen Beiträgen klar, dass Vertrauen und Glaubwürdigkeit in Kommunikationsprozessen entstehen, und dass ein Mangel an oder missverständliche Kommunikation kontraproduktiv wirken.
- Deutlich wird weiterhin, dass das Schenken von Vertrauen immer risikoreich aber dennoch nützlich für die Reduktion von Komplexität ist, das heißt konkret, dass es die künftige Handlungsfähigkeit sichert.
- Der Aufbau von Vertrauen ist ein reziproker Prozess, der Zeit kostet; Vertrauen beruht auf Gegenseitigkeit, wird nicht von heute auf morgen geschenkt und ebenso wenig schnell entzogen.
- Vertrauen hat immer – auch im Zusammenhang mit Organisations- und Systemvertrauen – soziologische und psychologische Implikationen; auch in größeren Zusammenhängen sind es Akteure, Menschen oder im Sinne Luhmanns ‚psychosoziale Systeme‘, die vertrauen.

- Die meisten Autoren bieten nach der Analyse Möglichkeiten an, wie mit enttäuschtem Vertrauen umgegangen, also wie es sanktioniert oder wieder hergestellt werden kann.

Trotz dieser Gemeinsamkeiten der Beiträge fiel es den Herausgebern nicht leicht, sie in die lineare Form eines gedruckten Sammelbandes zu sortieren. Welcher Beitrag eröffnet, welche folgen, und welcher schließt das Ganze ab? Sortieren wir nach Gruppen auf der Makroebene, beginnend mit dem persönlichen Vertrauen, fortsetzend mit dem Vertrauen in Organisationen und endend mit dem Systemvertrauen? Oder umgekehrt? Bilden wir inhaltliche Gruppen nach Disziplinen? Welche Lesestrategie setzen wir bei den Lesern voraus? Eine linear-chronologische, eine springende, eine zunächst scannende und bei Interesse vertiefende? Der Verlag hat als Ausweg nicht angeboten, den Band als Loseblattsammlung zu drucken, mit der Möglichkeit, in die Kompetenz des Lesers zu vertrauen, für sich selbst die richtige Reihenfolge festzulegen. Die Herausgeber mussten sich entscheiden. Gleichgültig welche Ordnungsform angesetzt wurde: Mindestens ein Beitrag lag immer quer zum angestrebten Ordnungsschema. Deshalb wurden die Aufsätze letztendlich – im Bewusstsein, dass es mindestens ein Dutzend weitere begründbare und begründete Möglichkeiten gibt – nach zwei Strategien sortiert: Zunächst auf der Makroebene nach den Perspektiven Systemvertrauen, Vertrauen in Organisationen und Individual-Vertrauen; und auf einer weiteren Ebene nach den Disziplinen Sozialwissenschaften (untergliedert in (Sozial-)Psychologie, Ökonomie, Kommunikationswissenschaften/ Publizistik, Politikwissenschaft), Geistes- und Literaturwissenschaften und schließlich Natur- und Technikwissenschaften.

Der Schwerpunkt des Bandes liegt eindeutig auf den Sozial- und Geisteswissenschaften. Dies ist zum einen in der Herkunft und Verankerung des thematisierten Gegenstandes begründet, zum anderen hat es sicher auch mit der Sozialisation und der Verankerung in der geistes- und sozialwissenschaftlichen Scientific Community der Herausgeber zu tun. Umso gewichtiger ist der Beitrag des Kollegen aus den Ingenieurwissenschaften über die Frage des Vertrauens in Technik.

Alle Aufsätze (mit einer Ausnahme) sind von Wissenschaftlern aus wissenschaftlicher Sicht unter Anwendung wissenschaftlicher Methodik verfasst worden. Wissenschaft ist also das Dach, unter dem die Auseinandersetzung mit dem Gegenstand Vertrauen/ Glaubwürdigkeit stattfindet. Somit liegt die Frage nahe, wie es mit dem Vertrauen in das System Wissenschaft selbst bestellt ist. Beatrice Dernbach setzt sich wissenschaftshistorisch und -soziologisch mit dieser

Frage auseinander. Sie unterscheidet dabei drei Ebenen: Wissenschaft als System, wissenschaftliche Organisationen und wissenschaftliche Akteure (= Wissenschaftler). Auf allen drei Ebenen haben sich in den vergangenen Jahrhunderten wesentliche Veränderungen abgespielt: Auf Grund der zunehmenden Ökonomisierung und Politisierung wurde Wissenschaft ‚trivialisiert' und entzaubert; Anwendung, Pragmatik und Praxisrelevanz stehen heute im Zentrum wissenschaftlicher Erkenntnisse. Mit der Bedrohung der Autonomie des Systems und der darin verankerten Institutionen und Akteure geht der Verlust des Vertrauens in Wissenschaft als gesellschaftliche Problemlösungsinstanz einher. Dafür sorgen Skandale wie der um die betrügerisch agierenden Krebsforscher Herrmann und Brach. Nicht zuletzt wird der Vertrauensverlust auch gespeist durch den (im positiven wie negativen Sinne) Verbleib der Wissenschaft im Elfenbeinturm, der jedoch nicht länger geduldet wird. Wissenschaft muss, so die Schlussfolgerung des Beitrags, seine gesellschaftliche Funktion (neu) finden und legitimieren.

Einem System oder einer Organisation zu vertrauen, kann nur gelingen, wenn die Institutionen selbst auf Vertrauen als einem übergeordneten Organisationsprinzip basieren und wenn personales und Organisationsvertrauen korrespondieren. Martin K.W. Schweer und Barbara Thies zeigen, dass dies nur funktionieren kann, wenn zentrale Merkmale einer ‚Vertrauensorganisation' realisiert werden, nämlich glaubwürdige Kommunikation, Orientierung an ethisch-moralischen Grundsätzen und Verteilungsgerechtigkeit. Die Autoren differenzieren und diskutieren zunächst ausführlich Formen und Vorkommen von Vertrauen, stellen sie in soziale (situative), politische und ökonomische Zusammenhänge. Diese Diskussionsergebnisse werden im dritten Kapitel auf die Frage des Vertrauens als Prinzip angewendet und weiterentwickelt. So können intra- und extraorganisationales Vertrauen nur entstehen, wenn entsprechende Kommunikationsprozesse unter Berücksichtigung ethisch-moralischer Standards auch und vor allem an den Schnittstellen personalen und systemischen Vertrauens gelingen. Oder: „Ein vertrauenswürdiger Repräsentant kann personales Vertrauen evozieren, welches ihm die Interaktion erleichtert. Auf der organisationalen Ebene ist dies aber nur dann effektiv, wenn es dem Repräsentanten gelingt, auf der Basis des gewonnenen personalen Vertrauens gleichermaßen systemisches Vertrauen aufzubauen" (Seite 55).

Die Unterscheidung zwischen individuellen, kollektiven und korporativen Akteuren als Vertrauensgeber und -nehmer stellen Guido Möllering und Jörg Sydow ins Zentrum ihrer Betrachtungen. Sie fokussieren dabei auf Unternehmungen und Unternehmungsnetzwerke. Ihr Ziel ist es, eine Vorstellung von vertrauensbewusstem Management zu entwickeln. Ihr Beitrag basiert wissenschaftstheoretisch betrachtet zum einen auf gängigen ökonomischen Theorien (zum Beispiel Spiel- und Transaktionstheorie) und zum anderen auf Entwürfen der Handlungs- und Akteurstheorien beziehungsweise der Dualität von Handlung und Struktur. Sie begründen wirtschaftstheoretisch und betriebswirtschaftlich, warum Vertrauen in und innerhalb von Unternehmungen – verstanden als soziale Systeme – eine wesentliche Kategorie und Handlungsmaxime ist und sein muss.

In den skizzierten Beiträgen wird deutlich, dass die Akteursebenen zu unterscheiden, aber auf keinen Fall trennbar sind. Den Sozialpsychologen Uwe Laucken interessieren vor allem die individual- und sozialpsychologischen Aspekte. In seinem Beitrag setzt er sich zunächst intensiv mit dem Begriff Vertrauen auseinander, wie er in der Umgangssprache verwendet und geprägt wird. Laucken will dabei den Begriff nicht aus seiner lebenspraktischen Verwendung herauslösen und abstrakt wissenschaftlich definieren – im Gegenteil: Ihm geht es darum, die sinnvolle Ordnung im umgangssprachlichen Miteinander zu entschlüsseln. Mit dem inhaltsanalytischen Verfahren der Logographie dekodiert er die Funktion zwischenmenschlichen, gelebten Vertrauens in einem außerordentlich differenzierten Beziehungsgeflecht.

Alle Autoren sind sich einig darüber, dass Vertrauen und Glaubwürdigkeit nicht von der Natur gegeben sind, sondern in (sozialen) Kommunikationsprozessen entstehen. Die Kommunikationswissenschaft nimmt sich als Disziplin dieser Prozesse an. Manfred Rühl argumentiert in seinem Überblicks-Beitrag systemtheoretisch: Vertrauen ist nur in internen und externen Beziehungen von Kommunikationssystemen denkbar. Diese wiederum sind sozial durch Rollen, Stellen, Normen, Werte und Entscheidungsprogramme, sachlich (zum Beispiel Informationen, Themen) und zeitlich (als Prozess) definiert. Rühl markiert Defizite im Bereich kommunikationswissenschaftlicher Forschung im Hinblick auf die Themen Vertrauen und Glaubwürdigkeit.

Öffentliche Massenkommunikation entsteht unter anderem im Journalismus. Transportiert über Massenmedien (Tageszeitungen und Zeitschriften, Hörfunk und Fernsehen; neu: das Internet) werden journalistische Programme (Nachrichten, Reportagen, Wirtschafts- und Wissenschaftssendungen und so weiter) her- und den Publika bereitgestellt. Die Journalistik als kommunikationswissenschaftliche Disziplin beobachtet den praktischen Journalismus, vor allem im Hinblick auf seine Funktionen, Leistungen, Aufgaben und Akteure. Beatrice Dernbach diskutiert in ihrem zweiten Beitrag das Vertrauen in die Erfüllung der gesellschaftlichen Funktionen von Journalismus, das Vertrauen in journalistische Organisationen sowie das Vertrauen in journalistische Programme und Akteure. Auf Grund der Kommerzialisierung und Boulevardisierung im Mediensektor verlieren auch (informations-)journalistische Organisationen und Akteure zunehmend öffentliches Vertrauen, das heißt vor allem das der Rezipienten. Nur durch Qualitätssicherung auf allen drei Ebenen kann die Tendenz zum Vertrauensverlust beziehungsweise Misstrauen gestoppt werden.

Nicht immer waren Fakten orientierter Journalismus und fiktionale Literatur idealtypisch sauber getrennte und unabhängige Systeme. In einer Fallstudie zum englischen Zeitschriftenwesen und zum Roman des frühen 18. Jahrhunderts weist Michael Meyer nach, dass schon am Anfang der Ausbildung einer bürgerlichen Öffentlichkeit in demokratischen Gesellschaften die Meinungsbildung und die Unterhaltung eine enge Verbindung eingingen. Diese förderte vielleicht den Verkauf, aber nicht unbedingt die Glaubwürdigkeit journalistischer Erzeugnisse. Nicht nur die Abhängigkeit vom Markt, sondern auch der Einfluss der Politik unterlief die Unabhängigkeit der Presse. Die unsichere Abgrenzung des Journalismus von Fiktionen, Finanzen und Macht provozierte intensive Auseinandersetzungen um die Glaubwürdigkeit der Presse, die nicht nur bis heute gültige Normen aufstellte, sondern auch ein gesundes Misstrauen der Rezipienten hervorrief.

Glaubwürdigkeit wird im Beruf, im Alltag und in der Literatur oft über Erzählungen hergestellt. Glaubwürdigkeit stellt die Grundannahme dar. Erst bestimmte Anzeichen der Situation, der Erzähler, der Erzählweise oder der Geschichte selbst motivieren Skepsis und Reflexion über ihre Zuverlässigkeit. Gaby Allrath und Ansgar Nünning demonstrieren, wie Analysen zur erzählerischen Unzuverlässigkeit verändert werden können, um Glaubwürdigkeit oder ihren Mangel in nichtfiktionaler Kommunikation festzustellen. Entscheidend dabei ist, dass nicht nur rein sprachliche Phänomene über Glaubwürdigkeit entscheiden, sondern dass der gesamte Interaktionsprozess sowie die lebensweltlichen Erfahrungen, kognitive Schemata, die Normen und Werte der Rezipienten auf die Beurteilung Einfluss nehmen. Die Persönlichkeit der Erzählenden und die Art und Weise, wie sie die Rezipienten ansprechen – aber auch Brüche und Widersprüche der Fakten sowie ihrer Bewertung in der Schilderung – dienen der Einschätzung ihrer Glaubwürdigkeit. Jedoch ist entscheidend, dass es keine objektiven Kriterien gibt. Rezipienten sprechen je nach ihrer Perspektive und dem Grad der Übereinstimmung der Erzählung mit gültigen kulturellen Mustern Glaubwürdigkeit zu.

Misstrauen war schon immer das, was der Public Relations (als und in Konkurrenz zum Journalismus) entgegengebracht wurde. Nicht zuletzt der Journalismus hat aufgedeckt, wenn die Kommunikationsabteilungen von Organisationen oder zum Beispiel politischen Parteien mehr die eigenen Bilder von Wahrheit als die objektiven Vorstellungen von Realität kommuniziert haben. Wenngleich sich unter dem Dach der Kommunikations- und Medienwissenschaft die Public-Relations-Forschung entwickelt und etabliert hat, so wurde eine PR-Praktikerin gebeten, einen Beitrag zum Thema Public Relations und Vertrauen zu schreiben. Marlene Odenbach hat sich dieses Themas pragmatisch und gleichzeitig reflektiert angenommen. Auf Grund der vielen (Alltags-)Beispiele und der sehr handlungsorientierten Darstellung fällt der Beitrag damit ein wenig aus dem (aber ohnehin nicht so starren) Rahmen. Von diesem Beitrag aus lässt sich eine Klammer ziehen zu den Aufsätzen von Schweer/ Thies und Möllering/ Sydow. Marlene Odenbach konkretisiert das Verständnis eines vertrauensbasierten und vertrauenswürdigen Managements- und Kommunikationskonzeptes eines Unternehmens nach innen und außen. Ihre Forderung: Um glaubwürdig zu sein, muss Public Relations auf *jeder Ebene* und in *jeder Hinsicht* glaubwürdig sein, also mit überprüfbaren Informationen zuverlässig arbeiten.

Dass George Bush lügt, ist schwer zu beweisen. Dass es ihm mittels guter PR-Strategien gelungen ist, viele Menschen, vor allem Amerikaner, Glauben zu machen, wegen der Bedrohung durch irakische Massenvernichtungswaffen in den Krieg ziehen zu müssen, ist angesichts der fehlenden Beweise ein Phänomen. Michael Meyer betrachtet in seinem zweiten Beitrag – aus der Perspektive von Rhetorik und Psychologie – die Funktion und den Kampf um Glaubwürdigkeit im Wechselspiel von Politik, Wissenschaft und Medien. Bewusst hat er sich den amerikanischen Präsidenten und damit den Kontext amerikanischer Kultur ausgewählt. Am Beispiel zweier zentraler Reden analysiert Meyer Chancen und Risiken von Bushs Strategien im Hinblick auf seine und die Glaubwürdigkeit anderer politischer Akteure und Gegenspieler, die bewusst und absichtlich in Misskredit gebracht werden, um das Vertrauen in die eigene Kompetenz zu stärken – ein politisches Spiel, das weltweit beobachtet wurde und internationale Konsequenzen hatte und hat.

Die Ereignisse um die geplante Versenkung der Ölplattform Brent Spar im Jahr 1995 haben Zweifel aufkommen lassen, ob die beteiligten Organisationen – der Ölkonzern Shell ebenso wie die Umweltschutzorganisation Greenpeace – professionell und zuverlässig kommuniziert haben. Manfred Redelfs stellt am Beispiel der Kommunikationsstrategie von Greenpeace dar, wie das Vertrauen in (politische) Nicht-Regierungsorganisationen (NGOs) gestaltet und im Idealfall gesteuert werden kann. NGOs genießen im Gegensatz zu den etablierten politischen Parteien einen zunehmenden Glaubwürdigkeitsbonus. Viele empirische

Untersuchungen zeigen, dass den klassischen politischen Akteuren – Parteien, Gewerkschaften, Parlamente und Regierungen – zunehmend Vertrauen entzogen wird. Politische Großorganisationen büßen an Bindungskraft ein, nicht zuletzt auf Grund der demografischen Veränderungen und der sozialen Prozesse, die mit Individualisierung und der Auflösung der politisch-sozialen Milieus nur grob benannt sind. Aber auch eine NGO wie Greenpeace muss sich Vertrauen erarbeiten und setzt sich dem Risiko aus, durch das Auseinanderklaffen von Worten und Taten oder mittels Verbreitung falscher Themen und Tatsachen Misstrauen zu provozieren.

Vertrauen und Misstrauen bestimmen gleichermaßen das seit jeher ambivalente Verhältnis der Menschen zu Technik und Naturwissenschaften. Fortschrittsgläubigkeit und der Glaube in die Problemlösungskompetenz auf der einen, Skepsis, Unsicherheiten und Ängste auf der anderen Seite markieren die Extrempositionen. Uwe Apel beleuchtet in seinem Beitrag unter historischen (also technikgeschichtlichen), ökonomischen, sozialen und psychologischen Aspekten, wie Vertrauen in Technik erzeugt aber auch zerstört worden ist und werden kann. Da der Laie mangels Kenntnis eine sehr begrenzte Beurteilungsfähigkeit hat, verlässt er sich kognitiv auf Experten und die öffentliche beziehungsweise die veröffentlichte Meinung, emotiv auf seinen Bauch und in seinem Handeln auf seine eigenen Interessen. Dem, was technisch machbar ist, wird noch lange nicht vertraut. Technische Tatsachen und Erfindungen werden auf Grund der Kriterien ökonomischer und individueller Nutzen, Zuverlässigkeit und Sicherheit, Nähe und Ferne sowie auf Grund der kommunikativen Vermittlung von Chancen und Risiken bewertet und dementsprechend angenommen oder abgelehnt. Apel konkretisiert dies am Beispiel der Raumfahrt.

Den Herausgebern bleiben erstens das Vertrauen in die Kompetenz (intellektuell, kognitiv) und in die Affinität (emotiv) der Leser, sich in und durch dieses Buch zu lesen und die eigene Reihenfolge zu bestimmen sowie zweitens die Hoffnung auf mehrfaches Lesen (Perspektivenwechsel) und Anschlusskommunikation.

Das Vertrauen der Herausgeber in die Autoren ist bereits weiter oben thematisiert worden. Es bleibt noch der Dank für die Geduld der Autoren und ihr Vertrauen in die beiden Herausgeber. Diese wiederum vertrauten der Kompetenz von Jenny Slawik und wurden nicht enttäuscht. Im Gegenteil: Ihre Tätigkeit reduzierte sich nicht nur auf Layout und Korrekturen. Interessiert und sorgfältig bearbeitete sie jeden Beitrag, glättete und klärte sprachlich und inhaltlich Missverständliches. Dieses Buch hat seine Zeit gebraucht. Es hat Spaß gemacht, es entstehen zu lassen.

Der Glaube an den Fortschritt. Vom Vertrauen in Wissenschaft

Beatrice Dernbach

> „Das war für mich das größte aller Wunder: Wie finden Naturwissenschaftler etwas heraus? Woher *weiß* man, wie viel die Erde wiegt oder wie alt die Steine sind oder was sich da unten in ihrem Mittelpunkt befindet? Woher weiß man, wann das Universum begann und wie es damals aussah? Woher weiß man, was in einem Atom vorgeht? Und dann – oder vielleicht vor allem: Wie kommt es, dass Wissenschaftler fast alles zu wissen scheinen, und dann können sie ein Erdbeben doch nicht vorhersehen und uns noch nicht einmal sagen, ob wir am nächsten Mittwoch zum Pferderennen einen Regenschirm mitnehmen sollen?" (Bryson 2004, 17)

Die Welt, die Wahrheit, den göttlichen Plan zu entdecken, gilt als das Motiv der (frühen) Forscher und Wissenschaftler. Ihre Erkenntnisse hatten enorme Bedeutung für die Menschen und deren Verständnis ihrer Rolle in der Welt-Gesellschaft. Aber Wissenschaft hat sich verändert. Was einst automatisch mit Fortschritt verknüpft war, scheint heute an Bedeutung verloren zu haben. Friedrich H. Tenbruck bezeichnet dies als Trivialisierungsprozess (1975, 19ff.). Die moderne Wissenschaft (nach 1945) wird als „Big Science" (Di Trocchio 1994) identifiziert oder als „Geschäft wie jedes andere auch" (Bammé 2004, 17f.). Sündenfälle, also Betrug und Fälschung – in der frühen Forschung ebenfalls nicht unbekannt – erhalten in der Neuzeit eine andere Qualität.

Ausgehend von einem Blick in Wissenschaftsgeschichte und Wissenschaftssoziologie wird in dem folgenden Beitrag diskutiert, warum und wodurch Vertrauen in Forschung und Wissenschaft einerseits gestärkt und andererseits immer wieder geschwächt oder gar zerstört worden ist. Dabei sollen die Wissenschaft als gesellschaftliches System, die Institutionen der Wissenschaft sowie wissenschaftliche Akteure unterschieden werden.

1. Das Streben nach dem göttlichen Plan: Zur Geschichte und Ausdifferenzierung des wissenschaftlichen Prozesses

Nikolaus Kopernikus (1473-1543) stellte die Welt auf den Kopf: Nicht die Erde ist – wie Ptolemäus annahm – der Mittelpunkt des Systems, um den sich alles dreht, sondern die Sonne. Dieser Wechsel von der geozentrischen zur heliozentrischen Sicht des Sonnensystems wird als Kopernikanische Wende bezeichnet und „löste aber wirklich eine Revolution in den Köpfen der Menschen aus“ (Tenbruck 1975, 25). Galileo Galilei (1564-1642), italienischer Mathematiker, Physiker und Philosoph, trat öffentlich für das heliozentrische Weltsystem ein. Seine darauf basierende Forderung nach einer Neuinterpretation der Heiligen Schrift führte zu einer heftigen Auseinandersetzung mit der römischen Kirche, die ihm verbot, diese Lehre öffentlich zu vertreten. 1632/ 33 kam es zu einem Prozess, in dessen Folge er von seinem Irrtum abschwören musste und zu Hausarrest verurteilt wurde. Der Stoff ist literarisch mehrfach bearbeitet worden, beispielsweise auch von Bertolt Brecht in *Leben des Galilei* (1967). Darin spricht Galilei euphorisch über die Kopernikanische Wende mit Andrea, dem Sohn seiner Haushälterin:

> „Mauern und Schalen und Unbeweglichkeit! Durch zweitausend Jahre glaubte die Menschheit, daß die Sonne und alle Gestirne des Himmels sich um sie drehten. Der Papst, die Kardinäle, die Fürsten, die Gelehrten, Kapitäne, Kaufleute, Fischweiber und Schulkinder glaubten, unbeweglich in dieser kristallenen Kugel zu sitzen. Aber jetzt fahren wir heraus, Andrea, in großer Fahrt. Denn die alte Zeit ist herum, und es ist eine neue Zeit. Seit hundert Jahren ist, als erwarte die Menschheit etwas.“ (Brecht 1967, 8)

Im Gespräch mit Professoren-Kollegen versucht er diese von der neuen Weltsicht zu überzeugen:

> „Meine Herren, der Glaube an die Autorität des Aristoteles ist eine Sache, Fakten, die mit Händen zu greifen sind, eine andere. Sie sagen, nach dem Aristoteles gibt es dort oben Kristallschalen, und so können gewisse Bewegungen nicht stattfinden, weil die Gestirne die Schalen durchstoßen müßten. Aber wie, wenn Sie diese Bewegungen konstatieren könnten? Vielleicht sagt Ihnen das, daß es diese Kristallschalen gar nicht gibt? Meine Herren, ich ersuche Sie in aller Demut, Ihren Augen zu trauen.“ (ebd. 48)

Den Augen zu trauen war in der damaligen Zeit schwieriger als heute, denn Galilei arbeitete wie alle seine Kollegen dieser Zeit mit den einfachsten Mitteln der Technik. Er hatte das zu Beginn des 17. Jahrhunderts in Holland erfundene Fernrohr nachgebaut und damit unter anderem die Venus, die Mondgebirge, den Ring des Saturns und die Zusammensetzung der Milchstraße beobachtet. Seine Beobachtungen stützten die Annahmen Kopernikus'. Aber die Mächtigen, allen voran der Klerus, sahen ihre Stellung bedroht und wehrten sich nach Kräften gegen die neue Sicht der Welt, die die Erde als Schöpfung Gottes aus dem Zentrum des Systems katapultierte und damit die Rolle der Stellvertreter Gottes auf Erden schmälerte.

Durchgesetzt haben sich diese wissenschaftlichen Erkenntnisse im Wesentlichen auf Grund der Fortsetzung und Systematisierung durch Isaac Newton (1643-1727), englischer Physiker, Mathematiker und Astronom. Er formulierte das Gravitationsgesetz, mit dem er unter anderem die Bewegungen der Planeten um die Sonne und das Phänomen der Gezeiten erklärte.

Bisweilen entsteht bei Lektüre wissenschaftshistorischer Literatur der Eindruck, die frühen Forscher, das heißt vor allem die Naturwissenschaftler, seien besessen, ja gleichsam welt- und lebensfremde Spinner gewesen, die „die Erkenntnis der Tatsachen um ihrer selbst willen angestrebt [hätten], beflügelt allenfalls von pragmatischen Nützlichkeitserwägungen“ (Tenbruck 1975, 25). Dem widerspricht Tenbruck vehement: Die frühen Naturwissenschaftler standen seiner Meinung nach gewissermaßen unter „einem inneren Zwang (...) den göttlichen Weltplan entschlüsseln zu müssen“ (ebd. 27). Dies war ihnen mit ihren Entdeckungen gelungen. Und: „Mit dem Vermögen zur Entschlüsselung der Weltordnung rückte der Mensch in eine neue Schlüsselrolle, mit der Erkenntnis der gesetzmäßigen Ordnung der Welt rückte der Glaube an ein neues Weltvertrauen ein“ (ebd.). Diese Erlösung „von den Zweifeln über die Existenz Gottes und die Ordnung der Dinge“ (ebd. 28) hatte erhebliche Wirkungen auf das individuelle und vor allem soziale Leben, was sich beispielsweise in Einstellung und Lebensweise des protestantischen Bürgertums widerspiegelte (vgl. ebd.). Wissenschaft und Religion flossen ineinander, ja Wissenschaft war Religion (vgl. ebd. 29).

Die weitere Entwicklung der Naturwissenschaften bezeichnet Arno Bammé (2004, 32) als „Säkularisierung wissenschaftlichen Erkenntnisstrebens“ und analysiert Heinrich Tenbruck fast pathetisch als Trivialisierungsprozess: Es fehle in den späteren Jahrhunderten das Motiv, allumfassende weltanschauliche, geistige und moralische Fragen beantworten zu wollen und zu können. In den Vordergrund drängten Methodik, Systematisierung, Formalisierung und so wieter (ebd. 41). „Das späte 19. Jahrhundert (...) ist da von besonderem Interesse, weil sich dort das geschärfte Methodenbewußtsein eines rigorosen Positivismus ausbildete, dem die Ablehnung aller Aussagen, die über das empirisch streng Beweisbare hinausgingen, zu einem mit Eifer betriebenen heiligen Beruf wurde.“ (ebd. 29)

Die Naturwissenschaften wandten sich nach Interpretation Tenbrucks unter dem Aspekt des Nutzwertes sehr pragmatischen Fragen zu – die gesellschaftlichen Meta-Aspekte (früher von den Naturwissenschaftlern bearbeitet, die sich zum großen Teil auch als Philosophen verstanden) blieben anderen Disziplinen, das heißt den Geistes- und Sozialwissenschaften überlassen, auf die allerdings zunehmend die Methoden und Instrumente einer positivistischen Naturwissenschaft übertragen wurden.

Ursache und zugleich Wirkung dieses Prozesses lag nicht zuletzt darin, dass die frühen Naturwissenschaftler zwar bestrebt waren, die einzig gültige und wahre Ordnung der Welt zu entdecken – ihnen dies aber letztlich in den Augen der Nachfolgenden nicht gelungen war.

> „Daß diese anerkannte Ordnung sich zum Schluß nicht als die gesuchte rationale und undiskutierbare Versicherung über die Welt erwies, das war der Stachel, der zum Ausgreifen auf neue und immer neue Gebiete treiben musste. Der Glaube, daß diese Suche auf dem neuen Gebiet auch enden werde, daß man dort nun ins Innere der Dinge eindringen würde, machte nur sehr langsam der Vorstellung Platz, daß die Wissenschaft sich in einem endlosen Fortschritt befindet." (ebd. 35)

Und so streben die Wissenschaftler aller Disziplinen täglich nach neuen Erkenntnissen und denken doch bisweilen, was Goethes Faust einst sagte:

> „Habe nun, ach! Philosophie, Juristerei und Medizin, Und leider auch Theologie! Durchaus studiert, mit heißem Bemühn. Da steh' ich nun, ich armer Tor! Und bin so klug als wie zuvor; Heiße Magister, heiße Doktor gar, und ziehe schon an die zehen Jahr, Herauf, herab und quer und krumm, Meine Schüler an der Nase herum – Und sehe, daß wir nichts wissen können!" (Goethe 1982, 577)

2. Die Institutionalisierung von Wissenschaft

Wissenschaft selbst und die Beobachtung von Wissenschaft bedarf der Rationalität. Sicher führt dies auf Grund der emotionalen Ernüchterung im oben zitierten Sinne zur „Entzauberung der Wissenschaft" (Bammé 2004, 17), wenn nicht gar der Welt. Anders als systematisch und methodisch lässt sich aber auch Wissenschaft nicht sinnvoll analysieren.

Arno Bammé (2004, 24ff.) skizziert auf der Basis eines Drei-Stufen-Schemas von Peter Weingart (2001, 24ff.) die wesentlichen Phasen der modernen europäischen Wissenschaftsentwicklung:

1. Phase: Im 19. Jahrhundert differenzieren sich gesellschaftliche Teilsysteme aus, da die Komplexität der Welt in einem politisch-ökonomisch-sozialen Gesamtsystem nicht mehr zu bewältigen ist. Subsysteme übernehmen die Funktion der Konsensfindung und Entscheidung, des Tauschens und Han-

delns, des Bildens und Erziehens und so weiter. Funktion des ausdifferenzierten Wissenschaftssystems ist es zunächst, Erkenntnisinteressen zu selektieren, Theorien zu entwickeln, Wissen im Sinne von Bedeutungswerten zu generieren und Lösungsvorschläge für gesellschaftliche Probleme zu erarbeiten, die jedoch nicht absolut und endgültig sind, sondern wiederum neue Probleme und Lösungen schaffen (vgl. Luhmann 1990, 150ff.). Dies kann nur in systemspezifischen Strukturen gelingen. Es bilden sich vor allem mit den Universitäten Forschungsstätten heraus, in denen unter der Selbstverwaltung der Wissenschaftler relativ unabhängig von gesellschaftlicher Nachfrage wissenschaftliche Fragen bearbeitet werden. Die Kontinuität und relative Übersichtlichkeit der Forschung wird durch universitäre Strukturen, also die Gründung von Fakultäten und Fachbereichen, von Instituten und Lehrstühlen gewährleistet (vgl. ebd. 25).

2. Phase: Ab etwa 1950 verliert das Wissenschaftssystem seine relative Autonomie – Wissenschaft wird „immer unmittelbarer in gesellschaftliche Prozesse eingebettet“ (ebd.). Die Theoriebildung bleibt weiterhin den Einrichtungen des Wissenschaftssystems vorbehalten, aber es gibt zunehmend eine Umorientierung im Hinblick auf den Nutzen und die praktischen Zwecke der Forschung, vor allem in den Bereichen Technik beziehungsweise industrielle Anwendung. Weingart bezeichnet dies als „Verwissenschaftlichung der Gesellschaft“ (2001, 17). Die gesellschaftliche Praxis bedient sich wissenschaftlicher Erkenntnisse, steuert diese aber nicht.
3. Phase: Eben dies kehrt sich in der dritten Phase (seit Beginn des 21. Jahrhunderts) um. Zunehmend bestimmt die gesellschaftliche Praxis die wissenschaftlichen Problemfelder. „Im *Bereich der Forschung* muss Wissenschaft sich durch ihre Praxisrelevanz legitimieren“ (Bammé 2004, 27). Über den Weg der Mittelallokation bahnen sich Ökonomie und Politik den Weg in das Subsystem Wissenschaft, das damit zunehmend seine Autonomie verliert. Nicht mehr die Wissenschaft allein steuert beispielsweise die Ausdifferenzierung in speziellere wissenschaftliche Teil- und Kleinstdisziplinen oder die Zusammenarbeit mehrerer Fächer, sondern die Politik, Ökonomie und auch das Bildungs-, Berufs- und Arbeitsmarktsystem zwingen dem System Wissenschaft externe Strategien auf. Diese Entwicklung ist nicht pauschal negativ zu kritisieren. Bei der Vergabe von Geldern für Stiftungsprofessuren beispielsweise stellt sich jedoch bisweilen die Frage, ob das Wissenschaftssystem aus sich selbst heraus eine entsprechende fachliche Spezifizierung betrieben hätte oder ob es hier primär um Hochschul-Politik geht. Diese Diskussion wird an anderer Stelle fortgesetzt.

3. Akteure im Wissenschaftssystem

Schrullig wie Albert Einstein, den diabolischen Mächten und damit letztlich dem Wahnsinn verfallen wie Thomas Manns Dr. Faustus – die realen und literarischen Bilder von Wissenschaftlern, Forschern und Professoren sind facettenreich. Zumindest die der Vergangenheit. Heute ist der Wissenschaftler in den Labors der Großunternehmen oder verbeamtet im Dienste des Staates tätig, im Laborkittel oder ohne, den Tag- und Nacht-Rhythmus nach wie vor ignorierend.

Anfang der 1950er Jahre gab es an westdeutschen Hochschulen sowie in Wirtschaft und Industrie ungefähr 50.000 Forscher (davon 5500 Professoren). Anfang der 1980er stieg diese Zahl auf 200.000; im Jahr 1999 waren es insgesamt etwa 500.000 Wissenschaftler. Davon arbeiteten 300.000 in Wirtschaft und Industrie, 120.000 an Hochschulen und 80.000 in außeruniversitären Forschungseinrichtungen (vgl. Finetti/ Himmelrath 1999, 153).

Diese Zahlen sagen nichts über die Hierarchien, Rollen, Positionen und Aufgabenverteilungen. Wer in den Olymp der Forschung aufsteigen will, muss einen langen und in der Regel harten Weg gehen. Von Ausnahmen abgesehen, erreichen Akademiker (vor allem in Deutschland) im relativ hohen Alter von Anfang 40 das Ziel. Bis dahin wird studiert, promoviert und in der Regel habilitiert. An den Hochschulen – die idealtypisch noch immer als der Ort für Interessen ungebundene Forschung angesehen werden – gibt es unterschiedliche Statusgruppen mit unterschiedlichen Rechten und Pflichten in der (Selbst-) Verwaltung, in Lehre und Forschung.

Aber hier (sowie überall) werden die Gelder knapp. Der Wettlauf um die schrumpfenden Ressourcen hat vor vielen Jahren begonnen. Auch und gerade die Hochschulen sind davon betroffen: Es fehlt Geld für den Hochschulbau und die Sanierung von Hörsälen und Bibliotheken, von Forschungseinrichtungen und Labors. Die staatliche Grundausstattung ist nicht mehr gesichert und oftmals ersetzen Drittmittel, erfolgreich eingeworben bei staatlichen und wirtschaftlichen Einrichtungen, die grundlegenden Hochschulmittel (vgl. Finetti/ Himmelrath 1999, 155). Da wirken Diskussionen um die Einführung von Studiengebühren oder Finanzspritzen für Elite-Hochschulen als rein politische Schachzüge (vgl. Koch/ Thimm 2004).

4. Vertrauen und Misstrauen in Wissenschaft

Wenn Galilei seine Kollegen aufforderte ihren Augen zu trauen, meinte er das noch wörtlich. Heutzutage sind nicht einmal für Experten all die Phänomene sichtbar, die wissenschaftlich seziert werden. Immer kleiner werden die Einheiten, immer weniger (be-)greifbar. Damit wachsen Ängste und Unsicherheiten. Forschung und Wissenschaft haben in vielen Jahrhunderten, vor allem im vergangenen, bewiesen, dass wissenschaftliche Entdeckungen kontingent sind: einerseits im positiven Sinne fortschrittlich und lebenserhaltend, andererseits im negativsten Sinne existenzbedrohend bis lebenszerstörend. Die Stichworte Kernspaltung und Atombombe mögen genügen.

Um das Thema Vertrauen in Wissenschaft sinnvoll diskutieren zu können, sind Unterscheidungen notwendig: Zu differenzieren ist zwischen den bereits vorgestellten Ebenen des Gesamtsystems, der Institutionen und der Einzel-Akteure. Nur dann können positive wie negative Effekte zwischen den Ebenen analysiert werden.

Dort, wo Vertrauen geschenkt wird, ist auch immer zerstörtes Vertrauen oder gar Misstrauen denkbar. Hilfreich ist hier eine Diagnose der pathologischen Erscheinungen. Welche Ereignisse und Entwicklungen haben oder könnten dazu geführt haben, dass Vertrauen in Wissenschaft, in wissenschaftliche Institutionen oder Akteure schwindet?

4.1 Vertrauen in das System Wissenschaft

Wissenschaft ist im Verständnis Niklas Luhmanns (1986) ein autopoietisches System. Es funktioniert nach dem Code wahr/ unwahr und folgt eigenen Regeln und Programmen (also Theorien). Es hat spezifische Strukturen zu deren Realisierung, Steuerung und Kontrolle ausgebildet und auf Grund der inneren Ausdifferenzierung in Disziplinen und Subdisziplinen hat es eine hohe Komplexität erreicht. Aber auch das Wissenschaftssystem unterliegt den Tendenzen der Ökonomisierung und Politisierung: Zunehmend wichtiger wird, wer die finanziellen Mittel und die Macht hat um zu forschen.

Gibt es die selbstlose, objektive Wissenschaft? Gibt es die durch Wissenschaft entdeckbare gültige Wahrheit? Liest man Frederico Di Trocchios Buch *Der große Schwindel* (1994) lautet die Antwort eindeutig: Nein. Allerdings hängt dies vom Standpunkt und der Erwartung gegenüber Wissenschaft ab. Di Trocchio ist der Ansicht, dass die Welt viel zu komplex, ja geradezu chaotisch ist, um sie tatsächlich zu erfassen und zu verstehen. Die auf alle Zeiten gültige und richtige Theorie könne es nicht geben und damit sei wissenschaftliche Wahrheit immer nur eine Annäherung an die Realität. Und selbst diese Annäherungen seien nur bedingt gültig, denn „[a]m Beginn und am Ende jeder Theorie steht also das Falsche“ (ebd. 197).

> „Heute wissen wir nämlich, daß die Idee, man könne die Welt oder wenigstens ihre wichtigsten Aspekte wie ein riesiges Billardspiel betreiben, das Ergebnis einer naiven Vereinfachung, im Extremfall jedoch einer zwar unschuldigen, aber gewaltigen Fälschung ist. Urheber dieser Vorstellung waren Galilei und Newton, die systematisch Details und kleine Störungen außer acht ließen. Dadurch ‚linearisierten' sie die Welt und schrieben Phänomenen eine Regelhaftigkeit, Ordnung und Präzision zu, die tatsächlich im wesentlichen chaotisch sind." (ebd. 207)

Wissenschaftlicher Prozess speist sich nach Ansicht Di Trocchios aus zwei Arten von Betrug: Des Betrugs im Sinne der Wissenschaft, der wissenschaftlich falsche und als wahr betrachtete Theorien hervorbringt, und der Fälschung im eigennützigen Sinne, die Theorien hervorbringt, „die auf ganz gewöhnliche Weise falsch sind" (ebd. 201). Erstere seien „nur die Kehrseite der Genialität" (ebd. 212) und für wissenschaftliche Erkenntnis unabdingbar, die zweite Methodik sei die von kleinen und gewöhnlichen Betrügern (ebd.). Die Bedingungen der Wissenschaft allerdings könnten in den nächsten Jahren, so Di Trocchios Warnung zu Beginn der 1990er Jahre, zur Vermehrung der zweitgenannten Spezies von Betrügern führen.

Worin liegen die Ursachen für das Schenken von Vertrauen einerseits und andererseits das offensichtliche Verschwinden des Vertrauens in die Autonomie des Wissenschaftssystems und seine Fähigkeit, die Suche nach Objektivität und Wahrheit selbst zu steuern und zu kontrollieren? Die Gründe sind zahlreich und vielschichtig:

- Zum einen liegen sie in der Funktion und der Struktur des Wissenschaftssystems selbst begründet. Die zunehmende Innendifferenzierung und Spezialisierung der Wissenschaft führt „zum Verlust der Einheitsvorstellung der Wissenschaft" (Weingart 2001, 118). Wissen wird mehr und mehr rekonstruiert statt als unmittelbares Tatsachen- und Erfahrungswissen generiert (vg. ebd. 117). Nicht zuletzt der Rationalismus „öffnet uns mit jeder Erweiterung unseres Wissens zugleich die Augen für das, was wir alles nicht wissen. Jede neue Erkenntnis produziert eine ganze Reihe neuer Wissenslücken. (...) Die permanente Offenbarung unseres Nichtwissens kann zur Verzweiflung führen, insbesondere dann, wenn der Mensch die Welt in ihrem ganzen Ursprung, Gesamtzusammenhang und Sinn erfassen will" (Münch 1992, 29).
- Wissen ist ein gesellschaftliches Gut und spielt als solches eine wesentliche Rolle im Prozess des lebenslangen Lernens. Allerdings wird es schwieriger für den Einzelnen zu entscheiden, was wichtig ist und was nicht. Die Instanzen der Wissensproduktion sind gleichermaßen aufge-

fordert, das Wissen zu systematisieren und unter Umständen zu selektieren. Diese Funktion haben jedoch andere Systeme übernommen, allen voran das Bildungs- und das Mediensystem. Diese allerdings funktionieren auf Grund anderer Programme als das Wissenschaftssystem: Geht es Letzterem um die Erzeugung gesicherten, objektiven Wissens, so hat Erstgenanntes den Ausbildungs- und Berufsmarkt im Blick, und das Mediensystem fokussiert Wissenschaft durch das Objektiv der Nachrichtenfaktoren.

- Die ideellen Anforderungen an Wissenschaft waren und sind hoch. Aber auch dieses System funktioniert nicht zweifels- und fehlerfrei. Das Vertrauen in das Wissenschaftssystem wurde durch zwei Ereignisse wesentlich erschüttert, die eine Einstellungsveränderung in der Gesellschaft provozieren und symbolisieren: Am 28. März 1979 kommt es in dem amerikanischen Atomreaktor Three Mile Island bei Harrisburg beinahe zu einem Super-Gau. Erst nach zehn Tagen konnten die Menschen aufatmen – es war nicht zur Kernschmelze und damit zum Ausstoß einer radioaktiven Wolke mit verheerenden Folgen gekommen. Anders war dies sieben Jahre später: Im Kernkraftwerk im russischen Tschernobyl löst ein Brand in einem Reaktorblock die Katastrophe aus. Verheerend wirkte nicht nur die radioaktive Wolke über Ost- und Westeuropa, sondern auch die defizitäre Informationspolitik aller Beteiligten, nicht zuletzt der deutschen Politiker. „Three Mile Island und Tschernobyl wurden zu Symbolen nicht nur der Verletzlichkeit der Kernkrafttechnologie, sondern mehr noch des Verlusts der auf verlässlichem Wissen und einstimmiger Expertise gründenden wissenschaftlichen Autorität sowie der Glaubwürdigkeit der sich auf diese Autorität stützenden Politiker“ (Weingart 2001, 127f.). Schon vorher und erst recht nachher hatten und haben Störfälle und Katastrophen (Seveso 1976, zahlreiche Tankerunglücke, Brand in der indischen Chemiefabrik Bhopal und so weiter) den Glauben vor allem in die positive Wirkung (angewandter) Forschung erschüttert. In erster Linie haben Natur- und Umweltkatastrophen zu Unsicherheit, Ängsten und einem Hinterfragen wissenschaftlicher Erkenntnis geführt.
- Der wesentliche Grund für den (drohenden) Vertrauensverlust liegt in dem Verlust der Monopolstellung der Wissenschaft bei der Erzeugung gesicherten Wissens (vgl. Weingart 2001, 15). Weingart bezeichnet dies als Vergesellschaftung der Wissenschaft und als Verwissenschaftlichung der Gesellschaft. Systemtheoretisch betrachtet geschieht das Folgende:

„Bislang getrennte gesellschaftliche Subsysteme schieben sich ineinander hinein. Es gibt keine klar abgegrenzten Systeme für Märkte, politische Entscheidungsverfahren, Vereinigungen und Diskurse mehr. Der größte Teil des gesellschaftlichen Handelns findet in den Zonen der Interpenetration dieser Systeme statt“ (Münch 1992, 15). Die Beziehungen zwischen den gesellschaftlichen Subsystemen bewegen sich zwischen zwei sich scheinbar widersprechenden Prozessen: zum Beispiel der Politisierung des Wissenschaftssystem und der Verwissenschaftlichung des Politiksystems; ebenso gilt dies für die strukturelle Kopplung des Wissenschafts- und anderer Systeme wie Ökonomie und Medien (Ökonomisierung der Wissenschaft – Akademisierung der Wirtschaft; Medialisierung der Wissenschaft – Verwissenschaftlichung der Medien?).

- Konkret heißt dies: Wissenschaft löst sich aus „ihrer vormaligen relativen sozialen Isolation“ (Weingart 2001, 14). Von Wissenschaft wird neben gesichertem Wissen die Anwendbarkeit der Erkenntnisse erwartet. Beispielsweise soll Wissenschaft für das Subsystem Politik zwei wesentliche Leistungen erfüllen: instrumentelles Wissen zur Lösung konkreter Probleme und die Legitimation für politische Entscheidungen liefern (vgl. ebd. 27). Politik wiederum bietet dem Wissenschaftssystem die existenziellen und infrastrukturellen Rahmenbedingungen (z.B. in Form des Hochschulbaus). Das Wirtschaftssystem transferiert zunehmend (notwendige) materielle und somit finanzielle Ressourcen in die Wissenschaft. Sie verspricht sich davon einen realen Nutzen im Hinblick auf die Optimierung von Produktions- und Distributionsprozessen wirtschaftlicher Güter und Dienstleistungen (möglichst als Geschäftsgeheimnis und Patent). Die Präsenz und öffentliche Legitimierung der Wissenschaft in und über die Medien ist vor allem in Demokratien ein Muss. Medien erzeugen öffentliche Aufmerksamkeit und diese ist wiederum unverzichtbar für die Legitimierung des Systems: öffentliche Aufmerksamkeit, Reputation und Mittelzuweisung sind fest miteinander verknüpft.
- Der Verlust dieser Distanz beziehungsweise die strukturelle Kopplung zwischen den Systemen führt faktisch zum Verlust der Autonomie des Wissenschaftssystems und ideell zum Verlust des Vertrauens in deren Autorität. Die Autonomie des Systems hat sich im Wesentlichen aus der Selbststeuerung heraus definiert. Institutionalisiert war dies über die so genannten Peer reviews. Das heißt, die Scientific Community selbst beziehungsweise ihre Mitglieder haben über die Qualität wissenschaftlicher Forschung gewacht. Dieses Peer-review-System hatte und hat die Funk-

tion, nach innen und außen Vertrauen in die Verlässlichkeit des Systems selbst und seiner Selbststeuerung zu erzeugen. Diese Funktion der Evaluation wird inzwischen zu einem nicht geringen Teil von außen übernommen – und damit wird der Einfluss anderer Systeme vergrößert. „Die Zeiten des fraglosen Vertrauens in die professionellen Selbststeuerungsmechanismen, des unbeobachteten Tuns, der informellen Verhandlungen und Übereinkünfte, sind, so scheint es, vorüber“ (Weingart 2001, 290f.).
- Das liegt auch am Versagen des Peer-review-Systems selbst: Durch Betrug und die Politisierung und Ökonomisierung der Forschungsförderung hat es sich ein Stück weit unglaubwürdig gemacht. Wie Wissenschaft darauf reagiert (hat), wird in den folgenden Unterkapiteln dargestellt.

4.2 Vertrauen in wissenschaftliche Institutionen

Auf dieser Ebene wird die Kopplung zwischen Wissenschaft, Politik und Ökonomie besonders deutlich. Die Generierung von Wissen in Form von Forschung (und Lehre) kostet Geld – Kapital, das auch und gerade in modernen Wohlfahrtsgesellschaften nicht selbstverständlich in die entsprechenden Institutionen investiert wird – es sei denn, es profitieren alle Beteiligten: die Hochschule oder Forschungseinrichtung durch die Überweisung finanzieller Mittel, der Sponsor durch politische oder ökonomische Vorteile.

Vor diesem Hintergrund werden Universitäten und Hochschulen zu „Wissensfabriken“ (Weingart 2001, 172). Hochschulforschung macht sich beziehungsweise ist abhängig von den Interessen der Wirtschaft und der Industrie: Wissenschaftliches Wissen und dessen Anwendbarkeit ist eine immer wichtigere Voraussetzung, um unter dem Faktor *Zeit* im Markt innovativ zu sein und gegen Konkurrenz erfolgreich agieren zu können – Vorsprung durch Wissen.

Forschung, noch dazu Grundlagenforschung, ist aber für die Industrie insgesamt und erst Recht für einzelne Unternehmen teuer und riskant. Deshalb nimmt das Interesse an der Kopplung zwischen Industrie und Hochschulen stetig zu. Die Programme für Forschung und Entwicklung (FuE) innerhalb der Europäischen Union gewinnen an Bedeutung, quantitativ wie qualitativ. Voraussetzung hierbei ist die Kooperation zwischen einer Hochschule und einem Unternehmen (vor allem aus dem Mittelstand). Allerdings boomen hier seit Jahrzehnten nur wenige Märkte: Medizin und Pharmazie sowie Technik als Automobil-, Energie- und Kommunikationstechnologie.

Diese ökonomische Entwicklung und Orientierung, die in Deutschland seit langem durch den Ausbau der Technischen Hochschulen und Fachhochschulen erkennbar ist, wirkt auf das institutionalisierte Wissenschaftssystem zurück: Die Ausbildung findet nicht (mehr) als eine möglichst breite akademische Wissensvermittlung statt, sondern orientiert sich an den Trends in Arbeits- und Berufsmarkt. Vor diesem Hintergrund ist zu sehen, dass an den Universitäten vielfach die geistes-, kultur- und sozialwissenschaftlichen Fächer zugunsten der Naturwissenschaften zurückgebaut werden. Der breit und allgemein gebildete Generalist verschwindet hinter einem Spezialisten; selbst ‚große' Grundlagenfächer differenzieren sich aus, suchen nach Nischen – nicht zuletzt, um erfolgreich Stellen und Mittel zugewiesen zu bekommen. Im modernen Wissenschaftsmarkt müssen Hochschulen Investitionen in Fakultäten, Studiengänge und Fächer mit der Nachfrage im Markt legitimieren. Die Frage nach den Beschäftigungschancen der Absolventen ist vordergründig. Aber wer braucht Philosophen und Germanisten? Der Nutz- und Anwendungswert sowie die Frage nach Karriere- und Einkommenschancen ist die Währung auch im akademischen Ausbildungsmarkt.

Ökonomie und Politik bestimmen die Regeln und setzen die Rahmenbedingungen. Ein Beispiel: Die Kultus-, Bildungs- und Innenminister in Europa haben beschlossen, bis zum Jahr 2010 alle Hochschulstudiengänge auf Bachelor- und Masterabschlüsse umzustellen. Einer der Gründe – von der Wirtschaft als Vorwurf in die Antiquiertheit des Systems gebetsmühlenartig wiederholt – lautete: Studenten, vor allem deutsche, brauchen zu lange für einen ersten akademischen Abschluss. Die Ausbildung muss schneller und praxisorientierter vonstatten gehen. Außerdem sollen mit der Vereinheitlichung Transparenz und Mobilität im europäischen Bildungs- und Arbeitsmarkt geschaffen werden. Künftig wird das bürokratische Verfahren um die Anerkennung eines akademischen Abschlusses in der EU entfallen.

Zur Realisierung dieses Konzeptes ist Vertrauen nötig:

- Vertrauen in die Umsetzbarkeit eines politischen Beschlusses in ähnlichen aber nicht einheitlichen Bürokratien;
- Vertrauen in ein kompatibles Verständnis von Bildung zwischen den Kulturen;
- Vertrauen in die Qualität der einzelnen Hochschulen, Studiengänge und Curricula, damit die Leistungen, die gefordert und erbracht werden, vergleich- und damit anrechenbar sind;
- und Vertrauen in die Kompetenz der einzelnen Fachvertreter, dass das Studium der Soziologie in Bielefeld denselben Normen entspricht wie das in London oder Paris.

Mit diesen strukturellen Änderungen ist jedoch die Finanzfrage nicht geklärt. Trotz der politischen Beteuerungen, dass Bildung und Wissen in Deutschland eine der wichtigsten Ressourcen ist, steigen die staatlichen und privaten Investitionen nicht: 2002 betrug der Anteil der Ausgaben für Bildung, Forschung und Wissenschaft wie im Vorjahr etwa neun Prozent des Bruttoinlandsproduktes. Von den insgesamt rund 193 Milliarden Euro entfielen allein 121 Milliarden auf den eigentlichen Bildungsprozess, also die Lehre beziehungsweise den Unterricht an Schulen und Hochschulen; für Forschungs- und Entwicklungsleistungen wurden 53,3 Milliarden Euro ausgegeben. Die Wirtschaft trug davon immerhin 36,8 Milliarden, die Hochschulen 9,1 Milliarden und staatliche und private Institutionen ohne Erwerbszweck 7,3 Milliarden (Statistisches Bundesamt 2004).

Vor dem gesamtgesellschaftlichen Hintergrund wirken die Investitionen mager und die Diskussionen um Studiengebühren, eine leistungsbezogene Besoldung der Professoren und die Einrichtung von Eliteuniversitäten nach amerikanischem Vorbild scheinen allein politisch motiviert (vgl. Koch/ Thimm 2004). Das Vertrauen, dass das in Hochschulen institutionalisierte Wissenschaftssystem eigene Lösungen kreiert, scheint angesichts der Entwicklungen keine Grundlage mehr zu haben. Im Gegenteil: Durch Skandale und Skandälchen in den vergangenen Jahren hat die Reputation der Institutionen gelitten; die Selbststeuerung wird zunehmend in Frage gestellt und durch externe Instanzen abgelöst.

Um zum Beispiel zu der Umstellung auf Bachelor- und Masterstudiengänge zurückzukommen: Jeder Studiengang muss zertifiziert sein, also erfolgreich ein so genanntes Akkreditierungsverfahren durchlaufen. Die Hochschulrektorenkonferenz (HRK) und der von ihr eingesetzte Akkreditierungsrat haben Kriterien für dieses Verfahren aufgestellt und wachen darüber. Die tatsächliche Arbeit erledigen im Auftrag der HRK Akkreditierungsagenturen, die wiederum Gutachter einsetzen. Neben Mitgliedern aus Hochschulen (Professoren und Studierende) findet sich in allen Kommissionen mindestens ein externer Vertreter aus dem Berufsfeld, für das der entsprechende Studiengang qualifizieren soll.

Die Hochschulen geben damit die Überprüfung der Einhaltung von inhaltlichen Qualitätskriterien aus der Hand und beugen sich der Forderung nach einer stärkeren Praxisorientierung. Wohin diese ansatzweise Ent-Akademisierung der Hochschulen führen wird, bleibt abzuwarten. Auf Grund der starken Einflüsse von Politik, Wirtschaft, Medien und Öffentlichkeit wird sich dieser Prozess nicht umkehren lassen. Vor allem deshalb, weil es eine medialisierte Gesellschaft nicht zulassen kann, dass es ein autonomes, sich selbst kontrollierendes Subsystem gibt, das von der Gesellschaft finanziert wird und für diese wiederum Probleme lösen soll. Im Elfenbeinturm kann und darf dies nicht mehr stattfinden.

Trotz aller Kritik genießen wissenschaftliche Institutionen noch immer einen guten Ruf, liegen in den Imageskalen auf den oberen Plätzen. Dieses Phänomen lässt sich auch auf Vertrauen und Hoffnung in die Kompetenz des Systems zurückführen: Es zeichnet sich keine andere Instanz als das Wissenschaftssystem ab, um Probleme des 21. Jahrhunderts wie Aids, Krebs, Hungersnöte, Energiefragen oder Klimaveränderungen anzupacken.

4.3 Vertrauen in Wissenschaftler

Forschung und Wissenschaft finden nicht nur – und damit schließt sich der Kreis – in den klassischen Institutionen der Wissenschaft statt – im Gegenteil: Von insgesamt 480.004 Vollzeitbeschäftigten im Bereich Forschung und Entwicklung in Deutschland arbeiten 302.600 in der Wirtschaft, 104.714 an Hochschulen und 72.690 in staatlichen und privaten Institutionen ohne Erwerbszweck (Statistisches Bundesamt 2004). Gibt es einen Unterschied im Selbst- und Fremdverständnis eines Wissenschaftlers, der an einer staatlich finanzierten Hochschule oder in einem privatwirtschaftlich finanzierten Forschungslabor nach einem Medikament gegen Krebs forscht? Beide haben sich zu Beginn ihrer Karriere eher still schweigend dazu verpflichtet, im Interesse der Wissenschaft und damit zum Zwecke der Generierung objektiven Wissens zum Wohle der Gesellschaft zu arbeiten.

Aber so hehr scheint die wissenschaftliche Welt nicht zu sein – wenn sie es je war. Es geht primär um Geld und Macht. So jedenfalls sehen es Insider wie Dietrich Schwanitz (1995) und Carl-W. Voss (2001; Pseudonym). Sie sind zwei einer Reihe von Autoren, die in den vergangenen Jahren Romane über das Biotop Universität beziehungsweise Wissenschaft publiziert haben. Ihre Helden heißen Hanno Hackmann oder Johannes Hecht, haben als Professoren ihren Zenit überschritten, klammern sich aber an Macht und deren Symbole (z.B. Posten und Ämter). Wie immer in Romanen sind die Figuren frei erfunden, Ähnlichkeiten mit lebenden Personen werden aus rechtlichen Gründen ausgeschlossen, aber jeder Leser ahnt oder weiß: Nicht alles ist an den Haaren herbei gezogen. Solche Menschen gibt es und wir glauben gern, dass in einem derart abgeschotteten System Leichen im Keller liegen.

Vertrauen und Misstrauen, die Angst vor und die Tatsache der Existenz von Fälschung und Betrug wurden bis weit in das 20. Jahrhundert hinein nicht öffentlich diskutiert. In den USA und Skandinavien begannen die Diskussionen in den 1970er Jahren; in Deutschland wurde das Phänomen sogar bis Ende der 1990er Jahre ignoriert. Mit dem Fall der Krebsforscher Friedhelm Herrmann und Marion Brach (vgl. Finetti/ Himmelrath 1999) platzte der Ballon mit der Aufschrift: ‚Das kommt in Deutschland nicht vor‘.

Die beiden renommierten Wissenschaftler, auch privat ein Paar, hatten über Jahre Labordaten gefälscht, Abbildungen in Publikationen manipuliert, Ergebnisse von Kollegen geklaut, Daten frei erfunden. Die Motive liegen für Finetti und Himmelrath (ebd.) im Wissenschaftssystem selbst begründet: Herrmann und Brach hatten manipuliert, um Fördermittel zu erlangen, um Untersuchungsergebnisse als Erste publizieren zu können, um ihr wissenschaftliches Ansehen und damit ihre Karriere fördern zu können. Die beiden Krebsforscher hatten berühmte Vorgänger (vgl. Finetti/ Himmelrath 1999; Di Trocchio 1994): Der Zoologe Ernst Haeckel, Albert Einstein und viele andere prominente Namen finden sich auf der Liste. Sind sie in der Regel aber als ‚idealistische Schwindler‘ zu betrachten, so haben die Betrugsfälle seit den 80er Jahren des 20. Jahrhunderts eine andere Quantität und Qualität: „Quantitativ nahm die Zahl der Betrugs- und Fälschungsfälle von nun an zu. Qualitativ nahm ihr wissenschaftlicher Gehalt zugleich ab. (...) Statt renommierter Professoren oder überaus begabter Talente waren es ab der Mitte der achtziger Jahre vor allem einfache Doktoranden oder Diplomanden, die die Regeln des wissenschaftlichen Anstandes verletzten.“ (Finetti/ Himmelrath 1999, 79)

Sind diese Betrüger alle kriminell veranlagt? Unter Forschern und Wissenschaftlern gibt es mit Sicherheit nicht mehr schwarze Schafe als in anderen gesellschaftlichen Bereichen. Als Motive für die großen und kleinen Betrugsfälle werden stets die bereits oben genannten Gründe deutlich: der Wettlauf um Gelder und die Vergabepraxis nach Reputation und Publikationsliste. Hier wird ein Kreislauf offenkundig, den das System selbst kultiviert. Auf Grund der schlechten finanziellen Ausstattung des etablierten Wissenschaftssystems an den Hochschulen ist der Kampf um Forschungsfinanzierung fast wichtiger als die Forschung selbst. Forscher werden zu Forschungsmanagern (vgl. Finetti/ Himmelrath 1999, 156), die „ihre Kreativität den Auftragsbedingungen unterordnen“, und so gewinnt wissenschaftlicher Mainstream die Oberhand über wissenschaftliche Qualität (ebd. 157).

Der Konkurrenzkampf um Gelder und Renommee ist mittlerweile international. Das amerikanische Prinzip des „publish or perish“ setzt sich durch, was eine wahre Publikationsflut (etwa 20.000 Publikationen pro Tag weltweit) erzeugt und quantitative Publikationslisten und den persönlichen Journal-Impact-Faktor vor allem für den Nachwuchs zum Türöffner in den Olymp der Forscher werden lässt. „Rund fünf Prozent aller Publikationen in Fachzeitschriften, schätzt Marinus Lamers vom Freiburger Max-Planck-Institut für Immunbiologie, seien „aktiv gefälscht“ (Haffner/ Luczak 2003, 124).

Ist Fälschung gleich Fälschung, Betrug gleich Betrug? Der Mathematiker Sir Charles Babbage hatte 1830 einen *Stammbaum der Schwindeleien* aufgestellt (Finetti/ Himmelrath 1999, 18), in dem sich unter anderem finden: das Trimmen wissenschaftlicher Messwerte (Abweichungen werden zur Vortäuschung größerer Genauigkeit weggelassen), das Kochen von Messwerten (Zahlen werden so lange manipuliert, bis sie zum gewünschten Resultat passen) und den klassischen Betrug (im Sinne von Erkenntnissen, die der Forscher so nie durch Forschung erlangt hat). Das Plagiat hatte Babbage nicht berücksichtigt,

> „sei es, weil gerade die unerlaubte Übernahme fremder Gedanken und ihre Weiterverwertung unter eigenem Namen bereits so gängig gewesen war, daß sie ihm eine Beschäftigung nicht gelohnt hatte, sei es, weil schon der Mathematiker Babbage die leicht geringschätzige Auffassung vieler Naturwissenschaftlerkollegen geteilt hatte, das vor allem bei Geisteswissenschaftlern anzutreffende Plagiat sei keine echte Form wissenschaftlichen Betruges.“ (ebd.)

Gemeinhin ist das Vertrauen in die Exaktheit der Naturwissenschaften groß, denn die Korrektheit und Gültigkeit physikalischer Gesetze, ausgedrückt in mathematischen Formeln, lässt sich (scheinbar) am wiederholbaren Experiment nachweisen. Diese Wiederholbarkeit setzt jedoch in gewisser Weise Gleichförmigkeit der Natur oder natürlicher Phänomene voraus – nach Meinung Di Trocchios (2001, 198ff.) etwas, das so nicht vorkommen kann. Auf Grund der hochgesteckten Erwartung sind die Naturwissenschaften anfälliger für Manipulation und Betrug. Gleichwohl die Sozial- und Geisteswissenschaften ebenfalls im positivistischen Sinne Gesetzmäßigkeiten nachspüren und dies mit Hilfe der Methoden der empirischen Sozialforschung legitimieren, so konnten ihnen bislang ‚nur‘ „manipulierte Ergebnisse bei sozialwissenschaftlichen Umfragen oder frei erfundene Archivalien bei historischen Studien“ (Finetti/ Himmelrath 1999, 90) nachgewiesen werden. Zudem wird der Umgang mit dem geistigen Gut Anderer offenbar toleranter beobachtet und bewertet. Das Übernehmen, Paraphrasieren und Zitieren fremder Gedanken ist tägliches Handwerkszeug der Geistes- und Sozialwissenschaftler. Der Übergang zwischen Zitat und Plagiat ist ein Name, der Name des jeweiligen Urhebers.

„Die hohe Kunst des Abschreibens“ (ebd.) greift vor allem an den Hochschulen um sich. Bernhard Debatin (2004, 10f.) zitiert eine amerikanische Studie, nach der der Anteil der Studierenden, die sich im Internet bedienen und Hausarbeiten und andere Quellen plagiieren, zwischen 1999 und 2001 von zehn auf 44 Prozent gestiegen ist – und ein Drittel würden dies nicht einmal als Problem betrachten. Debatin (ebd. 11) nennt als Gründe: einfacher Zugang zum Internet beziehungsweise zu den Quellen, Anonymität und die Leichtigkeit des digitalen Kopierens. „Das Internet hat die Hemmschwellen in mehrfacher Hinsicht gesenkt“ (ebd.).

Was passiert hier, und wie kann dem entgegengewirkt werden? Debatin (ebd.) spricht von der „Popularisierung und Trivialisierung des Plagiats“. Der Schutz geistigen Eigentums wird in Zeiten des beschleunigten Informationsdurchsatzes und der verringerten Halbwertszeit von Wissen zu einem Kavaliersdelikt. Dabei tritt in den Hintergrund, dass es „weniger um Schaden an der Individualmoral als um die Beschädigung der wissenschaftlichen Kultur [geht]. Betrug, Fälschung und Plagiat haben eine zersetzende Wirkung auf Vertrauen, Integrität und Fairness. Letztere aber sind *normative Bindungskräfte* des Ausbildungs- und Forschungsbetriebs“ (Debatin 2004, 11).

Die Ahndung dieses auf Dauer folgenreichen Vertrauensbruchs ist schwierig. Straf- und Zivilrecht greifen nicht oder schlecht; die juristische Beweisführung ist in vielen Fällen fast unmöglich, denn es müsste eine betrügerische Absicht nachgewiesen werden. Damit es außerdem nicht zu einer Verrechtlichung des Wissenschaftssystems kommt und damit eine weitere externe Größe Einfluss gewinnt, muss das Wissenschaftssystem selbst dieser Entwicklung Herr werden.

5. Fazit oder: Vertrauensbildende Maßnahmen

Der Fall Herrmann/ Brach hat gezeigt, dass die systeminternen Strukturen und Mechanismen nicht (mehr) funktionieren. Das Wissenschaftssystem hat nicht in Vorwegnahme möglicher Ereignisse Lösungen vorausgedacht, sondern es hat erst nach einiger Zeit auf den Druck von außen reagiert – und auch dies eher schwerfällig. So hat die Deutsche Forschungsgemeinschaft (DFG) erst 1998 einen Kodex formuliert, der von Forschungseinrichtungen und Wissenschaftlern eingehalten werden muss und Grundlage für die Bewilligung von Geldern ist (DFG 2004). In diesem *Ehrenkodex* wird letztlich nur das formuliert und fixiert, was zu den unausgesprochenen Selbstverständlichkeiten des Wissenschaftssystems gehörte, bis es – trivial beschrieben – die Unschuld verloren hat. Wie ein roter Faden zieht sich der Begriff der „guten wissenschaftlichen Praxis“ durch das Papier; Betrug und Fälschung werden nicht beim Namen genannt, sondern als „bewußte Verletzung elementarer wissenschaftlicher Grundregeln“ bezeichnet (ebd.). Die DFG betont, dass es eine Aufgabe der Selbstverwaltung der Wissenschaft sei, über die Einhaltung der Regeln zu wachen. Vor allem die Institutionen, deren Kernaufgabe Forschung und Wissenschaft sind, werden hier genannt: Hochschulen, außeruniversitäre Forschungsinstitute, Fachgesellschaften, Förderorganisationen, wissenschaftliche Zeitschriften. Die DFG-Empfehlungen sind inzwischen in den genannten Organisationen weitgehend angekommen und in eigene Kodizes umgesetzt (z.B. in der Deutschen Gesellschaft für Publizistik und Kommunikationswissenschaft, DGPuK).

Andere Länder haben mit der Einsicht in die Notwendigkeit derartiger Instanzen und mit dementsprechenden Maßnahmen geringere Probleme. In den USA wurde 1992 das Office for Research Integrity (ORI) als Abteilung des US-Gesundheitsministeriums eingesetzt, um Fehlverhalten und Manipulationen in Forschung und Wissenschaft aufzudecken. In Deutschland wäre eine solche Einrichtung wie das ORI nahezu undenkbar – aus zwei Gründen: Würde sie von der Politik kreiert, so hätte die Politisierung des Wissenschaftssystems einen Höhepunkt erreicht; seine Autonomie wäre in Frage gestellt, wenn nicht sogar in der Existenz gefährdet. Auf der Ebene der Akteure bedeutete dies: stets auf der Hut und misstrauisch gegenüber Kollegen und deren Forschung zu sein. Im Ernstfall müsste Fehlverhalten angezeigt werden. Diejenigen, die zum Beispiel im Fall von Herrmann/ Brach den Stein ins Rollen gebracht haben, wurden jedoch nicht nur mit Lorbeeren bedacht – im Gegenteil: In den Augen eines Teils der Scientific Community haben sich die Nachwuchswissenschaftler, aus dem direkten Umfeld der beiden Forscher kommend, des Vertrauensmissbrauchs und der Denunziation schuldig gemacht.

Der Wissenschaftsgemeinschaft muss es gelingen, auf dem Grat zwischen Aufmerksamkeit und gesunder Skepsis einerseits sowie Misstrauen und Konkurrenzkampf durch Rufschädigung andererseits zu wandern.

Die Frage nach der (internen) Selbstheilungskraft der Wissenschaft ersetzt nicht die Frage nach Vertrauen in Wissenschaft schlechthin. Dolly (das Klon-Schaf) und Co. haben dies in den vergangenen Jahren erheblich angegriffen. Die Stammzellen- und Embryonenforschung lassen zweifeln, ob das, was technisch, biologisch, also wissenschaftlich machbar auch ethisch vertretbar ist. Das Thema Klonen von Menschen hat die Biomedizin in die bisher größte Vertrauenskrise gestürzt (vgl. Meili 2003). „Forscher, die unter dem Deckmantel von Erkenntnisgewinn und Wissenschaftlichkeit ethisch bedenkliche Experimente durchführen und dabei bewusst ethische Grenzen überschreiten, sind zur Gefahr für eine ganze Berufsgattung geworden“ (ebd.). Hierbei geht es also nicht um Betrug und Fälschung, sondern um die Legitimation und Funktion von Wissenschaft in der Gesellschaft.

Bessere – im Sinne von kontinuierlicher und offener – Kommunikation über die Gegenstandsbereiche und Erkenntnisse von Wissenschaft garantiert nicht automatische Zustimmung. Aber in Mediendemokratien ist deren öffentliche Darstellung unverzichtbar. Modelle und Kampagnen wie Public Understanding of Science scheinen viel versprechend (vgl. http://www.uni-bielefeld.de). Im Zuge dessen sind beispielsweise Einrichtungen wie das Universum Science Center in Bremen entstanden: ein modernes Museum, in dem Anfassen und Erleben im Vordergrund stehen. Hier versucht Wissenschaft nicht, sich selbst darzustellen, sondern die Fragen von Menschen zu beantworten.

„Öffentliches Vertrauen in Wissenschaft setzt kommunikatives Handeln voraus" (Leisinger 2002). Vertrauen und Glaubwürdigkeit wiederum sind die Konstituenten dieser Kommunikation – „und dies mehr denn je, da die Abhängigkeiten von der Verlässlichkeit des Wissens größer denn je sind. Die Konkurrenz um Vertrauen und Glaubwürdigkeit kennzeichnet die neue Wissensordnung genauso wie die alte; nur der Aufwand, sie herzustellen, ist für die Wissenschaft ungleich größer geworden. Zuweilen droht sie sich dabei selbst zu gefährden." (Weingart 2001, 354f.)

Literatur

Bammé, Arno (2004): Science Wars. Von der akademischen zur postakademischen Wissenschaft. Frankfurt/ New York.

Brecht, Bertolt (1967): Leben des Galilei. Berlin/ Frankfurt.

Bryson, Bill (2004): Eine kurze Geschichte von fast allem. München.

Debatin, Bernhard (2004): Die unerträgliche Leichtigkeit der Kopie. In: Aviso Nr. 36. 10-11.

Deutsche Forschungsgemeinschaft (DFG) (2004): Empfehlungen der Kommission „Selbstkontrolle in der Wissenschaft". Vorschläge zur Sicherung guter wissenschaftlicher Praxis. Januar 1998. Abgerufen im August 2004 unter http://www.dfg.de.

Di Trocchio, Federico (1994): Der große Schwindel. Betrug und Fälschung in der Wissenschaft. Frankfurt/ New York.

Finetti, Marco/ Himmelrath, Armin (1999): Der Sündenfall: Betrug und Fälschung in der deutschen Wissenschaft. Stuttgart u.a.

Goethe, Johann Wolfgang (1982): Faust. 1.Teil. Werke in zwei Bänden. Band 2. Gütersloh.

Haffner, Peter/ Luczak, Hania (2003): Und ewig lockt der Ruhm... In: GEO H. 3. 120-138.

Koch, Julia/ Thimm, Katja (2004): Geist gegen Gebühr. In: SPIEGEL H. 3. 36-50.

Leisinger, Klaus M. (2002): Wissenschaft und öffentliches Vertrauen. Abgerufen unter http://www.academia-engelberg.ch/de/pdf/LeisingerWissenschaft.pdf.

Luhmann, Niklas (1990): Ökologische Kommunikation. Opladen. 3. Aufl.

Meili, Christoph (2003): Wissenschaft in der Vertrauenskrise. In: Bioworld H. 2. Abgerufen am 05.05.04 unter http://www.risiko-dialog.ch/stiftung/pressespiegel/bioworld_2003_02.htm.

Münch, Richard (1992): Dialektik der Kommunikationsgesellschaft. Frankfurt/ Main, 2. Aufl.

Schwanitz, Dietrich (1995): Der Campus. Frankfurt/ Main.

Statistisches Bundesamt (2004): Daten zu Bildung, Forschung und Wissenschaft. Abgerufen am 06.08.04 unter http://www.destatis.de/basis/d/biwiku/

Tenbruck, Friedrich H. (1975): Der Fortschritt der Wissenschaft als Trivialisierungsprozeß. In: Wissenschaftssoziologie. Studien und Materialien. Hrsg. v. Stehr, Nico/ König, René. Sonderheft 18 der Kölner Zeitschrift für Soziologie und Sozialpsychologie. 19-47.
URL: http://www.uni-bielefeld.de/iwt/cs/diplomarbeit/zusammenfassung.html?_xsl.../print.xs (Zusammenfassung der Diplomarbeit von Salzmann, Christian/ Wörmann, Stefan (2001): Die Herstellung von Vertrauen? Bielefeld; abgerufen am 05.05.04)
Voss, Carl-W. (2001): Der Karpfenteich. Ohne Ort (Books on Demand).
Weingart, Peter (2001): Die Stunde der Wahrheit? Zum Verhältnis der Wissenschaft zu Politik, Wirtschaft und Medien in der Wissensgesellschaft. Weilerswist.

Vertrauen durch Glaubwürdigkeit – Möglichkeiten der (Wieder-)Gewinnung von Vertrauen aus psychologischer Perspektive

Martin K.W. Schweer, Barbara Thies

Das Vertrauen in gesellschaftliche Institutionen und Organisationen schwindet in dramatischem Ausmaß – diese Aussage trifft interdisziplinär auf Konsens. Die Möglichkeiten einer Person, abstrakten Gebilden wie politischen Parteien oder aber auch Wirtschaftsorganisationen Vertrauen zu schenken, werden auf Grund der Komplexität der sozialen Welt zunehmend schwieriger; kaum jemand ist in der Lage, die Vertrauenswürdigkeit solcher Gebilde zu beurteilen, geschweige denn zu prüfen. Im folgenden Beitrag wird die These vertreten, dass Institutionen und Organisationen nur dann das Vertrauen der Bürger (zurück-) gewinnen können, wenn sie selbst auf der Basis von Vertrauen als einem übergeordnetem Organisationsprinzip funktionieren, so dass sowohl intra- als auch extraorganisationales Vertrauen gefördert werden kann. Hierzu bedarf es der Realisierung zentraler Merkmale einer ‚Vertrauensorganisation', nämlich *glaubwürdige Kommunikation, Orientierung an ethisch-moralischen Grundsätzen* und *Verteilungsgerechtigkeit*.

Die Bedeutung der Implementierung von Vertrauen als Organisationsprinzip unter Rückgriff auf die Realisierung der eben genannten Merkmale wird aus psychologischer Sicht erörtert. Möglichkeiten und Grenzen dieses Prozesses werden für ausgewählte Kontexte dargestellt.

1. Gesellschaft und Vertrauen – definitorische Aspekte

Wird die fundamentale Bedeutung von Vertrauen für zwischenmenschliches Miteinander kaum je bestritten, ist gleichzeitig feststellbar, dass das Vertrauen in die Regierung und andere relevante gesellschaftliche Institutionen zunehmend schwindet. Das Ringen um Vertrauen ist im gesellschaftlichen Kontext folglich allerorts anzutreffen. Vertrauen wird verstärkt als zentrale Basisvariable auch des sozialen Miteinanders erkannt – wenngleich dies im deutschsprachigen deutlich spärlicher geschieht als beispielsweise im anglo-amerikanischen Sprachraum, was sicherlich dadurch bedingt ist, dass in Deutschland Vertrauen vielfach mit ‚blindem' Vertrauen und damit verbunden ‚blindem' Gehorsam gleichgesetzt wurde und zum Teil noch wird.

Auch vor diesem Hintergrund stellt sich somit die Frage, was Vertrauen eigentlich ist beziehungsweise warum Vertrauen derart wichtig für die verschiedensten Lebensbereiche ist und mit welchen weiteren Konstrukten Vertrauen im Zusammenhang steht. Im Zentrum der psychologisch orientierten Ausführungen stehen hierbei primär individuelle, subjektive Informationsverarbeitungsprozesse, die sich auf das Erleben und die Handlungsplanung von Individuen beziehen. Es geht also nicht um eine ‚Objektivierung' des Konstrukts Vertrauen, sondern vielmehr um (empirisch gesicherte) Erkenntnisse zur subjektiven Relevanz von Vertrauen im Rahmen sozialer Wahrnehmungsprozesse.

1.1 Merkmale des Vertrauens

Konsens besteht seit der bahnbrechenden Analyse von Luhmann (1968) dahingehend, dass Vertrauen eine komplexitätsreduzierende Funktion besitzt. In einer zunehmend komplexer und damit undurchschaubarer werdenden Welt sind Mechanismen erforderlich, welche diese Komplexität zu reduzieren helfen. Dies ist vor allem deshalb von Bedeutung, da ein Individuum und somit auch ein soziales System bei einem zu hohen Komplexitätsgrad nicht mehr handlungsfähig sind. Erst mit erlebtem Vertrauen als einem solchen grundlegenden komplexitätsreduzierenden Mechanismus werden Handlungsentwürfe überhaupt möglich. Neben diesem bedeutsamen funktionalen Aspekt ist Vertrauen als eine zentrale soziale Einstellung auf der inhaltlichen Ebene immer mit der Annahme verbunden, dass ein Interaktionspartner oder eine Institution beziehungsweise Organisation (die beiden Begriffe werden im folgenden synonym verwendet), mit der ein Individuum in Kontakt tritt, sich zumindest wohlwollend verhalten wird (vgl. bereits McGregor 1938). Zusätzlich zu einer solchen kognitiven Bewertung ist Vertrauen immer auch mit einer affektiven beziehungsweise evaluativen Komponente verknüpft, die zu einer positiven Bewertung des Vertrauensobjekts führt. McAllister (1995) beispielsweise unterscheidet in dieser Hinsicht explizit zwischen kognitivem und affektivem Vertrauen. Schließlich resultiert dann eine Handlungstendenz im Sinne einer Vertrauenshandlung. Mit dieser in der psychologischen Vertrauensforschung gängigen Auffassung von Vertrauen als sozialer Einstellung (vgl. Rosenberg/ Hovland 1960) wird deutlich, dass Vertrauen die Folge von Glaubwürdigkeit sein kann, aber nicht muss. Glaubwürdigkeit alleine bedarf keiner affektiven Komponente, so ist zum Beispiel eine glaubwürdige Drohung nicht vertrauensfördernd, wohl aber ebenfalls komplexitätsreduzierend, da hier gleichermaßen eine Verhaltensvorhersage ermöglicht wird (vgl. Simons 2002).

Vertrauen ist darüber hinaus immer mit einem *Risiko* verbunden: Investiertes Vertrauen kann prinzipiell enttäuscht werden (vgl. u.a. Boon/ Holmes 1991); Vertrauen ist eine Entscheidung gegen Kontrolle (Plötner 1995). Nach Ripperger (1998), die Vertrauen von den verwandten Konstrukten Zutrauen, Hoffnung und Zuversicht gegeneinander abgrenzt, impliziert Vertrauen endogene (also durch den Interaktionspartner oder die Institution verursachte) Risiken. Endogene Risiken können durch mangelnde Kompetenz des Interaktionspartners oder aber auch durch dessen Intention entstehen, schädigendes Verhalten zu realisieren. Nur im letzteren Fall spricht Ripperger von Vertrauen, da hier darauf vertraut wird, dass der Interaktionspartner eben kein schädigendes Verhalten zeigt. Schließlich gründet sich Vertrauen auf *Reziprozität*: Investiert ein Individuum Vertrauen, ist dies mit der Erwartung verbunden, dass der Interaktionspartner ebenfalls Vertrauen schenkt (vgl. Petermann 1996).

1.2 Die differenzielle Vertrauenstheorie

Neben den oben erörterten definitorischen Aspekten lassen sich die vorliegenden zentralen Vertrauenstheorien dahingehend unterscheiden, ob sie Vertrauen als personale Variable im Sinne einer situationsübergreifenden und zeitlich stabilen Persönlichkeitsdisposition begreifen (vor allem Rotter 1971, 1981; für eine psychodynamische Position vgl. Erikson 1966) oder aber als situative Variable konzipieren (Deutsch 1958). Vertrauen wird im letzteren Fall durch Aspekte der Interaktionssituation evoziert und resultiert in der Wahl einer kooperativen statt einer wettbewerbsorientierten Handlungsentscheidung. Zusammenfassend sind solche theoretischen Konzeptionen deswegen aus heutiger Sicht kritisch zu betrachten, da sich Vertrauen gleichermaßen aus personalen und situativen Variablen sowie deren Verschränkung speist. Vertrauen besitzt eine der Beziehung immanente Dynamik: Intensitäten können sich verstärken oder auch abschwächen (vgl. das Konzept der progressiven vs. retrogressiven Vertrauensentwicklung, Schweer 1996).

Diesem Umstand trägt die Differenzielle Vertrauenstheorie Rechnung (Schweer 1996, 1997a). Vertrauen generiert sich hierbei auf der personalen Seite durch die *individuelle Vertrauenstendenz*, also der prinzipiellen Überzeugung, dass Vertrauen in einem bestimmten Lebensbereich überhaupt möglich ist, und durch die ebenfalls lebensbereichsspezifische *implizite Vertrauenstheorie*. Letztere umfasst die normativen Erwartungen an einen vertrauenswürdigen

Interaktionspartner beziehungsweise eine vertrauenswürdige Institution. In einer konkreten Interaktion mit einem potenziellen Vertrauensobjekt werden die wahrgenommenen Merkmale mit den vertrauensrelevanten normativen Erwartungen abgeglichen. Fällt der Vergleich positiv aus, resultiert Vertrauenskonkordanz, die dann mit hoher Wahrscheinlichkeit in eine progressive Vertrauensentwicklung mündet, da die folgenden Wahrnehmungs- und Informationsverarbeitungsprozesse der Bestätigung des ersten Eindrucks dienen. Auf der situativen Seite sind ebenfalls bereichsspezifische Variablen zu nennen, welche den Rahmen der potenziell denkbaren Beziehungsformen in einem spezifischen Lebensbereich umreißen. So sind bisher für den pädagogischen Bereich die asymmetrische Beziehungsstruktur, die mangelnde Freiwilligkeit der Beziehung, die Möglichkeit zur offenen Kommunikation und die relative zeitliche Dauer in die Diskussion eingeführt worden (Schweer 1996).

1.3 Personales und systemisches Vertrauen

Entscheidend für das Vertrauen auf der gesellschaftlichen Ebene ist die Unterscheidung von personalem und systemischem Vertrauen. Personales Vertrauen entsteht immer dann, wenn ein konkreter Interaktionspartner involviert ist, dem auf Grund seiner spezifischen Merkmale und Eigenschaften Vertrauen geschenkt wird. Systemisches Vertrauen schließt alle solche Konzeptionen des Vertrauens ein, bei denen Vertrauen in eine Organisation, eine Institution oder auch die Gesellschaft beziehungsweise die Demokratie als solche investiert wird (vgl. Schweer/ Thies 2003). Natürlich können personales und systemisches Vertrauen miteinander verwoben sein; insbesondere dann, wenn Repräsentanten einer Organisation Vertrauen einfordern, das dann auf die Organisation generalisiert werden soll. Repräsentanten einer Organisation sind somit gleichermaßen potenzielle Vertrauensobjekte, aber auch Transporteure der Vertrauenswürdigkeit der gesamten „Organisation. In dieser Hinsicht sprechen Lewicki und Buncker von systemischem Vertrauen, wenn „individuals must generalize their personal trust to large organizations made up of individuals with whom they have low familiarity, low interdependence, and low continuity of interaction“ (1995, 137).

Unter der hier verfolgten psychologischen Perspektive ist also stets die individuelle und folgerichtig subjektive Informationsverarbeitung für die Vertrauensgenese entscheidend. Lewicki und Buncker pointieren die Relevanz der subjektiven Informationsverarbeitung in Bezug auf Vertrauensverluste wie folgt: „If trust has been broken in the eye of the beholder, it *has* been broken“ (1996,

132). Von daher ist systemisches Vertrauen als von einer Person in ein System erlebtes Vertrauen von Konzepten wie der „öffentlichen Meinung" (Westerbarkey 1991) zu unterscheiden. Analog argumentiert Plötner, „dass Vertrauen nur von einem einzelnen Individuum entwickelt werden kann, betriebliche Organisationen oder ähnliche Institutionen als Gesamtheit also nicht vertrauen können" (1995, 36).

Nicht zuletzt deshalb ist es in Bezug auf das Vertrauen in die Politik zu einfach, von *dem* politischen Vertrauen zu sprechen. In dieser Hinsicht unterscheiden Schiffmann, Sherman und Kirpalani (2002) Subtypen politischen Vertrauens, nämlich das Vertrauen in die Regierung und das Vertrauen in das demokratische System als solches. Die beiden resultierenden Vertrauensintensitäten lassen sich systematisch kombinieren, so dass sich spezifische Vertrauenstypen identifizieren lassen. Demnach sind diejenigen US-Bürger, die in beiden Bereichen hohe Vertrauenswerte aufweisen, tendenziell älter, weiblich und republikanisch orientiert; Bürger, die lediglich dem demokratischen System, nicht aber der Regierung vertrauen, sind eher jünger, männlich und demokratisch ausgerichtet. Auch Platzköster (1990) argumentiert, dass selbst das Vertrauen in spezifische Regierungsangehörige dahingehend variieren kann, dass in hohem Maße darauf vertraut werden kann, dass sie beispielsweise Wirtschaftsprobleme zu lösen vermögen, gleichzeitig aber überhaupt kein Vertrauen in deren Fähigkeit oder den Willen zur Lösung von Umweltproblemen besteht.

2. Ursachen geringer Vertrauensintensitäten

2.1 Ökonomische und politische Aspekte

In einer eigenen empirischen Untersuchung wurden die impliziten Vertrauenstheorien von Bürgern in gesellschaftlich relevante Institutionen erhoben. Demnach erwarten die Bürger Bürgernähe, eine helfende Funktion, öffentliche Verantwortung und moralische Integrität (Schweer 1997b). Folglich ist das Vertrauen in verschiedene Institutionen auch unterschiedlich stark ausgeprägt. Für im weitesten Sinne soziale Institutionen ist es leichter, das Vertrauen der Bürger zu gewinnen, als etwa für politische Parteien oder Wirtschaftsverbände.

Uslaner (2002) geht davon aus, dass das gesellschaftliche Grundvertrauen immer dann besonders gering ausgeprägt ist, wenn die ökonomische Lage innerhalb der betreffenden Gesellschaft kritisch ist. Für ihn stellt Vertrauen einen gesellschaftlich-moralischen Wert dar („moralistic trust"), welcher das Funktionieren einer Gesellschaft überhaupt erst ermöglicht. Es handelt sich hierbei um ein generelles Vertrauen in Angehörige derselben Gesellschaft, die einem persönlich aber unbekannt sind. Man vertraut – so Uslaner – darauf, dass diese anderen ähnliche Werte teilen wie man selbst. Ein solches Grundvertrauen nimmt bei wahrgenommener ökonomischer Ungleichheit ab, darüber hinaus kann dieses Vertrauen sehr spezifisch auf die eigene Gruppe bezogen sein („particularized trust" im Gegensatz zum „generalized trust", welches die Überzeugung impliziert, dass die Mehrheit der Gesellschaft dieselben Werte teilt wie man selbst). Dies gilt nach Uslaner vor allem in gesellschaftlich benachteiligten Gruppen (so etwa innerhalb der schwarzen Bevölkerung der USA). Eigene empirische Befunde für die Bundesrepublik deuten – wenngleich unter einer wissenschaftstheoretisch anderen Perspektive – ebenfalls auf eine enge Verwobenheit von politischem Vertrauen und der Beurteilung der ökonomischen Lage beziehungsweise des eigenen Lebensstandards hin (Schweer 1997c). Vertrauen wird eher durch innenpolitische Ereignisse wie politische Skandale zerstört, außenpolitische Ereignisse hingegen intensivieren vorhandenes Vertrauen. In dieser Hinsicht zeigen Analysen zum Vertrauen der US-Bürger in ihre Regierung einen fundamentalen Wandel durch die terroristischen Anschläge am 11. September 2001: Es waren nahezu dramatische Vertrauenszuwächse zu verzeichnen (von 29 % im März 2001 auf 64 % Ende September). Ergänzend zu sozialpsychologischen Erkenntnissen, die ein solches ‚Zusammenrücken' erklärbar machen (etwa die Theorie der sozialen Identität, vgl. zusammenfassend Mummendey 1997), geht Chanley (2002) davon aus, dass das Vertrauen der Bürger in die Regierung primär davon abhängt, welche Politikbereiche als essenziell betrachtet werden – nach dem 11. September hielten die meisten US-Bürger Außenpolitik und Innere Sicherheit für relevant.

Trotz der eben erörterten Ausnahme zeigen sich auf der Ebene politischen Vertrauens insgesamt geringe Vertrauensintensitäten, die nicht zuletzt auch auf Grund der Relevanz von Vertrauen für die eigene Handlungsplanung bedenklich stimmen: Politisches Vertrauen geht mit politischer Partizipation einher. So zeigen die Befunde von Peterson und Wrighton (1998), dass mangelndes Vertrauen in die Politiker in den USA mit der Wahrscheinlichkeit einhergeht, Protestparteien zu wählen (vgl. Hetherington 1999).

2.2 Riskante Technologien

Ebenfalls verantwortlich gemacht für geringe Intensitäten systemischen Vertrauens werden der zunehmende technische Fortschritt und die damit einhergehenden Risiken: So prägte Beck bereits 1986 den Begriff der „Risikogesellschaft“. Aus der Risikoforschung ist nun seit langem bekannt, dass die technologisch bedingten Katastrophen der Vergangenheit ein Glaubwürdigkeitsdefizit hervorgerufen haben. Allerdings liegt dies weniger an den Katastrophen als solchen, sondern am Umgang mit denselben beziehungsweise an der Informationspolitik der Verantwortlichen. Dies betrifft insbesondere solche Technologien, die ein hohes Schädigungspotenzial aufweisen. Das nach wie vor aktuelle Forschungsfeld der Risikokommunikation versucht die innerhalb der Bevölkerung wahrgenommenen Risiken abzuschätzen, um dann Strategien zu entwickeln, neue Technologien so zu implementieren, dass die Bevölkerung die faktisch vorhandenen Risiken adäquat einschätzt und auf diese Weise leichter akzeptiert (vgl. Rohrmann 1997). Allerdings hängt das von der Bevölkerung wahrgenommene Risikopotenzial einer Technologie mit dem tatsächlich berechenbaren Risiko praktisch nicht zusammen, so dass hier immer auch ein irrationales Moment unterstellt werden kann; reine Wissensdefizite als Ursache einer irrationalen Risikowahrnehmung können im Grunde ausgeschlossen werden (vgl. Deutsch 2000). Bürger (also die Laien) orientieren sich im Gegensatz zu wissenschaftlichen oder politischen Experten primär an der antizipierten Schrecklichkeit einer Katastrophe, weniger an der mathematisch kalkulierten Wahrscheinlichkeit, dass diese Katastrophe tatsächlich eintritt (Slovic 1987). Parallelen hierzu finden sich in der Kriminalitätsfurcht: Am meisten gefürchtet werden von der Bevölkerung Sexual- und Gewaltübergriffe, die relativ zu anderen Deliktformen eher selten sind, aber ein hohes Schädigungspotenzial aufweisen. Die quantitativ häufigsten und somit wahrscheinlichsten Deliktformen (wie zum Beispiel Diebstähle) wirken hingegen kaum angstinduzierend (vgl. Schweer 1999). Hier ist also ebenfalls eine affektive Komponente relevant. Dies dürfte psychologisch eng mit der mangelnden subjektiven Kontrolle über solche Risiken verbunden sein (Lübbe 1993).

3. Vertrauen als Organisationsprinzip

3.1 Positive Korrelate des Vertrauens

Auch in wirtschaftlichen Organisationen als zentrale Bestandteile unserer Gesellschaft ist Vertrauen wichtig. In weiten Teilen der Betriebswirtschaftslehre gilt heute als Konsens, dass Vertrauen Kosten spart (vgl. u.a. Beckert/ Metzner/ Roehl 1998) – und dies nicht nur im Hinblick auf die Effizienz einer einzelnen Organisation, sondern ebenfalls unter einer interorganisationalen Perspektive (vgl. Brass/ Krackhardt 1999), wobei hier in der Regel eine Balance von Vertrauen und Kontrolle (z.B. über Verträge) vorherrscht (Das/ Teng 1998). Watson und Papamarcos (2002) zählen Vertrauen zum sozialen Kapital jeder Organisation, welches die Transaktionskosten erheblich reduziert. In Zeiten gesellschaftlichen und damit verbunden organisationalen Wandels ist Vertrauen ein Innovationsvorteil (Schweer/ Thies 1999). Für die Angehörigen einer Organisation herrscht im Rahmen von Veränderungsprozessen eine doppelte Unsicherheit vor: Ein endgültiger Zustand ist weder vorstell- noch absehbar, was auf Grund der hohen Unsicherheit zwangsläufig zu psychologischen Widerständen führen muss. Vertrauen kann hier ein stabilisierender Faktor sein, der hohe Fluktuationsraten und damit erhöhte Kosten verhindern hilft. Graeff sieht das Vertrauen innerhalb von Organisationen als „global belief" (1998) an, der sich aus den wechselseitigen Austauschprozessen zwischen Individuum und Organisation herauskristallisiert und somit für Mitarbeiter und Unternehmen positive Konsequenzen aufweist: Empirisch eruierte positive Effekte von Vertrauen sind unter anderem eine erhöhte Arbeitsmotivation und -zufriedenheit, Effizienzsteigerungen sowie eine stärkere Verbundenheit mit dem Unternehmen und qualitativ bessere Kommunikationsabläufe (vgl. u.a. Butler/ Cantrell/ Flick 1999; Graeff 1998; Kramer 1999; oder die viel beachtete Untersuchung v. Zand bereits 1972). Der Zusammenhang von Kommunikation und Vertrauen stellt im Übrigen eine Paradoxie dar: Vertrauen ist gleichermaßen Voraussetzung für gelungene Kommunikation als auch deren Resultat (vgl. Graeff 1998). Unter einer systemtheoretischen Perspektive wird Vertrauen im Luhmannschen Sinne kommunikativ hergestellt und reproduziert (2002).

3.2 Implementierung von Vertrauen

Institutionen (und Organisationen), die sich um das Vertrauen der Bürger bemühen, stehen vor einem der Logik des Vertrauens immanenten Problem: Eine Organisation kann ein zentrales Kernmerkmal des Vertrauens, nämlich die Reziprozität, nicht einlösen, denn eine Institution als solche kann nicht vertrauen. Sie kann zwar vertrauenswürdig sein, ihre Vertrauenswürdigkeit aber nicht durch Vertrauenshandlungen unter Beweis stellen. Um die mangelnde Reziprozität kompensieren zu können und gleichermaßen Vertrauen aufzubauen und zu stabilisieren, muss eine Institution also Kompensationsmöglichkeiten schaffen, um dem Bürger ein (positives) Urteil über die Vertrauenswürdigkeit zu ermöglichen.

Entscheidend ist hierbei, dass die Organisation selbst auf der Basis von Vertrauen funktioniert. Vertrauen muss als Organisationsprinzip verankert sein, damit auch von außen her erkennbar wird, dass diese Organisation nicht nur vertrauenswürdig *erscheint*, sondern vertrauenswürdig *ist*. Die Bedeutung von Vertrauen muss deshalb innerhalb der Organisation an deren Mitglieder, vor allem aber an die Repräsentanten der Organisation herangetragen werden, also an all jene, die in Kunden- oder Bürgerkontakt treten. Ein vertrauenswürdiger Repräsentant muss sich selbst seiner Organisation verpflichtet fühlen und dieser vertrauen. Darüber hinaus muss er über die kommunikativen Kompetenzen verfügen, vertrauensfördernde Signale nach außen überhaupt setzen zu können (Schweer/ Thies 2003). Hier zeigt sich denn auch eine Schnittstelle personalen und systemischen Vertrauens: Ein vertrauenswürdiger Repräsentant kann personales Vertrauen evozieren, welches ihm die Interaktion erleichtert. Auf der organisationalen Ebene ist dies aber nur dann effektiv, wenn es dem Repräsentanten gelingt, auf der Basis des gewonnenen personalen Vertrauens gleichermaßen systemisches Vertrauen aufzubauen.

Neben allgemeinen Aspekten, welche die prozessuale Implementierung von Vertrauen als Organisationsprinzip und somit den formalen Ablauf jedweder Form von Organisationsentwicklung betreffen (vor allem Status-Quo-Analyse, Ziel-Wert-Klärung, Implementierung mit Evaluationsschleifen; vgl. Schweer/ Thies 2003) beziehen sich die inhaltlichen Anforderungen intra- und extraorganisational vor allem auf eine glaubwürdige Informationspolitik, die Orientierung an ethischen Prinzipien sowie das Beachten von Regeln zur Verteilungsgerechtigkeit, worauf im Folgenden eingegangen wird.

3.2.1 Glaubwürdige Kommunikation

Seit der so genannten ‚Source-credibility'-Forschung der Hovland-Schule (Hovland/ Janis/ Kelley 1953) ist Glaubwürdigkeit ein zentrales Thema der Kommunikationsforschung. Glaubwürdigkeit setzt sich beispielsweise nach Götsch

(1994) zusammen aus der attribuierten Vertrauenswürdigkeit des Kommunikators sowie der ihm zugeschriebenen Kompetenz, wobei sich die Vertrauenswürdigkeit auf die unterstellten Absichten des Kommunikators bezieht. Innerhalb der psychologisch orientierten Vertrauensforschung besteht allerdings – wie oben bereits ausgeführt – eher Konsens dahingehend, Glaubwürdigkeit als Subkategorie von Vertrauen zu konzipieren: Vertrauen funktioniert nicht ohne glaubwürdige Kommunikation; auch Vertrauenshandlungen werden oftmals über kommunikative Prozesse realisiert und dekodiert (vgl. Schweer/ Thies 2003). Unter der Prämisse, dass extraorganisationales Vertrauen nur evoziert werden kann, wenn die Organisation selbst auf der Basis von Vertrauen funktioniert, müssen zunächst die Kommunikationskanäle innerhalb der Organisation optimiert werden (vgl. Nieder 1997): So muss die soziale und damit kommunikative Kompetenz der Mitarbeiter erhöht werden (z.B. durch Trainings); auch die formalen Kommunikationswege gilt es zu verbessern. Hierzu bedarf es nicht nur schriftlicher Kommunikationsformen (zur Problematik schriftlicher Information, die in der Regel nur wenig rezipiert wird, vgl. Baecker 1998), sondern auch der Einrichtung von Audits und Mitarbeiterbesprechungen. Es müssen explizit Möglichkeiten zur Metakommunikation geschaffen werden, um sich auch über die Kommunikationskanäle und deren Optimierung austauschen zu können.

Zentral ist hierbei ferner, dass systemisches Vertrauen oftmals nicht im direkten Kontakt entsteht, sondern durch vermittelnde Effekte reguliert wird. Diesbezüglich kommt den Medien eine tragende Rolle zu, denn zur Förderung extraorganisationalen Vertrauens ist also auch die Kommunikation über Medien (und hierzu gehören zunehmend auch die Internet-Präsentation und -Kommunikation bis hin zum so genannten „e-government", vgl. Blanchard 1998) von herausragender Bedeutung. Arendt legt dar: „Ohne Öffentlichkeit sind moderne Unternehmen, Verbände und Institutionen sprachlos. Wer nicht informiert und kommuniziert, ist nicht existent" (1993, 15). Die Medien nehmen hierbei ähnlich zu den Repräsentanten einer Organisation eine Sonderstellung ein, da sie ebenfalls eine Vermittlungsfunktion aufweisen: Zum einen müssen sie selbst ihre Vertrauenswürdigkeit unter Beweis stellen (und unterliegen hierbei der bereits aufgezeigten Problematik der Vertrauensförderung durch Organisationen), zum anderen sind sie aber auch Transporteure der Vertrauenswürdigkeit anderer Organisationen und Personen. Medial nach außen, ebenso intraorganisational, muss eine konsequente und ritualisierte Informationspolitik stattfinden. Dies gilt im Übrigen auch dann, wenn der Adressat die Kommunikation zunächst verweigert, weil ein Glaubwürdigkeitsdefizit besteht (vgl. Becker 1993). Ein ausschließliches oder gar beschönigendes Informieren der Öffentlichkeit im Falle negativer Ereignisse ist eher vertrauensgefährdend als vertrauensfördernd, wie oben bereits für die Risikokommunikation dargelegt wurde (vgl. Wiedemann 1992). Nach einer Metaanalyse von Swan, Bowers und Richardson (1999) zum Kundenvertrauen ist der Umgang der Organisation mit kritischen Situationen wie Reklamationen entscheidend für die Intensivierung von Vertrauen, welches sich dann positiv auf die Einstellungen, die Handlungsabsichten und das tatsächliche (Kauf-)Verhalten von Kunden auswirkt (vgl. u.a. Tax/ Brown/ Chandrashekaran 1998).

Eng verbunden mit den Konstrukten Glaubwürdigkeit und Vertrauen ist das zunehmend in die Betriebswirtschaft eingeführte Konstrukt der Reputation. Plötner (1995) konzipiert Reputation als Kombination von Vertrauenswürdigkeit und Kompetenz: Beide müssen hoch ausgeprägt sein, damit eine hohe Reputation entsteht. Hohe Kompetenzattribuierung bei geringer Vertrauenswürdigkeit dürfte ein häufig vorkommendes Phänomen sein: Dieses betrifft im Grunde alle Fälle, mit denen sich die Risikokommunikation beschäftigt (vgl. u.a. Banse 1996). So wird den Betreibern eines Kernkraftwerks oder einer Müllaufbereitungsanlage in der Regel nicht die Kompetenz, wohl aber die Vertrauenswürdigkeit abgesprochen. Für viele gesellschaftliche Institutionen, gerade aber auch politische Parteien oder Politiker, ist allerdings die Kombination von Kompetenz und Vertrauenswürdigkeit maßgeblich. Dies gilt vor allen Dingen in gesellschaftlichen und politischen Fragen, deren Lösung nur schwer evaluierbar ist.

3.2.2 Orientierung an ethisch-moralischen Grundsätzen

Wie bereits ausgeführt, muss Vertrauen auch innerorganisational intendiert sein. Durch Transparenz und Partizipation im Rahmen glaubwürdiger Kommunikationsprozesse muss ein vertrauensrelevantes Selbstbild der Organisation aufgebaut und nach innen und außen transferiert werden. Die häufig praktizierte Einrichtung von Kontrollinstanzen als vertrauensfördernde Maßnahme ist hierbei nach Shapiro kontraindiziert: Sie wirkt eher vertrauensvermindernd oder gar -gefährdend, da unmittelbar die Frage nach der Kontrolle der Kontrollinstanzen aufgeworfen und die eigentliche Problematik lediglich verlagert wird („who guards the guardians" 1987, 635). Nicht zuletzt auch auf Grund dieser Problematik ist die Kompensation mangelnder Reziprozität durch die Orientierung an ethisch-moralischen Prinzipien ein gangbarer Weg. Nach Preisendörfer (1995) bedeutet dies eine organisationsinterne Beschäftigung mit ethisch-moralischen Fragen und Problemen: Ein ethischer Kodex muss etabliert werden, der über Aufgabenlösungen und technologische Fragen hinausgeht. Dieser Kodex im

Sinne der Bereitschaft, sich mit ethischen Fragen auseinanderzusetzen, muss dann glaubwürdig nach außen getragen werden. Eine Organisation muss sich hierbei auch gesellschaftlichen Problemen stellen: Die Partizipation einer Organisation oder Institution an der Lösung gesellschaftlicher Aufgaben ist heute entscheidend und geht über die weit verbreitete Spendenpolitik weit hinaus. Ähnlich argumentiert Hosmer: „Trust is the result of ‚right',‚just' and ‚fair' behavior – that is, morally correct decisions and actions based upon the ethical principals of analysis – that recognizes and protects the rights and interests of others within society... Trust is the expectation (...) of ethically justifiable behavior" (1995, 399). Zur Etablierung solchen Verhaltens in Organisationen müssen nicht zuletzt die Angehörigen der Organisation zur ‚Berücksichtigung von Moral und ethischen Entscheidungen ermutigt werden, um deren moralisches Urteilsniveau zu festigen oder gar zu erhöhen (Maclagan 1998), so dass die Mitarbeiter und somit auch die Organisation nicht nur integer *wirken*, sondern *sind* (vgl. Nieder 1997). In diesen Zusammenhang fällt auch das von Simons (2002) eingeführte Konstrukt der „Behavioral Integrity" im Sinne einer Übereinstimmung von Wort und Tat als notwendiger Vorbedingung für Vertrauen.

3.2.3 Verteilungsgerechtigkeit

Das Konzept der Verteilungsgerechtigkeit erfreut sich vor allem innerhalb der organisationspsychologischen Forschung zunehmender Beliebtheit (vgl. u.a. Tyler/ Lind 1988). Es handelt sich hierbei um die Wahrnehmung gerechter Prinzipien im Zuge der Verteilung von materiellen und immateriellen Ressourcen innerhalb einer beziehungsweise durch eine Organisation. Gängig ist hierbei die Unterscheidung zwischen distributiver, prozeduraler und interaktionaler Gerechtigkeit. Während sich die distributive Gerechtigkeit auf die relative Verteilung der Güter zueinander bezieht, bezieht sich die prozedurale Gerechtigkeit mehr auf die Verteilungskriterien als solche. Die interaktionale Gerechtigkeit schließlich umfasst den Prozess des interaktionalen Austausches der Verteilungsregeln und der Verteilung als solcher, zum Beispiel entsprechende Erörterungen durch Vorgesetzte oder andere Angehörige der Organisation.

Im häufig vorkommenden Fall fehlender Information über die Vertrauenswürdigkeit einer Organisation werden organisationale Entscheidungen auf ihre prozedurale Gerechtigkeit hin überprüft (van den Bos/ Wilke-Henk/ Lind 1998), so dass die wahrgenommene Gerechtigkeit das Vertrauensurteil prädeterminieren kann. Eine hoch ausgeprägte soziale Gerechtigkeit erhöht ferner die Verbundenheit des einzelnen mit der Organisation und das Vertrauen der Organisationsmitglieder untereinander (Pearce/ Bigley/ Branyiczki 1998). Die wahrgenommene prozedurale Gerechtigkeit ist die entscheidende Moderator-Variable für eine Reihe von organisationalen Folgen wie der wahrgenommenen Verpflichtung der Organisation gegenüber, dem Vertrauen in das Management und der Absicht, Mitglied dieser Organisation zu bleiben. Auch in Zeiten organisationalen Wandels, in denen Vertrauen umso wichtiger, aber prinzipiell auch gefährdet ist, kann Vertrauen sogar intensiviert werden, wenn der Wandel als prozedural gerecht erlebt wird (Korsgaard/ Sapienza/ Schweiger 2002).

Die verschiedenen Facetten erlebter Gerechtigkeit hängen also eng mit dem erlebten Vertrauen in die Organisation zusammen. So stehen prozedurale und distributive Gerechtigkeit in engem Zusammenhang zum Vertrauen der Mitarbeiter in die Organisation und somit zum systemischen Vertrauen. Nur die interaktionale Gerechtigkeit zeigt einen starken Zusammenhang zum personalen Vertrauen in den Vorgesetzten (Aryee/ Budwhar/ Xiong Chen 2002). Die beiden erstgenannten Gerechtigkeitsformen werden demnach eher organisationsspezifisch wahrgenommen und weniger auf den Vorgesetzten direkt attribuiert. Das organisationale Vertrauen hängt darüber hinaus primär mit der Arbeitszufriedenheit, das Vertrauen in den Vorgesetzten primär mit der Aufgabenerledigung zusammen. Allerdings ist es in einer Organisation, die Vertrauen und Verteilungsgerechtigkeit als Organisationsprinzipien etabliert hat, für den einzelnen Vorgesetzten deutlich schwerer, das Vertrauen seiner Mitarbeiter zu erringen: Wird die HR („Human Ressource")-Politik einer Organisation generell als fair beurteilt, gilt für den Vorgesetzten das Abwertungsprinzip (Korsgaard/ Brodt/ Whitener 2002), da sein Verhalten nicht als intentional wahrgenommen wird. Dem Vorgesetzten wird mit höherer Wahrscheinlichkeit strategisches Verhalten dahingehend unterstellt, dass er sich nur deshalb vertrauenswürdig *verhält*, weil die Unternehmensphilosophie dies so vorsieht.

Die wahrgenommene Verteilungsgerechtigkeit hängt schließlich auch mit dem Vertrauen in die Politik zusammen. Das Vertrauen in die Regierung verändert sich nicht nur, wenn eigene (ökonomische, s. o.) Belange betroffen sind, sondern steigt beziehungsweise intensiviert sich, wenn die politische Arbeit als neutral wahrgenommen wird („procedural neutrality", vgl. Ulbig 2002), was Aspekten der prozeduralen Gerechtigkeit entspricht. Hier zeigt sich denn auch ein enger Zusammenhang zum Unterstützen des politischen Systems im Sinne der Akzeptanz der dort getroffenen Entscheidungen.

4. Fazit

Vertrauen ist eine grundlegende Komponente für Organisationen, Institutionen und die Gesellschaft als solche. Gerade im Falle hochkomplexer Gesellschaften ist Vertrauen ein fundamentaler Mechanismus, deren Komplexität zu reduzieren und somit die Handlungsplanung von Individuen zu erleichtern. Dies ist vor allem auf Grund der engen Verwobenheit von Vertrauen und Verhalten relevant, wie in Bezug auf mangelndes politisches Vertrauen gezeigt werden konnte. Auf Grund der Reziprozitätsproblematik und des oftmals mangelnden direkten Kontaktes von Organisationen zu einzelnen Individuen ist die Herstellung von wahrgenommener Vertrauenswürdigkeit als Vorbedingung des Vertrauenserlebens problematisch. Eine Organisation kann dies nur einlösen, wenn sie selbst auf der Basis von Vertrauen als Organisationsprinzip funktioniert. Erforderlich ist in diesem Zusammenhang eine glaubwürdige und konsequente Informationspolitik nach innen und außen. Hierzu gehört auch die Orientierung an ethisch-moralischen Grundsätzen und eine damit verbundene Bereitschaft, sich auch an der Lösung gesellschaftlicher Probleme auseinanderzusetzen. Zentral ist in diesem Zusammenhang die Wahrung von Kriterien der Verteilungsgerechtigkeit, die sich direkt und indirekt auf das Vertrauensurteil bezieht. Hierzu ist zu berücksichtigen, dass Vertrauen kein utopischer Zustand ist, der etwa in wirtschaftlichen Organisationen zu Ungunsten der Umsätze geht – im Gegenteil: intra- und extraorganisationales Vertrauen haben sich als kostensparender Faktor erwiesen und sind in moderne Managementstrategien problemlos zu integrieren.

Literatur

Arendt, G. (Hrsg.) (1993): PR der Spitzenklasse: die Kunst, Vertrauen zu schaffen. Landsberg.

Aryee, S./ Budwhar, P.S./ Xiong Chen, Z. (2002): Trust as a mediator of the relationship between organizational justice and work outcomes: test of a social exchange model. In: Journal of Organizational Behavior, 23, 267-285.

Baecker, D. (1998): Zum Problem des Wissens in Organisationen. In: Organisationsentwicklung, 21, 4-21.

Banse, G. (Hrsg.) (1996): Risikoforschung zwischen Disziplinarität und Interdisziplinarität : Von der Illusion der Sicherheit zum Umgang mit Unsicherheit. Berlin.

Beck, U. (1986): Risikogesellschaft. Auf dem Weg in eine andere Moderne. Frankfurt/ M.

Becker, U. (1993): Risikowahrnehmung der Öffentlichkeit und neue Konzepte unternehmerischer Risikokommunikation. In: Bayerische Rück (Hrsg.): Risiko ist ein Konstrukt. München.

Beckert, J./ Metzner, A./ Roehl, H. (1998): Vertrauenserosion als organisatorische Gefahr und wie ihr zu begegnen ist. In: Organisationsentwicklung, 3, 56-66.

Blanchard, A. (1998): Virtual communities and social capital. In: Social Science Computer Review, 16, 293-307.

Boon, S.D./ Holmes, J.G. (1991): The dynamics of interpersonal trust: Resolving uncertainty in the face of risk. In: Hinde, R.A./ Groebel, J. (Eds.): Cooperation and prosocial behavior. Cambridge.

Brass, D.J./ Krackhardt, D. (1999): The social capital of twenty-first-century leaders. In: Hunt, J.G./ Dodge, G.E. (Eds.): Out-of-the-box leadership: Transforming the twenty-first-century army and other top-performing organizations. Monographs in leadership and management, Vol. 1. Stanford.

Butler, J.K./ Cantrell, R.S./ Flick, R.J. (1999): Transformational leadership behaviors, upward trust, and satisfaction in self-managed work teams. In: Organization Development Journal, 17, 13-28.

Chanley, V.A. (2002): Trust in government in the aftermath of 9/11: Determinants and consequences. In: Political Psychology, 23, 469-483.

Das, T.K./ Teng, B.S. (1998): Between trust and control: Developing confidence in partner cooperation in alliances. In: Academy of Management Review, 23, 491-512.

Deutsch, K. (13.06.2000): Risikowahrnehmung und Risikokommunikation. Abgerufen unter http://www.umis.de/umweltpsych/deutsch.htm.

Deutsch, M. (1958): Trust and suspicion. In: Journal of Conflict Resolution, 2, 265-279.

Erikson, E.H. (1966): Wachstum und Krisen der gesunden Persönlichkeit. Darmstadt.

Götsch, K. (1994): Riskantes Vertrauen. Theoretische und empirische Untersuchung zum Konstrukt Glaubwürdigkeit. Münster.

Graeff, P. (1998): Vertrauen zum Vorgesetzten und zum Unternehmen. Modellentwicklung und empirische Überprüfung verschiedener Arten des Vertrauens, deren Determinanten und Wirkungen bei Beschäftigten. Berlin.

Hetherington, M.J. (1999): The effect of political trust on the presidential vote, 1968-96. In: American Political Science Review, 93, 311-326.

Hosmer, L.T. (1995): Trust: The connecting link between organizational theory and philosophical ethics. In: Academy of Management Journal, 20, 379-403.

Hovland, C.I./ Janis, I.L./ Kelley, H.H. (1953): Communication and persuasion. New Haven.

Korsgaard, M.A./ Brodt, S.E./ Whitener, E.M. (2002): Trust in the face of conflict: The role of managerial trustworthy behavior and organizational context. In: Journal of Applied Psychology, 87, 312-319.

Korsgaard, M.A./ Sapienza, H.J./ Schweiger, D.M. (2002): Beaten before begun: The role of procedural justice in planning change. In: Journal of Management, 28, 497-516.

Kramer, R.M. (1999): Trust and distrust in organizations: Emerging perspectives, enduring questions. In: Annual Review of Psychology, 50, 569-598.

Lewicki, R.J./ Bunker, B.B. (1995): Trust in relationships. A model of development and decline. In: Bunker, B.B./ Rubin, J.Z. (Eds.): Conflict, cooperation and justice. Essays inspired by the work of Morton Deutsch. San Francisco.

Lewicki, R.J./ Buncker, B.B. (1996): Developing and maintaining trust in work relationships. In: Kramer, R./ Tyler, T. (Eds.): Trust in organizations. Thousand Oaks.

Lübbe, H. (1993): Sicherheit. Risikowahrnehmung im Zivilisationsprozess. In: Bayerische Rück (Hrsg.): Risiko ist ein Konstrukt. München.

Luhmann, N. (1968): Vertrauen. Stuttgart.

Luhmann, N. (2002): Einführung in die Systemtheorie. Heidelberg.

Maclagan, P. (1998): Management and morality: A developmental perspective. London.

McAllister, D.J. (1995): Affect- and cognition-based trust as foundations for interpersonal cooperation in organizations. In: Academy of Management Journal, 38, 24-59.

McGregor, D. (1938): The major determinants of the prediction of social events. In: Journal of Abnormal and Social Psychology, 37, 179-204.

Mummendey, A. (1997): Verhalten zwischen sozialen Gruppen: Die Theorie der sozialen Identität. In: Frey, D./ Irle, I. (Hrsg.): Theorien der Sozialpsychologie. Band II: Gruppen- und Lerntheorien. Bern. 185-216.

Nieder, P. (1997): Erfolg durch Vertrauen. Abschied vom Management des Mißtrauens. Wiesbaden.

Pearce, J.L./ Bigley, G.A./ Branyiczki, I. (1998): Procedural justice as modernism: Placing industrial/organisational psychology in context. In: Applied Psychology: An International Review, 47, 371-396.

Petermann, F. (1996): Psychologie des Vertrauens. Göttingen.

Peterson, G./ Wrighton, J.M. (1998): Expressions of distrust: Third-party voting and cynicism in government. In: Political Behavior, 20, 17-34.

Platzköster, M. (1990): Vertrauen: Theorie und Analyse interpersoneller, politischer und betrieblicher Implikationen. Essen.

Plötner, O. (1995): Das Vertrauen des Kunden. Relevanz, Aufbau und Steuerung auf industriellen Märkten. Wiesbaden.

Preisendörfer, P. (1995): Vertrauen als soziologische Kategorie. Möglichkeiten und Grenzen einer entscheidungstheoretischen Fundierung des Vertrauenskonzepts. In: Zeitschrift für Soziologie, 24, 263-272.

Ripperger, T. (1998): Ökonomik des Vertrauens. Analyse eines Organisationsprinzips. Tübingen.

Rohrmann, B. (1997): Risikoforschung. Hagen.

Rosenberg, M.J./ Hovland, C.I. (1960): Cognitive, affective, and behavioral components of attitudes. In: Rosenberg, M.J. et al. (Eds.): Attitude organization and change. New Haven.

Rotter, J.B. (1971): Generalized expectancies for interpersonal trust. In: American Psychologist, 26, 443-452.

Rotter, J.B. (1981): Vertrauen. In: Psychologie heute, 8 (3), 23-29.

Schiffman, L.G., Sherman, E./ Kirpalani, N. (2002): Trusting souls: Segmentation of the voting public. In: Psychology & Marketing, 19, 993-1007.

Schweer, M.K.W. (1996): Vertrauen in der pädagogischen Beziehung. Bern.

Schweer, M.K.W. (1997a): Eine differentielle Theorie interpersonalen Vertrauens - Überlegungen zur Vertrauensbeziehung zwischen Lehrenden und Lernenden. In: Psychologie in Erziehung und Unterricht, 44, 2-12.

Schweer, M.K.W. (1997b): Vertrauen in zentrale gesellschaftliche Institutionen. Ergebnisse einer empirischen Untersuchung bei jungen Erwachsenen. In: Gruppendynamik, 28, 200-210.

Schweer, M.K.W. (1997c): Der „vertrauenswürdige" Politiker im Urteil der Wähler. In: Schweer, M.K.W. (Hrsg.): Vertrauen und soziales Handeln. Facetten eines alltäglichen Phänomens. Neuwied.

Schweer, M.K.W. (1999): Kriminalität und Kriminalitätsfurcht im Alltag der Stadt Cloppenburg. Münster.

Schweer, M.K.W./ Thies, B. (1999): Innovation in Organisationen - Chancen und Risiken im Rahmen organisationaler Veränderungsprozesse. In: Verwaltungsrundschau, 46, 19-22.

Schweer, M.K.W./ Thies, B. (2003): Vertrauen als Organisationsprinzip. Perspektiven für komplexe soziale Systeme.

Shapiro, S.P. (1987): The social control of impersonal trust. In: American Journal of Sociology, 93, 623-658.

Simons, T. (2002): Behavioral integrity: the perceived alignment between managers` words and deeds as a research focus. In: Organization Science, 13, 18-35.

Slovic, P. (1987): Perception of risk. In: Science, 236, 280-285.

Swan, J.E./ Bowers, M.R./ Richardson, L.D. (1999): Customer trust in the salesperson: An integrative review and meta-analysis of the empirical literature. In: Journal of Business Research, 44, 93-107.

Tax, S.S./ Brown, S.W./ Chandrashekaran, M. (1998): Customer evaluations of service complaint experiences: Implications for relationship marketing. In: Journal of Marketing, 62, 60-76.

Tyler, E.A./ Lind, T.R. (1988): The social psychology of procedural justice. New York.

Ulbig, S.G. (2002): Policies, procedures and people: Sources of support for government? In: Social Science Quarterley, 83, 789-809.

Uslaner, E.M. (2002): The moral foundations of trust. Cambridge.

van den Bos, K./ Wilke-Henk, A.M./ Lind, E.A. (1998): When do we need procedural fairness? The role of trust in authority. In: Journal of Personality and Social Psychology, 75, 1449-1458.

Watson, G.W./ Papamarcos, S.D. (2002): Social capital and organizational commitment. In: Journal of Business and Psychology, 16, 537-552.

Westerbarkey, J. (1991): Das Geheimnis. Zur funktionalen Ambivalenz von Kommunikationsstrukturen. Opladen.

Wiedemann, P.M. (1992): Risiko-Kommunikation von Unternehmen, Kontexte, Rahmen und Abwehrmechanismen. In: Arbeiten zur Risiko-Kommunikation der Programmgruppe Mensch, Umwelt, Technik, 35.

Zand, D.E. (1972): Trust and managerial problem solving. In: Administrative Science Quarterly, 17, 229-239.

Kollektiv, kooperativ, reflexiv: Vertrauen und Glaubwürdigkeit in Unternehmungen und Unternehmungsnetzwerken

Guido Möllering, Jörg Sydow

In der Betriebswirtschaftslehre als einer anwendungsorientierten Wissenschaft aber auch im allgemeinen Sprachgebrauch ist Vertrauen ambivalent. Einerseits handelt es sich um eine positiv besetzte Kategorie, andererseits erinnert es uns an die allgegenwärtige Verwundbarkeit und Ungewissheit in sozialen Interaktionen einschließlich wirtschaftlicher Transaktionen. Vertrauen steht für positive Erwartungen trotz der nicht völlig auszuschließenden Möglichkeit, dass diese enttäuscht werden. Die Szenarien der Enttäuschung werden im Vertrauen zumindest vorübergehend ausgeblendet, als ob sie nicht eintreten könnten, obwohl sie es könnten. Die in diesem Band thematisierte Glaubwürdigkeit läuft insofern auf Vertrauenswürdigkeit hinaus, als dass durch Vertrauen die Zweifel bezüglich der Glaubwürdigkeit im Hegelianischen Sinne ‚aufgehoben' werden können, das heißt sie werden überwunden und dennoch bewahrt. Das Element des Glaubens steckt dabei aber auch schon im Vertrauen selbst.

Neuere und neueste politische wie wirtschaftliche Entwicklungen rücken Verwundbarkeit und Ungewissheit verstärkt in den Blick, so dass es kaum verwundert, wenn das unterschwellige Phänomen Vertrauen in vielen gesellschaftlichen Bereichen zur Sprache kommt und als relevante Ressource (wieder) „entdeckt" wird (vgl. z.B. Geramanis 2002). Für die Betriebswirtschaftslehre lässt sich gar ein Umdenken gegenüber Verwundbarkeit und Ungewissheit und damit auch gegenüber Vertrauen konstatieren (vgl. Sjurts 1998, 284; Walgenbach 2000, 708): Bei allerdings weitgehend ungebrochenem Steuerungsoptimismus werden die möglichen Vorteile einer (implizierten) *Steigerung* der Verwundbarkeit und Ungewissheit für einzelne Unternehmungen, zum Beispiel durch ‚schlanke' Produktionssysteme, Spezialisierung, Schrumpfung der Kernbelegschaft, Dezentralisierung oder durch Abhängigkeiten von Kooperationspartnern in Allianzen und Netzwerken hervorgehoben (vgl. z.B. Miles/ Snow 1986; Prahalad/ Hamel 1990; Womack et al. 1990; Davidow/ Malone 1992; Lamming 1993; Handy 1995; u.v.m.). Dabei waren doch Management und Organisation gemeinhin – am deutlichsten in Form der Bürokratie und durch Pläne

– der *Reduktion* von Verwundbarkeit und Ungewissheit verschrieben (vgl. z.B. Simon 1997; Staehle 1999; Grey/ Garsten 2001). Bürokratie und Planung sollten, wie William Whyte (1957, 404) es in einer klassischen Studie formulierte, „peace of mind" bieten.

Vertrauen wird nun heute als Voraussetzung und Legitimation angesichts einer faktischen oder implizit angestrebten Erhöhung von Verwundbarkeit und Ungewissheit herangezogen, um als „Schlüsselfaktor" (Steinle et al. 2000, 208) positive Potenziale zu begründen. Und so wird das Attribut der Vertrauenswürdigkeit (einschließlich Glaubwürdigkeit) für wirtschaftliche Akteure essenziell: „Trust (...) is today widely regarded as a precondition for competitive success" (Sabel 1993, 104). Übersehen wird dabei allzu leicht, dass Vertrauen kein simples Substitut für hierarchische Planung und Kontrolle oder für den Marktmechanismus ist.

In diesem Beitrag fassen wir zunächst die Grundproblematik von Vertrauen und Glaubwürdigkeit aus unserer Sicht zusammen. Diese übertragen wir sodann auf Unternehmungen und Unternehmungsnetzwerke, wobei eine kurze organisationstheoretische Diskussion der Fassung von Vertrauen entweder als (nur nebensächlicher) Parameter oder aber als (eigenständiger, vollwertiger) Koordinationsmechanismus unvermeidlich ist. Es leiten sich daraus konzeptionelle und praktische Herausforderungen ab, die in der zweiten Hälfte dieses Beitrags thematisiert werden: Erstens, eine Klärung der Unterscheidung zwischen individuellen, kollektiven und korporativen Akteuren als Vertrauensgeber und -nehmer, insbesondere auch im Lichte der Dualität von Handlung und Struktur; zweitens die Entwicklung einer Vorstellung von vertrauensbewusstem Management und seinen realistischen, aber immer ambivalenten Möglichkeiten, auf Vertrauen Einfluss zu nehmen. Der Beitrag schließt mit einem zusammenfassenden Fazit, das insbesondere auch auf die sich aus der Diskussion ergebenden Folgerungen für ein Verständnis von Glaubwürdigkeit als Form von Vertrauenswürdigkeit eingeht.

Im Hinblick auf die theoretische Grundlegung unserer Argumentation rekurrieren wir einerseits auf gängige ökonomische Theorien (Spieltheorie, Transaktionskostentheorie), verweisen jedoch andererseits auf die Notwendigkeit, Vertrauen und Glaubwürdigkeit strukturationstheoretisch hinsichtlich der Dualität von Handlung und Struktur zu begreifen. Zudem verstehen wir Unternehmungen und Unternehmungsnetzwerke als soziale Systeme und gehen auch in dieser Hinsicht über den engen ökonomischen Problemzugriff hinaus. Wir leisten so einen Beitrag zu einer Betriebswirtschaftslehre, die sich als anwendungsorientierte Sozialwissenschaft versteht, die damit aber gerade beim Thema Vertrauen mit einer geradezu überwältigenden Vielfalt an relevanten Forschungen in benachbarten Disziplinen konfrontiert ist (vgl. z.B. Mayer et al. 1995; Bigley/ Pearce 1998). Ökonomische Theorien des Vertrauens in der Betriebswirtschaftslehre hingegen vermochten es kaum (vgl. z.B. Albach 1991) und tun sich trotz einiger Erweiterungen des Horizonts weiterhin schwer (vgl. Ripperger 1998; James 2002), Vertrauen als eigenständiges Konstrukt systematisch und realitätsmächtig zu erfassen (vgl. auch Eberl 2003).

1. Die Grundproblematik von Vertrauen und Glaubwürdigkeit

Auf einem relativ hohen Abstraktionsniveau ist man sich in der ansonsten vielfältigen und kontroversen Vertrauensforschung zumindest über die Bedingungen einig, die erfüllt sein müssen, um sinnvollerweise von ‚Vertrauen' und analog auch von ‚Glaubwürdigkeit' sprechen zu können (vgl. z.B. Gambetta 1988; Rousseau et al. 1998). Es handelt sich um relationale Konstrukte mit mindestens zwei in einen sozialen Kontext eingebetteten Akteuren, die sich wechselseitig beeinflussen können und die in ihren Erwartungen, Intentionen und Handlungen nicht vollständig determiniert sind. Analytisch ordnet man den Akteuren zur klareren Darstellung der Problematik asymmetrische Rollen zu (Vertrauensnehmer/ -geber; Kommunikator/ Rezipient), wobei diese Rollen wechselseitig eingenommen werden können.

Für Vertrauen als allgemeine Kategorie bedeutet dies, dass ein Vertrauensgeber mehr oder weniger verwundbar ist gegenüber einem Vertrauensnehmer, dessen Vertrauenswürdigkeit nicht vollkommen kontrolliert oder vorhergesagt werden kann (vgl. Baier 1986). Die Vertrauensproblematik entsteht mithin durch die prinzipielle Freiheit des Vertrauensnehmers, durch sein Handeln dem Vertrauensgeber entweder zu schaden oder zu nützen, und durch die prinzipielle Freiheit des Vertrauensgebers, dem Vertrauensnehmer zu vertrauen oder nicht (vgl. Gambetta 1988, 219; Luhmann 1989, 43). Vor diesem Hintergrund bezeichnet Vertrauen die auf einer positiven, prinzipiell aber ungewissen Erwartungshaltung gegenüber dem Handeln und den Intentionen des Vertrauensnehmers basierende Bereitschaft des Vertrauensgebers, Verwundbarkeit gegenüber dem Vertrauensnehmer zu akzeptieren (vgl. Rousseau et al. 1998, 395). Von dieser Bereitschaft hängen wiederum die Handlungsmöglichkeiten des Vertrauensnehmers ab.

Analog setzt das Konzept der Glaubwürdigkeit mindestens zwei Akteure voraus, nämlich den Glaubwürdigkeit beanspruchenden (in der psychologischen und kommunikationswissenschaftlichen Literatur als *Kommunikator* bezeichnet; vgl. Köhnken 1990, 4ff.) und einen potenziell Glauben schenkenden Akteur (*Rezipient*). Der Glaubwürdigkeit Beanspruchende besitzt die Möglichkeit, entweder in seinen Darstellungs- und Verhaltensweisen wahrhaftig und konsistent zu sein (vgl. Bentele 1988, 408), sie also nicht opportunistisch und zum Schaden des Glauben Schenkenden zu fälschen oder zu verändern, oder eben das Gegenteil zu tun, also zu täuschen. Der Glauben Schenkende wiederum muss zumindest ein Stück weit die Möglichkeit haben, dem Glaubwürdigkeit Beanspruchenden seine Glaubwürdigkeit gegebenenfalls auch abzusprechen. Zudem ist wichtig, dass nicht nur der Glaubwürdigkeit Beanspruchende einseitig dem Glauben Schenkenden schaden oder nützen kann, sondern dass auch die Handlungsmöglichkeiten des Glaubwürdigkeit Beanspruchenden davon abhängen, ob der andere ihm glaubt.

Man sieht deutlich die Analogien zwischen Vertrauen und dem Zusprechen von Glaubwürdigkeit (vgl. z.B. Elster 1989, 274f.; Köhnken 1990, 5; Götsch 1994, 23ff.; Petermann 1996, 20ff.; ähnlich zur Integrität, Lash 1994, 206), damit aber auch die tautologische Gefahr in der Aussage, dass Glaubwürdigkeit eine Frage des Vertrauens ist. Sinnvollerweise gemeint sein kann hier eigentlich nur, dass Vertrauen die grundlegende Kategorie angesichts von Verwundbarkeit und Ungewissheit ist, und dass Glaubwürdigkeit eine auf Wahrhaftigkeit und Konsistenz abstellende Form von Vertrauenswürdigkeit ist. Zu diesem Schluss kommt auch Katja Götsch (1994, 157), die zunächst allerdings umgekehrt Vertrauenswürdigkeit (neben Kompetenz) als wichtigste „Komponente" von Glaubwürdigkeit bezeichnet (vgl. auch Köhnken 1990, 119f.). Als einen Unterschied zwischen Glaubwürdigkeit und Vertrauenswürdigkeit könnte man verstehen, dass erstere auf *vergangene* und letztere auf *zukünftige* Handlungen des Kommunikators (der etwas gesagt hat) beziehungsweise Vertrauensnehmers (der etwas tun wird) bezogen ist. Dies erweist sich jedoch dann als unerheblich, wenn man annimmt, dass die beteiligten Akteure ihre wechselseitigen Optionen nicht *sequenziell*, sondern *gleichzeitig* beachten müssen (siehe das ‚Vertrauensspiel' im nächsten Absatz). Anders gesagt: Egal, wann der eine Akteur täuscht oder das Vertrauen bricht, wird er die Folgen seines Handelns für andere Akteure reflektieren müssen, und diese wiederum können ihm Glaub- und Vertrauenswürdigkeit sowohl im Voraus als auch im Nachhinein zu- oder absprechen, vor dem Hintergrund der Optionen, die der andere (gehabt) hat.

Aus klassisch ökonomischer, nämlich am Eigennutzen orientierter Perspektive wäre die Grundproblematik recht simpel zu lösen, indem angenommen wird, dass Vertrauen (oder Glaubwürdigkeit) im Falle einer beiderseitigen Vorteilhaftigkeit kurzfristig und auch dauerhaft zu Stande kommt und ansonsten eben nicht. Solange beide Seiten erkennen, indem sie ihren eigenen und *zugleich* den Nutzen des anderen betrachten, dass sie insgesamt davon profitieren, dass Vertrauen (oder Glauben) geschenkt und honoriert wird, solange werden sie dies auch tun beziehungsweise keine gegenläufige Veranlassung geben (vgl. z.B. Hardin 1993). Aus der Grundproblematik wird allerdings ein *Dilemma*, wenn wie im ,Vertrauensspiel' (vgl. u.a. Preisendörfer 1995; Deutsch 1973; Dasgupta 1988; Coleman 1990; Beckert 2002; James 2002) – bei durchweg positiven Variablen (vgl. Abb.1) – eine wünschenswerte vertrauensvolle Interaktion von vornherein dadurch vereitelt wird, dass der Vertrauensnehmer einen Anreiz hat, das Vertrauen zu brechen (da x>0) und damit dem Vertrauensgeber einen Schaden y (negativer Nutzen) zuzufügen, den dieser abzuwenden versucht, indem er misstraut. Durch dieses Misstrauen geht beiden Akteuren der positive Nutzen v beziehungsweise w einer vertrauensvollen Interaktion verloren. Hätte der Vertrauensnehmer hingegen einen Anreiz, das Vertrauen zu honorieren (da x<0), so ergäbe sich aus der Sicht des Vertrauensgebers eine unproblematische Situation.

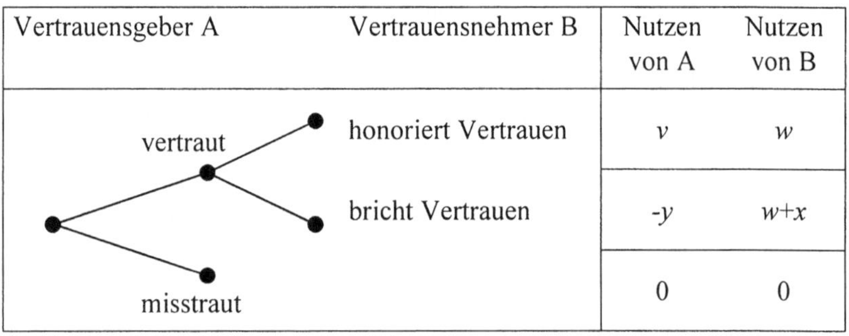

Abbildung 1: Das Vertrauensspiel (vgl. Dasgupta 1988; James 2002)

Nun gibt es innerhalb und außerhalb der hier zu Grunde liegenden spieltheoretischen Konzeptionen vielerlei Vorschläge, das Vertrauensspiel derart zu modifizieren, dass die vertrauensvolle Interaktion zwischen rationalen Akteuren zu Stande kommt (vgl. für eine Übersicht z.B. Beckert 2002; James 2002). Eine Reduktion des Nutzens für den Vertrauensnehmer im Falle des Vertrauensbruches (also letztlich x<0) wird durch drohende Sanktionen psychodynamischer, moralischer, vertraglicher oder institutioneller Art (zum Beispiel Angst, Schuld, Strafe, Ächtung) erklärt. Möglich wäre bei x>0 natürlich auch eine x

kompensierende Belohnung für vertrauensvolles Verhalten. Eine klassische Lösung des Dilemmas liegt außerdem darin, das Vertrauensspiel als potenziell unbestimmt oft wiederkehrende Interaktion zu verstehen beziehungsweise so zu gestalten, dass sich aus der Sicht der Akteure ein positiver Erwartungswert über alle Interaktionen bilden kann – unter anderem in Abhängigkeit vom relativen Anteil vertrauensvoller Interaktionen (vgl. Deutsch 1973; Coleman 1990), vertrauenswürdiger Akteure (vgl. Dasgupta 1988) und der Möglichkeit des Wiedersehens (vgl. Axelrod 1984; Luhmann 1989).

Das Problem all dieser hier nur angedeuteten, nutzenbasierten Lösungen ist, dass sie zwar das Zustandekommen ökonomisch attraktiver, kooperativer Interaktionen erklären können, dabei jedoch im Grunde die Notwendigkeit des Vertrauens eliminieren (müssten), da sie davon ausgehen, dass ‚Vertrauen' nur dann geschenkt wird, wenn die Ungewissheit über die Vertrauenswürdigkeit seitens des Vertrauensnehmers und/ oder die Verwundbarkeit seitens des Vertrauensgebers bereits beseitigt sind (vgl. James 2002, 291). Vertrauen aber bezieht sich begriffskonstitutiv auf nicht-reduzierbare Verwundbarkeit und Ungewissheit, *trotz* derer sich der vertrauende Vertrauensgeber auf den Vertrauensnehmer einlässt (vgl. z.B. Lewis/ Weigert 1985; Möllering 2001; Geramanis 2002). Indem man das Dilemma ‚löst', verneint man lediglich die Relevanz von Vertrauen. Dagegen nähert man sich dem kritischen Punkt von Vertrauen an, indem man akzeptiert, dass das Dilemma vertrauensvolle – und nicht bloß nützliche – Interaktionen als Konzept überhaupt erst ermöglicht.

Zu ähnlichen Schlussfolgerungen gelangt man auch, wenn man – anders als in der Ökonomie üblich – den Akteur nicht als intendiert-rationalen Nutzenmaximierer, sondern als institutional-determinierten Befolger von internalisierten Regeln, Routinen und Rollen auffasste. Auch in diesem Fall würde Vertrauen zur überflüssigen Kategorie, wenn man annähme, dass die Institutionen Verwundbarkeit und Ungewissheit für den Akteur eliminieren (vgl. Zucker 1986; Shapiro 1987; Coleman 1990). Vertrauen kommt erst wieder ins Spiel, wenn man anerkennt, dass Akteure bei der praktischen Anwendung von Regeln, Routinen und Rollen stets zumindest ein Stück weit nicht determiniert sind – dass sie immer auch anders handeln können, dass Kontinuität an sich schon eine kontingente Leistung ist (vgl. Garfinkel 1967; Giddens 1994a) und dass eben Ausnahmen immer möglich und nötig sind (vgl. Seligman 1997; Ortmann 2003).

Die Grundproblematik von Vertrauen liegt mithin darin, dass es immer auch experimentell – und daher „in a certain sense blind" (Giddens 1990, 33) – ist (vgl. Möllering 2002). Es ermöglicht und beeinflusst einen *Prozess*, in dessen Verlauf erst emergieren kann, ob Verwundbarkeit und Ungewissheit gegenüber

Interaktionspartnern zu positiven oder negativen, sich dann selbst verstärkenden Konsequenzen führen (vgl. Zand 1972; Luhmann 1989). Vertrauen ist also immer *riskant* und es ist vorab nicht vollständig zu ermessen, was auf dem Spiel steht. Wenn Akteure aber vertrauen, lassen sie sich – oft gerade ohne sich dessen bewusst zu werden – auf solch einen Prozess ein, *als ob* es sich um ein vertretbares Risiko handelt. Dieses ‚Als ob' (vgl. z.B. Lewis/ Weigert 1985, 969) könnte man auch als „Glauben" (Simmel 1989, 215f., 1992, 393), „Aufhebung" (Luhmann 1989, 87), „leap into faith" (Giddens 1991, 244) oder „suspension" (Möllering 2001, 414) bezeichnen (Beckert 2002 benutzt das Bild des Beruhigungsmittels). Das ‚Als ob' ermöglicht trotz nicht-reduzierbarer Verwundbarkeit und Ungewissheit positive, sich selbst verstärkende Interaktionsprozesse, die ansonsten mit vermutlich weniger positiven Implikationen nur erzwungen oder dem Zufall überlassen werden könnten.

Für die Bedeutung von Glaubwürdigkeit gilt dann ebenfalls, dass in jenen Fällen, in denen ein Glaubwürdigkeit Beanspruchender eindeutig nicht unglaubwürdig sein kann, gerade das Element des Glaubens (das auch im Vertrauen enthalten ist, vgl. Simmel 1989, 215f.; Giddens 1991, 19) dem Konzept abhanden kommt. Nur wenn Täuschung und Lüge prinzipiell nicht ausgeschlossen werden können und sie dem Glauben Schenkenden schaden könnten, der Glauben Schenkende diese Möglichkeiten jedoch zumindest zeitweise ausblendet, macht erstens die Rede von Glaubwürdigkeit Sinn, und man kann sie zweitens als eine Frage des Vertrauens bezeichnen: Der Glauben Schenkende vertraut dem Glaubwürdigkeit Beanspruchenden, dass er in seinen Darstellungs- und Verhaltensweisen wahrhaftig und konsistent ist, obwohl der Glaubwürdigkeit Beanspruchende anders könnte und womöglich sogar einen Anreiz dazu hätte (vgl. Simmel 1992, 388ff., der über das Thema der Lüge auf Vertrauen und Glauben zu sprechen kommt).

2. Die betriebswirtschaftliche Relevanz von Vertrauen und Glaubwürdigkeit mit Blick auf Unternehmungen und Unternehmungsnetzwerke

Die im vorigen Abschnitt dargestellte Problematik ist in vielerlei Hinsicht für die Betriebswirtschaftslehre relevant (vgl. zum Überblick z.B. Bigley/ Pearce 1998; Blois 1999; Dirks/ Ferrin 2001). Erstens liegt es auf der Hand, dass es in der Realität von Unternehmungen eine ganze Reihe von Konstellationen gibt, in denen sich Akteure auf und zwischen verschiedenen Ebenen wechselseitig beeinflussen und dabei nicht-reduzierbarer Verwundbarkeit und Ungewissheit gegenüber stehen. Einzelne Mitarbeiter vertrauen (oder misstrauen) anderen Mitarbeitern, sei es ihren gleichgestellten Kollegen, Vorgesetzen oder Untergebenen. Ihr Vertrauen kann auch auf ein Kollektiv, das heißt eine Gruppe, ein Team, eine Abteilung oder Geschäftseinheit gerichtet sein. Diese Vertrauensverhältnisse zwischen solchen Kollektiven – und zugleich den diesen Kollektiven angehörenden Individuen – sind ebenfalls wichtig, zum Beispiel zwischen Abteilungen wie Marketing und Produktion, zwischen Betriebsrat und Geschäftsführung, zwischen Vorstand und Aufsichtsrat, zwischen Eignern und dem Management im institutionellen Sinne. Unternehmungen als Körperschaften können Vertrauensnehmer ihrer Mitglieder sein, haben aber auch Vertrauensbeziehungen zu anderen Unternehmungen (wie Lieferanten oder Kunden – allgemein: zu Geschäftspartnern, aber auch zu Konkurrenten), zu Behörden, Verbänden und zu Anspruchs- und Interessengruppen aller Art. Diese Kollektive und Körperschaften haben jeweils Individuen als Mitglieder, die ebenfalls als mehr oder weniger vertrauensvoll und vertrauenswürdig betrachtet werden können.

Der Punkt, auf den wir noch zurückkommen müssen, ist, dass in und zwischen Unternehmungen vertrauensrelevante Beziehungen (die immer auch misstrauisch ausfallen können) kreuz und quer zwischen individuellen, kollektiven und korporativen Akteuren verlaufen. Will man Interaktionsprozesse zwischen diesen Akteuren verstehen und gegebenenfalls in eine betriebswirtschaftlich wünschenswerte Richtung beeinflussen, wird man zumindest immer dann nicht an dem Phänomen des Vertrauens vorbei kommen, wenn bestimmte Handlungen positive Erwartungshaltungen trotz der nicht völlig auszuschließenden Möglichkeit, dass diese enttäuscht werden, erfordern und nicht ohne Weiteres erzwungen oder über Anreize garantiert werden können.

Damit ist zweitens angesprochen, dass betriebswirtschaftlicher Erfolg auch im konkreteren kaufmännischen Sinne positiv mit Vertrauen zusammenhängen könnte. Diese These ist bereits mehrfach Gegenstand betriebswirtschaftlicher Forschung gewesen und wird bisher auf der Grundlage empirischer Studien zumeist bestätigt (vgl. Sako 1998; Zaheer et al. 1998; Dirks/ Ferrin 2001; Mohr 2002; Child/ Möllering 2003; Dyer/ Chu 2003; Möllering 2003), wobei die Frage der Kausalität noch nicht abschließend geklärt ist. Zum einen gibt es derzeit mindestens genauso plausible Argumente dafür, dass Erfolg Vertrauen befördert, wie dafür, dass Vertrauen sich direkt auf den Erfolg auswirkt. Zum anderen ist die Operationalisierung (und insbesondere die Messung) von Erfolg und Vertrauen weiterhin umstritten. Als erfolgswirksame Konsequenzen von Vertrauen werden nichtsdestotrotz zum Beispiel Kostenersparnisse durch geringere Transaktionskosten, bessere Kommunikation, effektivere und kreativere Arbeit sowie höhere Erträge durch hoch motivierte Mitarbeiter, Kundenbindung, Flexibilität und schnellere Innovationen für möglich gehalten. Einschränkend wird angemerkt, dass der Aufbau und die Pflege von Vertrauen allerdings Kosten verursachen (können) und dass Vertrauen auch die Agilität wirtschaftlicher Akteure schwächen kann (vgl. Kern 1998).

Drittens – und aus unserer Sicht besonders relevant – wird in dem Zweig der Betriebswirtschaftslehre, der sich mit Strategie- und Organisationsfragen beschäftigt, seit einiger Zeit diskutiert, inwieweit Vertrauen eine Rolle für wirtschaftliche Aktivitäten *zwischen* Unternehmungen spielt, bei denen interorganisationale Beziehungen entstehen, die wesentlich enger als im marktlichen Austausch und Wettbewerb sind, bei denen die Unternehmungen jedoch (noch) nicht zu einer Hierarchie (in einem Konzern oder durch Fusion) verschmelzen (vgl. Ring/ Van der Ven 1992; Sako 1992; Loose/ Sydow 1994; Wurche 1994; Sydow 1998; Zaheer et al. 1998). Man spricht hier von Kooperationen oder auch, bei mindestens drei beteiligten Unternehmungen, von Unternehmungsnetzwerken. Dabei stellt ein Unternehmungsnetzwerk „eine auf die Realisierung von Wettbewerbsvorteilen zielende Organisationsform ökonomischer Aktivitäten dar, die sich durch komplex-reziproke, eher kooperative denn kompetitive und relativ stabile Beziehungen zwischen rechtlich selbständigen, wirtschaftlich jedoch zumeist abhängigen Unternehmungen auszeichnet“ (Sydow 1992, 79). Dass Vertrauen für die Unternehmungen in Netzwerken grundsätzlich eine Rolle spielen könnte, ist durch diese Definition bereits angezeigt, da Wettbewerb und Abhängigkeit in Netzwerken auf Verwundbarkeit verweisen sowie die prinzipielle Selbstständigkeit und nur „relativ“ stabilen Beziehungen auf Ungewissheit. Anders gesagt: Das Engagement im Netzwerk erfordert immer ein gewisses Maß an Vertrauen, wenn nicht ganz auszuschließen ist, dass Netzwerkunternehmungen die Kooperation zum Schaden anderer Beteiligter missbrauchen oder beenden könnten.

Damit wäre allerdings noch nicht entschieden, ob Vertrauen eine *besondere* Rolle in Unternehmungsnetzwerken spielt oder ob nicht, wie es Kenneth Arrow (1974) postuliert, *alle* ökonomischen Aktivitäten ein Mindestmaß an Vertrauen als „Schmiermittel“ erfordern, das aber in diesem Bild eben nur ein an sich ökonomisch uninteressantes Hilfsmittel ist. Auch die Neue Institutionenökonomik betrachtet in dieser Frage Vertrauen (immerhin) als einen Parameter, das heißt als eine anerkannte aber nicht im Zentrum des Modells stehende Variable, die in der gängigen Interpretation als Gegengewicht zu der Annahme, wirtschaftliche Akteure verhielten sich grundsätzlich opportunistisch, fungiert und in dieser Hinsicht indirekt die Wahl und Ausgestaltung der Organisationsform ökonomischer Aktivitäten beeinflusst (vgl. insbes. Chiles/ McMackin 1996, 75). Die ursprünglich im Modell von Ronald Coase (1937) angelegte Dichotomie des über den Preis koordinierten Marktes als die eine mögliche Organisationsform und der über Anweisung gesteuerten Hierarchie als einzige Alternative wurde längst dahingehend differenziert, dass eine Vielzahl hybrider Organisationsformen anerkannt werden. Sie kombinieren marktliche und hierarchische Elemente und zu ihnen gehören auch die Unternehmungsnetzwerke (vgl. z.B. Williamson 1991; Siebert 1991; Sydow 1992; Hennart 1993).

Insbesondere die Transaktionskostentheorie (grundlegend neben Coase insbes. Williamson 1975, 1985) argumentiert, dass der in diesem Modell zunächst als stets gegeben angenommene *Opportunismus* der Akteure im Zusammenspiel mit begrenzter Rationalität, transaktionsspezifischen Investitionen und Unsicherheit von Transaktionen einen entscheidenden Einfluss auf die für eine Transaktion notwendigen Kosten der Anbahnung, Verhandlung, Vertragsgestaltung, Absicherung, Durchsetzung und eventuellen Anpassung hat. Hauptthese des Ansatzes ist es, dass Transaktionen in der diese Transaktionskosten jeweils minimierenden Organisationsform durchgeführt werden (vgl. Picot 1982; Sydow 1992, 129ff.; Ebers/ Gotsch 1999). Daraus folgt in dieser Theorie grundsätzlich, dass mit steigender Verwundbarkeit durch Opportunismus (insbesondere wenn hohe transaktionsspezifische Investitionen erforderlich sind) die Transaktionskosten durch notwendige Maßnahmen zum Schutz vor opportunistischem Verhalten steigen und dass dann entsprechend verstärkt auf hierarchische statt marktliche Koordinationsmechanismen zurückgegriffen wird. Wenn man nun die Opportunismusannahme lockert, Vertrauenswürdigkeit als Möglichkeit zulässt und annimmt, wie unzählige Autoren dies tun (vgl. z.B. Lorenz 1988, 202; Bradach/ Eccles 1989, 104; Barney/ Hansen 1994, 176; Gulati 1995, 87; Cummings/ Bromiley 1996, 303), dass mehr Vertrauen eine geringere Opportunismusgefahr ausdrückt, so kann es dieses Vertrauen gestatten, Transaktionen noch in der Organisationsform des Marktes (oder Netzwerkes) durchzuführen, wo man ansonsten ohne Vertrauen die stärker den Opportunismus eindämmende Hierarchie gewählt hätte (vgl. Chiles/ McMackin 1996, 88ff.). Anders ausgedrückt: Wenn Akteure sich als relativ vertrauenswürdig statt als egoistisch und arglistig wahrnehmen, so werden sie nach dieser Theorie nicht so schnell auf hierarchische Koordination zurückgreifen (vgl. Abb. 2).

Transaktionen mit Vertrauen wären also erstens grundsätzlich (transaktions-) kostengünstiger und zweitens in stärker marktlichen denn hierarchischen Organisationsformen optimal. Diese Argumentation – in Abbildung 2 vereinfachend nur im Hinblick auf Investitionsspezifität und für Markt und Hierarchie dargestellt – ist zunächst in sich schlüssig, obschon auch hier zum Beispiel die Annahme, dass das Opportunismus- (bzw. Vertrauens-)Problem mit hierarchischen Mechanismen effizienter gelöst werden kann als über Preise im Markt, in Frage gestellt werden könnte (vgl. Granovetter 1985, 499ff.).

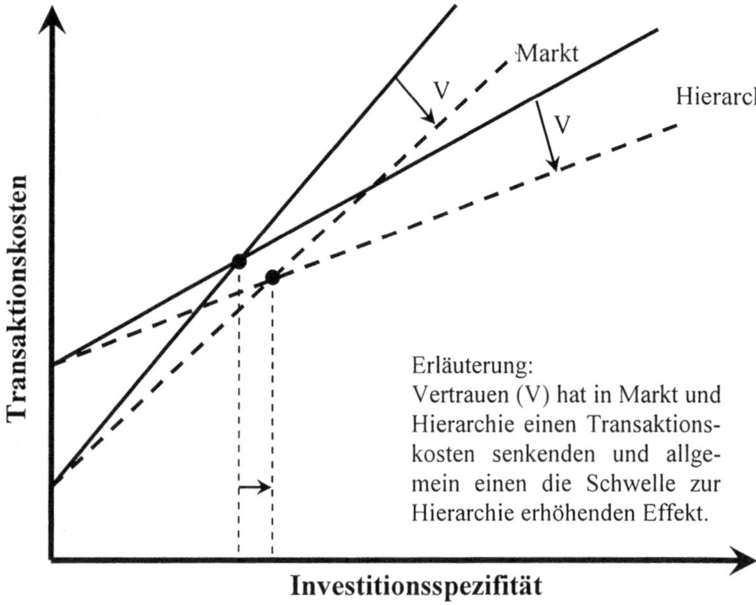

Abbildung 2: Der Transaktionskosteneffekt von Vertrauen

Grundsätzliche Kritik an diesem Modell kommt von jenen, die bemerken, dass unter bestimmten Umständen sowohl der Markt (bzw. der Preismechanismus) als auch die Hierarchie (bzw. die Koordination durch Anweisung) sowie jegliche Möglichkeiten ihrer Kombination *versagen.* In diesem Fall kann dann aber die bilaterale Unternehmungskooperation oder das multilaterale Unternehmungsnetzwerk als eigenständige Organisationsform gewählt werden, die dominant durch Vertrauen koordiniert wird. Vertrauen als ein in diesem Verständnis für das institutionenökonomische Modell essenzieller Koordinationsmechanismus – statt eines nebensächlichen Parameters – wirkt über *dezentrale* Handlungsentscheidungen und *offene* Kommunikationen, welche insofern vertrauensvoll erfolgen (müssen), als dass sie neben Eigeninteressen vor allem auch an gemeinsamen und wechselseitigen Interessen der beteiligten Akteure und an einer längerfristigen, aber nicht notwendig ausgeglichenen Reziprozität orientiert sind (vgl. z.B. Powell 1990; Semlinger 1993). Überwiegt hingegen das Misstrauen, so werden opportunistische Handlungen erwartet und vollzogen sowie Kommunikationskanäle geschlossen, das heißt die Koordination im Netzwerk versagt. Forschungs- und Entwicklungskooperationen wären ein typisches Beispiel dafür, dass eine Unternehmung eine bestimmte Leistung, nämlich einzigartige, innovative Ideen, weder am Markt zu einem gegebenen Preis einkaufen kann, noch durch hierarchische Eingliederung einer anderen Unternehmung dann per Anweisung erzwingen kann. Stattdessen kann es zu einer Zusammenarbeit kommen, von der sich die Beteiligten Vorteile (speziell auch im Vergleich zu marktlichen oder hierarchischen Lösungen) versprechen, deren Ausgewogenheit und Nutzen sich allerdings erst im Laufe der Kooperation zeigen können. Es gibt also Verwundbarkeit und Ungewissheit, die aber im günstigen Fall dank Vertrauen akzeptiert werden können.

Wenn auch Vertrauen kennzeichnend oder typisch für kooperative zwischenbetriebliche Beziehungen (in Unternehmungsnetzwerken) sein mag, so heißt dies keineswegs, dass nicht in ihnen auch (stark ausgeprägte) marktliche und hierarchische Elemente zu finden sind. Vielmehr argumentieren Autoren wie Bradach und Eccles (1989), Powell (1990) oder Adler (2001), dass Vertrauen neben Preis und Anweisung als ein dritter Koordinationsmechanismus angesehen werden sollte, der erstens mit den anderen beiden kombiniert werden kann, der zweitens jedoch offensichtlich besonders bedeutend (ja, zur letzten Hoffnung) wird, wann immer Preis und Anweisung versagen, und der drittens aber auch nicht immer in gleich hohem Maße zur Verfügung stehen muss.

Mit dieser Position wird Vertrauen für die Organisation ökonomischer Aktivitäten zu mehr als nur einem (anerkannten, aber nebensächlichen) Parameter, aber auch zu weniger als einem (einzig entscheidenden, alles erklärenden) Mechanismus fur jegliche Transaktionen. Niklas Luhmann (1989) und Kenneth Arrow (1974) behalten Recht, dass soziale Handlungen beziehungsweise ökonomische Transaktionen *ganz ohne* Vertrauen nicht vorstellbar sind, doch darf darüber nicht vergessen werden, dass insbesondere Nutzen (über Preise im Markt) und Herrschaft (über Anweisung in der Hierarchie) ebenso grundlegende Kategorien darstellen, die mit Vertrauen zusammenspielen und bei mangelndem Vertrauen in den Vordergrund treten. Diese Sichtweise wird heute regelmäßig in erweiterten Transaktionskostenansätzen berücksichtigt (vgl. z.B. Ring/ Van de Ven 1992; Gulati 1995; Nooteboom 1996; Vogt 1997; Dyer/ Chu 2003), allerdings im Widerspruch zu Oliver Williamson (1993) selbst, der vehement an seiner These festhält, dass Vertrauen eine ökonomisch unbedeutende, ja sogar irreführende Kategorie sei.

Die vorstehenden Ausführungen geben nur einen ersten, selektiven Eindruck davon, warum Vertrauen in und zwischen Unternehmungen relevant und daher auch betriebswirtschaftlich interessant ist. Damit stehen wir aber erst am Anfang einer genaueren Auseinandersetzung mit diesem Konstrukt. Von den zahlreichen Fragen, die sich stellen ließen, soll im nächsten Abschnitt eine konzeptionelle Herausforderung thematisiert werden: Wie lässt sich Vertrauen als ein Phänomen auf verschiedenen Akteursebenen (individuell, kollektiv, korporativ) verstehen? Immerhin muss man konzeptionell fassen können, dass Unternehmungen (als korporative Akteure) anderen Unternehmungen vertrauen (und damit sozialen Systemen), zumal – wie oben angeführt – in Unternehmungsnetzwerken. Daran schließt sich die stärker auf praktische Gestaltung orientierte Frage an, wie ein Management von Vertrauen in Unternehmungen und Unternehmungsnetzwerken aussehen könnte oder wie man zumindest vertrauensbewusst managen kann.

3. Konzeptionelle Herausforderung: Individuelle, kollektive und korporative Akteure und die Dualität von Handlung und Struktur

In den Wirtschaftswissenschaften, aber auch sonst, ist häufig und ganz selbstverständlich die Rede davon, dass Unternehmungen etwas tun, zum Beispiel Produkte herstellen, Werbung machen, Personal abbauen, Allianzen eingehen und so fort – dass sie mithin als Unternehmungen zurechenbar (wenn auch bisweilen anscheinend ‚unzurechnungsfähig') handeln, die Unternehmung also als Akteur begriffen wird. Diese Redeweise ist bestenfalls verkürzt (vgl. Giddens 1984, 220f.), keinesfalls jedoch unproblematisch – schon gar nicht in der Diskussion um Vertrauen – wenn man annimmt, dass Begriffe wie Handeln und Akteur im Gegensatz zum Beispiel zu naturwissenschaftlichen Ursache-Wirkungs-Zusammenhängen oder instinkthaftem Verhalten mindestens Erwartungen, Intentionen, Sinn und Bewusstsein einschließen, welche zunächst nur natürlichen Personen zugesprochen werden können. So ließe sich in vielen Fällen präzisieren – ohne gleich in den Reduktionismus des methodologischen Individualismus zu verfallen –, dass Unternehmungen durch Personen, die ihnen zugehören und/ oder sie vertreten, handeln: Das Produkt wird von Arbeitern hergestellt, Angestellte schalten Werbung, ein Mitglied der Geschäftsführung entlässt Mitarbeiter, ein Vorstand unterzeichnet einen Kooperationsvertrag.

Dennoch gibt es Vorraussetzungen und Folgen eines solchen Handelns, die weit über die Zurechenbarkeit der einzelnen ausführenden Person hinausgehen. In diesem Fall, wenn mehrere Akteure gemeinsam handeln – als Gruppe, Team, Netzwerk – und zwar in einer Art und Weise, die nicht mehr *individuellen* Akteuren allein zugerechnet werden kann, kann man von einem *kollektiven* Akteur (auch: Kollektiv bzw. kollektivem Handeln) sprechen (vgl. zu diesem Thema u.a. Scott 1986, 51, 193ff.; Geser 1990; Teubner 1992; Meyer/ Jepperson 2000; Windeler 2001, 225ff.). Weiterhin kann man eine Unternehmung – ohne diese gleich zu „anthropomorphisieren" (Zaheer et al. 1998, 142) – als einen speziellen kollektiven Akteur begreifen und zwar als *korporativen* Akteur (auch: Körperschaft), insbesondere wenn man den Rechtsbegriff der juristischen Person in Abgrenzung zu natürlichen Personen anwendet (vgl. Ortmann 2003, 65f.).

Trotz oder gerade angesichts dieser Klärung eines erweiterten Akteursbegriffes über die Zurechenbarkeit stellt sich die konzeptionelle Frage, ob kollektive und korporative Akteure Vertrauen geben und honorieren können und ob es überhaupt Sinn macht, sie als glaubwürdig oder unglaubwürdig zu bezeichnen (vgl. auch Zaheer et al. 1998; Blois 1999; Nooteboom 2002). Kann ein Konsument einer Unternehmung als solcher vertrauen oder nur deren Mitarbeitern, die jedoch wiederum persönlich nur begrenzt verantwortlich sein können für das, was sie im Auftrag (der Eigentümer) der Unternehmung für den Konsumenten tun? Um die Frage zu bejahen, wäre es konzeptionell erforderlich, dass *auf der Ebene der Unternehmung* über das Verhalten gegenüber dem Vertrauensgeber disponiert und der für Vertrauen erforderliche Handlungsspielraum vorgehalten und kompetent in Anschlag gebracht wird. Individuell motivierte Personen wirken hierbei mit (vgl. schon Simon 1997), handeln jedoch korporativ *als* Unternehmung. So könnte zum Beispiel eine Unternehmung ein fehlerhaftes Produkt vom Markt nehmen (oder eben nicht), obwohl die an dieser Entscheidung Beteiligten als Individuen genau das Gegenteil tun würden. Anders gesagt: Einem korporativen Akteur kann durchaus ein anderes Maß an Vertrauenswürdigkeit oder auch Glaubwürdigkeit zugesprochen werden als den für diesen Akteur handelnden, aber nicht in ihm aufgehenden, Individuen (vgl. Rousseau et al. 1998; Zaheer et al. 1998; Currall/ Inkpen 2002). Abgesehen davon, dass juristische Personen rechtlich besser fassbar sind, ließe sich eine ähnliche Logik auch für andere kollektive Akteure zeigen: In Gruppen (und als Gruppe) gehen Individuen größere Risiken ein (vgl. Staehle 1999, 291ff.); in Netzwerken (und als Netzwerk) können Unternehmungen Aufträge akquirieren, die sie allein nicht bewältigen könnten (vgl. Miles/ Snow 1986). In beiden Fällen beziehen sich hier Bedingungen und Folgen des Handelns vor allem auf die Ebene des kollektiven Akteurs.

Man kann also sinnvoll davon sprechen, dass kollektiven und korporativen Akteuren vertraut oder misstraut wird – angesichts von Verwundbarkeit und Ungewissheit ihnen gegenüber. Können aber diese überindividuellen Akteure als Vertrauensgeber selbst Vertrauen schenken? Dazu wäre erstens konzeptionell notwendig, dass kollektive und korporative Akteure an sich verwundbar sind und keine absolute Gewissheit über die Zukunft haben. Dies ist sicherlich anzunehmen, allein schon, wenn es um das Überleben eines solchen Akteurs geht, auch wenn die materiellen Folgen beispielsweise einer Insolvenz oder der Auflösung einer Gruppe oftmals (auch) von natürlichen Personen getragen werden müssen. Es wäre aber auch nötig, dass sich auf einer überindividuellen Ebene eine Erwartungshaltung bildet, die dann eine Bereitschaft des korporativen oder kollektiven Akteurs zu bestimmten Aktivitäten begründet. Wie dies geschehen kann, erforscht spätestens seit den Vierziger Jahren die verhaltenswissenschaftlich orientierte Managementforschung (vgl. Simon 1997; Staehle 1999): Zumindest das Abgeben von Absichtserklärungen, wie zum Beispiel durch Verträge oder die Kommunikation von gefällten Entscheidungen in der Wir-Form, könnten für potenzielle Vertrauensnehmer ein Zeichen dafür sein, dass ein kollektiver oder korporativer Vertrauensgeber – und nicht (nur) ein zu ihm gehörendes Individuum – vertraut. So käme man zu dem Schluss, dass es tatsächlich Vertrauen zwischen Unternehmungen, Abteilungen, Gruppen, Netzwerken geben kann, dass damit allerdings *parallele* (auch abweichende oder gegenläufige) Vertrauensbeziehungen zwischen betroffenen Individuen keinesfalls unbedeutend werden, und dass – wie die Überlegungen gezeigt haben – individuelle Akteure in diesem Zusammenhang immer eine Rolle spielen, sei es in Entscheidungsprozessen oder in der Ausführung von Entscheidungen.

Es stellt sich nun aber die Frage, wie man das Verhältnis zwischen den unterschiedlichen Akteursformen für unsere Thematik genauer fassen kann. Eine Möglichkeit wurde bereits mit den obigen Überlegungen erfasst, nämlich, dass Vertrauen und Glaubwürdigkeit ganz allgemein relationale Konstrukte mit mindestens zwei Akteuren sind und dass es zunächst unerheblich ist, ob die Akteure jeweils individuelle, kollektive oder korporative Akteure sind. In vielen Belangen mag diese Betrachtung ausreichen, doch es ist nicht unproblematisch, kollektive und korporative Akteure einerseits ‚überindividuell' zu denken, andererseits aber eben nicht ganz ohne individuelle Akteure.

Ein viel versprechender, an dieser Stelle jedoch nicht in allen Konsequenzen ausführbarer Ansatz wäre es, die ‚Überindividualität' von kollektiven und korporativen Akteuren als Strukturen auf einer höheren Ebene des Sozialen zu verstehen, die von individuellen Akteuren (re-)produziert werden. Unternehmungen, zum Beispiel, stellten demnach für die ihnen angehörenden individuellen und kollektiven Akteure (einzelne Mitarbeiter aber auch Abteilungen und informelle Gruppen) einen korporativen Akteur dar und *zugleich* ein soziales System mit von ihnen selbst hervorgebrachten und unterhaltenen Strukturen, auf die sie sich beziehen. Ein Unternehmungs*netzwerk* bildet demnach, unter bestimmten Vorraussetzungen, sowohl einen kollektiven Akteur als auch ein für und durch die individuellen und korporativen Akteure in ihm strukturiertes System (vgl. Loose/ Sydow 1994; Windeler 2001). Aber auch Unternehmungsnetzwerke als Akteure beziehen sich wiederum auf (höhere) soziale Strukturen und (re-)produzieren sie. Dieser Ansatz läuft auf zwei grundlegende Theoreme hinaus:

Erstens, dass alle Arten von Akteuren sich auf Strukturen beziehen, welche nur aus eben diesem Grund fortbestehen und sich verändern können (vgl. Giddens 1984). Zweitens, dass Vertrauen in und durch Strukturen (auch: „Systemvertrauen", Luhmann 1989, oder „Vertrauen in abstrakte Systeme", Giddens 1990) logisch und praktisch nur dann möglich ist, wenn diese Strukturen als Praktiken durch individuelle, kollektive oder korporative Akteure beziehungsweise deren *Handeln* wirksam werden können. Diese beiden Punkte sollen in diesem Abschnitt noch kurz diskutiert werden.

Zum ersten Punkt: Hier ist ein Zusammenhang angesprochen, der in der Strukturationstheorie von Anthony Giddens als *Dualität von Handlung und Struktur* bezeichnet wird (vgl. Giddens 1984; Walgenbach 1999; Ortmann et al. 2000; Windeler 2001). Wie die folgende Abbildung 3 verdeutlicht, sind Struktur- und Handlungsdimension bei Giddens rekursiv aufeinander bezogen und praktisch über so genannte Modalitäten miteinander verbunden. Dabei ermöglichen Strukturen Handeln, ohne es vollständig zu determinieren; und Handeln (re-)produziert unweigerlich Strukturen, teils intendiert, allerdings immer auch mit aus der Sicht des Akteurs unintendierten Folgen. Weiterhin werden drei ebenfalls rekursiv aufeinander bezogene Dimensionen des Sozialen unterschieden, nämlich auf der Strukturebene Signifikation (Sinn-/ Bedeutungszuweisung), Domination (Herrschaft) und Legitimation sowie entsprechend auf der Handlungsebene Kommunikation, Macht(-ausübung) und Sanktion(-ierung).

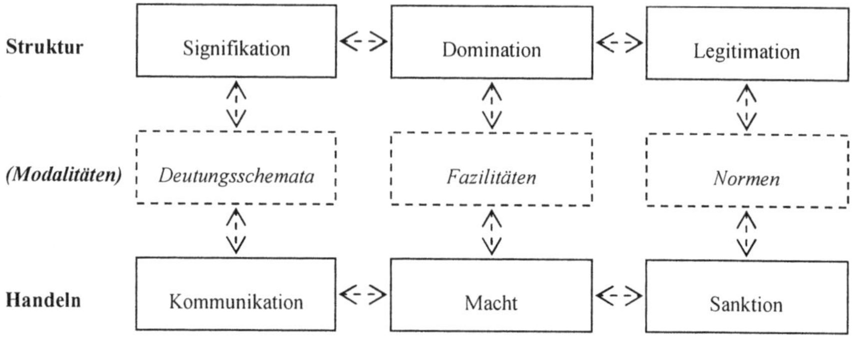

Abbildung 3: Dualität von Handlung und Struktur (vgl. Giddens 1984, 29)

Für das Konstrukt des Vertrauens bedeutet dies, dass ein (individueller, kollektiver, korporativer) Akteur als Vertrauensgeber seine positive Erwartungshaltung gegenüber einem anderen Akteur als Vertrauensnehmer nur dadurch entwickeln und im Handeln erweisen kann, dass er sich auf für Vertrauen und in der konkreten Situation relevante Regeln der Signifikation und Legitimation und auf allokative und autoritative Ressourcen der Domination bezieht (vgl. Loose/ Sydow 1994; Sydow 1998). Er kann zum Beispiel die Vertrauenswürdigkeit und Glaubwürdigkeit einer Unternehmung nur dann einschätzen, wenn er (im Sinne von Deutungsschemata) versteht, welche Bedeutung Finanzdaten haben und wie sie zu Stande kommen, welche dieser Daten anerkannt und zuverlässig sind; ob es (im Sinne von Normen) legitim ist, sie offen zu kommunizieren; ob und wie Fälschungen solcher Daten sanktioniert werden; welche Mittel (Fazilitäten) den Beteiligten zur Verfügung stehen und vieles mehr. Kommt es schließlich zum Vertrauen, so werden die Strukturen, in denen es entstanden ist, bestätigt und dann nochmals bekräftigt, wenn der Vertrauensnehmer, der sich ebenfalls auf diese Strukturen bezieht, das Vertrauen nicht bricht. Wichtig in diesem Zusammenhang ist, dass unser ursprüngliches Vertrauensverständnis erhalten bleibt, denn einerseits ermöglichen Strukturen dem Akteur erst das Vertrauen, aber andererseits determinieren sie es nicht vollständig und geben dem Akteur eben auch keine Unverwundbarkeit und Gewissheit gegenüber dem Handeln des Vertrauensnehmers. In der prozesshaften Rekursivität der Dualität von Handlung und Struktur muss der Vertrauensgeber also nicht-reduzierbare Kontingenz im Vertrauen ertragen beziehungsweise ausblenden können.

Der zweite Punkt fügt sich logisch dem letzten Gedanken an, denn es wurde ja gerade gesagt, dass Akteure sich nicht völlig auf die Strukturen, auf die sie sich notwendig beziehen müssen, verlassen können beziehungsweise ihnen ‚vertrauen' können. Die Strukturen sozialer Systeme werden entsprechend nicht nur als Grundlage für Vertrauen, sondern auch selbst als Objekt von Vertrauen diskutiert (vgl. Barber 1983; Shapiro 1987; Luhmann 1989; Giddens 1990). Sie sind also beides: Quelle *und* Gegenstand von Vertrauen (vgl. Sydow 1998, 44). Damit sie Objekt von Vertrauen sein können, müsste man Strukturen aber Wirkungen zuschreiben können und zwar solche, die die nicht-reduzierbare Verwundbarkeit und Ungewissheit eines möglichen Vertrauensgebers betreffen. Diese Wirkungen können Strukturen aber nur *durch* das Handeln von Akteuren haben – erst diese Möglichkeit macht, wenn man so will, ein soziales System zum Akteur, der eben auch ein Vertrauensnehmer sein kann. Umgekehrt kann ein Akteur nur durch Bezugnahme auf Strukturen wirken. Gemeint ist, ganz im Sinne der Dualität von Handlung und Struktur, dass ein Vertrauensgeber sich in seinem Vertrauen auf bestimmte Strukturen bezieht und annimmt, dass potenzielle Vertrauensnehmer, die sich auf dieselben Strukturen beziehen, durch sie zu einem vertrauenswürdigen Handeln bewegt werden. Letzteres ist aber dennoch nicht garantiert, da zum Beispiel die Annahmen des Vertrauensgebers nicht perfekt sein können, die Strukturen in sich widersprüchlich sein könnten, oder der Vertrauensnehmer die Strukturen *eigenwillig* umsetzen könnte.

Strukturen sozialer Systeme sind also *indirekt* Objekt von Vertrauen, indem sie auf und durch Vertrauensnehmer wirken. Dies wird auch bei Niklas Luhmann (1989) und Anthony Giddens (1990) deutlich, die letztlich beide feststellen, dass Vertrauen in abstrakte Systeme nur durch die Wahrnehmung des Handelns anderer Akteure, welches das System (bzw. einen Teil davon) repräsentiert, entstehen und verifiziert werden kann. Auf Grund unserer Überlegungen weiter oben könnte man nun ergänzen: Die Akteure, von denen hier die Rede ist, können individuelle, kollektive oder korporative Akteure sein, das heißt eben unter anderem auch Unternehmungen und Unternehmungsnetzwerke. Zugleich sind Unternehmungen und Unternehmungsnetzwerke je auch als Sozialsysteme mit mehr oder weniger ausgeprägten und spezifischen, in Zeit und Raum ausgreifenden Strukturen aufzufassen, die auf und durch das Vertrauen von Akteuren wirken. Wenn man die Dualität von Handlung und Struktur ernst nimmt, dann sollte man auch die Unterscheidung von Vertrauen in Personen und Vertrauen in Systeme nicht als Dichotomie, sondern als Dualität auffassen. Das Vertrauen in einen Mitarbeiter einer Unternehmung kann dann eben doch nicht ohne Bezug zu dieser Unternehmung gedacht werden (und vor allen Dingen auch umgekehrt), selbst wenn die Unternehmung als korporativer Akteur von dem Mitarbeiter als individuellem Akteur abgrenzbar ist.

4. Praktische Herausforderung für individuelle, kollektive und korporative Akteure: Vertrauensbewusstes Management

Die Diskussion um Vertrauen ist ein Gegenbeispiel für das Vorurteil (bei manchen vielleicht auch die Hoffnung), dass die Betriebswirtschaftslehre mit ihrem grundsätzlichen Gestaltungsanspruch annimmt, man könne im Prinzip alles in der Unternehmung und über sie hinaus ‚managen'. Wird unter Management (gerade in der Praxis immer noch) die effektive und präzise Planung, Steuerung und Kontrolle ökonomischer Aktivitäten verstanden, sieht man deutlich, dass Vertrauen einen Bereich betrifft, für den ein so verstandenes ‚Management' nicht anwendbar ist. Denn Vertrauen bezieht sich ja begriffskonstitutiv auf nicht-reduzierbare Verwundbarkeit und Ungewissheit und setzt gewisse kontingente, wenn man so will ‚ungemanagte' Handlungsspielräume des Vertrauensgebers und des Vertrauensnehmers voraus. Zumindest eine direkte Einflussnahme im Sinne eines auf Handlungsanweisungen basierenden Vertrauensmanagements (vgl. z.B. Shea 1987; Steinle et. al. 2000) scheint daher heute den meisten Autoren unrealistisch (vgl. u.a. Hardin 1993; Loose/ Sydow 1994; Beckert et al. 1998; Sydow 1998; Geramanis 2002; Möllering 2002; Eberl 2003). Grundsätzlich in Zweifel gezogen wird damit implizit auch die Annahme, dass sich Vertrauen und Kontrolle gegenseitig ausschließen müssen, denn sie stehen als Koordinationsmechanismen nebeneinander und nicht gegeneinander (vgl. Krystek/ Zumbrock 1993; Bachmann et al. 2001; Geramanis 2002; Sydow/ Windeler 2003). Zwar impliziert auch Vertrauen eine Art Soll-Ist-Vergleich zwischen Erwartungen und tatsächlich beobachtetem Verhalten und ähnelt in dieser Hinsicht sogar der Kontrolle (vgl. Sjurts 1998). Allerdings ‚kontrolliert' man sein Vertrauen in einem sehr viel vageren, emergenten Sinne (vgl. Luhmann 1989), das heißt mit unscharfen Kriterien, die sich erst im Prozess konkretisieren und nicht – wie bei der klassischen Kontrolle – vorher eindeutig und eng definiert werden können. Kontrolle zerstört Vertrauen insbesondere dann, wenn sie (übermäßig) versucht, Handlungsspielräume zu beschneiden und Gewissheit dort zu erzwingen, wo Verwundbarkeit und Ungewissheit schlicht nicht weiter reduzierbar und nur durch Vertrauen akzeptierbar sind.

Statt von Vertrauensmanagement scheint daher die Rede von einem „vertrauensbewussten Management" (Loose/ Sydow 1994, 190) angemessener. Doch auch hier ist Vorsicht geboten, denn damit ist nicht die plumpe Empfehlung gemeint, Manager müssten sich nur der Vertrauensproblematik bewusst werden, sie gegebenenfalls thematisieren, und schon hätten sie Vertrauen im Griff (vgl. hierzu kritisch Möllering 2002). Vielmehr scheint es sehr funktional, dass Vertrauen den Akteuren zumeist nicht bewusst ist, sondern nur bewusst wird, wenn es tatsächlich problematisch ist. Es folgt, dass man Vertrauen nicht unnötig problematisieren sollte. Doris Brothers (1995, 3) benutzt den Vergleich, dass Vertrauen im Alltag so selbstverständlich wie die Schwerkraft sei und dass Akteure beide Phänomene vor allem bei Störungen wahrnähmen – und zwar verbunden mit entsprechenden Sorgen und Ängsten. Niklas Luhmann spricht von „durchschauendem Vertrauen" (1989, 73ff.) und meint damit, dass nicht schon bei kleinen Vertrauensbrüchen eine Vertrauensbeziehung insgesamt in Frage gestellt werden sollte und dass dauerhaftes Vertrauen immer auch Takt erfordert.

Im Alltag von Unternehmungen und Unternehmungsnetzwerken können Störungen im Vertrauen allerdings ständig auftreten; und vertrauensbewusstes Management bedeutet hier, sich für diese Fälle zu sensibilisieren, ohne sie grundlos hervorzurufen. Und dies beginnt in der Tat mit der simplen Erkenntnis, dass Vertrauen überhaupt eine Rolle spielt, dass es sich auf Verwundbarkeit und Ungewissheit bezieht und dass es immer riskant ist und bleibt. Es kann sich dann zum Beispiel die Einsicht anschließen, dass Vertrauen als dritter Koordinationsmechanismus neben Preisen und Anweisung/ Kontrolle bedeutsam werden könnte, insbesondere wenn die herkömmlichen Mechanismen nicht ausreichen oder nur begrenzt anwendbar sind (vgl. Bradach/ Eccles 1989; Adler 2001). Dies ist – wie oben herausgestellt – typischerweise in Unternehmungsnetzwerken der Fall, wie auch in allen Bereichen, wo Verwundbarkeit und Ungewissheit unvermeidbar sind.

Welche Möglichkeiten haben Akteure vor diesem Hintergrund, nicht nur die Bedeutung von Vertrauen zu erkennen, sondern auch die Entstehung von Vertrauen zumindest positiv zu beeinflussen, selbst wenn Vertrauen niemals garantiert oder erzwungen werden kann? Drei grundsätzliche Ansätze scheinen hier, in aller Kürze, sinnvoll:

1. *Anerkennen von Verwundbarkeit und Ungewissheit der Beteiligten:*
   Ohne hierbei über das Ziel hinauszuschießen, sollten die letztlich unkalkulierbaren Risiken für individuelle, kollektive und korporative Akteure in und zwischen Unternehmungen als Normalität etabliert werden, anstatt eine Fassade der Unverwundbarkeit und Gewissheit zu erzwingen. Dabei muss zugleich deutlich werden, dass hieraus nicht Panik und Paranoia folgen, sondern dass man in der Wechselseitigkeit von nicht-reduzierbarer Verwundbarkeit und Ungewissheit ein gemeinsames Interesse an vertrauensvollen Beziehungen erkennt. Darauf kann Vertrauen aufbauen.

2. *Einseitige Vorleistungen:*
   Auch dieser Ansatz ist, wie der vorherige, durchaus ambivalent, jedoch wird in der Literatur (meist mit Bezug auf Luhmann 1989, 23f.) immer wieder darauf rekurriert, dass Vertrauen sich nur dann entwickeln kann, wenn einer der individuellen, kollektiven oder korporativen Akteure einseitig eine (riskante) Vorleistung erbringt, den ersten, kleinen Schritt tut, und damit die Gelegenheit für andere gibt, Vertrauen zu honorieren und einen sich bestenfalls selbst verstärkenden Prozess der Entwicklung einer vertrauensvollen Beziehung zu initiieren (vgl. Zand 1972; Axelrod 1984; Luhmann 1989; Hardin 1993). Auch dies ist leichter gesagt als getan, denn der Initiator ist eben bei dem ersten Schritt verwundbar und hat keine Gewissheit, dass die positive Vertrauensspirale (vgl. Zand 1972, 233) in Gang kommt.
3. *Erhöhte Reflexivität gegenüber Strukturen:*
   Kein einzelner Akteur kann normalerweise – im Verständnis der Strukturationstheorie – durch sein Handeln soziale Strukturen, auf die er sich bezieht, kurzfristig und nach seinen genauen Vorstellungen verändern, auch wenn die Strukturen allgemein sich nur durch das Handeln der Akteure konkretisieren und dieses Handeln durchaus Folgen für die Strukturen hat. Im Bewusstsein dieser Einschränkungen und mit einer mittleren Position zwischen Steuerungsoptimismus und -pessimismus kann Management nichtsdestotrotz bedeuten, dass durch eine erhöhte Reflexivität in Bezug auf Regeln der Signifikation und Legitimation sowie Ressourcen der Domination speziell auf das Phänomen Vertrauen in Unternehmungen oder Unternehmungsnetzwerken Einfluss genommen wird. So gibt es viele Möglichkeiten für individuelle, kollektive und korporative Akteure, Vertrauen zu thematisieren, zu interpretieren und zu diskutieren (Signifikation), es zu sanktionieren (Legitimation) und dabei entsprechende Ressourcen machtvoll einzusetzen (Domination). Erhöhte Reflexivität ist mithin nicht nur für Individuen denkbar, sondern im Sinne einer Systemreflexivität auch auf der Ebene kollektiver und korporativer Akteure, die zum Beispiel vertrauensrelevante Praktiken als Strukturmerkmal des jeweiligen sozialen Systems institutionalisieren. Ob solche Möglichkeiten genutzt werden sollten, ist eine andere, immer nur in konkreten Situationen zu beantwortende Frage, für die dann immer auch bedacht werden muss, dass mit den Strukturen auch die Bezugspunkte für Vertrauen sich wandeln und mitunter zerstört werden könnten (vgl. Beckert et al. 1998).

Diese Ansätze sind realistisch, da sie die Ambivalenz von Vertrauen und vertrauensbewusstem Management nicht leugnen. Sie verfallen einerseits nicht einer Euphorie, die in den Achtziger Jahren (und heute nicht selten wieder) dazu geführt hat, dass die „Vertrauensorganisation" (insbes. Bleicher 1985; vgl. dazu kritischer Krell 1988; Kieser 1997; Walgenbach 2000) als zukunftsweisendes Modell ausgerufen wurde, zeigen andererseits aber Vertrauen als *ein* höchst aktuelles „Organisationsprinzip" (Ripperger 1998; McEvily et al. 2003), das in seinen konzeptionellen Einzelheiten und praktischen Implikationen noch weiter erforscht werden sollte.

Besonders für Unternehmungsnetzwerke kann Vertrauen als Organisationsprinzip praktisch relevant sein, da sie eben weder reine Märkte noch Hierarchien und auch keine bloßen Mischformern dieser Extreme sind. Das bedeutet: Für das Management von etablierten Netzwerken, insbesondere aber auch von in der Entstehung befindlichen Netzwerken, können die drei genannten Ansätze der Anerkennung von Verwundbarkeit und Ungewissheit, des Erbringens von Vorleistungen und der Erhöhung der Reflexivität gegenüber Strukturen sinnvoll sein, um Vertrauen positiv zu beeinflussen, allerdings nicht ohne Asymmetrien zwischen den Akteuren und deren eigenen Interessen und Möglichkeiten zu reflektieren. Denn die Naivität insbesondere gegenüber Macht und Politik, die aus dem Konzept der „Vertrauensorganisation" und aus der Sicht von Vertrauen als schneller Lösung heutiger Organisationsprobleme spricht, und die zurecht angeprangert wird (vgl. Walgenbach 2000), widerspricht dem an die Strukturationstheorie angelehnten Verständnis von Netzwerkmanagement und Vertrauenskonstitution, wie wir es hier dargestellt haben. Die entscheidende Leistung von Netzwerkunternehmungen ist es nämlich zunächst einmal, Strukturen *des Unternehmungsnetzwerkes* als sozialem System zu (re-)produzieren, welche sich von anderen Strukturmerkmalen, auf die sich Akteure auch beziehen, abheben. Bestenfalls zeichnen sie sich dadurch aus, dass sie Regeln und Ressourcen umfassen, die Vertrauen zwischen den Netzwerkunternehmungen fördern.

Zum Beispiel könnte es in einem Netzwerk als illegitim gelten, eigene Kostensteigerungen unmittelbar an andere Netzwerkunternehmungen weiterzugeben, während dies außerhalb des Netzwerkes legitimerweise möglich ist. Oder die Netzwerkunternehmungen könnten Ressourcen, wie zum Beispiel Produktionskapazitäten poolen, so dass unerwartete Engpässe bei einzelnen Unternehmungen im Netzwerk aufgefangen werden können. Konzeptionell wichtig ist, dass die Strukturen, auf die die Unternehmungen sich im Netzwerk beziehen, eben nicht den Zweck erfüllen, möglichst jede Verwundbarkeit oder Ungewissheit zu beseitigen – denn dann wäre kein Vertrauen nötig –, sondern dass ein Umgang mit *nicht-reduzierbarer* Verwundbarkeit und Ungewissheit etabliert wird, der den Akteuren hilft diese zu akzeptieren. Leitbild für einen solchen Umgang wäre die zuvor bereits erwähnte langfristige, an den wechselseitigen und gemeinsamen Interessen der Beteiligten orientierte, aber nicht zwingend ausgeglichene Reziprozität in der Kooperation (vgl. Semlinger 1993). Sie kann durch Offenheit, Homophilie, Multiplexität und eine faire Balance von Autonomie und Abhängigkeit gefördert – aber ebenfalls nicht garantiert – werden (vgl. Loose/ Sydow 1994, 184ff.).

Die Vorstellung, dass Akteure durch ihr Handeln die vertrauensrelevanten Strukturen, auf die sie sich im Handeln mehr oder weniger bewusst beziehen, stetig fortschreiben und dabei aber auch verändern, sie also mehr oder weniger bewusst ‚managen', passt auch zu der Idee von Anthony Giddens (1994b), dass in spätmodernen Beziehungen – und dazu rechnen wir auch Beziehungen in und zwischen Unternehmungen – ein „aktives Vertrauen" gefordert ist: Die Akteure müssen demnach am Vertrauen arbeiten, indem sie fortlaufend über die Bedingungen und Umstände ihres Vertrauens reflektieren und kommunizieren. Genau dies würde die Strukturationstheorie ohnehin annehmen, nur dass Giddens nun offenbar argumentiert, dass heute ein höheres Maß an Reflexivität gefordert ist. Akteure in der (späten) Moderne können – auch in und zwischen Unternehmungen – immer weniger fest damit rechnen, dass Verwundbarkeit und Ungewissheit dauerhaft strukturell reduziert werden, und genau deshalb wird Vertrauen prinzipiell wichtiger aber auch schwieriger und riskanter für sie. Vertrauensspiralen drehen sich nicht mehr so leicht von selbst. Beim „aktiven Vertrauen" erfordert das in jedem Vertrauen implizierte ‚Als ob' einen tendenziell immer größeren „Vertrauenssprung" (Möllering 2002). Ein Management, das „durchschauend" (im Sinne Luhmanns 1989, 73ff.) auf „aktives Vertrauen" (im Sinne Giddens) setzt, müsste also besonders auf Rückschläge und Enttäuschungen gefasst und auf sie vorbereitet sein.

5. Fazit: Glaubwürdigkeit als Form von Vertrauenswürdigkeit

Vertrauenswürdigkeit bedeutet vor dem Hintergrund der bisherigen Diskussion eben nicht eine absolute, von Zeit, Raum und Wahrnehmung losgelöste Eigenschaft eines Akteurs, der die Verwundbarkeit und Ungewissheit anderer niemals opportunistisch ausnutzt. Vertrauenswürdigkeit bezeichnet vielmehr eine sich im Bezug auf teils verborgene Strukturen konkretisierende Konstruktion durch Akteure über sich selbst. Angesichts einer bestimmten Situation wird die Schwelle zur Vertrauenswürdigkeit so jeweils praktisch ermittelt, erkannt und verschoben. Ob ein Akteur für vertrauenswürdig gehalten wird, hängt dann also von den jeweils in Anschlag gebrachten Regeln und Ressourcen ab und ist damit einerseits keinesfalls zufällig, andererseits aber auch kaum sicher prognostizierbar – zumal wenn dann noch hinzugedacht wird, dass konkretes Vertrauen immer einen über Regeln und Ressourcen hinausgehenden Vertrauenssprung erfordert. Analog gilt, dass Glaubwürdigkeit nur praktisch konstruiert und reproduziert werden kann, niemals absolut besteht und eben immer auch unbegründbaren und unerzwingbaren Glauben erfordert. Es leuchtet zum Beispiel für Wahrhaftigkeit und Konsistenz als zentrale Konstrukte der Glaubwürdigkeit (vgl. Bentele 1988, 408) ein, dass die entsprechenden Regeln und Ressourcen für viele Arten von Situationen gut eingespielt sind, aber dennoch von Situation zu Situation und von Fall zu Fall in ihrer praktischen Konkretisierung variabel bleiben (müssen). Schließlich ist keine Situation exakt wie die andere, kein Akteur kann jemals alle Strukturen erfassen und keiner kann, wie William James (1948) sagen würde, etwas glauben, dass er nicht glaubt. Der konkrete Akteur bleibt maßgeblich.

Diese konzeptionelle Ähnlichkeit lässt uns an dieser Stelle auch nochmals einen klareren Blick auf die Frage werfen, ob Glaubwürdigkeit eine Frage des Vertrauens ist: Indem ein Akteur bereit ist, einem anderen Akteur zu glauben, ohne Gewissheit zu haben, macht er sich verwundbar. Wenn er glaubt, vertraut er, dass ein bestimmtes vergangenes oder zukünftiges Handeln des anderen – nämlich eine subjektiv wahrhaftige oder falsche Kommunikation – so erfolgt (ist), dass es ihm nicht schaden wird. Der Vertrauensgeber glaubt dies, *als ob* letzteres unmöglich wäre und *obwohl* es nicht völlig ausgeschlossen werden kann. Wie Vertrauenswürdigkeit wird Glaubwürdigkeit nur vorläufig zugesprochen und muss sich messen lassen, kann sich aber nicht beweisen lassen (vgl. auch Bentele 1988; Köhnken 1990; Götsch 1994).

Auch für Unternehmungen und Unternehmungsnetzwerke leitet sich hier eine zentrale Erkenntnis ab, die zudem noch einmal auf die Idee des ‚aktiven Vertrauens' zurückverweist: Glaubwürdigkeit ist nicht allein eine Frage des eigenen guten Gewissens, sondern eine in stetiger Reflexion und Kommunikation (im Rekurs auf relevante Strukturen) zu erarbeitende, niemals mit Sicherheit zu erwartende Zuschreibung anderer Akteure im Hinblick auf deren Verwundbarkeit und Ungewissheit durch die Freiheit des Glaubwürdigkeit Beanspruchenden, auch (opportunistisch und womöglich unerkannt oder ungestraft) unglaubwürdig sein zu können. Ob ein Akteur des Glaubens oder des Vertrauens würdig ist, bestimmt aber in letzter Konsequenz nicht er selbst, sondern diejenigen, die Glauben oder Vertrauen vergeben und dadurch auch etwas verlieren können.

Ein differenziertes Verständnis von Vertrauen kann somit in der Tat wesentliche Aspekte des Konstruktes Glaubwürdigkeit, insbesondere die nicht-reduzierbare Verwundbarkeit und Ungewissheit des Glauben Schenkenden, hervorkehren. Für Unternehmungen und Unternehmungsnetzwerke ist die Vertrauensproblematik nicht nur allgegenwärtig, sie rückt zudem Mechanismen und Praktiken der Koordination in den Blick, die eine sinnvolle und notwendige Ergänzung zu ökonomischen Konstrukten wie Markt (Preis) und Hierarchie (Anweisungen) darstellen. Eine konzeptionelle Herausforderung in diesem Zusammenhang ist die Tatsache, dass unterschiedliche Arten von Akteuren, nämlich individuelle, kollektive und korporative Akteure, in Unternehmungen und Unternehmungsnetzwerken in (möglichen) Vertrauensbeziehungen zueinander stehen. Denkt man in diesem Zusammenhang Akteure nicht als isolierte Einheiten sondern strukturationstheoretisch als sich auf soziale Strukturen beziehende und diese dadurch (re-)produzierende Träger zurechenbarer Handlungen mit mehr oder weniger intendierten Folgen, so sind zum Beispiel Unternehmungen selbst Akteure und besitzen als soziale Systeme zugleich immer nur durch Akteure wirkende Strukturen. Damit wird die Strukturebene sinnvoll als Quelle und Objekt von Vertrauen in das Vertrauensverständnis integriert. Es folgt, dass Möglichkeiten des vertrauensbewussten Managements allgemein vor allem im Anerkennen von Verwundbarkeit und Ungewissheit, im Erbringen einseitiger Vorleistungen und in der Erhöhung der Reflexivität gegenüber Strukturen liegen, wobei jeder dieser Ansätze ambivalent und damit immer auch riskant ist. Management kann Vertrauen nicht vollständig garantieren, erzwingen, steuern oder absichern, ist aber notwendig ein Teil der mehr oder weniger aktiven Kommunikation und Interaktion um Vertrauen in und zwischen Unternehmungen.

Diese Erkenntnisse sind übertragbar auf Glaubwürdigkeit als eine spezielle Form der Vertrauenswürdigkeit. Für Unternehmungen und Unternehmungsnetzwerke – wie für alle Akteure – gilt, dass sie nicht beanspruchen können, dass man ihnen glaubt oder vertraut. Glauben und Vertrauen können nur aus einer konkreten Situation der Verwundbarkeit und Ungewissheit heraus von einem Akteur zwar mit Bezug auf Strukturen, aber letztlich freiwillig geschenkt werden, wenn der Akteur zumindest zeitweise realistisch ebenfalls mögliche Szenarien ausblendet. Glauben und Vertrauen ermöglichen auf diese Weise Handlungen gerade auch in ambivalenten oder paradoxen Situationen, indem sie ein positives ‚Als ob' setzen, das die Situation zunächst und dann möglicherweise dauerhaft klärt. Ob dies, zumal betriebswirtschaftlich, immer oder meistens wünschenswert ist, wird wohl kaum allgemein gültig zu beantworten sein.

Literatur

Adler, P.S. (2001): Market, hierarchy, and trust: The knowledge economy and the future of capitalism. In: Organization Science 12 (2), 215-234.

Albach, H. (1991): Vertrauen in der ökonomischen Theorie. In: Albach, H. (Hrsg.): Unternehmen im Wettbewerb. Wiesbaden, 3-12.

Arrow, K.J. (1974): The limits of organization. New York.

Axelrod, R. (1984): The evolution of cooperation. New York.

Bachmann, R./ Knights, D./ Sydow, J. (2001): Editorial (Sonderheft zum Thema 'Trust and Control in Organizational Relations'). In: Organization Studies 22 (2), v-viii.

Baier, A. (1986): Trust and antitrust. In: Ethics 96 (2), 231-260.

Barber, B. (1983): The logic and limits of trust. New Brunswick.

Barney, J.B./ Hansen, M.H. (1994): Trustworthiness as a source of competitive advantage. In: Strategic Management Journal 15 (8), 175-190.

Beckert, J. (2002): Vertrauen und die performative Konstruktion von Märkten. In: Zeitschrift für Soziologie 31 (1), 27-43.

Beckert, J./ Metzner, A./ Roehl, H. (1998): Vertrauenserosion als organisatorische Gefahr und wie ihr zu begegnen ist. In: Organisationsentwicklung 17 (4), 56-66.

Bentele, G. (1988): Der Faktor Glaubwürdigkeit: Forschungsergebnisse und Fragen für die Sozialisationsperspektive. In: Publizistik 33 (2/3), 406-426.

Bigley, G.A./ Pearce, J.L. (1998): Straining for shared meaning in organization science: Problems of trust and distrust. In: Academy of Management Review 23 (3), 405-421.

Bleicher, K. (1985): Meilensteine auf dem Weg zur Vertrauensorganisation. In: Thexis 4 (1), 2-7.

Blois, K.J. (1999): Trust in business to business relationships: An evaluation of its status. In: Journal of Management Studies 36 (2), 197-215.

Bradach, J.L./ Eccles, R.G. (1989): Price, authority and trust: From ideal types to plural forms. In: Annual Review of Sociology 15, 96-118.

Brothers, D. (1995): Falling backwards: An exploration of trust and self-experience. New York.

Child, J./ Möllering, G. (2003): Contextual confidence and active trust development in the Chinese business environment. In: Organization Science 14 (1), 69-80.

Chiles, T.H./ McMackin, J.F. (1996): Integrating variable risk preferences, trust, and transaction cost economics. In: Academy of Management Review 21 (1), 73-99.

Coase, R.H. (1937): The nature of the firm. In: Economica 4, 386-405.

Coleman, J.S. (1990): Foundations of social theory. Cambridge/ MA.

Cummings, L.L./ Bromiley, P. (1996): The organizational trust inventory (OTI): Development and validation. In: Kramer, R.M./ Tyler, T.R. (Hrsg.): Trust in organizations. Thousand Oaks, 302-330.

Currall, S.S./ Inkpen, A.C. (2002): A multilevel approach to trust in joint ventures. In: Journal of International Business Studies 33 (3), 479-495.

Dasgupta, P. (1988): Trust as a commodity. In: Gambetta, D. (Hrsg.): Trust: Making and breaking co-operative relations. Oxford, 49-72.

Davidow, W.H./ Malone, M.S. (1992): The virtual corporation. New York.

Deutsch, M. (1973): The resolution of conflict. New Haven.

Dirks, K.T./ Ferrin, D.L. (2001): The role of trust in organizational settings. In: Organization Science 12 (4), 450-467.

Dyer, J.H./ Chu, W. (2003): The role of trustworthiness in reducing transaction costs and improving performance: Empirical evidence from the United States, Japan, and Korea. In: Organization Science 14 (1), 57-68.

Eberl, P. (2003): Vertrauen und Management. Stuttgart.

Ebers, M./ Gotsch, W. (1999): Institutionenökonomische Theorien der Organisation. In: Kieser, A. (Hrsg.): Organisationstheorien. 3. Auflage. Stuttgart, 199-251.

Elster, J. (1989): The cement of society: A study of social order. Cambridge.

Gambetta, D. (1988). Can we trust trust? In: Gambetta, D. (Hrsg.): Trust: Making and breaking co-operative relations. Oxford, 213-237.

Garfinkel, H. (1967): Studies in ethnomethodology. Englewood Cliffs.

Geramanis, O. (2002): Vertrauen: Die Entdeckung einer sozialen Ressource. Stuttgart.

Geser, H. (1990): Organisationen als soziale Akteure. In: Zeitschrift für Soziologie 19 (6), 401-417.

Giddens, A. (1984): The constitution of society. Cambridge.

Giddens, A. (1990): The consequences of modernity. Cambridge.

Giddens, A. (1991): Modernity and self-identity. Cambridge.

Giddens, A. (1994a): Living in a post-traditional society. In: Beck, U./ Giddens, A./ Lash, S. (Hrsg.): Reflexive modernization. Cambridge, 56-109.

Giddens, A. (1994b): Risk, trust, reflexivity. In: Beck, U./ Giddens, A./ Lash, S. (Hrsg.): Reflexive modernization. Cambridge, 184-197.

Götsch, K. (1994): Riskantes Vertrauen: Theoretische und empirische Untersuchung zum Konstrukt Glaubwürdigkeit. Münster.

Granovetter, M. (1985): Economic action and social structure: A theory of embeddedness. In: American Journal of Sociology 91 (3), 481-510.

Grey, C./ Garsten, C. (2001): Trust, control and post-bureaucracy. In: Organization Studies 22 (2), 229-250.

Gulati, R. (1995): Does familiarity breed trust? The implications of repeated ties for contractual choice in alliances. In: Academy of Management Journal 38 (1), 85-112.

Handy, C. (1995): Trust and the virtual organization. In: Harvard Business Review 73 (3), 40-50.

Hardin, R. (1993): The street-level epistemology of trust. In: Politics & Society 21 (4), 505-529.

Hennart, J.-F. (1993): Explaining the swollen middle: Why most transactions are a mix of 'market' and 'hierarchy'. In: Organization Science 4 (4), 529-547.

James Jr., H.S. (2002): The trust paradox: A survey of economic inquiries into the nature of trust and trustworthiness. In: Journal of Economic Behavior & Organization 47 (3), 291-307.

James, W. (1948): Essays in pragmatism. New York.

Kern, H. (1998): Lack of trust, surfeit of trust: Some causes of the innovation crisis in German industry. In: Lane, C./ Bachmann, R. (Hrsg.): Trust within and between organizations. Oxford, 203-213.

Kieser, A. (1997): List und Tücke in der Vertrauensorganisation (Editorial). In: Die Betriebswirtschaft 57 (5), 597-599.

Köhnken, G. (1990): Glaubwürdigkeit: Untersuchungen zu einem psychologischen Konstrukt. München.

Krell, G. (1988): „Vertrauensorganisation“ als Antwort auf Wertewandel und Technologieschub. In: Organisationsentwicklung 7 (1), 35-50.

Krystek, U./ Zumbrock, S. (1993): Planung und Vertrauen. Stuttgart.

Lamming, R. (1993): Beyond partnership: Strategies for innovation and lean supply. New York.

Lash, S. (1994): Expert-systems or situated interpretation? Culture and institutions in disorganized capitalism. In: Beck, U./ Giddens, A./ Lash, S. (Hrsg.): Reflexive modernization. Cambridge, 198-215.

Lewis, J.D./ Weigert, A. (1985): Trust as a social reality. In: Social Forces 63 (4), 967-985.

Loose, A./ Sydow, J. (1994): Vertrauen und Ökonomie in Netzwerkbeziehungen – Strukturationstheoretische Betrachtungen. In: Sydow, J./ Windeler, A. (Hrsg.): Management interorganisationaler Beziehungen. Opladen, 160-193.

Lorenz, E.H. (1988): Neither friends nor strangers: Informal networks of subcontracting in French industry. In: Gambetta, D. (Hrsg.): Trust: Making and breaking co-operative relations. Oxford, 194-210.

Luhmann, N. (1989): Vertrauen: Ein Mechanismus der Reduktion sozialer Komplexität. 3. Auflage. Stuttgart.

Mayer, R.C./ Davis, J.H./ Schoorman, F.D. (1995): An integrative model of organizational trust. In: Academy of Management Review 20 (3), 709-734.

McEvily, B./ Perrone, V./ Zaheer, A. (2003): Trust as an organizing principle. In: Organization Science 14 (1), 91-103.

Meyer, J.W./ Jepperson, R.L. (2000): The "actors" of modern society: The cultural construction of social agency. In: Sociological Theory 18 (1), 100-120.

Miles, R.E./ Snow, C.C. (1986): Organizations: New concepts for new forms. In: California Management Review 28 (3), 62-73.

Mohr, A.T. (2002): Erfolg deutsch-chinesischer Joint Ventures: Eine qualitative und quantitative Analyse. Frankfurt/ Main.

Möllering, G. (2001): The nature of trust: From Georg Simmel to a theory of expectation, interpretation and suspension. In: Sociology 35 (2), 403-420.

Möllering, G. (2002): Hinein ins Vertrauen!? Eine konstruktive Kritik zum betriebswirtschaftlichen Vertrauensverständnis. In: Zeitschrift Führung + Organisation 71 (2), 81-88.

Möllering, G. (2003): A typology of supplier relations: From determinism to pluralism in inter-firm empirical research. In: Journal of Purchasing and Supply Management 9 (1), 31-41.

Nooteboom, B. (1996): Trust, opportunism and governance: A process and control model. In: Organization Studies 17 (6), 985-1010.

Nooteboom, B. (2002): Trust: Forms, foundations, functions, failures and figures. Cheltenham.

Ortmann, G. (2003): Regel und Ausnahme. Paradoxien sozialer Ordnung. Frankfurt/ Main.

Ortmann, G./ Sydow, J./ Windeler, A: (2000): Organisation als reflexive Strukturation. In: Ortmann, G./ Sydow, J./ Türk, K. (Hrsg.): Theorien der Organisation. 2. Auflage. Wiesbaden, 315-354.

Petermann, F. (1996): Psychologie des Vertrauens. 3. Auflage. Göttingen.

Picot, A. (1982): Transaktionskostenansatz in der Organisationstheorie: Stand der Diskussion und Aussagewert. In: Die Betriebswirtschaft 42 (2), 267-284.

Powell, W.W. (1990): Neither market nor hierarchy: Network forms of organization. In: Staw, B.M./ Cummings, L.L. (Hrsg.): Research in organizational behavior 12. Greenwich/ CT, 295-336.

Prahalad, C.K./ Hamel, G. (1990): The core competence of the corporation. In: Harvard Business Review 68 (3), 79-91.

Preisendörfer, P. (1995): Vertrauen als soziologische Kategorie. Möglichkeiten und Grenzen einer entscheidungstheoretischen Fundierung des Vertrauenskonzepts. In: Zeitschrift für Soziologie, 24 (4), 263-272.

Ring, P.S./ Van de Ven, A.H. (1992): Structuring cooperative relationships between organizations. In: Strategic Management Journal 13 (7), 483-498.

Ripperger, T. (1998): Ökonomik des Vertrauens: Analyse eines Organisationsprinzips. Tübingen.

Rousseau, D.M./ Sitkin, S.B./ Burt, R.S./ Camerer, C. (1998): Not so different after all: A cross-discipline view of trust. In: Academy of Management Review 23 (3), 393-404.

Sabel, C.F. (1993): Studied trust: Building new forms of cooperation in a volatile economy. In: Swedberg, R. (Hrsg.): Explorations in economic sociology. New York, 104-144.

Sako, M. (1992): Prices, quality, and trust: Inter-firm relations in Britain and Japan. Cambridge.

Sako, M. (1998): Does trust improve business performance? In: Lane, C./ Bachmann, R. (Hrsg.): Trust within and between organizations. Oxford, 88-117.

Scott, R.W. (1986): Grundlagen der Organisationstheorie. Frankfurt/ Main.

Seligman, A. (1997): The problem of trust. Princeton.

Semlinger, K. (1993): Effizienz und Autonomie in Zulieferungsnetzwerken – Zum strategischen Gehalt von Kooperation. In: Staehle, W.H./ Sydow, J. (Hrsg.): Managementforschung 3, 309-354. Wiederabgedruckt in: Sydow, J. (2003)(Hrsg.): Management von Netzwerkorganisationen. 3. Auflage. Wiesbaden, 29-74.

Shapiro, S.P. (1987): The social control of impersonal trust. In: American Journal of Sociology 93 (3), 623-658.

Shea, G.F. (1987): Building trust for personal and organizational success. New York.

Siebert, P. (1991): Ökonomische Analyse von Unternehmensnetzwerken. In: Staehle, W.H./ Sydow, J. (Hrsg.): Managementforschung 1, 291-311. Wiederabgedruckt in: Sydow, J. (2003) (Hrsg.): Management von Netzwerkorganisationen. 3. Auflage. Wiesbaden, 7-27.

Simmel, G. (1989): Philosophie des Geldes. Frankfurt/ Main.

Simmel, G. (1992): Soziologie: Untersuchungen über die Formen der Vergesellschaftung. Frankfurt/ Main.

Simon, H.A. (1997): Administrative behavior. 4. Auflage. New York.

Sjurts, I. (1998): Kontrolle ist gut, ist Vertrauen besser? Ökonomische Analysen zur Selbstorganisation als Leitidee neuer Organisationskonzepte. In: Die Betriebswirtschaft 58 (3), 283-298.

Staehle, W. (1999): Management. 8. Auflage. München.

Steinle, C./ Ahlers, F./ Gradtke, B. (2000): Vertrauensorientiertes Management. In: Zeitschrift Führung + Organisation 69 (4), 208-217.

Sydow, J. (1992): Strategische Netzwerke: Evolution und Organisation. Wiesbaden.

Sydow, J. (1998): Understanding the constitution of inter-organizational trust. In: Lane, C./ Bachmann, R. (Hrsg.): Trust within and between organizations. Oxford, 31-63.

Sydow, J./ Windeler, A. (2003): Knowledge, trust and control: Managing tensions and contradicttions in a regional network of service firms. In: International Studies of Management and Organization 33 (2), 69-100.

Teubner, G. (1992): Die vielköpfige Hydra. In: Krohn, G./ Küppers, W. (Hrsg.): Emergenz: Die Entstehung von Ordnung, Organisation und Bedeutung. 2. Auflage. Frankfurt/ Main, 189-216.

Vogt, J. (1997): Vertrauen und Kontrolle in Transaktionen: Eine institutionenökonomische Analyse. Wiesbaden.

Walgenbach, P. (1999): Giddens' Theorie der Strukturierung. In: Kieser, A. (Hrsg.): Organisationstheorien. 3. Auflage. Stuttgart, 355-375.

Walgenbach, P. (2000): Das Konzept der Vertrauensorganisation. Eine theoriegeleitete Betrachtung. In: Die Betriebswirtschaft 60 (6), 707-720.

Whyte, W.H. (1957): The organization man. London.

Williamson, O.E. (1975): Markets and hierarchies. New York.

Williamson, O.E. (1985): The economic institutions of capitalism. New York.

Williamson, O.E. (1991): Comparative economic organization: The analysis of discrete structural alternatives. In: Administrative Science Quarterly 36 (2), 269-296.

Williamson, O.E. (1993): Calculativeness, trust, and economic organization. In: Journal of Law and Economics 36 (2), 453-486.

Windeler, A. (2001): Unternehmungsnetzwerke: Konstitution und Strukturation. Wiesbaden.

Womack, J.P./ Jones, D.T./ Roos, D. (1990): The machine that changed the world. New York.

Wurche, S. (1994): Vertrauen und ökonomische Rationalität in kooperativen Interorganisationsbeziehungen. In: Sydow, J./ Windeler, A. (Hrsg.): Management interorganisationaler Beziehungen. Opladen, 142-159.

Zaheer, A./ McEvily, B./ Perrone, V. (1998): Does trust matter? Exploring the effects of interorganizational and interpersonal trust on performance. In: Organization Science 9 (2), 141-159.

Zand, D.E. (1972): Trust and managerial problem solving. In: Administrative Science Quarterly 17 (2), 229-239.

Zucker, L.G. (1986): Production of trust: Institutional sources of economic structure, 1840-1920. In: Staw, B.M./ Cummings, L.L. (Hrsg.): Research in organizational behavior 8. Greenwich/ CT, 53-111.

Explikation der umgangssprachlichen Bedeutung des Begriffs Vertrauen und ihre lebenspraktische Verwendung als semantisches Ordnungspotenzial

Uwe Laucken

Dieser Beitrag beschäftigt sich mit dem Thema Vertrauen aus der Sicht eines Sozialpsychologen. Sozialpsychologen gehen in der Regel davon aus, dass Menschen in einem semantisch strukturierten Kosmos leben. Jedes Handeln eines Menschen ergibt sich demnach aus der Ordnung, die er der Welt, in der er lebt, gibt. Semantische Ordnungsarbeit ist der Menschen Lebenselixier. Bei diesem Geschäft können Menschen zumeist auf kulturell tradierte Ordnungsangebote zurückgreifen. Solche Angebote gruppieren sich oft um zentrale ordnungsmächtige Begriffe. Ein solcher Begriff ist der des Vertrauens. Ordnet ein Mensch seine Lebensbezüge zu einem Mitmenschen und stellt er sich dabei die Vertrauensfrage, dann wird damit ein ganzer Satz von Partialfragen aufgerufen, deren Beantwortungen bestimmen, wie er sich ihm gegenüber verhält. Es geht in dieser Arbeit um das semantische Ordnungspotenzial, das der Begriff Vertrauen um sich herum entfaltet, und es geht darum, wie dieses im zwischenmenschlichen Zusammenleben aktualisiert wird.

Der *erste Teil* der Arbeit befasst sich mit einem thematisch umgrenzten Bereich der Umgangssprache – jener Sprache also, in der wir alltäglich miteinander reden und umgehen. Es wird expliziert, was wir meinen, wenn wir von Vertrauen reden. Im *zweiten Teil* der Arbeit wird dieser Explikationsbefund aufgegriffen und ihm wird eine neue gegenständliche Qualität gegeben. Aus ihm wird nun ein umgangssprachlich vorliegendes semantisches Potenzial, das sich innerhalb individual- und/ oder sozialsemantischer Zusammenhänge aktualisieren lässt. Diese beiden deutlich unterscheidbaren Arten des Theoretisierens werden jeweils im Ansatz und beispielhaft verdeutlicht.

Teil I
Vertrauen: Ein umgangssprachlicher Begriff

Vertrauen ist ein Begriff der Umgangssprache. Ihr ist er entlehnt und in ihr hat er seine Bedeutung. Ist es (auch außerhalb philologischer Erkenntniszusammenhänge) vernünftig, einen Begriff der Umgangssprache aufzugreifen, um sich mit ihm einen Forschungsgegenstand zu erschließen? Der Philosoph Churchland (1981) würde dringend abraten. Die Umgangssprache ist ungeeignet, um menschliches Leben und Zusammenleben erfassen und erklären zu können. Der Erklärungswert von Begriffen wie Vertrauen ist vergleichbar dem des Begriffs Phlogiston, mit dem dereinst erklärt werden sollte, was Feuer ist und was beim Verbrennen geschieht. Wie dieser Begriff so gehört auch jener des Vertrauens in den geschichtlichen Mülleimer unbrauchbarer Erklärungsbegriffe. Zwar gebrauchen auch Physiker Worte der Umgangssprache, etwa Energie, Zeit, Masse, Leistung, Raum, doch geben sie diesen Bedeutungen, die kaum noch etwas gemein haben mit ihren umgangssprachlichen Bedeutungen. In vergleichbarer Weise mag man auch das Wort Vertrauen aufgreifen, um ihm sodann aber eine wissenschaftlich brauchbare Bedeutung zu verleihen, die der umgangssprachlichen nur noch etymologisch verbunden ist.

In diese Richtung, so vermute ich, denken einige Vertrauensforscher, vor allem jene, welche beklagen, dass es bislang in der Vertrauensforschung noch keinen klaren und eindeutigen Vertrauensbegriff gebe, der von allen Vertrauensforschern einvernehmlich verwandt werde (vgl. z.B. Blois 1999; Parkhe/ Miller 2000; Koehn 2003). So klagen jüngst Grabner-Kräuter und Kaluscha (2003): „There are literally dozens of definitions of trust, which many researchers find contradictory and confusing“ (ebd. 787). Als Vorbild mag diesen Forschern vorschweben, was den behavioristisch orientierten Forschern gelungen ist. Sie haben es (so zumindest sehen sie es) geschafft, sich auf einen einigermaßen klaren und einvernehmlichen Begriff davon, was man unter Lernen versteht, zu einigen. Vielleicht ließe sich Vergleichbares auch für den Begriff Vertrauen leisten. Und so wie der behavioristische Lernbegriff sich allenfalls noch in Teilen mit dem umgangssprachlichen deckt, so mag sich dies als Bestimmungsergebnis auch für den Vertrauensbegriff ergeben. Dann wäre er endlich dem Sumpf der Umgangssprache entzogen.

Ein solches Vorgehen wäre hier völlig abwegig. Hier geht es nämlich darum zu erforschen, wie Menschen ihr alltägliches Zusammenleben mit Hilfe der Umgangssprache und des in diese eingebauten Umgangswissens so ordnen, dass sie sich im Lebensalltag zurechtfinden. Das behavioristische Vorgehen kann daher kein Vorbild sein, würde dann doch das, dessen Ordnungspotenzial zu erforschen ist, ausgeschlossen werden. Es kann folglich um keine Definition des Vertrauens gehen, die den Begriff aus seiner lebenspraktischen Verwendung heraushebt. Es geht vielmehr um seine *Explikation.* Von Explikation (Ausdrücklich-Machen) spricht man, wenn man die Bedeutung eines Begriffs, den man umgangssprachlich wohl geordnet zu gebrauchen weiß, daraufhin befragt, worin dieser Gebrauch besteht. So sind wir alle in der Lage, sinnvolle Sätze zu bilden, ohne die grammatischen Regeln zu bedenken, die wir dabei befolgen. Die Grammatikforschung nimmt sich dieses impliziten Regelwissens an und versucht es explizit zu machen. In diesem Gleichnis gesprochen ließe sich sagen, es interessiert hier die ‚thematische Grammatik' der Verwendung des Wortes Vertrauen. Das ist mit Explikation gemeint.

Um diese Erschließungsarbeit zu leisten, haben wir (vgl. Schmitt/ Mees/ Laucken 2001) ein inhaltsanalytisches Verfahren entwickelt, das wir *Logografie* nennen. Wir wollen mit diesem Verfahren beschreiben (griech. graphein = Griffel), in welcher sinnvollen Ordnung (griech. logos = Sinn, Verstand u.a.) im umgangssprachlichen Miteinander von Vertrauen geredet wird.

1. Anmerkungen zur logografischen Explikation

Im Folgenden kann es nur um Anmerkungen gehen. Wer sich gründlicher und systematischer orientieren will, der sei auf den gerade genannten oder andere Texte (z.B. Laucken/ Mees 1987) verwiesen.

Bevor man implizite Gehalte explizieren kann, muss man sich darüber Gedanken machen, worin denn ein Explikationsergebnis *formal* bestehen könnte. Dass man dazu unterschiedliche Vorstellungen haben kann und dass sich die Ergebnisse entsprechend unterscheiden, zeigen uns die verschiedenen Grammatiken, die uns Sprachwissenschaftler anbieten, um die Regeln verständlichen Redens zu explizieren. Eine der von Sprachwissenschaftlern erarbeiteten Grammatiken wird im Folgenden aufgegriffen, allerdings wird sie für den Explikationszweck abgewandelt. Gemeint ist die Abhängigkeitsgrammatik. Zwei Begriffe und Gedanken werden aufgegriffen:

Verweisungssemantik: Die Bedeutung eines Wortes ergibt sich nicht aus der Referenz, aus dem Bezug des Wortes auf etwas Außerbedeutungshaftes, sondern aus den Bezügen zu anderen Bedeutungsgrößen. Ein Vergleich mag hilfreich sein: Es gibt nicht *die* Bedeutung der Ziffer 13, vielmehr hat sie innerhalb des algebraischen Kalküls eine Bedeutung (hier macht es Sinn zu sagen 7+6 =

13) und eine ganz andere hat sie in der jüdischen Kabbala (die genannte Gleichung ist hier ohne jeden Sinn). Beide Bedeutungen unterscheiden sich, weil sie jeweils bestimmte Größen innerhalb unterschiedlicher Zusammenhänge sind. Technisch gesprochen: Es geht hier um eine (intensionale) Verweisungssemantik (und keine Repräsentationssemantik; vgl. z.B. Goddard 1994). Das heißt, die Semantik (Bedeutung) eines Wortes ergibt sich aus seiner Stellung und seiner funktionalen Rolle in einem Zusammenhang aufeinander verweisender Bedeutungsgrößen.

Leerstelle: Die Abhängigkeitsgrammatik (auch Valenzgrammatik genannt, vgl. Helbig/ Schenkel 1969) besagt, dass das Zentrum der Verweisungsstruktur, die einen verständlichen Satz ausmacht, jeweils ein Verb ist. Dies zeigt sich daran, dass jedes Verb gleichsam einen Fragenraum um sich herum eröffnet, der ausgefüllt werden muss, um einen verständlichen Satz zu ergeben. Nehmen wir das Verb *sitzen*: Wer sitzt, warum sitzt er, wie sitzt er, worauf sitzt er, weshalb sitzt er, seit wann sitzt er und anderes mehr? Jede dieser Fragen markiert eine thematische Leerstelle, die inhaltlich durch irgendwelche Antworten auszufüllen ist, um das angesprochene ‚Sitz-Geschehen' erfassen und begreifen zu können.

Dieser Begriff der Leerstelle wird aufgegriffen und damit zugleich das verweisungssemantische Denken, das ihn sinnvoll macht. Aus beidem lässt sich ein *formales explikatives Instrument* machen, mit dem man die implizite Verweisungsstruktur von Texten aufschlüsseln kann. An die Stelle einzelner Sätze und deren innere Ordnungen treten nun *narrative Texte* (lat. narrare = erzählen). Erzählen lassen sich Geschichten; und Geschichten sind die universellen Strukturen, mit deren Hilfe Menschen ihrem Leben Ordnung und Sinn geben (vgl. Schapp 1959). Aus den Ordnungen erzählten Lebens kann man auf Ordnungen gelebten Lebens schließen (vgl. z.B. Dimaggio u.a. 2003). So erschließt Schmitt (1996) beispielsweise aus Geschichten erlebter Eifersucht, in welchen Ordnungen Menschen leben, die Eifersucht fühlen. Berichtet jemand, er sei eifersüchtig, so wird bei dem sprachkundigen Zuhörer ein ganzer Satz thematischer Leerstellen wachgerufen, die der Erzählende inhaltlich ausfüllen beziehungsweise spezifizieren muss, damit seine Eifersuchtsgeschichte dem Zuhörer verständlich wird. Tut der Erzähler dies von sich aus nicht, so weiß der Zuhörer, welche Fragen er zu stellen hat, um sich aus den Antworten ein Bild der gelebten Eifersucht machen zu können. Das Gefühl der Eifersucht ist ein Verweisungsmoment in einer Geschichte, deren allgemeine Struktur sich als Ordnung klar bestimmter thematischer Leerstellen formal ausdrücken lässt.

Da es sich hier stets um Geschichten handelt und da Geschichten einen Plot (eine innere thematische Verweisungsordnung) haben, spreche ich im Folgenden von *Leerstellen-Plots* gelebter Geschichten – zum Beispiel von dem Leerstellen-Plot von Vertrauensgeschichten.

2. Leerstellen-Plot von Geschichten gelebter Vertrauensbeziehungen

Es sei mit einer Erfahrung begonnen, die zeigt, dass der narrative Zugang, sich die umgangssprachliche Bedeutung des Begriffs Vertrauen zu erschließen, recht brauchbar ist. In einem Seminar zum Thema Vertrauen begann ich damit, die Studierenden zu bitten aufzuschreiben, was sie unter Vertrauen verstehen. Ich sammelte die Texte ein, um bei der Auswertung festzustellen, dass sie äußerst dürr waren und zudem recht heterogen, so dass man der Meinung zuneigen konnte, es gebe kein einvernehmliches Verständnis. Die nächste Sitzung begann ich mit einer anderen Aufgabenstellung: „Bitte erzählen Sie mir eine Geschichte, die Sie erlebt haben und in der für Sie das Vertrauen zu einem Mitmenschen sehr wichtig war!" Ein Vergleich dieser Erzähltexte mit den Definitionstexten zeigte einen markanten Unterschied. Zwar waren auch sie, was die episodische Betrachtungsebene anbelangt, recht heterogen, doch betrachtete man sie auf der *Plot-Ebene*, so zeigte sich ein hohes Maß an Vergleichbarkeit. Auf der Plot-Ebene erschöpften sich die Differenzen darin, dass die Plot-Entfaltungen sich graduell unterschieden. Manche Geschichten beschränkten sich darauf, nur die obligatorischen Leerstellen zu spezifizieren, andere reicherten diese um fakultative Leerstellen, die zwar verständniserweiternd nicht aber verständnisnotwendig sind, an (die Differenz obligatorisch/ fakultativ ist übrigens auch der Abhängigkeitsgrammatik entlehnt).

Da es mir bei der Explikation der umgangssprachlichen Bedeutung des Begriffs Vertrauen darauf ankommt, den Verweisungszusammenhang, der seine Bedeutung ausmacht, möglichst vollständig zu erschließen, umfasst der im Folgenden skizzierte Leerstellen-Plot obligatorische wie auch fakultative Leerstellen. Die Differenz obligatorisch/ fakultativ spielt des Weiteren keine Rolle mehr. Ich habe sie hier nur erwähnt, um sagen zu können, dass sich bezogen auf sie, die eingesammelten Vertrauensgeschichten unterscheiden.

In dieser Arbeit kann nur das Ergebnis der logografischen Erschließungsarbeit vorgestellt werden, ohne den methodischen Erschließungsweg zu erläutern. Wer sich dafür interessiert, der sei nochmals auf eine andere Arbeit verwiesen (Schmitt/ Mees/ Laucken 2001). Der Leser ist mir damit aber nicht auf Treu und Glauben ausgeliefert, vielmehr ist er als ‚eingeborener Umgangssprachler' Experte. Er kann sich überlegen und beurteilen, ob das vorgestellte

Erschließungsergebnis seinem Expertenwissen entspricht oder nicht. Tut es das nicht, was ich natürlich nicht hoffe, so kann er dem Befund berechtigt widersprechen.

Die folgende Liste der Leerstellen (von L1 bis L18) ist erforderlich, *um die in den Vertrauensgeschichten vorkommenden Aussagen thematisch aufzufassen und zu ordnen.* Es geht also um ein thematisch artikuliertes und in sich verweisungsstrukturiertes Auffassungs- und Ordnungsgerüst: Leerstellen-Plot gelebter Vertrauensbeziehungen.

- L1: sozialer *Beziehungsrahmen*
- L2: soziale *Situation*
- L3: *vertrauende Person* P
- L4: *Vertrauensperson* O
- L5: *Handlungsvorhaben* der Person P
- L6: bedachte *Schadensmöglichkeiten* für Person P (einschließlich deren Wahrscheinlichkeiten)
- L7: erkannter *Wissens- und/ oder Kontrollmangel* seitens Person P
- L8: erkannter *Einfluss* der Person O
- L9: *Kompetenzzutrauen* der Person P gegenüber der Person O
- L10: Annahme des *Beibehaltens* der Kompetenz
- L11: unterstelltes *Sich-Bemühen-um* der Person O gegenüber der Person P
- L12: Annahme des *Durchhaltens* des Bemühens
- L13: Annahme der Person P, dass die Person O ihr gegenüber *offen und ehrlich* ist
- L14: bedachter möglicher *Zusatzschaden*
- L15: *Nicht-Schaden-Zufügens-Erwartung* der Person P gegenüber der Person O
- L16: *Sich-getrauen* der Person P, das Handlungsvorhaben auszuführen
- L17: vertrauensbezügliche *Befindlichkeiten*
- L18: vertrauenstypische *Umgangsweisen* zwischen Person P und Person O

Bevor die Leerstellen-Liste kurz erläutert wird, seien zwei Bemerkungen vorausgeschickt, die den thematischen Raum, der durch die Leerstellen der Liste abgedeckt werden sollen, eingrenzen:

Erstens, es geht bei dieser Liste um *zwischenmenschliches* Vertrauen. Es geht beispielsweise nicht um das, was manche Institutionsvertrauen nennen (z.B. jemand vertraut auf den sozialen Wirkmechanismus der Gewaltenteilung). Offe (2001) hält es für unangebracht, bezogen auf „faktische Arrangements" (ebd. 245) von Vertrauen zu reden. Aber das sei hier dahingestellt.

Zweitens, es geht um selbst *gelebtes* Vertrauen. Es geht beispielsweise nicht um ein Vertrauen, das ein Beobachter einer beobachteten Person zuschreiben mag. So geht es etwa nicht um das Vertrauen, das ein Beobachter einem alten Menschen zuschreibt, der in aller Seelenruhe eine verkehrsreiche Straße überquert. Es mag durchaus sein, dass der alte Mensch dabei auch Vertrauen gelebt haben mag, es kann aber auch sein, dass dies nicht der Fall war.

In dieser Arbeit geht es allein um *gelebtes zwischenmenschliches Vertrauen*. Nur für dieses sind die erhobenen Vertrauensgeschichten ein aufschlussreiches Textmaterial. Welche Leerstellen braucht man, um gelebtes Vertrauen im Umgang mit Mitmenschen thematisch auffassen und ordnen zu können? – Nun erläutere ich die obige Leerstellen-Liste in etwa der Reihe nach:

Zum zwischenmenschlichen Vertrauen gehören mindestens zwei Personen, die *vertrauende Person P* (L3) (z.B. Versicherungsnehmer) und die Person, der vertraut wird, *Vertrauensperson O* (L4) (z.B. Versicherungsvertreter). Beide Personen sind in irgendeinem Handlungszusammenhang einander verbunden. Bei bestimmten Handlungsvorhaben stellt sich der Person P die Vertrauensfrage (z.B. soll ich den Versicherungsvertrag unterschreiben?): *Handlungsvorhaben der Person P* (L5). Zwischen Menschen, die sich nicht wechselseitig handelnd beeinflussen, stellen sich keine Vertrauensfragen. Handeln und Vertrauen hängen eng zusammen. Handlungsvorhaben realisieren sich stets in irgendeiner *sozialen Situation* (L2) (z.B. Beratungsgespräch zu Hause am Wohnzimmertisch). Und die soziale Situation wird zu eben der, die sie ist, innerhalb eines bestimmten *sozialen Beziehungsrahmens* (L1) (z.B. Geschäftsbeziehung – keine Freundschaftsbeziehung).

Die Leerstellen L1 bis L5 werden stets gebraucht, um die Aussagen, die eine zwischenmenschliche Interaktion erzählen, aufzufassen. Zu einer vertrauenssensiblen Interaktion wird die Beziehung erst durch die Leerstelle *bedachte Schadensmöglichkeiten der Person P* (L6) (z.B. der Versicherungsnehmer denkt darüber nach, dass ein verfehlter Versicherungsabschluss ihn viel Geld kosten kann). In seiner „psycho-logischen" Analyse des Vertrauens („trust") erläutert Smedslund (1997), dass im Denkrahmen des „common sense" das Bedenken möglicher Schäden eine Voraussetzung dafür ist, sich Vertrauensfragen zu stellen. Bevor die Person P sich daraufhin aber fragt, ob sie der Person O vertrauen könne oder nicht, müssen der Person P noch zwei Überlegungen durch den Kopf gegangen sein:

Erstens, sie muss zu der Einsicht gekommen sein, dass ein Abwenden des möglichen Schadens sich ihrem Zugriff weitgehend entzieht. Sie weiß nicht genug und/ oder sie kann nicht genug: *erkannter Wissens- und/ oder Kontrollmangel* (L7) (z.B. der Versicherungsnehmer weiß nicht, ob es nicht vielleicht viel preisgünstigere Versicherungsangebote gibt, und er weiß auch nicht, wie er das sicher in Erfahrung bringen kann). Meint eine Person, alle möglichen Schäden rechtzeitig erkennen und gegebenenfalls selbst abwenden zu können, dann stellen sich ihr keine Vertrauensfragen, denn sie hat ja alles im Griff und kann gegebenenfalls rechtzeitig eingreifen. Ohne Wagnis (Risiko; ital. risicare = wagen) stellt sich keine Vertrauensfrage.

Zweitens, der vertrauenden Person P stellt sich die Vertrauensfrage gegenüber der Person O erst dann, wenn sie meint, dass die Person O einen Einfluss darauf hat, ob ihr ein möglicher Schaden widerfährt oder nicht: *erkannter Einfluss der Person O* (L8) (z.B. dem Versicherungsvertreter wäre es möglich, die Palette alternativer Versicherungsangebote zu kennen, und er könnte dann dem Versicherungsnehmer zu der besten raten).

Ob die Person P nun zu dem Schluss kommt, sie könne in dieser Lage der Person O vertrauen, das hängt wiederum von dreierlei Überlegungen, die die Person O betreffen, ab:

Erstens überlegt sich die Person P, ob die Person O überhaupt die Kompetenz hat, ihren möglichen Einfluss zugunsten der Person P geltend zu machen: *Kompetenzzutrauen der Person P gegenüber der Person O* (L10) (z.B. der Versicherungsvertreter kennt den aktuellen Versicherungsmarkt, er ist auf dem Laufenden). Gesetzt, Person P unterstellt der Person O Kompetenz, so mag sich Person P weitergehend überlegen, ob die Person O diese Kompetenz auch für den relevanten Handlungszeitraum beibehalten wird: *Annahme des Beibehaltens der Kompetenz* (L10) (z.B. steht der Versicherungsvertreter kurz vor dem Übergang in die Rente, so mögen sich Zweifel einstellen, ob es sinnvoll ist, sich gerade ihm anzuvertrauen).

Zweitens, das Kompetenzzutrauen ist ein notwendiger aber kein hinreichender Grund, um Vertrauen zu stiften. Es muss hinzukommen, dass die Person P der Person O unterstellt, dass ihr auch daran liegt, möglichen Schaden von der Person P abzuhalten: *unterstelltes Sich-Bemühen-um der Person O gegenüber der Person P* (L11) (z.B. der Versicherungsnehmer geht davon aus, dass der Versicherungsvertreter in Zukunft weiterhin mit ihm im Geschäft bleiben will). Und auch diesem Bemühen muss eine gewisse Dauer unterstellt werden können:

Annahme des Durchhaltens diese Bemühens (L12) (z.B. die gemeinsame versicherungsgeschäftliche Zukunft hat eine ausreichende zeitliche Erstreckung).

Drittens, die vermutete Kompetenz und das vermutete Sich-Bemühen-um münden erst dann in eine Vertrauensgabe der Person P der Person O gegenüber ein, wenn die Person P zusätzlich annimmt, dass die Person O ihr gegenüber *prinzipiell offen und ehrlich* (L13) ist (z.B. der Versicherungsvertreter hegt keine Hintergedanken, hält wichtige Informationen nicht zurück und dergleichen).

Nehmen wir die Leerstellen von L9 bis L13 zusammen in den Blick, so können wir sagen, das mit ihnen Aussagen über die *vertrauenswürdige dispositionale Ausstattung* der Vertrauensperson erfasst werden: Fähigkeiten und Fertigkeiten (L9 und L10), Motive, Absichten (L11 und L12), Tugenden und moralische Werte (L13).

Bei all den Überlegungen, Vermutungen, Annahmen und Unterstellungen, die die vorgängigen Leerstellen erfassen, ist der Person P bewusst, dass sie sich täuschen mag. Vertrauen, so sagte der Soziologe Simmel (hier: 1992), ist stets „ein mittlerer Zustand zwischen Wissen und Nichtwissen" (ebd. 393). Oder: „Trust resides squarely between faith and doubt" (Bennis 1989, 14). Wenn die vertrauende Person P sich in der Person O getäuscht hat, dann mag der Schaden, den sie daraufhin erleidet, noch größer sein als jener, der dem Handlungsvorhaben bereits als solchem innewohnt (L6): *möglicher Zusatzschaden* (L14) (z.B. die soziale Blamage, die die Person P erleidet, wenn sie auf einen Versicherertrick hereingefallen ist; oder die menschliche Enttäuschung, die mit einem Vertrauensbruch einhergeht). Vertraut die Person P der Person O, so vertraut sie ihr eingedenk solcher möglicher Zusatzschäden.

Es zeigt sich an dieser Leerstelle abermals, was Smedslund (1997) hervorhebt: Vertrauensüberlegungen und mögliche Schadenshorizonte gehen Hand in Hand. Im Paradies wäre kein Vertrauen gefragt. Das Resümee all dieser Überlegungen fließt in folgender Leerstelle zusammen: *Nicht-Schaden-Zufügens-Erwartung der Person P gegenüber der Person O* (L15) (abgekürzt NSZ-Erwartung). Sie ist der thematische Ort zur Erfassung von Aussagen wie „Bei der Person O bin ich mir ziemlich sicher, dass mir nichts passiert". Die NSZ-Erwartung muss noch ein wenig erläutert werden: Für das Vertrauen der Person P gegenüber der Person O wäre es sicherlich zusätzlich förderlich, wenn sie sich sagen könnte: „Bei der Person O bin ich mir ziemlich sicher, dass sie für mein Wohlergehen sorgen wird." Vertrauen kann aber bereits dann entstehen, wenn allein die NSZ-Erwartung gehegt werden kann. Ein entsprechender Fall ist das so genannte ‚professionelle Vertrauen'. Man vertraut beispielsweise als Angeklagter einem Verteidiger, weil man sich bei ihm sicher ist, dass er professionell gut und korrekt arbeitet (er braucht nicht auch noch daran interessiert zu sein, dass dem Angeklagten Gutes widerfährt). Auch zwischen Versicherungsnehmer und Versicherungsvertreter reicht die NSZ-Erwartung für das Geben von Vertrauen. Und im Hippokratischen Eid heißt es: „Primum nil nocere“ (vor allem nicht schaden). Einem Arzt, der sich daran orientiert, kann vertraut werden. Ganz in diesem Sinne sagt Gambetta (2001), dass wir einem Menschen vertrauen, von dem wir annehmen, „that he will perform an action that is beneficial or *at least not detrimental* to us ...“ (zit. n. Endress 2002, 30; m. Hervorh.).

Sind all die bislang angesprochenen Leerstellen in einer Weise inhaltlich ausgefüllt worden, die dazu führt, dass die Person P der Person O Vertrauen entgegenbringt, dann getraut sich die Person P trotz gegebener Schadensmöglichkeiten (L6) und trotz des erkannten Wissens- und/ oder Kontrollmangels (L7) das Handlungsvorhaben (L5) zu realisieren: *Sich-getrauen der Person P, das Handlungsvorhaben auszuführen* (L16) (z.B. der Versicherungsnehmer unterschreibt den Versicherungsvertrag). Vertrauen gestattet ein Handeln auch in teilweise undurchsichtigen Zusammenhängen. Es verhindert Sorge, Angst und Blockade. Aber die Person P getraut sich nicht nur potenziell schadensträchtig zu handeln, sondern sie erlebt dabei auch noch charakteristische Befindlichkeiten: *vertrauensbezügliche Befindlichkeiten* (L17). Sie ist eher sorglos, sie ist zuversichtlich und hoffnungsfroh, sie freut sich und dergleichen mehr. Welche Befindlichkeiten sich einstellen, hängt wohl auch von der Art des Beziehungsrahmens (L1) ab: bei einer vertrauensvollen Freundschaftsbeziehung werden andere vertrauensbezügliche Befindlichkeiten hervortreten als bei einer vertrauensvollen Geschäftsbeziehung.

Und eine letzte thematische Leerstelle muss noch hinzugefügt werden, wenn der explizierte Leerstellen-Plot in der Lage sein soll, die Aussagen, die die Vertrauensgeschichten enthalten, aufzunehmen: *vertrauenstypische Umgangsweisen zwischen Person P und Person O* (L18). Herrscht zwischen zwei Personen eine vertrauensvolle Beziehung, dann gehen die Personen in anderer Form miteinander um als in einer Beziehung, in der kein Vertrauen oder gar Misstrauen herrscht. Zur Erläuterung seien hier drei Bereiche unterschieden.

Erstens, *möglicher Umgangsstil:* In den Texten wird dieser manchmal bildhaft umschrieben als lockerer Umgangston, als entspanntes Klima, nicht übelnehmerisch, es wird nicht jedes Wort auf die Goldwaage gelegt, man darf sein, wie man ist, und dergleichen mehr.

Zweitens, *möglicher Verzicht auf Vorsichtsmaßnahmen:* Die Person P braucht nicht dauernd auf der Hut zu sein um zu prüfen, ob die Person O sie vielleicht „reinlegt“. Ja, Person P darf sogar Schwächen zeigen, ohne befürchten zu müssen, dass diese gegen sie ausgenutzt werden (z.B. der Versicherungsnehmer darf dem Versicherungsvertreter gegenüber zugeben, dass er Wissens- und/ oder Kontrollmängel hat).

Drittens, *prototypische Handlungen:* Es sind diese Umgangsweisen, die zwischen Menschen, die sich vertrauen, selbstverständlich gelten sollten. In manchen Texten stehen sie an zentraler Stelle, in etwa so: „Ich kann Menschen vertrauen, die …" (und dann folgt die Nennung einer prototypischen Handlung). Oft genannt werden: Versprechen einhalten, sich selbst offenbaren, Vertrauliches für sich behalten, nichts Schlechtes über einen sagen, Opfer bringen, stimmig reden und handeln. Solche Handlungen indizieren oft ein bestimmtes Sich-Bemühen-um (L11). Hält die Person O der Person P gegenüber beispielsweise Versprechen, dann bemüht sie sich darum, dass der Person P nichts Unangenehmes widerfährt.

Der explizierte Leerstellen-Plot von L1 bis L18 ist erforderlich, um die Aussagen, die sich in den gesammelten Vertrauensgeschichten finden lassen, thematisch aufzufassen und einander klar zuzuordnen. Damit ist nicht gesagt, dass in jedem Text alle Leerstellen angesprochen worden sind, doch wenn wir alle Texte *aggregieren* (sie gleichsam wie durchsichtige Folien übereinander legen und durch alle hindurchschauen), dann sind alle Leerstellen besetzt (wobei die Besetzungshäufigkeiten variieren).

Dass auch Leerstellen, die in manchen Geschichten nicht thematisiert worden sind, gleichwohl zum Leerstellen-Plot des Vertrauens gehören, lässt sich *gedankenexperimentell* plausibel machen. Ein Beispiel: Nehmen wir an, vertrauensbezügliche Befindlichkeiten seien in einer erzählten vertrauensvollen Freundschaftsbeziehung nicht angesprochen worden. Dass gleichwohl vertrauensbezügliche Befindlichkeiten dazugehören, kann man daraus erschließen, dass der Geschichtenabfasser sicherlich widerspräche, wenn man hinzusetzte, dass in dieser Beziehung ein angespanntes, sich wechselseitig beäugendes Klima herrsche. Ein solcher Widerspruch zeigte an, dass bestimmte Befindlichkeiten implizit mitgedacht sind, auch wenn sie nicht explizit ausgesagt worden sind.

Explikationsergebnis: Mit dem umgangssprachlichen Begriff Vertrauen ist ein recht differenziertes Verweisungsgefüge zur Erfassung, Ordnung, Gestaltung und Handhabung sozialer Beziehungsrealität gemeint. Anders gewendet: *Mit der knappen Aussage, dass eine Person P einer Person O vertraut, ist ein differenziertes Beziehungsgeflecht zwischen den beiden Personen ausgesagt.*

3. *Inhaltliche Ausfüllungsvarianten und Ausfüllungsbeziehungen*

Mit der logografischen Explikation des Leerstellen-Plots ist das Erschließen umgangsprachlichen Wissens über das Vertrauen jedoch keineswegs erschöpft. Der Leerstellen-Plot liefert vielmehr ein Mittel, um weiteres vertrauens-bezügliches Umgangswissen zu erfassen.

Der Leerstellen-Plot ist dann ausreichend aufgeschlüsselt, wenn die verschiedenen Vertrauensgeschichten sich ihm thematisch subsumieren lassen. Jede konkrete Vertrauensgeschichte ist dann eine inhaltlich besondere Ausfüllung des Leerstellen-Plots. Jede Leerstelle liefert einen thematischen Rahmen, der unterschiedliche inhaltliche Ausfüllungen zulässt. Verschiedene Vertrauensgeschichten erweisen sich sodann als unterschiedliche *Ausfüllungsvarianten.* Ein Beispiel: Die Leerstelle *sozialer Beziehungsrahmen* (L1) kann inhaltlich spezifisch ausgefüllt sein als Liebesbeziehung, als Arzt-Patient-Beziehung, als Geschäftsbeziehung, als Eltern-Kind-Beziehung, als Bürger-Politiker-Beziehung und so weiter. Auch für die Leerstelle *bedachte Schadensmöglichkeiten* (L6) lassen sich verschiedene Ausfüllungsvarianten denken: finanzieller Schaden, Ansehensverlust, Geborgenheitsverlust, Machtverlust, menschliche Enttäuschung und dergleichen mehr. Zwischen solchen Ausfüllungsvarianten mag es nun gleichsam regelhafte, dem Umgangswissen eingebaute Verweisungsbeziehungen geben – *Ausfüllungsbeziehungen.*

Etwas formaler gesagt: Kennt die Leerstelle X die Ausfüllungsvarianten X1, X2 und X3 und die Leerstelle Y die Ausfüllungsvarianten Y1, Y2, Y3 und Y4, so mag sich als Ausfüllungsbeziehung herausstellen: Wenn X als X1 spezifiziert ist, dann kann Y nur noch als Y2 oder Y4 spezifiziert werden (nicht aber als Y1 oder Y3).

Ein Beispiel: Gesetzt den Fall, die Leerstelle *sozialer Beziehungsrahmen* (L1) ist als Freundschaftsbeziehung spezifiziert worden, dann kann die Leerstelle *bedachte Schadensmöglichkeiten* (L6) zum Beispiel als menschliche Enttäuschung oder als Geborgenheitsverlust spezifiziert sein, nicht aber als finanzieller Schaden oder als Machtverlust, denn eine Freundschaftsbeziehung ist gemäß unseres Umgangswissens dann keine solche, wenn sie finanzieller Vorteile oder Machtgewinns wegen besteht (– irgendwelche psychologischen Theorien mögen zwar etwas ganz anderes behaupten, hier aber geht es um Umgangswissen).

Solche, unserem Umgangswissen eigenen Ausfüllungsvarianten und regelhaften Ausfüllungsbeziehungen zwischen diesen sind ein möglicher Gegenstand explikativer logografischer Forschung (vgl. Schmitt/ Mees/ Laucken 2001).

Welche Fragen man sich dabei stellen kann, sei noch an einem weiteren Beispiel erläutert:

Innerhalb des thematischen Rahmens der Leerstelle 1: *sozialer Beziehungsrahmen* sind viele Ausfüllungsvarianten denkbar. Einige habe ich oben bereits aufgezählt. Die Zahl der Varianten ist sogar so groß, dass es sinnvoll ist, sie leerstellenintern zu *typisieren.* Eine Typisierung macht innerhalb des Umgangswissens einen wichtigen Unterschied aus: personale gegenüber rollenhaften Beziehungen.

- Eine Beziehung zwischen einer Person P und Person O ist personal, wenn sich beide als ‚ganze Personen' aufeinander beziehen (z.B. Freundschaftsbeziehung, Liebesbeziehung, Eltern-Kind-Beziehung).
- Eine Beziehung zwischen den Personen P und O ist rollenhaft, wenn die Beziehung nur bestimmte Aspekte der Personen P und O betrifft. Sie interagieren gleichsam als Rolleninhaber (z.B. Angeklagter-Verteidiger-Beziehung, Arzt-Patient-Beziehung, Geschäftsbeziehung).

Um festzustellen, ob der eine oder der andere Beziehungstyp vorliegt, eignet sich ein kleiner ‚Test': Ist es innerhalb einer Beziehung zulässig, ohne die Beziehung dadurch zu zerstören, dass die Person P zur Person O sagt, darüber wolle sie mit ihr nicht sprechen, weil das nicht in den Rahmen ihrer Beziehung falle, dann handelt es sich um eine rollenhafte Beziehung. In einer personalen Beziehung wäre eine solche Aussage ein Affront (zumindest müsste gut begründet werden, warum man jetzt über dies oder das nicht reden möchte), denn zum Beispiel gute Freunde oder Liebespartner sprechen *prinzipiell* über alles miteinander.

Innerhalb des thematischen Rahmens der Leerstelle 11: *unterstelltes Sich-Bemühen-um der Person O gegenüber der Person P* lassen sich mehrere Typen von Ausfüllungsvarianten unterscheiden, die recht aufschlussreich sind. Die Annahme der Person P, die Person O werde sich darum bemühen, dass ihr kein Schaden widerfährt, mag auf unterschiedlichen Vermutungen basieren:

- *Zuneigungsbasiertes* Sich-Bemühen-um: Die Person P unterstellt, dass die Person O sich um sie bemüht, weil die Person O sie mag. Es bereitet ihr Freude und Befriedigung, der Person P zu helfen.
- *Austauschbasiertes* Sich-Bemühen-um: Die Person P unterstellt, dass die Person O ihr helfen wird, weil Person O sich ausrechnet, dass, wenn sie

jetzt der Person P hilft, die Person P ihr helfen wird, wenn sie einmal Hilfe brauchen wird.

- *Projektbasiertes* Sich-Bemühen-um: Die Person P unterstellt, dass die Person P ihr helfen wird, weil sie beide an einem gemeinsamen Projekt arbeiten. Der Erfolg der Person P und der Erfolg der Person O konstituieren sich wechselseitig.
- *Druckbasiertes* Sich-Bemühen-um: Die Person P unterstellt, dass die Person O ihr helfen wird, weil die Person O genau weiß, dass eine Verweigerung der Hilfe sehr unangenehme Folgen für sie nach sich zöge.
- *Wertbasiertes* Sich-Bemühen-um: Die Person P unterstellt, dass die Person O ihr helfen wird, weil sie weiß, dass die Person O bestimmte moralische Werte vertritt, die sie in ihrem Handeln realisieren will. Diese Werte verbieten es der Person O nicht nur, der Person P nicht zu helfen, sondern die Person O strebt sogar danach, diese Werte im sozialen Umgang zu verwirklichen.

Zwischen den typisierten Ausfüllungsvarianten der Leerstellen 1 und 11 bestehen feststellbare Ausfüllungsbeziehungen, die unserem Umgangswissen gleichsam eingebaut sind. Dies sei beispielhaft plausibel gemacht: In bestimmten rollenhaften Vertrauensbeziehungen ist unterstelltes druckbasiertes Sich-Bemühen-um durchaus üblich und nicht zerstörerisch – etwa in der Beziehung zwischen Bauherr und Bauunternehmer. Hier ist es üblich Vertragsstrafen zu vereinbaren. Und diese befördern das Vertrauen. In personalen Beziehungen dagegen ist unterstelltes druckbasiertes Sich-Bemühen-um kontraindiziert. Eine Freundschaftsbeziehung, in der das Vertrauen auf diesem Bemühensmodus basierte, wäre keine Freundschaftsbeziehung.

Es ist dies ein Beispiel dafür, dass nicht nur der Leerstellen-Plot des Vertrauens aus der Umgangssprache und dem Umgangswissen explizierbar ist, sondern auch weite Bereiche der *Verweisungsregeln, die die spezifischen Ausfüllungen des Leerstellen-Plots steuern.*

4. Verweisungsumfeld

Der Leerstellen-Plot und die in ihm herrschende Ausfüllungsdynamik lassen sich bildhaft als der innere Kreis einer Reihe konzentrischer Kreise darstellen. Ihn umringen weitere Bereiche zugehörigen Umgangswissens, das sich systematisch explizieren lässt.

Zumindest einen solchen Kreis explizierbaren Umgangswissens möchte ich noch beispielhaft ansprechen. Es geht um *dispositionales Zusammenhangswissen.* Dieses liefert uns hier Antworten auf die Frage: Welche überdauernden, nicht direkt vertrauensthematischen Persönlichkeitseigenschaften (z.B. Warm- oder Kaltherzigkeit) verweisen in welcher Weise auf bestimmte Größen des Leerstellen-Plots? Die im Leerstellen-Plot angesprochenen Eigenschaften (Sich-Bemühen-um, Kompetenz, Offenheit und Ehrlichkeit) ergeben, dispositional ausgedrückt, die *Vertrauenswürdigkeit* einer Person. Die Erforschung so genannter impliziter Persönlichkeitstheorien (vgl. Asch 1946) zeigt, dass unser Umgangswissen voller semantischer Überlappungen oder Korrelationen zwischen verschiedenen Persönlichkeitseigenschaften ist. Dies gilt sicher auch für die Eigenschaft der Vertrauenswürdigkeit (z.B.: Kann nur ein warmherziger Mensch vertrauenswürdig sein? Vermutlich wird diese Frage beziehungsrahmenspezifisch unterschiedlich beantwortet. Einen kaltherzigen vertrauenswürdigen Freund kann man sich nicht vorstellen, wohl aber einen kaltherzigen vertrauenswürdigen Rechtsanwalt).

Ich erwähne solche Verweisungsweiterungen, die unserer Umgangssprache und dem in diese eingebauten Umgangswissen eigen sind, um zu demonstrieren, wie artikulationsreich und strukturierungsmächtig Umgangssprache und Umgangswissen sind – und welche *lebenspraktische Gliederungs- und Ordnungsressource* sie mithin darstellen (vgl. dazu Teil II).

5. *Einordnen ‚wissenschaftlicher' Definitionen des Vertrauens*

Hierzu habe ich mich andernorts (Laucken 2001) ausführlich geäußert; ich will es deshalb hier bei ein paar Anmerkungen belassen. Wenn man sich verschiedene Varianten der Definition des Vertrauens anschaut, so zeigt sich, dass sie allesamt tief dem Umgangswissen verhaftet sind, allerdings sehr *selektiv*. Anders gesagt: Sie lassen sich allesamt als Selektionen bestimmter Momente des Leerstellen-Plots, seiner Ausfüllungsdynamik und des Verweisungsumfeldes ausweisen.

Ein Beispiel dafür: Neubauer (1997) sagt im Rahmen eines Überblick gebenden Artikels, dass das Vertrauen sich aus folgenden Komponenten zusammensetze:

- Kompetenz: Der Vertrauensperson wird zugeschrieben, sie verfüge über einschlägiges Wissen, über einschlägige Fähigkeiten und Fertigkeiten.

- Wohlwollen: Der Vertrauensperson wird unterstellt, sie wolle, dass der vertrauenden Person nur Gutes widerfahre.
- Konsistenz: Die Vertrauensperson, so unterstellt die vertrauende Person, ist vorhersagbar, zuverlässig und ähnliches.
- Offenheit und Ehrlichkeit: Die Vertrauensperson ist bereit, gegenüber der vertrauenden Person alles zu sagen, was sie an Wichtigem weiß. Sie verfolgt keine verdeckten Absichten.

Es ist offensichtlich, dass jede der Komponenten sich einer Leerstelle des Leerstellen-Plots zuordnen lässt. Manche Zuordnung gelingt gleichsam eins zu eins: „Kompetenz" zu L9, „Offenheit und Ehrlichkeit" zu L13. Das „Wohlwollen" ist bereits eine Ausfüllungsvariante der Leerstelle 11 „Sich-Bemühen-um". Wie gesagt, umfasst die Leerstelle 11 auch ‚professionelles Vertrauen', welches nicht Wohlwollen implizieren muss. Die „Konsistenz" wird im Leerstellen-Plot zweigeteilt in L10 und L13.

Die Bestimmung von Neubauer ist eine relativ differenzierte; für Dimaggio (2003) und andere dagegen ist Vertrauen schlicht eine eindimensionale bipolare Schätzskala zur Bewertung der affektiven Qualität einer sozialen Beziehung. Das fällt unter L17: *vertrauensbezügliche Befindlichkeiten*. Wieder andere nehmen in ihre Definition *besondere vertrauenstypische Umgangsweisen* (L18) auf (z.B. Versprechen halten), und so ließe sich damit fortfahren, die angebotenen Bestimmungen im explizierten Umgangswissen zu verorten.

Umfassend lässt sich sagen, dass das logografisch explizierte umgangssprachliche Wissen vom Vertrauen einen Leerstellen-Plot offeriert, in dem sich alle mir bekannten ‚wissenschaftlichen' Definitionen als *partielle Besetzungen* bestimmter Leerstellen lokalisieren lassen. Die von manchen Vertrauensforschern beklagte Heterogenität der Vertrauensbestimmungen erweist sich so als Selektivität des Herausgreifens aus einem Umfassenden. Das ist kein Befund, der beunruhigen oder entwerten sollte. Ich würde sogar sagen, das Gegenteil ist richtig. Der Befund zeigt, wie reichhaltig und wie relativ einvernehmlich unser aller vertrauensbezügliches Umgangswissen ist. Und es ist gut, dass es dies ist, weil es uns wechselseitig verständlich ansprechbar und umgangszugänglich macht.

Teil II
Vertrauenswissen als potenzialsemantische Ressource

Auch in diesem Teil beschränke ich mich auf Grundlegendes (ausführlicher in Laucken 2001). Seit Fritz Heider (1958) gibt es in der Psychologie eine Forschungsrichtung, die das „Umgangswissen“ (Laucken 1982) zu ihrem Forschungsgegenstand macht. Die Überlegungen, die zu diesem Forschungsgebiet führen, sind denkbar einfach: Wenn Menschen sich in ihrem Lebensvollzug auch nach Maßgabe ihres Wissens orientieren, Erwartungen bilden und diesen zufolge handeln, dann ist es für Wissenschaftler, die dieses Handeln begreifen und erklären wollen, unabdingbar, sich um das Wissen zu kümmern, das dem Handeln Sinn und Richtung gibt. Und wo finden wir dieses Wissen? In der Umgangssprache und in ihren mannigfachen (z.B. palavernden, dialogischen, argumentativen) Gebrauchszusammenhängen: „The fact that we are able to describe ourselves and other people in everyday language means that it embodies much of what we have called naive psychology“ (Heider 1958, 7). So erläutert Heider in seiner „naiven Handlungsanalyse“, welche Möglichkeiten das umgangssprachlich eingeschlossene Umgangswissen offeriert, um Handlungen in kausale Verweisungszusammenhänge zu stellen und so zu erklären.

Wenn man aus aggregierten alltagspraktischen Texten, die Handlungen auffassen und erklären, erschließt, welches naiv-handlungsanalytische Wissen dabei herangezogen wurde, so ist dies für sich genommen noch keine originär psychologische Arbeit. Zu einer solchen wird sie aber, wenn das erschlossene naiv-handlungsanalytische Begriffsrepertoire daraufhin befragt wird, wie es im alltäglichen Lebensvollzug zum Einsatz kommt. Dazu entwickelte Heider Gedanken, die später und bis heute in die Rubrik psychologische Attributionstheorie fallen (vgl. z.B. Meyer/ Försterling 2001).

Während im Teil I durch systematische Explikationsarbeit ein umgangssprachlicher Artikulations- und Strukturierungsapparat erschlossen worden ist, so wird aus diesem im Teil II ein *semantisches Potenzial*, welches Menschen aufgreifen und aktualisieren können, um ihrer tätigen Lebensführung einen semantischen Verweisungszusammenhang verleihen zu können.

Mit dieser Annahme setze ich voraus, dass sich Menschen und ihr Zusammenleben semantisch vergegenständlichen, auffassen und erklären lassen. Ich spreche von der „semantischen Denkform“ (Laucken 2003). Die Umgangssprache erweist sich in dieser Denkform als ein Potenzial, das Menschen sich aneignen müssen, um wechselseitig verständlich und mithin anschlussfähig interagieren zu können. Der Leerstellen-Plot des Vertrauens und die ihm innewohnende Ausfüllungsdynamik ist jetzt ein sozial mannigfach objektiviertes soziales Potenzial, das Menschen aufgreifen und aktualisieren können, indem sie mit ihm eine Beziehung zu einem Mitmenschen artikulieren, strukturieren und prozessieren.

An dieser Stelle ist es notwendig, eine wichtige Differenz einzuführen. Es lassen sich auch im Blick auf das Vertrauenswissen zwei Aktualisierungsvarianten unterscheiden. Dies klar zu trennen ist analytisch und forschungspraktisch sehr wichtig: individual- und sozialsemantische Aktualisierung (vgl. ebd.).

In *individualsemantischer Betrachtung* denkt man individuozentrisch. Im Zentrum steht der einzelne Mensch und der seiner Lebensführung innewohnende semantische Zusammenhang. Vertrauensthematisch stellen sich Fragen wie: Was bedeutet das Vertrauen, das die Person P der Person O entgegenbringt, für die Person P? Welche Bedürfnisse werden befriedigt, welche Sinngebungen? Wird die Identitätsbildung dadurch tangiert? Welchen sozialen Nutzen zieht die Person P daraus? ... Psychologische Theorien liefern solche Fragen zuhauf. Immer steht der einzelne Mensch und sein semantisches Prozessieren im Mittelpunkt und es wird nach der individualfunktionalen Rolle gefragt, die das Vertrauen innerhalb seiner (individuellen) Lebensführung spielt.

In *sozialsemantischer Betrachtung* denkt man soziozentrisch. Im Zentrum der Betrachtung steht nun ein handlungskoordinierter Zusammenhang verschiedener Menschen. Das Handeln des einen führt zum Handeln eines anderen, an welches wiederum das Handeln eines Dritten anschließt und so weiter. Jedes Handeln legt gleichsam einen Faden aus, an welchen das Handeln eines anderen anknüpfen kann, sei es direkt, sei es indirekt. Von derart sozial geknüpften interaktiven Netzen nimmt soziozentrisches Fragen seinen Ausgang. Die Bedeutung irgendeiner semantischen Einheit, etwa einer Handlung, ergibt sich aus ihrer interaktiven Verweisungseinbettung und ihrer sozialfunktionalen Rolle, die sie darin spielt.

Betrachtet man derart soziozentrisch eingestellt das Vertrauen einer Person P zu einer Person O, so fragt man sich, welche interaktiv zusammenhangsstiftende Funktion erfüllt das Vertrauen der Person P zur Person O. Das Vertrauen wird mithin, um es soziologisch auszudrücken, zu einem Teil des Habitus (vgl. z.B. Bourdieu 1996) eines Habitanten (z.B. eines Geschäftsmanns), der es diesem ermöglicht, in einem bestimmten Habitat (z.B. in der Geschäftswelt) gegenüber anderen Habitanten (z.B. Geschäftspartnern) so zu agieren (z.B. Geschäfte abschließen als Habitare), dass der interaktive Zusammenhang (z.B. Geschäftszusammenhang), der eine Vielzahl von Habitanten umfasst, sozial prozessieren kann. Im Mittelpunkt steht hier ein sozial prozessierender Handlungszusammenhang und es wird gefragt, welcher dispositionaler (habitueller) Beschaffenheit die menschlichen Funktionsglieder sein müssen, damit der Interaktionszusammenhang geschehen kann. Und man kann auch noch fragen, wie es vonstatten geht, dass Menschen vertrauensbezüglich passend habituiert werden (z.B. durch unterschiedliche Reaktionen von Geschäftspartnern).

So wichtig es ist, die individual- und sozialsemantischen Betrachtungen klar auseinander zu halten, weil beide zu ganz unterschiedlichen Forschungsaktivitäten führen, so wichtig ist es zugleich darauf zu achten, dass beide Zentrierungen sich nicht wechselseitig aus dem Blick verlieren; denn beide Verweisungszusammenhänge, der individual- und der sozialsemantische, bedürfen sich trotz differenter interner funktionaler Zentrierungen (d.h. gleichsam über diese hinweg: transfunktional) wechselseitig zu ihrem je eigenen Erhalt (d.h. komplementär): *transfunktional-komplementäre Erhaltungsbeziehung*. Anders gesagt: Bricht einer der Zusammenhänge in sich zusammen, dann zerfällt (zumindest auf Länge gesehen) auch der andere.

1. Arten, Vertrauen zu theoretisieren

Je nachdem, ob man individuozentrisch oder soziozentrisch auf das Prozessieren einer Vertrauensbeziehung schaut, stellen sich andere Fragen. Ich werde je Zentrierung zwei Varianten unterscheiden.

Partizipationsvertrauen: Begonnen sei mit einem soziozentrischen Blick auf das Vertrauen in rollenhaften Beziehungen. Der Vorstandsvorsitzende des Unternehmens Siemens, Heinrich von Pierer (bis Januar 2005), beklagt in einem Interview (in: Der Spiegel, 29, 15.07.02), dass die Wirtschaft darunter leide, dass die Anleger das Vertrauen verloren haben. Deshalb sei es dringend erforderlich, das schwer angeschlagene Vertrauen vor allem der Anleger wieder aufzubauen (vgl. ebd. 81). Ein internationaler Kongress stellte sich die Frage: „After Enron: How can we make Corporate Governance work?“ Und ein Arbeitsthema lautete: „Rebuilding Public Trust“ (vgl. Taylor 2003, 155).

Hier wird ein sozialer Zusammenhang in den Blick genommen – das Wirtschaftsleben als Habitat – und es wird festgestellt, dass ein diesem Habitat gemäßes Habitare (wirtschaftliches Handeln) Habitanten (Wirtschaftsakteure) voraussetzt, die mit einem bestimmten Habitus (Einschätzungen und Handlungsbereitschaften) ausgestattet sind. Eine der Habitus-Bereitschaften, die ein sich selbst erhaltendes Prozessieren des Habitats kapitalistisches Wirtschaftsleben verlangt, ist das Vertrauen der Geldanleger in die Unternehmen.

Dieses habitusbezügliche Vertrauen nenne ich Partizipationsvertrauen. Es wird danach gefragt, welcher Art der Habitus eines Menschen sein muss, damit er an einem bestimmten sozialen Habitat teilnehmen kann und auch teilnimmt – partizipiert. Fragt man diesbezüglich im Blick auf das Vertrauen, so fragt man nach der Notwendigkeit und der Eigenart des Partizipationsvertrauens. Knapp und prägnant formuliert DiMaggio (1998) die forschungsleitende Frage: „What system functions does trust serve?" (ebd. 731) – gemeint sind soziale Systeme. Die meisten Forscher, die diese Frage aufwerfen, sind in ihrem Denken von einer Hypothese geleitet, die Child (2001) bereits im Titel seiner Arbeit als Feststellung setzt: „Trust – The fundamental bond in global collaboration" (ebd. 274). Für Offe (2001) ist das Vertrauen eine „Disposition, sich eigennütziger, opportunistischer und feindseliger Handlungen zu enthalten" (ebd. 245), und damit ist Vertrauen eine Voraussetzung kooperativen Interagierens. McEvily, Perrone und Zaheer (2003) leiten daraus ab, „trust (as an organizational princeple) influences several important properties of organizations" (ebd. 91).

Luhmann (1973) etwa betont in seiner sozial-systemischen Analyse des Vertrauens dessen komplexitätsreduzierende Wirkung. Die hohe (objektive) Komplexität sozialer Systeme, die diese sehr anpassungsfähig macht, kann erhalten bleiben, wenn die Habitanten über Mechanismen der (subjektiven) Komplexitätsreduktion verfügen. Vertrauensbildung ist ein solcher Mechanismus.

Umgangsvertrauen: Auch hier geht es um rollenhafte Beziehungen. Ich beginne mit einer Gegenüberstellung zum Partizipationsvertrauen. Erforscht man das Partizipationsvertrauen, so interessiert dieses nur insoweit, als es partizipationsveranlassend ist (z.B. Anleger legt wieder sein Geld an). Aus welchen besonderen Gründen ein einzelner Anleger einem Unternehmen oder einem Fond wieder vertraut, das interessiert hier nicht. Der eine mag sein Geld wieder anlegen, weil Strafverschärfungen gegenüber Managern von Unternehmen bei ihm druckbasiertes Vertrauen aufkommen lassen. Ein anderer mag wieder Geld anlegen, weil sein Nachbar es tut und der, so meint er, gut Bescheid weiß. Ein Dritter mag einer neuen Unternehmensleitung wertbasiertes Vertrauen schenken und anderes mehr.

Solche sozialsemantisch vernachlässigbaren Unterschiede sind individualsemantisch von zentralem Interesse. Hier kriecht man theoretisierend gleichsam in einen einzelnen Menschen hinein und erklärt sein Handeln gegenüber seinen Mitmenschen aus ihm heraus: individuozentrisch. Man fragt sich: Aus welchem Grund vertraut die Person P1 der Person O (z.B. der Unternehmensleitung), aus welchem Grund tut dies die Person P2 und warum die Person P3? Welche individualsemantischen Funktionen erfüllen diese Gründe und das durch sie begründete Vertrauen jeweils innerhalb der verschiedenen Lebensführungen der Person P1, P2 und P3? Wie ist es bei diesen Personen jeweils dazu gekommen? Hier mag man sogar individualbiografisch recherchieren und so weiter.

Von Umgangsvertrauen spreche ich, weil hier das Vertrauen daraufhin betrachtet wird, wie dieses den Umgang eines Menschen mit seinen Mitmenschen artikuliert und strukturiert. Es geht um den Umgang eines einzelnen Menschen mit seiner ihm in Rollenbezügen verbundenen mitmenschlichen Umwelt. Wie ist das Vertrauen darin eingebaut? Stets wird individuozentrisch gefragt. Wie muss das Vertrauen eines Menschen beschaffen sein, damit er als Individuum seine zwischenmenschliche Lebensführung als in sich sinnvolle lebt? Beispielfelder, in denen solche Fragen aufgeworfen werden, sind die Patient-Arzt-Beziehung (vgl. Rhodes/ Strain 1999), die Schüler-Lehrer-Beziehung (vgl. Schweer 1977), die Bürger-Behördenvertreter-Beziehung (vgl. Tenbrunsel 1999), die Käufer-Verkäufer-Beziehung (vgl. Swan/ Bowers/ Richardson 1999), die Vorgesetzter-Untergebener-Beziehung (vgl. Spreitzer/ Mishra 1999) und dergleichen rollenhafte Beziehungen mehr.

Sowohl das Partizipations- wie auch das Umgangsvertrauen sind Varianten der Betrachtung und Analyse rollenhafter Beziehungen. Nun wechsle ich von diesem Beziehungsrahmen zu dem personalen. Auch hier lässt sich das Vertrauen individual- und sozialsemantisch betrachten und analysieren.

Begegnungsvertrauen: Diesmal sei mit dem individualsemantischen Blick begonnen. Das Begegnungsvertrauen thematisiert die Beziehungen zwischen ‚ganzen Menschen‘ (und nicht zwischen rollenspezifischen Teilbereichen derselben). Mustergültig sind Beziehungen zwischen Freunden, zwischen Sich-Liebenden, zwischen Geschwistern, zwischen Kind und Eltern und andere mehr. Die meisten Vertrauensgeschichten, die ich bei Studierenden eingesammelt habe, als ich sie bat, mir irgendeine wichtige Vertrauensgeschichte zu erzählen, thematisieren diesen personalen Beziehungsrahmen. Ich habe das Wort „Begegnungsvertrauen“ gewählt, eingedenk der Verwendung des Worts Begegnung durch Martin Buber (1984): „Alles wirkliche Leben ist Begegnung“ (ebd. 15). „Nur wo alle Mittel zerfallen, geschieht Begegnung“ (ebd. 16). Menschen begegnen sich demnach, wenn sie einander nicht als Mittel oder zweckfunktional zerfasert betrachten, sondern als Personen in all ihren Aspekten und Bezügen. Natürlich wird das Wort Begegnung umgangssprachlich viel weiter gefasst, aber ich verwende es hier in der skizzierten Einengung.

Welchen überragenden Stellenwert in der Verweisungssemantik der individuellen Lebensführung dem Begegnungsvertrauen zukommt, mag man auch daran ablesen, dass eine Befragung Jugendlicher im Alter von 14 bis 19 Jahren im Herbst 1999 ergab, dass bei der Liste der Zukunftshoffnungen die „Freundschaft“ und die „Liebe“ ganz obenan standen (Opaschowski 2000).

Eine Vertrauensforschung, die sich des Begegnungsvertrauens annimmt, wird danach fragen, wie bedeutsam es für einen Menschen ist, personale Beziehungen aufzubauen, und wie artikulations- und strukturierungsmächtig dabei der Leerstellen-Plot des Vertrauens ist. Gesetzt den Fall, personale Beziehungen erwiesen sich als wichtig und sie würden als vertrauensvolle gelebt, so stellt sich die individualfunktionale Folgefrage: Welche Funktion erfüllt das Vertrauen in dieser Beziehung für die vertrauende Person? Hier nun ließe sich eine lange Parade Hypothesen liefernder Theorien aufmarschieren. Ich unterlasse dies. Ich nenne nur ein paar Stichworte: Streben nach personaler Identität, nach Geborgenheit und Aufgehobenheit, Erfahren von existenzieller Wichtigkeit (vgl. Laucken 2001, 241ff.). Schottlaender (1957) etwa sagt, dass Menschen mit dem Akt des Vertrauens „Ruhe, Sicherheit, beständige Gemeinschaft“ (ebd. 8) anstreben, an anderer Stelle spricht er umfassend von der „Mitweltsicherheit“ (ebd.19), die den Menschen durch Vertrauen gegeben wird.

Kommunionsvertrauen: Auf den ersten Blick scheint es widersinnig zu sein, nach einem sozialsemantischen transfunktionalen Komplement für das Begegnungsvertrauen zu suchen. Nun wissen wir aber aus der Soziologie, dass es Soziologen geradezu besonderen Spaß macht, vermeintlich höchst Privates zu ‚soziologisieren‘ – denken wir beispielsweise an das Selbstverwirklichungsstreben, das Luhmann (1989) sozialfunktional ‚entlarvt‘ hat. Auch die Beziehung zwischen ‚ganzen Personen‘ lässt sich soziozentrisch in den Blick nehmen. Dies tut beispielsweise die Kommunitarismus-Bewegung in den USA (vgl. Etzioni 1997). Vertreter dieser Denkrichtung behaupten, dass die rollenspezifisch selektiven Beziehungen zwischen Menschen kein ausreichend integrationskräftiges Geflecht liefern, um eine Gesellschaft stabil und belastbar zu integrieren. Eine solche Integration bedarf auch sozialer Beziehungen, in denen sich Menschen wechselseitig personal verbunden sehen und entsprechend handeln – etwa indem sie sich in Notlagen umeinander kümmern. Gibt es solche Beziehungen nicht mehr, so drohen vielfältige Auflösungsvorgänge. So mag eine zunehmende Professionalisierung der Altenbetreuung zu sozialen Abgrenzungen führen, zur Desintegration bis hin zu dem vorhergesagten Generationenkonflikt (vielleicht entstehen sogar politische Kohorten-Parteien).

Also: Soziale Integration bedarf, so lässt sich sozialsemantisch theoretisieren, vielfältiger personaler Beziehungen, gestiftet durch Vertrauen. Das Ausmaß, in dem eine Gesellschaft auch mit solchen Beziehungen durchzogen ist, macht einen Teil ihres sozialen Kapitals aus: „The social capital approach stresses our obligations to others beyond considerations of self-interest“ (Uslaner 1999, 33). Kommunionsvertrauen (entlehnt dem lat. Wort communio = Gemeinschaft) wäre sodann ein wichtiger Bestandteil des sozialen Kapitals einer Gesellschaft. So sieht es Putnam (1995). Er versteht unter dem sozialen Kapital einer Gesellschaft „features of social life, networks, norms and trust, that facilitate coordination and cooperation for mutual benefit“ (ebd. 67). Verschiedene Gesellschaften unterscheiden sich diesbezüglich (vgl. z.B. Freitag 2003). Welche sozialfunktionalen Dienste das Kommunionsvertrauen im Einzelnen zu leisten in der Lage wäre, dazu gibt es wiederum vielfältige Hypothesen (vgl. Laucken 2001, 265ff.).

Die durch zwei Unterscheidungen vorgenommene Differenzierung verschiedener Arten des Vertrauens lässt sich schematisch folgendermaßen darstellen:

sozialsemantische Betrachtung

personale Beziehungen	Kommunions- vertrauen	Partizipations- vertrauen	*rollenhafte Beziehungen*
	Begegnungs- Vertrauen	Umgangs- vertrauen	

individualsemantische Betrachtung

2. *Transfunktional-komplementärer Blick*

Nehmen wir abschließend nochmals die unterschiedenen Vertrauensarten überschauend in den Blick, so lassen sich vielfältige transfunktional-komplementäre Erhaltungsverhältnisse thematisieren und erforschen. Hierzu sei ein illustratives Beispiel gegeben:

Es gibt eine Reihe von Soziologen (z.B. Giddens 1995; Sennett 1998), die meinen, in modernen westlichen Gesellschaften eine Entwicklung feststellen zu können, die Giddens „soziale Entbettung“ nennt. Der Umfang und die Stabilität interpersonaler Verbundenheiten („social connectedness“, Freitag 2003, 937) nimmt ab. Dies geschieht, weil sozialsemantische Struktoren wie Flexibilität, Mobilität, Leistung, Wettbewerb, Selbstverantwortung, Privatvorsorge und so weiter die Oberhand gewinnen. In einem sozialen Habitat, das durch solche Leitgrößen strukturiert wird, sind Habitanten gefragt, die sich und ihre Menschen als solitäre und möglichst eigenständige Individuen auffassen (vgl. Beck 1986). Demnach existiert jeder Mensch als Einzelner und ist vorrangig für sich selbst zuständig. Die notwendige soziale Integration einer Gesellschaft solcher Menschen geschieht durch geregelte Rollenbeziehungen und angemessenes Rollenverhalten. Im zwischenmenschlichen Zusammenleben dominiert selektives *Partizipationsvertrauen*.

Damit Menschen als soziale Koordinationsgrößen geeignet sind, sich derart sozialfunktional habituieren zu lassen, müssen sie als je eigene Sinneinheiten bereit sein, ein komplementär erhaltungstaugliches individualsemantisches Leben zu führen. Sie müssen beispielsweise bereit sein, ihre Mitmenschen jeweils sorgsam rollenspezifisch einzuordnen, um entsprechend mit ihnen umzugehen. Sie müssen bereit sein, ihre Mitmenschen laufend rollenrelativ zu taxieren, um sich ihnen gegenüber richtig zu positionieren, woraus sich dann ergibt, wie sie ihren Umgang kanalisieren. Ihr Vertrauen verteilen sie hoch selektiv und umgangsspezifisch – *Umgangsvertrauen*. Die Zahl der Menschen, denen sie als ganze Person begegnen, wird kleiner, sie beschränkt sich auf einen engen Kreis von Personen (z.B. Eltern, Lebenspartner, gute Freunde).

Gesetzt den Fall, die Theoretiker der „sozialen Entbettung" haben mit ihren Feststellungen Recht, und gesetzt den Fall, die Menschen stellen ihre individualsemantisch gestaltete Lebensführung komplementär erhaltungstauglich ein, dann, so sagen uns die oben erwähnten Theoretiker des „sozialen Kapitals", ist dies einer gedeihlichen sozialen Integration einer Gesellschaft abträglich; denn eine sozial funktionstüchtige Gesellschaft bedarf stets auch eines Netzwerks sozialer Beziehungen, die durch *Kommunionsvertrauen* geknüpft sind. Solche sozialen Netze müssen, um ausreichend Integrationskraft entfalten zu können, weit über den engen Familien- und Freundeskreis hinausreichen (z.B. Nachbarschaft, Gemeinde). Das individualsemantische Komplement zum sozialsemantischen Kommunionsvertrauen ist das *Begegnungsvertrauen*. Wenn sich nun aber die modernen Menschen darauf eingestellt haben, ihre Lebensbezüge vorrangig individualistisch und rollenbezüglich auszulegen, dann fehlt das dem sozialfunktionalem Kommunionsvertrauen erhaltungsnotwendig komplementäre individual-semantische Begegnungsvertrauen, da dieses, wie gesagt, nur eng eingekreist vergeben wird. Es käme so zu einer letztlich auch ökonomischen Schwächung der Gesellschaft (vgl. Newton 2001). Aus diesem transfunktionalkomplementären Beziehungsgeflecht ergibt sich die Frage, ob es Möglichkeiten gibt, das Verhältnis zwischen Sozial- und Individualsemantik so auszutarieren, dass das integrationsnotwendige Partizipations- und Kommunionsvertrauen einerseits und das individuell sinnvoll lebbare Umgangs- und Begegnungsvertrauen andererseits so beschaffen sind, dass sie wechselseitig erhaltungstauglich sind.

Zum Schluss sei zum Anfang zurückgekommen. Wie auch immer Vertrauen vergeben wird, stets ist es ein zentraler *semantischer Struktor* menschlichen Zusammenlebens und die strukturierende Kraft dieses Struktors besteht darin, dass er ein ganzes Netz aufeinander verweisender Größen umfasst, welches in sich inferenziell ziemlich fest gefügt ist und welches nach außen vielerlei Anschlussstellen liefert – *und all dies ist ein Artikulations- und Strukturierungspotenzial, das der Umgangsprache und dem in ihr verankerten Umgangswissen eingebaut ist.* Das im Teil I ansatzweise explizierte umgangssprachliche Vertrauenswissen ist ein wichtiger pragmasemantischer Strukturgeber, der dem alltäglichen mitmenschlichen Handeln Orientierung und Sinn verleihen kann: „[W]e gain orientation, a sense of where and how we are ‚placed‘ in relation to the others around us within the landscape of possibilities within which we are all acting“ (Shotter 2003, 439).

Literatur

Asch, S. (1946): Forming impressions of personality. Journal of Abnormal and Social Psychology, 41, 258-290.

Beck, U. (1986): Risikogesellschaft. Auf dem Weg in eine andere Moderne. Frankfurt/ Main: Suhrkamp.

Bennis, W. (1989): On becoming a leader. Reading etc.: Addison-Wesley.

Blois, K.J. (1999): Trust in business to business relationships: An evaluation of its status. Journal of Management Studies, 36, 197-215.

Bourdieu, P. (1996): Die feinen Unterschiede. Kritik der gesellschaftlichen Urteilskraft. Frankfurt a. M.: Suhrkamp (Orig. 1979, dt. Übers., 8. Aufl.).

Buber, M. (1984): Das dialogische Prinzip. Lambert Schneider (5. Aufl.).

Child, J. (2001): Trust – The fundamental bond in global collaboration. Organizational Dynamics, 29, 274-288.

Churchland, P. (1981): Eliminative materialism and the propositional attitude. Journal of Philosophy, 78, 67-90.

Dimaggio, G./ Salvatore, G./ Azzara, C./ Catania, D. (2003): Rewriting self-narratives: The therapeutic process. Journal of Constructivist Psychology, 16, 155-181.

DiMaggio, P. (1998): Besprechung des Buchs *Trust and governance*. In: V. Braithwait/ M. Levi (Hrsg.): Contemporary Sociology, 28, 731-732.

Endress, M. (2002): Vertrauen. Bielefeld: Transcript-Verlag.

Etzioni, A. (1997): Verantwortungsgesellschaft. Individualismus und Moral in der heutigen Demokratie. Darmstadt: Wissenschaftliche Buchgesellschaft (dt. Übers.).

Freitag, M. (2003): Social capital in (dis)similar democracies. The development of generalized trust in Japan and Switzerland. Comparative Political Studies, 36, 936-966.

Giddens, A. (1996): Konsequenzen der Moderne. Frankfurt/ Main: Suhrkamp (dt. Übers.).

Goddard, C. (1994): Semantic theory and semantic universals. In: C. Goddard/ A.Wierzbicka (Hrsg.): Semantic and lexical universals, 7-29. Amsterdam/ Philadelphia: J. Benjamins Press.

Grabner-Kräuter, S./ Kaluscha, E.A. (2003): Empirical research in on-line trust: a review and critical assessment. International Journal of Human-Computer Studies, 58, 738-812.

Heider, F. (1958): The psychology of interpersonal relations. New York: Wiley.

Helbig, G./ Schenkel, W. (1969): Wörterbuch der Valenzen und Distribution deutscher Verben. Leipzig: Bibliographisches Institut.

Koehn, D. (2003): The nature of and conditions for online trust. Journal of Business Ethics, 43, 3-19.

Laucken, U. (1982): Aspekte der Auffassung und Untersuchung von Umgangswissen. Schweizerische Zeitschrift für Psychologie und ihre Anwendungen, 41, 87-113.

Laucken, U. (2001): Zwischenmenschliches Vertrauen. Rahmenentwurf und Ideenskizze. Oldenburg: BIS-Verlag der Universität Oldenburg.

Laucken, U. (2003): Theoretische Psychologie. Denkformen und Sozialpraxen. Oldenburg: BIS-Verlag der Universität Oldenburg.

Laucken, U./ Mees, U. (1987): Logographie alltäglichen Lebens. Leid, Schuld und Recht in Beschwerdebriefen über Lärm. Oldenburg: Holzberg.

Luhmann, N. (1973): Vertrauen. Ein Mechanismus der Reduktion sozialer Komplexität. Stuttgart: Enke.

Luhmann, N. (1989): Gesellschaftsstruktur und Semantik. Studien zur Wissenssoziologie der modernen Gesellschaft. Bd.3. Frankfurt/ Main: Suhrkamp.

Meyer, W.-U./ Försterling, F. (2001): Die Attributionstheorie. In: D. Frey/ M. Irle (Hrsg.): Theorien der Sozialpsychologie. Bd.I: Kognitive Theorien, 175-214. Bern etc.: Huber.

McEvily, B./ Perrone, V./ Zaheer, A. (2003): Trust as an organizing principle. Organization Science, 14, 91-103.

Neubauer, W. (1997): Interpersonales Vertrauen als Management-Aufgabe in Organisationen. In: M. Schweer (Hrsg.): Interpersonales Vertrauen, 105-120. Opladen: Westdeutscher Verlag.

Newton, K. (2001): Trust, social capital, civil society, and democracy. International Political Science Review, 22, 201-214.

Offe, C. (2001): Wie können wir unseren Mitmenschen vertrauen? In: M. Hartmann/ C. Offe (Hrsg.): Vertrauen. Die Grundlage des sozialen Zusammenhalts, 241-294. Frankfurt am Main/ New York: Campus.

Opaschowski, H.W. (2000): Jugend im Zeitalter der Eventkultur. In: Aus Politik und Zeitgeschichte, B12/ 2000, 17-23.

Parkhe, A./ Miller, S. (2000): Dialogue. Academy of Management Review, 25, 10-11.

Putnam, R.D. (1995): Bowling alone: America's declining social capital. Journal of Democracy, 6, 65-78.

Rhodes, J./ Strain, J.J. (1999): Trust and transforming medical institutions. Cambridge Quaterly of Healthcare Ethics, 9, 205-217.

Schapp, W. (1959): Philosophie der Geschichten. Leer: Rautenberg.

Schmitt, A. (1996): Logographie der Eifersucht: Eine inhaltsanalytische Untersuchung von Geschichten über selbsterlebte Eifersucht. Lengerich: Pabst.

Schmitt, A./ Mees, U./ Laucken, U. (2001): Logographische Analyse sozial prozessierender Texte [106 Absätze] Forum Qualitative Sozialforschung/ Forum Qualitative Social Research (Online-Journal), 1 (3). Abgerufen unter: http://www.qualitative-research.net/fqs/fqs.htm.

Schottlaender, R. (1957): Theorie des Vertrauens. Berlin: de Gruyter.

Schweer, M. (1997): Vertrauensaufbau und soziale Interaktion zwischen Lehrenden und Lernenden. In: M. Schweer (Hrsg.): Interpersonales Vertrauen, 203-216. Opladen: Westdeutscher Verlag.

Sennett, R. (1998): Der flexible Mensch. Zur Kultur des neuen Kapitalismus. Berlin: Berlin Verlag (dt. Übers.).

Shotter, J. (2003): ‚Real presences'. Meaning as a living movement in a participatory world. Theory & Psychology, 13, 435-468.

Simmel, G. (1992): Soziologie. Untersuchungen über Formen der Vergesellschaftung. Frankfurt/ Main: Suhrkamp

Smedslund, J. (1997): Is the "psychologic" of trust universal? In: S. Niemeier/ R. Dirven (Hrsg.): The language of emotions: Conceptualization, expression and theoretical foundation, 3-13 Amsterdam: Benjamins.

Spreitzer, G.M./ Mishra, A.K. (1999): Giving up control without losing control. Trust and its substitutes' effects on managers' involving employees in decision making. Group & Organization Management, 24, 155-187.

Swan, J.E./ Bowers, M.R./ Richardson, L.D. (1999): Customer trust in the salesperson: An integrative review and meta-analysis of the empirical literature. Journal of Business Research, 44, 93-107.

Taylor, B. (2003): Corporate governance: the crisis, investors' losses and the decline in public trust. Corporate Governance: An International Review, 11, 155-163.

Tenbrunsel, A.E. (1999): Trust as an obstacle in environmental-economic disputes. American Behavioral Scientist, 42, 1350-1367.

Uslaner, E.M. (1999): Trust but verify: social capital and moral behavior. Social Science Information, 38, 29-55.

Vertrauen – kommunikationswissenschaftlich beobachtet

Manfred Rühl

Das Publizistiksystem der komplexen Weltgesellschaft braucht ebenso komplexe Normierungen zur Vereinfachung, zur Stabilisierung und zur Ordnung der Publizistik/ Weltgesellschafts-Verhältnisse. Mit Recht, Ethik und Vertrauen stehen normative Orientierungen zur Verfügung. Dabei operiert Vertrauen grundsätzlich als Systemvertrauen. Es werden interne und externe Beziehungen des Publizistiksystems beschrieben, im Hinblick auf seine Geltungsgründe als Funktionssystem, als Märkte und als Organisationen im historischen Wandel.

1. Alltagsvertrauen

„Wird schon schief gehen!" Damit ist keine Ergebenheit in die Macht des Schicksals gemeint, eher ein Zuspruch zum eigenen Vertrauen. „In God We Trust" steht auf jeder US-Dollar-Note, ein reichlich unverbindlicher Vertrauenshinweis der US-Zentralnotenbank. Die Redewendung „Trau, schau, wem!" besagt, dass Vertrauen den Menschen ins Gesicht geschrieben steht: und mit der Parole: „Trau keinem über Dreißig!" brachten sich die Spätzwanziger der 1968er Emanzipationsrevolte selbst in die Bredouille. Am Ende des Jahres 2003 jubelten Börsenanalysten: „Das Vertrauen ist wieder da!" Im Herbst 2004 wartet man noch immer auf seine Ankunft. Und wer virtuell Shopping geht, muss seiner Schnäppchenjagd unmittelbare Erfolge zutrauen, denn Mängelrügen sind nicht vorgesehen.

Ungleich archaischen Gesellschaften setzt die heutige Weltgesellschaft kein Vertrauen mehr in die Natur und somit in die Physik als der Lehre von den Naturdingen. Schon früher hat die Lehre von der Übernatur, die Metaphysik, aus wissenschaftlicher Sicht ausgedient. Götter, Mythen und Naturrecht haben ihren Charakter als normative Letztinstanzen verloren, und mit ihnen Propheten, Priester, Seher, Gurus und andere personifizierte Autoritäten. Gewiss vertrauen die Gläubigen der monotheistischen Buchreligionen Judentum, Christentum und Islam ihren Heiligen Schriften, namentlich Bibel und Koran. Doch mit dem Vordringen von Wissenschaft als Wahrheitsinstanz blieb es den Religionen überlassen Glaubenswahrheiten zu kommentieren. Rabbiner, Priester, Pfarrer und Prediger waren nie frei schwebende Akteure, sondern Rollenkombinationen auf Stellen in Organisationssystemen (Synagoge, Kirche, Moschee). Und wenn der Koran auch klassisch arabisch zu lesen ist, und ein Großteil der Gläubigen illiterat und der arabischen Sprache nicht mächtig ist, dann ist nach wie vor den Lehrinterpretationen der organisatorischen Autoritäten zu vertrauen. Nach dem Alten Testament ist Vertrauen ein Setzen von Hoffnung in den einen Gott, während Vertrauen im Neuen Testament – unter Berufung auf Paulus – als Gottvertrauen gedeutet wird, unter Preisgabe des Vertrauens in das eigene Selbst.

2. Auch ‚persönliches' Vertrauen ist Systemvertrauen

Der einzelne Mensch wird ‚als Ganzer' unzulänglich begriffen. Wird Vertrauen einem Subjekt zugeordnet, dann gelingt dies allenfalls vernunftrational, nicht sozialempirisch. Denn Vertrauen setzt seit Adam und Eva einen Anderen voraus, dem Vertrauen geschenkt wird. Man vertraut dem Anderen etwas an, man zieht einen Anderen ins Vertrauen. Ihm wird anvertraut, einem Dritten sei nicht mehr zu trauen, weil er enttäuscht habe, weshalb ihm das Vertrauen zu entziehen ist. Vertrauen steuert Sozialbeziehungen, vor allem in den Bereichen der Intimkommunikation, in Ehe, Familie, Freundschaft, Partnerschaft, und jedes so genannte persönliche Vertrauen ist als Kommunikationssystem soziales Vertrauen. Dazu ein kommunikationswissenschaftliches und ein psychoanalytisches Theoriebeispiel.

Daniel Defoes Roman *Robinson Crusoe* soll – nach Bibel und Koran – das auf der Welt am besten verbreitete Buch sein. Der Held wird als ein Schiffbrüchiger beschrieben, der in der Wildnis einer einsamen Insel, mit gerettetem Werkzeug und der Bibel beginnt Tiere zu jagen und zu domestizieren, Ackerbau zu betreiben und Gottvertrauen zu suchen. Im Vertrauen auf die Zukunft baut Robinson ein Boot für ein mögliches Fortkommen von der Insel. Er stößt auf Freitag, einem „edlen Wilden", den er elementar in die englisch-christliche Kommunikationskultur des frühen 18. Jahrhunderts einführt. Robinson und Freitag kommunizieren verbal und nonverbal von Angesicht zu Angesicht, und sie machen auf diesen Wegen ihre Persönlichkeiten sichtbar. Ein individuelles Selbst durch Kommunikation zu erwerben und darzustellen, ist die Voraussetzung für die Ausbildung von Vertrauen künftiger „little social systems" (Goffman 1983). Defoe beschreibt das Verhältnis zwischen Robinson und Freitag als eine Kommunikationshierarchie: Robinson „oben", Freitag „unten".

Da auf der Insel weder Recht noch Moral institutionalisiert sind, trägt allein Vertrauen als Normativität zur Vereinfachung, Stabilisierung und Ordnung dieses *Einfachen Kommunikationssystems* bei.

Im zweiten Beispiel geht es um das *Urvertrauen* (*basic trust*). Nach einer psychoanalytischen Theorie entsteht Urvertrauen in der Mutter/ Kind-Kommunikation (Erikson 1974, 241), wenn das Kind die Mutter aus dem Gesichtsfeld entlassen kann, ohne Wut oder Angst zu äußern, weil die Mutter inzwischen außer einer zuverlässig zu erwartenden äußeren Erscheinung auch zu einer inneren Gewissheit geworden ist.

Die Beispiele beschreiben das Entstehen und Anwenden von Vertrauen durch Kommunikationssysteme sui generis. Kommunikation hat in strukturierten Systemen eine Chance verwirklicht zu werden, durch Rollen-, Werte- und Normenstrukturen. Wie das Vertrauen, so entsteht die vorauszusetzende Kommunikation keineswegs in Leib und Seele, sondern durch Systembeziehungen, durch Vertrauen in die Systemerwartungen der eigenen Kommunikationen. Vorausliegende Kommunikationssysteme werden zu neuen Kommunikationssystemen bearbeitet. Dabei ist mit der Kommunikationsfreiheit der Beteiligten zu rechnen, ohne gewiss sein zu können, welche Kommunikationssysteme durch welches Vertrauen stabilisiert werden können.

3. Dreidimensionierte Kommunikationssysteme

Menschliche Kommunikation ist schon vor drei Jahrhunderten als Systemkommunikation wissenschaftlich bearbeitet worden. Der Frühaufklärer Christian Thomasius (1692/ 1995, 89) formuliert die These, dass Kommunikation in wechselseitiger Abhängigkeit von Gesellschaft und Mensch zustande kommt (Rühl 2004). Vor einem Jahrhundert definiert Max Weber (1985, 1) zwar keine Kommunikation aber sozial sinnverbundenes Handeln, das auf andere Menschen und in die Zukunft gerichtet ist. Fünfzig Jahre später beschreibt der Literatur- und Kommunikationswissenschaftler Kenneth Burke (1966) in einer *Language as Symbolic Action* genannten Standardvorlesung die Menschen als Symbole machende und Symbole gebrauchende (auch Symbole missbrauchende) Lebewesen, die reden und ihre Geschichtsschreibung beschreiben können. Eingedenk Spencer Browns (1997, 1) Axiome der Unterscheidung (distinction) und der Bezeichnung (indication) beginnt Niklas Luhmann (1964, 190ff.), Kommunikation als vernetzte Kommunikationssysteme dreidimensional zu rekonstruieren: als relativ stabile Innenzustände (marked spaces), eingebettet in relativ instabile Außenzustände (unmarked spaces), deren soziale Komplexität von Recht, Moral und Vertrauen normiert wird (Luhmann 1973).

Wir gehen davon aus, dass die Weltgesellschaft und alle ihre Teilsysteme, auch die publizistischen Anwendungssysteme, anhand von Erfahrungen und durch vernetzte Kommunikationssysteme neues erfahren (Rühl 1987; Ronneberger/ Rühl 1992, 135-152). Kommunikationssysteme können bereits als Dyaden operieren. Wenn mindestens zwei Organsysteme im Modus Leben und mindestens zwei psychische Systeme im Modus Bewusstsein sowie bio-chemo-physikalische Mitweltsysteme (ein verträgliches Wetter und frische Luft) dabei mitwirken, wenn zwei Rollenstrukturen ein *Einfaches Kommunikationssystem* bilden (Ronneberger/ Rühl 1992, 115-135). Lebende Organsysteme, die über intakte Augen, Ohren und Gehirne verfügen, und bewusste psychische Systeme, die unversehrt geblieben sind, können wahrnehmen, fühlen, denken und empfinden. Lebens-, Bewusstseins- und Kommunikationssysteme sind Wirklichkeiten eigener Art. Kommunikation kann nur durch Kommunikationssysteme kommuniziert werden. Leben und Bewusstsein sind für das Zustandekommen von Kommunikation unerlässlich. Doch weder Leben noch Bewusstsein können in Kommunikation transformiert werden. Verhalten und Handeln, die anderen Äußerungsmöglichkeiten der Menschen, sind außer Stande, mit der raffinierteren Kommunikation zu konkurrieren. „Der Igel und seine Frau besaßen als soziales System prudentia [Klugheit, M.R.] im Verhältnis zum Hasen: Sie konnten schnell hochselektiv kommunizieren, während der Hase nur schnell laufen konnte“ (Luhmann 1984, 76). Strukturen früherer Kommunikationen werden in den psychischen und sozialen Gedächtnissen der Menschheit als Schematismen ‚bevorratet‘, um für das Prozessieren neuer Kommunikationssysteme (communication system processing) erinnert, ausgewählt und variiert zu werden. Situative Kommunikationen reagieren auf widerspruchsvolle Anforderungen der Mitwelt (Rühl 1987).

3.1 Sachdimension

In ihrer Sachdimension prozessieren Kommunikationssysteme mit den Komponenten Sinn, Information, Thema, Äußerung/ Mitteilung, Gedächtnis und Verstehen. Sinn meint das Gemeinte, Information meint das Neue, Thema grenzt Kommunikation sachlich ein, und Äußerung/ Mitteilung regt zum Weiterkommunizieren an. Die in psychischen und sozialen Gedächtnissen bewahrten Kommunikationen, vor allem Bibliotheken, Archive, Museen, mit Büchern, Bildern, Akten, Geschichten, Computern, können psychisch retentieren, also vergegenwärtigen. Erinnern psychische Gedächtnisse mit zunehmendem Alter immer weniger – jedes Gehirn verliert täglich 100.000 Neuronen als körperliche Voraussetzung besseren Erinnerns –, dann geben sie das Erinnern gleichwohl nicht auf. Psychische Gedächtnisse vergegenwärtigen soziales Erinnerungsvermögen (Weick 1985, 295), ohne die Kommunikationskomponenten Sinn, Information, Thema und Mitteilung vereinzeln zu können. Erst deren Zusammenspiel mit Gedächtnissen lässt Kommunikation gelingen, genauer gesagt: Verstehen.

Die Sprache ist das Zentrum menschlicher Kommunikation. Durch Sprache werden unterschiedliche Schematisierungen als Vereinfachungen der Kommunikationsvielfalt bewahrt. Analogien, Bilder, Codes, Genres, Frames, Images, Leitmotive, Marken, Medien, Metaphern, Modelle, Paradigmen, Programme, Stereotype, Stilformen, Symbole, Zahlen und Zeichen sind solche Schematismen, die in Wissenschaft und Kunst mit unterschiedlichen Bedeutungen bearbeitet werden, die aber auch Eingang finden in handschriftliche Notizen und Briefe, in Bücher, Akten, Zeitungen, Zeitschriften, auch in computerschriftliche Web-Seiten. Mit dem Buchdruck wurden im 15. Jahrhundert mehrere Drucksachen gleichzeitig zu lesbaren Werken und zu käuflichen Waren.

Die Leistungen und Gegenleistungen für die Produktion und Rezeption von Kommunikationen verlaufen seither über Märkte (Rühl 1993a), um zu vergegenwärtigen (Retention), auszuwählen (Selektion), abzuwandeln (Variation) und umzubauen (Rekonstruktion). Mit Sprache kann zu allem entweder „Ja“ oder „Nein“ gesagt werden, es kann aber auch naiv, hinterhältig, ironisch, satirisch, spöttisch, geredet, gestritten, gelogen, getäuscht, persuadiert oder manipuliert werden, im Bemühen zu verstehen, misszuverstehen oder nicht zu verstehen. Ist danach die Habermassche „Verständigung“ als „konstantes Ziel“ der Kommunikation (Burkart 1998, 26) noch von empirischer Relevanz, oder ist sie nur ein empirisch inoperativer Idealtypus?

3.2 Sozialdimension

Zusammen mit den sachdimensionalen Systemstrukturen Rollen, Normen, Werte und Entscheidungsprogramme finden wir auf der Mikroebene der Sozialdimension *Einfache Kommunikationssysteme* (alias Interaktionssysteme oder little social systems): als Konversationen, Telefonate, als Brötchenkäufe Zug-um-Zug, oder als Smalltalk. Während Beteiligte an *Einfachen Kommunikationssystemen* unmittelbar zufrieden gestellt werden können, trifft dies bei den auf der Mesoebene expandierenden Organisationen nicht zu. Zur Bearbeitung marktorientierter Kommunikationsprobleme werden mannigfaltig organisierte Kommunikationssysteme bereitgehalten, etwa vom Typus Agentur, Baustelle, Behörde, Fußballspiel, Gewerkschaft, Haushalt, Heim, Hochschule, Kammer, Kino, Museum, Parlament, Partei, Redaktion, Regierung, Theater, Unternehmen, Verband, Verein, Europäische Union (EU) oder Vereinte Nationen (UNO).

Seit einem Jahrhundert werden Organisationen multidisziplinär erforscht, hinsichtlich eigener Erkennungsregeln (Walter-Busch 1996). Intern weisen Organisationen eigene Strukturen auf: Mitgliedschafts-, Arbeits- und Berufsrollen, Stellen und Stellennetze, Zuständigkeiten und Verantwortungen, organisationsspezifische Normen, differenzierte Entscheidungsprogramme, Images und das *Prinzip der Aktenmäßigkeit* (Weber 1985, 126). Zögernd werden organisatorische Hierarchien als Über/ Unter-Ordnungen abgebaut, an ihrer Stelle werden Heterarchien als vernetzte Innen/ Außen-Beziehungen gepflegt, ohne Führungsspitzen des Managements von Organisationen abzuschaffen. Öffentlichkommunikative Sachformen, das sind Berichte, Nachrichten, Propaganda- oder Public Relations-Kampagnen, Reportagen, Unterhaltung, Sponsoring, Sportübertragungen, Werbung, Online-Zeitungen, Chatting und Talking sind in jedem Falle organisationsspezifische Kommunikationsproduktionen.

Auf der sozialen *Makroebene* werden in der ‚westlichen' Welt *Funktionale Kommunikationssysteme* (Familie, Haushalt, Politik, Wirtschaft, Wissenschaft, Recht, Religion, Publizistik) und spezielle *Publizistische Kommunikationssysteme* (Buchpublizistik, Alltagspublizistik, mit den Teilsystemen Public Relations, Journalismus, Werbung, Propaganda) unterschieden. Kommunikative Makrosysteme konkurrieren, koordinieren und kooperieren nicht als feststehende Totalitäten. Vielmehr fluktuieren sie als Organisationen auf spezifischen Märkten, wo Werke, Waren, Dienstleistungen als Sicherheit, Superstars, Emissionszertifikate oder Fußballübertragungsrechte gehandelt werden. Leistungen und Gegenleistungen werden marktförmig ausgehandelt und mit gesellschaftlich knappen Ressourcen bezahlt, die wiederum marktförmig zu beschaffen sind (Ronneberger/ Rühl 1992; Rühl 1993a). Für weltgesellschaftliche Publizistik sind folgende Kommunikationsressourcen typisch: Gültiges Geld, gewährte Kredite, öffentliche Aufmerksamkeit, professionelle Arbeit, sinnmachende Informationen, durchsetzungsfähige Themen, stabilisierendes Recht, mitmenschliche Achtung (Moralgrundsätze), sozialverträgliche Technologien, Systemvertrauen, ökonomisierte Zeit und – relativ neu – wieder verwertbarer Abfall (Dernbach 1998). Diese, den Prinzipien der Knappheit und des Bezahlens unterliegende gesellschaftspolitische Ressourcen, werden vielerorts nachgefragt, und können alternativ, also nicht nur publizistisch, eingesetzt werden.

Kommunikationsressourcen zirkulieren weltgesellschaftlich, ohne sich gegenseitig substituieren zu können. Lokale, regionale, nationale und internationale Publizistikmärkte scheinen ihre traditionellen Struktursicherheiten verloren zu haben, weshalb sie umgestaltet werden. Dagegen bleiben Heiratsmärkte, Lehrstuhlmärkte oder der Jahrmarkt der Eitelkeiten zwar einsichtige Metaphern, für die Kommunikationswissenschaft allerdings empirisch unzugängliche Leerformeln.

3.3 Zeitdimension

Für Kommunikationssysteme ist kein Anfang und kein Ende festzulegen. Menschliche Kommunikation kennt keinen Urknall; und wird gelegentlich das Ende der Kommunikationsform Journalismus prophezeit, dann fehlen theoretisch-empirisch haltbare Argumente. Zeiterlebnisse und Zeitverständnisse sind hochgradig abhängig von sachlichen und sozialen Strukturen, nicht zuletzt vom Bewusstsein und von der körperlichen Verfassung der an Kommunikationssystemen Beteiligten. Es gibt keine Hinweise, dass die menschlich erlebte Zeit gleichzusetzen ist mit der ‚natürlichen' Zeit, die Menschen in den Rollen von Physikern und Kosmologen festlegen (Hawking, 1991). Vorstellungen und Vorwissen, Vorbilder und Vorurteile sind theoretisch-begrifflich abhängig von bestimmten gesellschaftlichen Zeiten. Versucht man Zeiterleben und Zeitverwendung durch Fakten und Daten zu belegen, dann ist klarzumachen, dass Faktizitäten nicht zeitlos gegeben sind, objektiv eindeutig wahrgenommen werden und erst recht nicht für sich selbst sprechen können.

4. Vertrauen als eine Normierung weltgesellschaftlicher Kommunikationssysteme

Mit seiner Staatstheorie entdeckte Thomas Hobbes unpersönliches Selbstvertrauen und Misstrauen (Hobbes 1651/ 1966, 43). In der Theorie einer ausdifferenzierten Weltgesellschaft (Luhmann 1975, 1997; Beck 1998; Stichweh 2000) fungieren Vertrauen, Recht und Ethik als die Normendimension der Kommunikationssysteme (Ronneberger/ Rühl 1992, 226 - 248). Recht reguliert Streit auf der Grundlage zeitlich vorab festgelegter, allgemein verbindlicher Normen, die eingeklagt und, prozessrechtlich geregelt, in öffentlichen Verfahren durchgesetzt werden können (Luhmann 1993). Ethik umfasst die Gesamtheit konsensfähiger Bedingungen, mit denen über Achtung und Missachtung der Mitmenschen entschieden werden kann (Luhmann 1978). Über Fälle der (Miss-)Achtung von Berufsgenossen können die Ehrenräte der Berufsorganisationen nach den Regeln der Branche verhandeln und entscheiden (Avenarius 1998). Strukturen des Rechts, der Ethik und des Vertrauens bilden für Kommunikationssysteme eine normative Vorsorge. Allerdings wird Vertrauen, anders als Recht, informell (also weit weniger verbindlich) normiert, um bei der Vereinfachung, Stabilisierung und Ordnung von Kommunikationssystemen mitzuwirken (Ronneberger/ Rühl 1992). Das informell normierte Systemvertrauen hat keine Kontrollinstanz (wie Gerichte oder Ehrenräte). Systemvertrauen stützt sich auf freiwillig akzeptierte Erwartungen, die mithelfen Ordnung zu halten, angesichts der Möglichkeiten des Misstrauens. Systemvertrauen ist somit eine riskante Vorleistung, denken wir an Börsenspekulationen oder an Millionen-Frage-Spiele im Fernsehen. Diese Kommunikationssysteme motivieren übermäßig große Risikochancen beziehungsweise Erwartungen auf Riesengewinne und sie verleiten zu weiteren Einsätzen. Die Chancen können statistisch errechnet werden, aber eine Sicherheit, dass man gewinnt, gewährleistet das Vertrauen nicht.

Probleme sozialen Vertrauens sind Zukunftsprobleme, das heißt: die Zukunft der Weltgesellschaft hält mehr Kommunikationschancen bereit als in der Gegenwart aktualisiert werden können. Vertrauende Kommunikationssysteme müssen sich ständig entscheiden, wohl wissend, dass Sinn immer mehrdeutig, Informationen immer unvollkommen und Verstehen immer unterschiedlich risikobehaftet sein werden, dass Themen immer unklar abgrenzen und Mitteilungen immer unterschiedlich anregen. Wenn kommunikationswissenschaftliche Beobachter die Texte anderer kommunikationswissenschaftlicher Beobachter beobachten, indem sie ihre Auseinandersetzungen in Fußnoten oder Anmerkungen belegen, dann sind dies unter anderem vertrauensvolle Kontrollen und Hinweise auf den Kenntnis- und Wissensstand der Kritiker. Anders im Internet-Wissenschafts-Chat. Wenn Max, Mike und Martha pidgin-kommunikologisch daherchatten, ohne nachprüfbare ‚Quellenangaben', dann mögen sie daran Spaß haben; und die Leser mögen das glauben, was ihnen vorgesetzt wird – sie müssen es aber nicht. Was fehlt, sind reviewing und editing, die Aufgaben von Redaktionen und Herausgebern – eine Selbstkontrolle der Kommunikationskommunität (communications community), wie sie im Impressum Ausdruck findet, für das es im Internet bislang kein Äquivalent gibt.

Mit dem Internet ist zudem ‚das Öffentliche' auf den weltgesellschaftlichen Prüfstand zu stellen. Öffentlichkeit, öffentliche Meinung, öffentliches Vertrauen erfuhren erhebliche semantische Brüche, als die bürgerliche Gesellschaft Europas im 19. Jahrhundert begann sich zu industrialisieren, zu elektrifizieren, zu literalisieren, zu urbanisieren und zu demokratisieren (Koselleck 1973; Hölscher 1979). Die Nationalstaaten emergierten zu Verfassungsgesellschaften, wenn sie Grundrechte wie die Kommunikationsfreiheit (Rede-, Meinungs-, Presse-, Versammlungsfreiheit) verankerten. Die entsprechenden gesellschaftlich-semantischen Auswirkungen auf die öffentliche Kommunikation (Publizistik) von heute werden erst seit wenigen Jahrzehnten kommunikationswissenschaftlich problematisiert.[1]

5. Organisations- und Marktvertrauen

Obwohl der Betrieb altägyptischer Tempel und mittelalterlicher Klöster strukturell organisationsförmig verlief (Assmann 1996; Rühl 1993b), stoßen Organisationen erst seit einem Jahrhundert auf das Interesse der Sozialwissenschaften. Zunächst erforschte die klassische Betriebswirtschaftslehre das Unternehmen als Zweck/ Mittel-Verlauf mit der Vorstellung, Unternehmen wollten nur Gewinne maximieren. Vereinseitigte Prämissen dieser Art konnten weder für Wirtschaftsorganisationen, erst recht nicht für Zeitungsredaktionen (Rühl 1969), Universitäten, Krankenhäuser, politische Parteien oder für die Polizei nachgewiesen werden (Jablin et al. 1987). Publizistische Organisationen konkurrieren, koordinieren und kooperieren über Wirtschaftsinteressen hinaus, als gesellschaftliche Teilsysteme, gleichwohl marktförmig (Rühl 1978; 1993a; 1993c), wenn sie mit Recht, Ethik und Vertrauen als Normativitäten Programme und Inhalte durch selbstgesetzte Entscheidungsprogramme verwirklichen (Blöbaum 2000).

Publizistisches Vertrauen als informelle Vereinfachung, Stabilisierung und Ordnung ist organisatorisch und marktlich gefragt, angesichts des weltweiten Nachrichten- und Meinungschaos. Keine Redaktion kann die Komplexitätsverhältnisse der Weltgesellschaft durchschauen, wenngleich beansprucht wird, man biete „All the news that's fit to print" (Motto der *New York Times*). Es mag Redaktionen immer wieder überraschen, dass sie Tag für Tag eine neue Zeitung

---

1 Die Publizistik als gesellschaftliches Funktionssystem wird zunächst aus politikwissenschaftlicher Warte rekonstruiert (Marcinkowski 1993). Kommunikationswissenschaftliche Differenzierungen erfahren Journalismus (Rühl 1980; Blöbaum 1994; Scholl/ Weischenberg 1998), der Wissenschaftsjournalismus (Kohring 1997), ein Risikojournalismus (Görke 1999), Rundfunk (Gehrke/ Hohlfeld 1995), Public Relations (Ronneberger/ Rühl 1992; Dernbach 2002), Werbung (Schmidt 1995; Zurstiege 2002), Öffentlichkeitssystem (Kohring/ Hug 1997), Marktpublizistik (Rühl 1993a), Alltagspublizistik (Rühl 2001) u.a. Sie alle sind auf der Suche nach einer Einheit in Differenz. Es fällt auf, international betrachtet, dass gesellschaftsorientierte Publizistikanalysen bislang auf die deutschsprachige Kommunikationswissenschaft eingeschränkt geblieben sind.

oder ein neues Rundfunkprogramm zu Stande bringen. Redaktionen vertrauen dabei auf ihre Entscheidungsprogramme, und die Redaktionsmitglieder vertrauen darauf, dass ihre Arbeit ihre Jobs erhält.

Gewiss sind manche Redaktionen auf einen hinterhältigen Schlüssellochjournalismus ausgerichtet, wenn sie mit kindlicher Zielsetzung, mittels Paparazzi, bestimmte Texte und vor allem bestimmte Bilder als Erste ‚haben' und ‚bringen' wollen. Für die anderen Redaktionen sind gegenwärtig Arbeitslosigkeit, Korruption, Terrorismus oder Globalisierung die Schlüsselthemen, über die weltweit routiniert gearbeitet wird, unter Rückgriff auf vernetzte publizistische Grundstrukturen. Eine organisations- und marktförmig operierende Alltagspublizistik wird – durch Flexibilität und Elastizität, Dezentralisierung und Deregulierung, Abflachung von Hierarchien, Verstärkung vernetzter Heterarchien und durch ihre Organisations- und Marktorientierungen – das Lokale, das Regionale, das Nationale, das Supranationale und das Globale zeitgemäß umstrukturieren, im Vertrauen auf eine eigene Zukunft.

Es hält sich der Eindruck, dass die Publizistik weltweit korrumpiert. Entsprechende Sachverhalte und Sozialverhältnisse sollen regelwidrig operierende Einzelne repräsentieren, die im peinlichen Umgang mit zwielichtigen Figuren, von Geldgier motiviert, die Bestechungsgelder auf ausländische Bankkonten transferieren. Einer solchen, auf Individuen eingegrenzten publizistischen Korruptionsidee entgehen kultur- und gesellschaftsdifferente Bedeutungen, die durch Netzwerkstrukturen, durch großfamiliäre (etwa: mafiose) Organisationsformen realisiert werden können, und für die ein eigenes Organisationsvertrauen als sozialer Regelungsmechanismus vorstellbar ist. Erfahrungen, dass korrumpierende Umweltturbulenzen in vernetzten Organisationen praktiziert werden, haben den Begriff *brauchbare Illegalität* hervorgebracht (Luhmann 1964, 304-314) – eine Kommunikationsform, die formale Erwartungen (vor allem Recht) verletzt, die jedoch auf einer Vertrauensbasis brauchbar sein kann. Empirisch getestet wurde *brauchbare Illegalität* meines Wissens bisher nicht.

6. Glaubwürdigkeit und Vertrauen

Eine empirische Kommunikationswissenschaft gewinnt Wissen, indem sie früheres Wissen mit einem erkenntnistheoretisch und methodologisch testfähigen Erklärungsapparat vergleichend untersucht (Bachelard 1978, 46-54). Werden Glaubwürdigkeit und Vertrauen unterschiedslos auf Sachverhalte, Produkte, Einzelmenschen und Organisationen bezogen, indem die Herkunft von Glaubwürdigkeit aus der sozialpsychologischen Einstellungsforschung außer Betracht bleibt, dann kann man Glaubwürdigkeit als eine Quelle verstehen (source credibility), deren Persuasionskraft Einzelmenschen beeinflusst (Hovland et al. 1953, 35f.). Dieser Ansatz operiert mit dem klassischen *Einweg-Kommunikations-Modell*, das Kommunikation als Transport beziehungsweise als Vermittlung vorstellt. Zu einer Persuasionsmatrix für öffentliche Kommunikationskampagnen (public communication campagnes) erweitert (McGuire 1989), soll das (tierischem) Verhalten nachgebaute Modell messen können, wie der Wandel von menschlichem Wissen und menschlichen Überzeugungen zum Wandel von Einstellungen führt, und wie Einstellungswandel wiederum zum Verhaltenswandel wird. Der Einzugsbereich dieses Glaubwürdigkeitsbegriffs wird auf Menschen, Institutionen und kommunikative Produkte, auf Medien, Texte, Medienrealität und weitere Faktoren ausgedehnt, als „Filter im Prozess des Wissenserwerbs“ (Bentele 1988). Glaubwürdigkeit soll sich zudem unternehmerisch managen lassen (Drosdek 1996), um Wettbewerbsvorteile zu erzielen. Mit solchen Unterschiedslosigkeiten kann sich die Kommunikationswissenschaft nicht zufrieden geben.

Neuerdings wird Glaubwürdigkeit auf komplexe Sachverhalte wie ‚Öko-Werbung‘ bezogen und wird detailliert als Wahrnehmung und Verarbeitung von Rezipienten in Kommunikationsprozessen gesellschaftlicher Umwelten beschrieben (Katz 2002). Glaubwürdigkeit wird dann nicht mehr als unilineares Bewirken in einem singulären Verhaltensakt konzipiert. Nunmehr wird durch Kommunikation auf grundlagentheoretische Unterschiede aufmerksam gemacht, die zwischen Handeln, Sozialsystemen, Subjekten, Organisationen, Märkten und Öffentlichkeiten bestehen. Wird Glaubwürdigkeit kausalistisch als Mittel persuadierender Zwecke eingeschätzt, dann verlangt eine nach Funktionen, Leistungen und Aufgaben differenzierende Kommunikationsforschung nach einem unpersönlichen Glaubwürdigkeitsbegriff, der Sozialverhältnisse voraussetzt (Ronneberger 1981; Rühl 1979). Wenn das Vertrauen in Kommunikationssysteme wie Journalismus und Public Relations grundsätzlich ein Systemvertrauen ist (Kohring 2002; Ronneberger/ Rühl 1992), dann bleibt unklar, welche Leistungsbereiche der sozialpsychologische Glaubwürdigkeitsbegriff als Alternative zum Vertrauen in der kommunikationswissenschaftlichen Forschung und Lehre bereithalten soll.

Literatur

Assmann, Jan (1996): Ägypten. Eine Sinngeschichte. Darmstadt: Wissenschaftliche Buchgesellschaft.

Avenarius, Horst (1998): Die ethischen Normen der Public Relations. Kodizes, Richtlinien, freiwillige Selbstkontrolle. Neuwied, Kriftel: Luchterhand

Beck, Ulrich (Hrsg.) (1998): Perspektiven der Weltgesellschaft. Frankfurt/ Main: Suhrkamp.

Bentele, Günter (1988): Der Faktor Glaubwürdigkeit. Forschungsergebnisse und Fragen für die Sozialisationsperspektive. In: Publizistik 33, 406 - 426

Blöbaum, Bernd (1994): Journalismus als soziales System. Geschichte, Ausdifferenzierung und Verselbständigung. Opladen: Westdeutscher Verlag.

Blöbaum, Bernd (2000): Organisationen, Programme und Rollen. Die Struktur des Journalismus. In: Löffelholz, Martin (Hrsg.) (2000): Theorien des Journalismus. Ein diskursives Handbuch. Opladen: Westdeutscher Verlag, 169-183.

Burkart, Roland (1998): Kommunikationswissenschaft. Grundlagen und Problemfelder. Umrisse einer interdisziplinären Sozialwissenschaft. 3. Auflage. Wien, Köln: Böhlau.

Burke, Kenneth (1935/ 1965): Permanence and change. An anatomy of purpose. With an introduction by Hugh Dalziel Duncan. 3. Auflage. Indianapolis: Bobbs-Merill.

Burke, Kenneth (1966): A dramatistic view of the origins of language and postscripts on the negative. In: Burke, Kenneth: Language as symbolic action. Essays on life, literature, and method. Berkeley, Los Angeles: University of California Press.

Dernbach, Beatrice (1998): Public Relations für Abfall. Ökologie als Thema öffentlicher Kommunikation. Opladen: Westdeutscher Verlag.

Dernbach, Beatrice (2002): Public Relations als Funktionssystem. In: Scholl, Armin (Hrsg.): Systemtheorie und Konstruktivismus in der Kommunikationswissenschaft. Konstanz: UVK, 129-145.

Drosdek, Andreas (1996): Credibility Management: durch Glaubwürdigkeit zum Wettbewerbsvorteil. Frankfurt/ Main: Campus.

Erikson, Erik H. (1974): Kindheit und Gesellschaft. 5. Auflage. Stuttgart: Klett.

Gehrke, Gernot/ Hohlfeld, Ralf (1995): Wege zur Theorie des Rundfunkwandels. Fernsehorganisationen zwischen publizistischen Zielvorstellungen und systemischem Eigensinn. Opladen: Westdeutscher Verlag.

Goffman, Erving (1983): Wir alle spielen Theater. Die Selbstdarstellung im Alltag. München, Zürich: Piper

Görke, Alexander (1999): Risikojournalismus und Risikogesellschaft. Sondierung und Theorieentwurf. Opladen: Westdeutscher Verlag.

Hawking, Stephen W. (1991): Über das Universum. Reinbek: Rowohlt.

Hobbes, Thomas (1651/ 1966): Leviathan. Hrsg. von Irving Fetscher. Neuwied, Berlin: Luchterhand.

Hölscher, Lucian (1979): Öffentlichkeit und Geheimnis. Eine begriffsgeschichtliche Untersuchung zur Entstehung der Öffentlichkeit in der frühen Neuzeit. Stuttgart: Klett-Cotta.

Hovland, Carl I./ Janis, Irving L.& Kelley, Harold H. (1953): Communication and persuasion. Psychological studies of opinion change. New Haven, London: Yale University Press.

Jablin, Fredric M./ Putnam, Linda L./ Roberts, Karlene H.& Porter, Lyman W. (Hrsg.) (1987): Handbook of organizational communication. An interdisciplinary perspective. Newbury Park u.a.: Sage.

Kant, Immanuel (1787/ 1968): Kritik der reinen Vernunft. Kant Werke. Bde. 3 und 4. Darmstadt: Wissenschaftliche Buchgesellschaft.

Katz, Gitte (2002): Wer's glaubt wird selig - oder? Die Glaubwürdigkeit von Öko-Werbung aus Rezipientensicht. Eine qualitative Erkundungsstudie. Wiesbaden: Westdeutscher Verlag

Kohring, Matthias (1997): Die Funktion des Wissenschaftsjournalismus. Ein systemtheoretischer Entwurf. Opladen: Westdeutscher Verlag.

Kohring, Matthias (2002): Vertrauen in Journalismus. In: Scholl, Armin (Hrsg.):Systemtheorie und Konstruktivismus in der Kommunikationswissenschaft. Ansprüche und Herausforderungen. Konstanz: UVK, 91 – 110.

Kohring, Matthias/ Hug, Detlef (1997): Öffentlichkeit und Journalismus. Zur Notwendigkeit der Beobachtung gesellschaftlicher Interdependenz. In: Medien Journal 21:1, 15-33.

Koselleck, Reinhart (1959/ 1973): Kritik und Krise. Eine Studie zur Pathogenese der bürgerlichen Welt. 2. Auflage. Frankfurt/ Main: Suhrkamp.

Luhmann, Niklas (1964): Funktionen und Folgen formaler Organisation. Berlin: Duncker & Humblot.

Luhmann, Niklas (1969): Kommunikation, soziale. In: Grochla, Erwin (Hrsg.): Handwörterbuch der Organisation. Stuttgart: Poeschel, 831-838.

Luhmann, Niklas (1973): Vertrauen. Ein Mechanismus der Reduktion sozialer Komplexität. 2. erw. Auflage. Stuttgart: Enke.

Luhmann, Niklas (1975): Die Weltgesellschaft. In: ders.: Soziologische Aufklärung 2. Aufsätze zur Theorie der Gesellschaft. Opladen: Westdeutscher Verlag, 51-71.

Luhmann, Niklas (1978): Soziologie der Moral. In: Luhmann, Niklas/ Pfürtner, Stephan H. (Hrsg.) (1978): Theorietechnik und Moral. Frankfurt/ Main: Suhrkamp, 8-116.

Luhmann, Niklas (1984): Soziale Systeme. Grundriß einer allgemeinen Theorie. Frankfurt/ Main: Suhrkamp.

Luhmann, Niklas (1993). Das Recht der Gesellschaft. Frankfurt/ Main: Suhrkamp.

Luhmann, Niklas (1997): Die Gesellschaft der Gesellschaft. 2 Bde. Frankfurt/ Main: Suhrkamp.

Luhmann, Niklas (2000): Organisation und Entscheidung. Opladen, Wiesbaden: Westdeutscher Verlag.

Marcinkowski, Frank (1993): Publizistik als autopoietisches System. Politik und Massenmedien. Eine systemtheoretische Analyse. Opladen: Westdeutscher Verlag.

McGuire, William J. (1989): Theoretical foundations of campaigns. In: Rice, Ronald E./ Paisley, William J. (Hrsg.) (1989): Public communication campaigns. 2. Auflage. Beverly Hill, London: Sage, 41-70.

Ronneberger, Franz (1981): Beiträge zu Public Relations der öffentlichen Verwaltung. Düsseldorf: Verlag für Wirtschaftsbiographien.

Ronneberger, Franz/ Rühl, Manfred (1992): Theorie der Public Relations. Ein Entwurf. Opladen: Westdeutscher Verlag.

Rühl, Manfred (1978): Markt und Journalismus. In: Rühl, Manfred/ Walchshöfer, Jürgen (Hrsg.): Politik und Kommunikation. Festgabe für Franz Ronneberger zum 65. Geburtstag. Nürnberg: Verlag der Nürnberger Forschungsvereinigung, 237-271.

Rühl, Manfred (1979): PR-Schwierigkeiten in der öffentlichen Verwaltung - ein zwangsläufiger Engpass? Erläuterte Thesen, vorgetragen im Rahmen der 20. beamtenpolitischen Arbeitstagung des Deutschen Beamtenbundes, Bad Kissingen 09. 01.1979. In: Ahlers, Conrad u.a. (Hrsg.): Der öffentliche Dienst und die Medien. Bonn: Godesberger Taschenbuch Verlag, 99 -107.

Rühl, Manfred (1980): Journalismus und Gesellschaft. Bestandsaufnahme und Theorieentwurf. Mainz: v. Hase und Koehler.

Rühl, Manfred (Hrsg.) (1987): Kommunikation und Erfahrung. Wege anwendungsbezogener Kommunikationsforschung. Nürnberg: Verlag der Kommunikationswissenschaftlichen Forschungsvereinigung.

Rühl, Manfred (1993a): Marktpublizistik. Oder: Wie alle - reihum - Presse und Rundfunk bezahlen. In: Publizistik 38, 125-152.

Rühl, Manfred (1993b): Das mittelalterliche Kloster – beobachtet im Lichte der Theorie der Organisationskommunikation. In: Bentele, Günter/ Rühl, Manfred (Hrsg.): Theorien der öffentlichen Kommunikation - Problemfelder, Positionen, Perspektiven. München: Ölschläger, 314-324.

Rühl, Manfred (1993c): A market concept for media problems. A few theses. In: The Journal of Media Economics 6:1, 13-24.

Rühl, Manfred (1999): Publizieren. Eine Sinngeschichte der öffentlichen Kommunikation. Opladen, Wiesbaden: Westdeutscher Verlag.

Rühl, Manfred (2001): Alltagspublizistik. Eine kommunikationswissenschaftliche Wiederbeschreibung. In: Publizistik 46, 249-276.

Rühl, Manfred (2004): Ist eine Allgemeine Kommunikationswissenschaft möglich? Eine Autopolemik. In: Medien & Kommunikationswissenschaft, 52, 173 – 192.

Schmidt, Siegfried J. (1995): Werbung zwischen Wirtschaft und Kunst. In: Schmidt, Siegfried J./ Spieß, Brigitte (Hrsg.): Werbung, Medien und Kultur. Opladen: Westdeutscher Verlag, 26 - 43.

Scholl, Armin/ Weischenberg, Siegfried (1998): Journalismus in der Gesellschaft. Theorie, Methodologie und Empirie. Opladen, Wiesbaden: Westdeutscher Verlag.

Spencer-Brown, George (1997): Laws of Form – Gesetze der Form. Übers. von Thomas Wolf. Lübeck: Bohmeier.

Stichweh, Rudolf (2000): Die Weltgesellschaft. Soziologische Analysen. Frankfurt/ Main: Suhrkamp.

Thomasius, Christian (1692/ 1995): Einleitung zur Sittenlehre (Von der Kunst vernünfftig und tugenhafft zu lieben... oder: Einleitung in die SittenLehre. Halle: Salfeld) Nachdruck. Mit einer Vorrede von Werner Schneiders. Hildesheim u.a.: Olms.

Walter-Busch, Emil (1996): Organisationstheorien von Weber bis Weick. Amsterdam: OPA.

Weber, Max (1922/ 1985): Wirtschaft und Gesellschaft. Grundriß der verstehenden Soziologie, hrsg. v. Johannes Winckelmann. Tübingen: Mohr (Siebeck).

Weick, Karl E. (1985): Der Prozeß des Organisierens. Frankfurt/ Main: Suhrkamp.

Zurstiege, Guido (2002): Werbung als Funktionssystem. In: Scholl, Armin (Hrsg.): Systemtheorie und Konstruktivismus in der Kommunikationswissenschaft. Konstanz: UVK, 147-159.

Was schwarz auf weiß gedruckt ist...
Vertrauen in Journalismus, Medien und Journalisten

Beatrice Dernbach

Journalismus wird von einem sehr jungen wissenschaftlichen System beobachtet: der Journalistik. Sie analysiert und diagnostiziert, welche Themen Journalismus meist über Massenmedien aufgreift, bearbeitet und der öffentlichen Diskussion zur Verfügung stellt. Die Journalistik benennt die normativen Funktionen von Journalismus (Information, Kritik und Kontrolle, Beitrag zur Meinungsbildung usw.), beobachtet, wie Journalismus damit umgeht und welche Effekte dies hat.

Die Welt wird heute in erster Linie sekundär über Massenmedien erfahren. Nicht alles darin ist Journalismus: Unterhaltungsformate wie *Wer wird Millionär?* erfüllen nicht im engeren Sinne die genannten Funktionen. Gleichwohl übernehmen sie soziale und ökonomische Aufgaben im System der Massenmedien. Dieser Aspekt liegt nicht im Zentrum des folgenden Beitrags, spielt aber am Rande immer wieder eine Rolle, da die Grenzen zunehmend fließend erscheinen.

Journalismus hat nach wie vor eine Chronisten- und Informationspflicht: Er greift weltweit Ereignisse auf, selektiert die Fülle der Nachrichten, baut sie nach eigenen Routinen und Regeln um und bietet sie in Form von Hörfunk- und Fernsehprogrammen sowie in Zeitungen und Zeitschriften oder aktuell über das Internet dem Publikum an. Letzteres vertraut darauf, dass die ausgewählten Informationen und Nachrichten wichtig und wahr sind.

In dem folgenden Beitrag wird über Vertrauen und Misstrauen in Journalismus diskutiert. Dies geschieht vor dem Hintergrund von Forschungsergebnissen und aktuellen Beispielen. Im Zentrum steht eine Drei-Ebenen-Analyse von Vertrauen in Journalismus: Das gesellschaftliche Vertrauen in die Erfüllung der Funktionen, das Vertrauen in Organisationen journalistischer Produktion und das Vertrauen in die journalistischen Programme und Akteure. Damit steht das Vertrauen erster Ordnung, also das Vertrauen in Journalismus, im Vordergrund und nicht das Vertrauen, das über Journalismus anderen gesellschaftlichen Systemen oder Akteuren geschenkt werden kann.

1. Zwischen Wahrheit und Fiktion: das Spiel mit dem Vertrauen

Der 27 Jahre alte Journalist Jayson Blair hat die 152-jährige *New York Times* im Jahr 2003 in die schwerste Krise ihrer Existenz gestürzt: Er erfand Geschichten, übernahm Zitate aus fremden Interviews und plagiierte Features und Reportagen von Kollegen. Nicht nur er, sondern auch der damalige Chefredakteur sowie dessen Vize verloren ihren Job (vgl. Günther 2003, 10ff.).

Blair ist kein Einzelfall. Vor einigen Jahren machten die deutschen Journalisten Michael Born und Tom Kummer mit ähnlich spektakulären Geschichten auf sich aufmerksam – aber nicht nur das: Mit der Enthüllung ihrer erfundenen Fernseh- und Magazinbeiträge, die sie für private Fernsehsender beziehungsweise seriöse Tageszeitungen produziert hatten, sorgten sie dafür, dass (zumindest kurzzeitig) das gesamte System in Frage gestellt wurde. Können sich Leser, Zuhörer und Zuschauer (noch) auf das verlassen, was ihnen in Bild- und Funkmedien als wahr und als Ausschnitt aus der Realität präsentiert wird?

Das Wort ‚noch' steht im vorhergehenden Satz in Klammern, weil fraglich ist, ob das Beschriebene tatsächlich ein neues Phänomen ist. Im Winter 1780 beispielsweise erschien in Zeitungen in Frankfurt und Berlin eine Meldung über das Verbot von Kaffeeproduktion und -genuss, angeblich fixiert in der Kaffeeverbotsverordnung des Erzbistums Hildesheim (vgl. Albrecht 1983, 382ff.). In der Tat hatte die (kirchliche) Obrigkeit versucht, das Kaffeetrinken der „geringen Untertanen" einzuschränken, von einem derartigen Verbot konnte allerdings keine Rede sein. Die Meldung wurde 24 Mal nachgedruckt; ihre Uniformität lässt darauf schließen, dass sie aus einer Frankfurter Zeitung abgeschrieben worden war. Auf Grund der Beschwerde des Erzbischofs wurde die Nachricht in einigen Blättern richtig gestellt – als eigener Fehler wurde die Falschmeldung jedoch nie eingestanden. Und so gelangte sie 200 Jahre lang als Tatsache in eine Reihe von Geschichtsbüchern (vgl. ebd. 387f.).

„Eine genaue Durchsicht der Fehler [im Falle Blairs bei der NYT; BD] zeigt, (...) dass die *New York Times* Blair Dinge vorwirft, die bei anderen Zeitungen, etwa in Deutschland, üblich sind", schrieb der Journalist Thomas Schuler nach Bekanntwerden des Falles in der Berliner Zeitung (zit. n. Günther 2003, 12). Ein bis auf die Grundfesten marodes System? Oder Mechanismen als Reaktion auf den zunehmenden (ökonomischen) Druck auf Medien, Redaktionen und Journalisten? Managementfehler, ethische Defizite und fehlende Qualitätskontrollen? Die Frage nach Vertrauen und Glaubwürdigkeit muss differenziert betrachtet werden.

Im Folgenden wird dies auf drei Ebenen versucht: auf der Makroebene der Gesellschaft und des Journalismus als gesellschaftlichem Teilsystem, auf der Mesoebene der Organisationen sowie auf der Mikroebene der journalistischen Programme und Akteure. Ziel ist es, auf der Basis dieser Analyse Möglichkeiten zu entwickeln, wie Vertrauen und Glaubwürdigkeit in Journalismus erreicht und erhalten werden können. Grundlegend werden zunächst die Begriffe kommunikations- und medienwissenschaftlich geklärt.

2. Vertrauen – eine Frage der Glaubwürdigkeit

In der Psychologie sowie später in der Kommunikationswissenschaft und Publizistik wurden und werden die Begriffe Vertrauen und Glaubwürdigkeit nie entkoppelt voneinander dargestellt. Vor allem die Frage nach dem Vertrauen in Medien wird immer mit der Frage nach deren Glaubwürdigkeit untersucht – und darauf reduziert.

So ist Vertrauen etwas, das dem System Journalismus wie jedem anderen zugestanden wird: In Politik beziehungsweise in diejenigen, die Macht haben, wird der Glaube gesetzt, angemessene Lösungen gesellschaftlicher Probleme im Konsens finden und umsetzen zu können; dem System Wirtschaft wird zugeschrieben, nach dem Prinzip der Bezahlbarkeit ökonomische Prozesse am Laufen zu halten und so weiter (vgl. Luhmann 1990). Vertrauen dient auch hier dazu, die Komplexität zu reduzieren sowie die Funktionen zu sichern und Handeln in der Zukunft zu ermöglichen, was wiederum Sicherheit und Kontinuität gewährleistet.

Vertrauen ersetzt Wissen, ist aber verknüpft mit Erfahrungen (guten und schlechten) und Erwartungen (überwiegend positiven). Nun ist Vertrauen als Systemvertrauen etwas Hochabstraktes. Es wird festgemacht an ebenfalls abstrakten Begriffen wie Objektivität, Wichtigkeit, Wahrheit, Zuverlässigkeit, Freiheit – Idealtypen und Normen, die regelmäßig mit der Funktion von Journalismus und Medien in der modernen, demokratischen Gesellschaft verknüpft werden.

Konkret untersucht wurde aber bisher nie dieses wenig greifbare Systemvertrauen. Empirisch nachgegangen hingegen wurde der Frage nach dem Vertrauen beziehungsweise der Glaubwürdigkeit auf der Mikroebene der Akteure sowie konkreter medialer Kommunikationsprozesse. Dies folgt der psychologischen Forschungstradition, die in die frühe Medienwirkungsforschung übernommen worden ist. Neben den Fragen nach der Glaubwürdigkeit der Kommunikatoren (v.a. ihres Verhaltens) und der Inhalte traten vor allem bei den Yale-Studies der Hovland-Gruppe Fragen nach der Quelle der Informationen und anderen kontextorientierten Merkmalen in den Vordergrund (im Überblick: Jäckel 1999).

Aus diesen Anfängen resultiert eine Forschungstradition, die sich heute in zwei wesentliche Zweige gliedert: die nach der Glaubwürdigkeit von Quellen (source credibility) sowie der Glaubwürdigkeit von Massenmedien. Beispielhaft für die zweite Richtung ist die Studie Massenkommunikation (Berg/ Kiefer), die seit 1964 in Deutschland durchgeführt wird und unter anderem die Glaubwürdigkeit von Fernsehen, Hörfunk und Zeitungen vergleicht.

Vertrauen wird in der kommunikations- und medienwissenschaftlichen Forschung häufig mit Glaubwürdigkeit gleich gesetzt. Matthias Kohring (2001, 45ff.; 2004, 13ff.) bemängelt dies als Defizit und plädiert für eine klare Unterscheidung. Glaubwürdigkeit ist Teil des komplexen sozialen Mechanismus Vertrauen. Der Kern dieses sozialen Phänomens ist nach Kohring die Selektivität: „Worum es bei einer Vertrauenshandlung also geht, ist die *selektive Verknüpfung von Fremdhandlungen mit Eigenhandlungen unter der Bedingung einer rational nicht legitimierbaren Tolerierung von Unsicherheit*" (ebd. 67). Obgleich dies als risikoreich betrachtet wird, findet es in modernen Gesellschaften auf Grund der mangelnden Vertrautheit (setzt Erfahrungen im persönlichen Kontakt voraus) und der zunehmenden Distanz zu den Ereignissen vermehrt statt – denn nur so ist öffentliche Kommunikation als Anschlusskommunikation möglich.

Allerdings bleiben auch nach der Lektüre von Kohrings und Matthes' Entwurf (2003 und 2004) Zweifel an der Umsetzbarkeit, um Vertrauen beziehungsweise Vertrauens- und damit Selektionsprozesse beobachten zu können. Kohring beziehungsweise Kohring und Matthes differenzieren (2001, 71ff; 2003, 5ff.; 2004, 377ff.) Vertrauensbereitschaft (Vertrauenseinstellung), Vertrauen (Vertrauenserklärung) und Vertrauenswürdigkeit: Ersteres ist die generelle Bereitschaft, Fremdselektionen zu akzeptieren und sie trotz des Risikos in das eigene Handeln zu übertragen; zweiteres meint die tatsächliche Handlung, und die Vertrauenswürdigkeit bezeichnet die Gründe für die Vertrauensbereitschaft beziehungsweise für das Vertrauen (z.B. Aufrichtigkeit, Zuverlässigkeit, Beständigkeit etc.).

Vor allem Letzteres wird in der empirischen Forschung umgesetzt und als Glaubwürdigkeit der Medien gemessen. Bevorzugte Forschungsmethoden sind Inhaltsanalysen und Befragungen. Dies birgt mindestens zwei Risiken: Vertrauensbereitschaft, Vertrauen und Vertrauenswürdigkeit sind hochkomplexe Begriffe, die nicht selbsterklärend sind – sie müssen deshalb in konkrete Kategorien umformuliert werden. Hinzu kommt weiter, dass die Befragten in der Regel nicht den Reflexionsgrad des Fragenden haben. Das Problem also, das sich beispielsweise bei der Anwendung der Faktorenanalyse beziehungsweise des Semantischen Differenzials ergibt ist: Die Dimensionen sind willkürliche, künstliche Konstrukte, „die in der Wahrnehmung der Rezipienten keine Entsprechung finden" (Nawratil 1997, 122). Nawratil vertritt die Auffassung, dass es allgemeingültige Glaubwürdigkeitsfaktoren oder -funktionen nicht geben kann – deshalb müsse sich die Forschung stärker an den Vorstellungen der Rezipienten orientieren (und nicht die Faktoren normativ voraussetzen) und die Kommunikationssituation stärker einbeziehen (ebd. 127f.).

Glaubwürdigkeit wird Medien zugeschrieben und ist somit Teil der Medienkompetenz, die in den ersten Sozialisationsphasen erworben wird (vgl. Bentele 1988). Medienglaubwürdigkeit ist nach Bentele abhängig vom Medientyp, vom Ereignistyp und von der Entfernung des Rezipienten vom Ereignis (ebd. 414). Oder: „Glaubwürdigkeit läßt sich bestimmen als eine Eigenschaft, die Menschen, Institutionen und deren kommunikativen Produkten (mündliche oder schriftliche Texte, audiovisuelle Darstellungen) von jemandem (Rezipienten) in bezug auf etwas (Ereignisse, Sachverhalte usw.) zugeschrieben wird" (ebd. 408; 1994, 297) Dies widerspricht den Grundannahmen der Studien von Hovland, in denen Glaubwürdigkeit als objektiver Faktor des Kommunikators betrachtet wurde (ebd. 410; Hovland et.al. 1953).

Herausgearbeitet wurden in den Studien medienspezifische Glaubwürdigkeitsfaktoren, die häufig mittels eines semantischen Differenzials (also in Gegensatzpaaren) abgefragt wurden: Fairness, Vollständigkeit, Genauigkeit, Interesse an Rezipientenwünschen und am Wohl der Gesellschaft, Sachlichkeit, Qualität der Reporter und so weiter. Dieses Instrument wird vor allem zum Vergleich der Medientypen angewendet: Seit 1959 in den USA und seit 1964 in Deutschland wird regelmäßig (unter anderem) die Glaubwürdigkeit von Medien gemessen. Einige Ergebnisse seien hier kurz genannt: Mit der Etablierung des Fernsehens in den 1960er Jahren übernahm es mit Abstand die Führung in der Glaubwürdigkeitsskala, vor Hörfunk und Zeitungen. Der Glaube an die höhere Objektivität des Fernsehens hängt zweifellos mit der Visualisierung zusammen. Seit vielen Jahren sinkt das in die Medien gesetzte Vertrauen; allerdings verliert das Medium Zeitung (auf niedrigem Niveau) am wenigsten – im Gegenteil: Werden demografische Merkmale und vor allem Mediennutzungstypen und deren Voreinstellungen berücksichtigt, so gewinnen die Zeitungen wieder leicht hinzu (vgl. Berg/ Kiefer 1996).

Aktuelle Studien konzentrieren sich zum Beispiel auf die Wirkung beziehungsweise Übertragbarkeit von Glaubwürdigkeit: Wolling (2003) untersuchte beispielsweise, ob und inwieweit sich die Glaubwürdigkeit von Medien auf die Mediennutzung einerseits und auf die Einstellung zu Politik andererseits auswirkt (Glaubwürdigkeitstransfer-Hypothese und Glaubwürdigkeitskonkurrenz-Hypothese). Eines seiner Ergebnisse (ebd. 347ff.): Der Zusammenhang zwischen Medienglaubwürdigkeit und den Einstellungen zum politischen System spricht für Übertragungseffekte und gegen die Konkurrenzhypothese; das heißt, eine glaubwürdig-kritische Medienberichterstattung schwächt nicht automatisch das Vertrauen in politische Institutionen. Glaubwürdigkeit ist nach Bentele (1994a, 296f.) ein wichtiger Imagefaktor der Medien und

> „spielt bei der Informationssuche, also bei den Entscheidungen, welche Zeitung gekauft und gelesen wird, welches politische Magazin im Fernsehen ausgewählt wird etc. eine wichtige Rolle (...) Die Glaubwürdigkeit der Information, die durch die Medien vermittelt wird, stellt sich durch oftmalige positive Erfahrungen her und wird durch die Merkmale wie Sachverständigkeit, Unabhängigkeit von Partialinteressen, seriöse Aufmachung konstituiert und unterstützt."

Kohring (2001, 48) allerdings vermutet mit Blick auf die wenig theoretisch fundierte aber quantitativ „opulente" empirische Forschung zur Medienglaubwürdigkeit, „dass Glaubwürdigkeit eher ein Vehikel für den ökonomischen Konkurrenzkampf zwischen Zeitungsverlagen und Rundfunkanstalten darstellt". Damit unterscheidet sich die empirische Medienforschung nicht von empirischer Forschung zu vielen gesellschaftlichen Feldern. Komplexe Fragen zu komplexen (sozialen) Phänomenen sind kaum mit der eindimensionalen Sonntagsfrage – „Wenn am nächsten Sonntag Wahlen wären, für wen würden Sie stimmen? – zu beantworten.

3. Vertrauen in Journalismus als System

Vertrauen ist in Kommunikationsprozessen unverzichtbar (vgl. Rühl in diesem Band), und ohne (öffentliche) Kommunikation ist Gesellschaft nicht vorstellbar. Um Komplexität zu reduzieren, hat das gesellschaftliche Gesamtsystem Teilsysteme ausdifferenziert: Politik, Wirtschaft, Recht und dem Journalismus sind unterschiedliche Funktionen zugewiesen, die sie jeweils auf unterschiedliche Arten und Weisen realisieren. Journalismus gilt als die Beobachterinstanz gesellschaftlicher Prozesse; er beobachtet Entwicklungen in den einzelnen Teilsystemen und stellt sie der öffentlichen Diskussion, bearbeitet in Programmen, meist über Massenmedien zur Verfügung. Damit wird die Integration der Teilsysteme beziehungsweise der Zusammenhalt des Gesamtsystems gesichert.

Auch ein professioneller Beobachter kann nicht alles gleichermaßen berücksichtigen; er ist gezwungen zu selektieren. Genau dies tut Journalismus: „Vertrauen in Journalismus ist Vertrauen in dessen spezifische Selektivität", konstatieren Matthes und Kohring (2003, 5-23). Matthias Kohring hat in den vergangenen Jahren in mehreren Beiträgen diese Perspektive ausgearbeitet. Er unterscheidet vier Typen von Vertrauen in Journalismus (2001, 85ff.; 2004, 170ff.):

- Vertrauen in Themenselektivität: Journalismus greift Themen auf oder kreiert diese in und für öffentliche Kommunikation. Er beobachtet Ereignisse, natürliche (z.B. Hochwasser) ebenso wie inszenierte (z.B. politische Wahlen). Keine andere gesellschaftliche Instanz setzt in dieser Art und Weise Themen für die öffentliche Kommunikation (agenda setting). Die Auswahl der Themen wiederum erfolgt in der Zeit-, Sach- und Sozialdimension und auf der Basis bestimmter Kriterien: Ist das Thema neu? Wie lange ist es aktuell, das heißt wann wird das Interesse daran erlahmen? Ist das Thema wichtig für die gesellschaftliche Entwicklung beziehungsweise für den gesellschaftlichen Diskurs? Welche sozialen Interessen sind mit dem Thema verknüpft? Welche Beziehungen werden hergestellt?
- Vertrauen in Faktenselektivität: Zu einem Thema gehören viele Informationen. Journalismus selektiert (normativ) diejenigen positiv aus, die für den öffentlichen Kommunikationsprozess einen Sinn ergeben, die also an vorhandenes Wissen anknüpfen und mit den bisher in diesem Kontext gemachten Erfahrungen kompatibel sind.
- Vertrauen in die Richtigkeit von Beschreibungen: Wirklichkeit ist beobachterabhängig. Beobachtungen in der Wirklichkeit sind konsentiert. Es gibt Fakten und Daten, die beobachterunabhängig (gültig) sind. Beim Betrachten einer Allee werden verschiedene Beobachter verschiedene Eindrücke haben, weil sie Bäume, das Grün der Blätter und so weiter mit jeweils unterschiedlichen Erfahrungen verknüpfen. Weitgehende Übereinstimmung dürfte finden, dass Alleen einerseits etwas Wünschenswertes, andererseits aber auch wegen der Unfallgefahr gefährlich sind. Erstattet Journalismus über die Bäume Bericht, so zählen nicht subjektive Eindrücke, sondern sorgfältig recherchierte und wiedergegebene Fakten – zum Beispiel über Unfallzahlen und -tote.

- Vertrauen in explizite Bewertungen: Schon Selektion ist Wertung. Im Selektionsprozess werden bestimmte Informationen als wichtiger bewertet, was ihnen einen höheren Stellenwert gibt. Auch die in den ausgewählten Nachrichten beschriebenen Ereignisse können bewertet werden. Der Journalismus hat hierfür die Darstellungsform Kommentar ausdifferenziert. Das Publikum vertraut darauf, dass die Bewertungszusammenhänge und -maßstäbe sinnvoll gewählt sind, so dass Ereignisse eingeordnet und gewichtet werden können.

„Gesellschaftliche Vertrauensstrukturen können ohne öffentliche Kommunikation nicht (mehr) ausgebildet werden“ (Kohring 2002, 102). Öffentliche Kommunikation allerdings birgt ein hohes Risiko: Sie ist kontingent; das heißt, sie kann Vertrauen aber auch Misstrauen erzeugen (vgl. ebd. 103). Öffentliche Kommunikation im System Journalismus beinhaltet eine weitere Gefahr: Wer beobachtet und kontrolliert den Beobachter (und Kontrolleur von gegebenem Vertrauen in andere Teilsysteme, z.B. in Politik)? Journalismus ist in der Lage, über öffentliche Kommunikation Misstrauen gegenüber anderen Teilsystemen zu erzeugen. Dies geschieht häufig – und dem subjektiven Anschein nach immer häufiger, vor allem das politische System betreffend. Hinter funktionalen Kriterien wie Kritik und Kontrolle werden politische Prozesse insgesamt bis hin zu einzelnen Akteuren öffentlich dargestellt und bewertet. Die Maßstäbe dafür kommuniziert und reflektiert das System Journalismus eher nicht. Selbst wenn politische Affären (z.B. die so genannten Amigo-Affären in den 1990er Jahren, beginnend mit den Skandalen um die Ministerpräsidenten Späth und Streibl) auch einmal einen Schatten auf das journalistische Lager werfen, so werden die Vorfälle als die Verfehlungen Einzelner heruntergespielt und nicht als systemimmanentes Problem thematisiert. Medienjournalismus, also die Berichterstattung in Medien über Medien, hätte diese Beobachterfunktion wahrnehmen können. Als jüngste Ausdifferenzierung, realisiert in eigenständigen Medienredaktionen (zumindest bei großen Rundfunkanstalten und Verlagen), fristet der einst kritische Medienjournalismus inzwischen ein Schattendasein als Forum für Klatsch und Tratsch über Film- und Fernsehstars – oder solche, die es werden wollen.

Es wäre fatal, würde ein anderes System als das journalistische selbst diese Beobachter- und Kontrollinstanz einrichten. Weder das politische, noch das rechtliche oder ökonomische System allein kann und darf diese Funktion übernehmen. Auf Grund der Interdependenzen zwischen den Systemen allerdings und des (scheinbaren?) Übergewichts des Wirtschaftssystems schwindet das

Vertrauen in Autonomie und Autarkie des Systems Journalismus. Die fehlende systeminterne Beobachter- und Kontrollinstanz mag ein weiteres dazu tun. Der Presserat (als juristisches Korrektiv) sowie die Arbeitgeber- (z.B. Bundesverband der Deutschen Zeitungsverleger) und Arbeitnehmerverbände (z.B. Deutscher Journalisten-Verband) jedenfalls haben diese Rolle noch nicht beziehungsweise nur auf wenige Felder begrenzt eingenommen.

4. Vertrauen in Medienorganisationen

Von dem oben beschriebenen Systemvertrauen ist das Vertrauen in Institutionen und Organisationen zu unterscheiden. In Medienunternehmen beziehungsweise -organisationen wie Verlagen und Rundfunkanstalten werden journalistische Produkte (z.B. Zeitungen und Zeitschriften, Hörfunk- und Fernsehprogramme) hergestellt. Damit agieren die Organisationen im publizistischen und ökonomischen Markt: Sie bieten einen meritorischen Wert (selektierte und aufbereitete Information) an, der für (immaterielle) Aufmerksamkeit und (materielles) Geld erworben werden kann. Für den Balance-Akt zwischen diesen beiden Märkten gilt es seit einigen Jahren verstärkt Strategien zu entwickeln – eine Herausforderung, die von den Medienunternehmen unterschiedlich angenommen und gelöst wird.

Das Publikum muss den Organisationen auf mehreren Ebenen vertrauen (nicht zuletzt deshalb, weil es zu wenig über die Zusammenhänge weiß und die Prozesse nicht durchschaut):

- *auf der politischen Ebene:*
  Die Organisation beziehungsweise die Redaktion ist Teil des Mediensystems, aber nicht Teil des politischen Systems. Gleichwohl gibt es Interdependenzen, die unter den Begriffen Politisierung der Medien und Mediatisierung der Politik zu verschlagworten sind. Die Einflüsse der Politik auf die Medien funktionieren auf der Ebene der Setzung der politisch-rechtlich-ökonomischen Rahmenbedingungen (Stichwort Kartellrecht) ebenso wie auf der Ebene der Personalpolitik (Besetzung der Rundfunkräte bei den öffentlich-rechtlichen Anstalten und deren Wahl der Intendanten). Vertraut wird darauf, dass die politisch-rechtlichen Grenzen nicht überschritten werden.

- *auf der ökonomischen Ebene:*
  Die Ware muss den Erwartungen der Rezipienten einerseits und den (angekündigten bzw. kommunizierten) Zielen der Institution andererseits entsprechen. Im Produkt sollte immer das zu finden sein, was das Etikett verspricht.
  Der Preis muss angemessen sein. Das heißt, das Produkt muss sich einerseits über die Preispolitik im Markt durchsetzen können, andererseits muss das Unternehmen auf seine Kosten kommen; darüber hinaus muss der einzelne Konsument die Gewissheit haben, dass das Angebotene seinen Preis wert ist. Vertraut der Kunde darauf, wird er die Ware regelmäßig kaufen beziehungsweise nutzen.
  Das Produkt muss auf den etablierten Vertriebswegen rechtzeitig und zuverlässig beim Kunden ankommen.
  Qualität muss auf allen Ebenen ein strategischer Richtwert sein, also in Personalfragen ebenso wie die Qualität des Papiers betreffend.
- *auf der sozial-kulturellen Ebene:*
  Das Publikum muss darauf vertrauen, dass Journalismus in den Medien keine völlig absurden Gesellschaftsentwürfe und Lebenskonzepte konstruiert und kommuniziert, sondern sich seiner (ethisch-moralischen und sozialen) Verantwortung bewusst ist. Journalismus ist mehr als der ‚Spiegel der Gesellschaft' und weniger als eine Utopie.

5. Vertrauen in journalistische Programme und Akteure

Die *Tagesschau* wird regelmäßig von etwa acht Millionen Zuschauern gesehen und genießt als Nachrichtensendung ein hohes Vertrauen. Auch die anderen Nachrichtensendungen der ARD (*Tagesthemen*) sowie des ZDF (*heute*, *heute-journal*) erzielen hohe Aufmerksamkeit. Dies hängt mit verschiedenen Faktoren zusammen: dem Sendeplatz im Programm eines öffentlich-rechtlichen Senders, der sachlichen Darstellung der Ereignisse und dem Auftritt der Nachrichtensprecher – Ulrich Wickert, Jo Brauner, Marietta Slomka, Claus Kleber, Petra Gerster erzielen hohe Glaubwürdigkeitswerte; sie sind der Inbegriff von distanzierten, objektiven, seriösen und kompetenten Nachrichtenvermittlern. Von den Privaten liegt nur Peter Kloeppel (RTL) unter den ersten zehn glaubwürdigsten Nachrichtenmoderatoren (vgl. Vox Populi 2004).

Während die beiden oben ausgeführten Vertrauenszuweisungen (System- und Institutionenvertrauen) eher abstrakt sind, lässt sich Vertrauen in Personen scheinbar leichter verstehen. Ihnen können ohne weiteres physisch und psychisch wahrnehmbare Merkmale zugewiesen werden: das Aussehen, die Stimme, die Körperhaltung, der Blick, Gestik und Mimik und so weiter. Diese Merkmale wiederum führen häufig zu Schlussfolgerungen bezüglich weiterer (nicht sichtbarer) Charakteristika: zum Beispiel Bildungsstand, Intelligenz, Absichten oder Motive.

In diesem Zusammenhang wird der Begriff des Prestiges oder des Images wichtig: Ein Image ist ein Fremd-Bild, eine Bündelung von Vorstellungen, Bewertungen, Ideen und Gefühle, die mit einem Objekt verbunden werden. Auf Grund seiner stereotypisierenden und pauschalierenden Art entlastet das Fremd-Bild; es bietet Orientierung bei komplexen Sachverhalten und übernimmt damit eine wichtige Funktion im sozialen Handlungsfeld. Personen, Produkte, Unternehmen und so weiter „lassen sich über Images relativ leicht in die idealtypischen Kategorien ‚gut' und ‚schlecht' einordnen" (Katz 2002, 61). Es ist davon auszugehen, dass einem Objekt mit einem positiven Image eher vertraut wird als einem Objekt, mit dem schlechte Erfahrungen und deshalb ein negatives Bild verbunden sind.

Ein weiterer Image- und damit Vertrauensfaktor ist die Anerkennung von Kompetenz: Erscheint der Kommunikator auf Grund seines Alters (und damit seiner Erfahrung), seiner Position, seines Bildungsstandes als Experte, wird ihm stärker vertraut als einem Laien. Hohe Vertrauenswerte bilden nach Bentele (1994b, 145): Sach- und Problemlösungskompetenz, Kommunikationsadäquatheit, kommunikative Konsistenz, kommunikative Transparenz, kommunikative Offenheit, gesellschaftliche Verantwortung und Verantwortungsethik. Diese mit Blick auf Public Relations formulierten Faktoren gelten auch für journalistische Akteure.

Grundlegend für diese Perspektive sind die bereits erwähnten Yale-Studies der Hovland-Gruppe (1953). Die amerikanischen Forscher haben in ihren Rezipientenuntersuchungen Ende der 40er beziehungsweise Anfang der 50er Jahre des letzten Jahrhunderts eine Reihe von Begrifflichkeiten entwickelt, die unter anderem eine nicht unwesentliche Rolle für Erkenntnisse in der Rhetorik gespielt haben. So wird Kommunikatoren jeweils ‚Expertness' im Sinne von Sachkompetenz und ‚Trustworthiness' im Sinne von Vertrauenswürdigkeit zugewiesen; später kam noch der Faktor Dynamik hinzu. Somit können Personen mit höherer und niedrigerer Glaubwürdigkeit identifiziert werden. Allerdings besagt der ‚Sleeper-Effekt', dass die niedrigere Glaubwürdigkeit von Kommunikatoren mit der Zeit verloren geht, indem häufiger die Botschaft und nicht deren Überbringer beziehungsweise dessen Image behalten wird.

Zudem gibt es interagierende Faktoren, die für die Glaubwürdigkeit von Quellen im Kommunikationsprozess bedeutend sind:

- der Zeitpunkt der Quelleneinführung (besonderer persuasiver Effekt, wenn die Glaubwürdigkeit der Quelle vor der Übermittlung der Botschaft eingestuft wird);
- Inhalte der Botschaft und deren Präsentation;
- die Diskrepanz zwischen der in der Botschaft vermittelten Meinung und der des Rezipienten;
- Persönlichkeitsmerkmale und Betroffenheit der Rezipienten (im Überblick: Schenk 1987, 64ff.; Jäckel 1999, 139ff.).

Auf die Perspektiven- und Paradigmenwechsel der Forschung wurde bereits oben hingewiesen: War die Gruppe um Carl Iver Hovland davon überzeugt, standardisierbare, fixe und objektive Kategorien für die Zuweisung von Glaubwürdigkeit gefunden zu haben, so haben vor allem deutsche Wissenschaftler wie Günter Bentele (1994a) und Alexander Görke (1993) diesem kommunikatorzentrierten Ansatz einen rezipientenorientierten entgegengestellt. Es sind demnach keine objektiven Glaubwürdigkeitsmerkmale zu finden, sondern Glaubwürdigkeit wird in Kommunikationsprozessen konstruiert – in Abhängigkeit von der Situation sowie der Grundbedingungen des Rezipienten.

Unbestreitbar ist sicher, dass vor allem die Moderatoren der Nachrichtensendungen in ARD und ZDF (zunächst unabhängig von ihrer Beliebtheit und Sympathiewerten) eine hohe Glaubwürdigkeit genießen, weil ihnen einerseits auf Grund ihrer Persönlichkeiten beziehungsweise ihres Auftretens und Erscheinungsbildes Merkmale wie Seriosität und Professionalität, Unabhängigkeit und Sachlichkeit, Kritikfähigkeit und eine hohe kommunikative Kompetenz zugewiesen werden; andererseits wirkt das Image der Institution öffentlich-rechtliche Rundfunkanstalt auf die Glaubwürdigkeit der Akteure. Viele Zuschauer vertrauen darauf, dass die Informationen – vermittelt von Anne Will, Ulrich Wickert, Claus Kleber und anderen – richtig und wahr, unabhängig sowie sorgfältig recherchiert sind. Was passiert, wenn dieses Vertrauen angegriffen oder gar zerstört wird?

6. Risiko: Aus Vertrauen wird Misstrauen

Jayson Blair hat seinen Job bei der *New York Times* verloren. Er hat vor allem das Vertrauen seiner Kollegen und Vorgesetzten verspielt, indem er professionelle Regeln und die Gesetze des Berufsstandes missachtet hat. Er hat damit möglicherweise kurzfristig dem Ansehen der *New York Times* geschadet, aber sicher nicht die Traditionszeitung in ihrer Existenz gefährdet oder gar das gesamte System Journalismus in Frage gestellt. Dennoch entzündet sich auf Grund dieser Einzelfälle branchenintern und gesellschaftsweit immer wieder eine Diskussion über die Vertrauenswürdigkeit der Medien oder einzelner Medienorganisationen beziehungsweise deren Publikationen. Ist Journalismus in seiner heutigen Form noch in der Lage, die gesellschaftlichen Anforderungen an objektive, wahre, vollständige und richtige Berichterstattung zu erfüllen? Verhindern dies nicht die Einflüsse von Wirtschaft und Politik?

Ereignisse wie die Pleite des deutschen Medienmoguls Leo Kirch oder der Golfkrieg erhöhen das Misstrauen in Journalismus und Medien: In beiden Beispielen sind sie Spielball politischer und/ oder wirtschaftlicher Interessen gewesen. Journalismus, schon immer idealtypisch verknüpft mit Werten wie Unabhängigkeit und Objektivität, wird zunehmend belastet durch die ökomische und die publizistische Krise der Massenmedien. Boulevardisierung und Kommerzialisierung sind die Schlagworte dieser Zeit. Was ist hier Ursache, was Wirkung?

Journalismus hat im demokratischen System Deutschlands von Rechts wegen gute Bedingungen: Artikel 5 Grundgesetz sichert die Meinungsäußerungs- und Informationsfreiheit. So ist potenziell jeder in der Lage, seine Meinung in Schrift, Wort und Bild zu äußern oder sich aus vielfältigen Quellen zu informieren. De facto allerdings regieren auch hier ökonomische Gesetze: Den normativen Auftrag (nämlich zu informieren, zur Meinungsbildung beizutragen etc.) zu erfüllen und möglichst viele zu erreichen, kostet Geld. Journalismus ist Ware und Dienstleistung und agiert auf dem ökonomischen Markt. Selbst die gebührenfinanzierten öffentlich-rechtlichen Sendeanstalten schielen auf die Quote und unterliegen dem Druck des Werbe- beziehungsweise Geldmarktes.

Vertrauen wird in Zeiten von Individualisierung und Globalisierung noch wichtiger. Die Orientierung in den komplexen Strukturen Europas und die Verknüpfung mit der eigenen Lebenswelt vor der Haustür könnte beispielsweise der Lokaljournalismus gewährleisten. Aber auf Grund von Konzentrations- (also im Wesentlichen ökonomischen) Prozessen, gibt es immer weniger originäre lokale publizistische Angebote. Konkret bedeutet das: weniger Platz und damit höhere Selektivität für die und in der Berichterstattung. Hinzu kommen systeminterne

Bedingungen wie Arbeitszeitverkürzung, Arbeitsplatzabbau und Outsourcing, fehlende oder defizitäre Qualitätsmaßstäbe und -kontrollen. So verstärkt die ökonomische auch und vor allem die publizistische Krise.

Andere Informationsvermittler beziehungsweise professionelle Kommunikatoren wie zum Beispiel die Public Relations nutzen dies – in legaler und legitimer Art und Weise – aus. Ihre Produkte beziehungsweise Inszenierungen werden in journalistische Produkte eingebaut und gewinnen so an Vertrauenswürdigkeit; der Journalismus allerdings läuft Gefahr, eben diese zu verlieren, weil er sich zum Vermittler fremder Interessen macht.

Hinzu kommen Verschiebungen und Verluste des Stellenwertes der Medien im Alltag, bis hin zum teilweisen oder gar vollständigen Funktionsverlust: Trotz ihres gesellschaftlichen Auftrags der Information und der Meinungsbildung werden Medien – vor allem die elektronischen – primär als zeitliche Lückenfüller und Unterhalter genutzt. Kommerzielle und kommerzialisierte Medien nehmen die empirisch nachgewiesenen Nutzungsgewohnheiten als Basis dafür, den Rezipienten- und damit Kundeninteressen nachzukommen. Aus diesem Teufelskreis ergibt sich zum einen, dass Medienorganisationen immer weniger gewillt und in der Lage sind, die normativen Anforderungen zu erfüllen; und zum anderen wird aus der Langzeitstudie Massenkommunikation (vgl. Berg/ Kiefer 1996) deutlich, dass das Publikum in mindestens zwei Segmente zerfällt: in diejenigen, die nach wie vor Informationsmedien nutzen und die damit ihren Informationsvorsprung ausweiten, und in diejenigen, die Medien nur noch zum Zwecke der Unterhaltung und Zerstreuung einschalten und damit ihre Informationsdefizite verstärken. Die Medienforscher Berg und Kiefer erkennen ganz klar die Verteilung auf Grund soziodemografischer Merkmale und damit die Bestätigung der Wissensklufthypothese (vgl. ebd. 282ff.). Klaus Bergs Fazit (ebd. 6):

> „Neil Postmans Vision läßt sich für große Teile der Bundesbürger in Ost und West präzisieren: Sie amüsieren sich bis zum staatsbürgerlichen Tode. Man wird diese Entwicklung kaum mehr umkehren können, selbst wenn diese politisch überhaupt angedacht würde. Aber man kann sie vor dem Hintergrund, daß Medien nicht nur ein lukrativer Geschäftsbereich sind, sondern aus gesellschaftlicher Perspektive eine öffentliche Aufgabe haben, nicht einfach ignorieren."

7. Wege aus der Vertrauenskrise

Bis zu dieser Stelle sind Vertrauenskrisen und -verluste auf mehreren Ebenen zu konstatieren: Rezipienten setzen immer weniger auf die normativen Funktionen der Medien; sie haben – so könnte man abstrahieren und schlussfolgern – das Vertrauen in Medien insgesamt als wichtige gesellschaftliche und politische Sozialisations- und Meinungsführerinstanz verloren. Das Publikum interessiert es schlicht nicht mehr, ob die Medien (und hier vor allem der Journalismus) die zugewiesenen Aufgaben erfüllen. Sie fordern sie in geringem Maße ein, und wenn sie es tun, dann gezielt von den Medien, deren Image ohnehin durch Informationsjournalismus geprägt ist: den Zeitungen, Nachrichtensendungen und politischen Magazinen.

Den Akteuren und Entscheidern in den Medien ist das Vertrauen in die Rezipienten ebenfalls abhanden gekommen: Der Slogan „Qualität setzt sich durch" ist in Zeiten der Kommerzialisierung offensichtlich kein gutes Verkaufsargument. Heute funktioniert eher das Motto: Wir geben dem Publikum, was es haben will: Soaps, Talks, Gewinnspiele, Flucht aus dem Alltag in eine andere (meist heilere) Welt. Was heute nicht mehr gefällt (und nicht die Quote erfüllt), fliegt morgen aus dem Programm. Für langwierige vertrauensbildende Maßnahmen bleibt keine Zeit. Die Etablierung eines anspruchsvollen Programms über Monate oder gar Jahre hinweg ist scheinbar ausgeschlossen.

Die Journalistik analysiert die häufig genannten Tendenzen der Kommerzialisierung und Boulevardisierung des Journalismus und vertraut offenkundig nicht mehr in die Autonomie und Autarkie und damit in die Selbstheilung des Systems. Der praktische Journalismus wiederum beobachtet diese Beobachtung mit Argwohn und ist überzeugt, dass auch die Wissenschaft keine Patentrezepte hat. Wenn sie welche hätte, so würde das Vertrauen in deren praktische Umsetz- und Anwendbarkeit fehlen.

Diese Grundsatzdebatte soll an dieser Stelle nicht vertieft werden. Im Folgenden wird ein Modell entwickelt, mit dem es wahrscheinlich ist, Vertrauen zu schaffen und zu sichern. Vertrauen als Konstruktionsprozess wird – wie bereits erwähnt – verknüpft mit anderen Abstrakta, wie zum Beispiel Qualität.

8. Vertrauen in Qualität

Mit Qualität wird in der Regel ein Merkmal von Gegenständen, Produkten und Dienstleistungen bezeichnet. Qualität kann man messen, schmecken, riechen, fühlen. Qualität unterliegt zunächst scheinbar subjektiven, in zweiter Linie dennoch standardisierbaren Kriterien, die äußerlich erkennbar sind: Das Obst am Gemüsestand sieht gut aus, die Melone riecht süß und die Erdbeeren schmecken nach Erdbeeren. Das neue Auto hat in den Testberichten gute Ergebnisse erzielt, was die Sicherheit, die Verarbeitung und den Verbrauch betrifft. Für gute Qualität ist der Kunde bereit, ein paar Euro mehr auszugeben. Das Verhältnis von Preis und Leistung im subjektiven (Wieviel bin ich bereit auszugeben?) und objektiven Sinne (Ist das Produkt/ die Dienstleistung den Preis wert?) muss stimmen. Hat der Kunde gute Erfahrungen mit der Qualität des erworbenen Produktes gemacht, vertraut er zunehmend und auf Dauer gesehen.

Ist Journalismus beziehungsweise sind journalistische Produkte mit diesen Qualitätskriterien zu messen? Die Frage nach der Qualität im Journalismus und das darin gesetzte Vertrauen soll wiederum auf drei Ebenen dargestellt und diskutiert werden.

8.1 Vertrauen in die Qualität von Journalismus auf der Systemebene

Die Automobilindustrie erfüllt in modernen Gesellschaften keine normativen abstrakten Funktionen; sie sichert Mobilität. Aber die wäre auch durch den öffentlichen Personennahverkehr und die Vielfalt der Transportsysteme zu gewährleisten. Die gesellschaftliche Funktion von Journalismus liegt (abgesehen von der ökonomischen Parallele zur Autoindustrie) ausschließlich in der Erfüllung der Normen Information, Bildung und Beitrag zur Meinungsbildung, Kritik und Kontrolle und so weiter. Hier hat in den vergangenen Jahren (v.a. unter dem zunehmenden ökonomischen Druck) ein Qualitätsverlust stattgefunden: Nur noch wenige, bestimmte Medien transportieren Journalismus, der den genannten Anforderungen genügt. Die Balance der Medien zwischen privatwirtschaftlicher Finanzierung und gesellschaftlichem Auftrag hat sich zu Gunsten Ersterer verschoben. Die Wirkungen hat unter anderem der bereits zitierte Klaus Berg beschrieben.

Sind der Qualitätsverlust und der damit einhergehende Vertrauensverlust in Journalismus aufzuhalten oder gar umzukehren? Journalismus müsste es gelingen, sich (wieder) als unabhängiges System zu festigen. Er lässt es zu, dass seine Qualitätskriterien von anderen definiert werden: von der Politik oder vom Wirtschaftssystem. Das Publikum hat den begründeten Verdacht, dass Medien und Journalismus ein Spielball des einen oder anderen sind.

Die kritische Thematisierung dessen, was Journalismus ist und tut, findet in den Medien derzeit kaum statt. Diese Selbstreflexion und Selbstbeobachtung muss gewährleistet sein, um im Sinne eigener und gesellschaftlicher Qualitätskontrolle Vertrauen in Journalismus und Medien wiederzugewinnen. Hier kann stellvertretend den öffentlich-rechtlichen Rundfunksendern und den Interessensorganisationen die Aufgabe zugewiesen werden, die öffentliche Diskussion über die öffentliche Aufgabe von Journalismus wieder zu initiieren. Konkret hieße das zum Beispiel, durch ausreichende Gebühren den öffentlich-rechtlichen Sendern die Rücksicht auf kommerzielle Interessen zu ersparen und auf attraktiven Programmplätzen werbefrei auch über das Verhältnis von Politik und Medien oder Medien und Wirtschaft zu berichten. Außerdem könnte die Selbstkontrollinstanz Presserat gestärkt werden, indem er mit größeren Kompetenzen ausgestattet wird, womit er nicht schon qua Existenz und Zusammensetzung in die Interessenkollision steuern und zum zahnlosen Tiger mutieren würde.

8.2 Mesoebene: Qualitätssicherung auf der Ebene der Organisationen

„Das haben wir schon immer so gemacht.“ Sprechen Journalisten über ihre Arbeitgeber, so zitieren sie sinngemäß häufig diesen Satz. Es gibt starke Hinweise darauf, dass die Medienorganisationen in den vergangenen Jahren nicht gerade zu den innovativsten Unternehmen gehören. Nahezu täglich berichten sie über neue Arbeits(zeit)modelle und andere geradezu ‚revolutionäre‘ Entwicklungen in der so genannten freien Wirtschaft. Sie selbst reagieren mit bewährten Mitteln (siehe Streik im November 2003; Kaiser 2004, 26ff.). Die wenig ideenreichen verlegerischen Konzepte und Aktionen (z.B. Sparen in allen Abteilungen bis zehn Prozent; Zeitungsproduktion mit freien Mitarbeitern) schaffen wenig Vertrauen der eigenen Mitarbeiter und des Publikums in Produkt und Organisation. Menschen, die Angst um ihren Arbeitsplatz haben, und Kunden, die für die gewohnten 1,20 Euro nur noch die Hälfte der Zeitung bekommen, garantieren alles andere als ein gutes Umfeld für kritischen, aktuellen und modernen Journalismus.

Verleger müssen die Qualität ihrer Organisation und die ihres Produktes sichern. Eine Möglichkeit liegt in dem Instrument Zielvereinbarungen: Verleger, Chefredaktion und Redaktion schließen einen Vertrag, in dem sich beide Seiten zur Erfüllung verschiedener Aufgaben verpflichten. So gewährleistet der Verlag die Sicherheit der Arbeitsplätze und deren (technische) Ausstattung – die Redaktion wiederum steht im Wort, in einem festgelegten Intervall ein publizistisches Konzept vorzulegen und zu überarbeiten.

8.3 Mikroebene: Qualität der Akteure und Programme

Jayson Blair hat in seinen Stories mit Hilfe von Sprache Authentizität suggeriert: Ich war dabei, ich habe mit den Menschen gesprochen, ich habe sie erlebt. Der Leser glaubt es und vertraut darauf. Das ist – auch und gerade im Informationsjournalismus, wie er in gedruckten Nachrichtenmagazinen betrieben wird – eine akzeptierte Vorgehensweise und Form. Quellen detailliert und nachprüfbar nachzuweisen gilt als typisch wissenschaftlich und ist vor allem in Deutschland verpönt. Nicht alles, was unter dem Label Quellen- oder Informantenschutz geschieht, dient diesem tatsächlich im juristischen Sinne. Dank des Zeugnisverweigerungsrechtes ist es für Journalisten und deren Informanten möglich, Hintergründe, Skandale und Missstände sorgfältig zu recherchieren. Mit Hilfe von zu schützenden Insidern müssen hier Sachverhalte ans Licht gebracht und vollständig dargestellt werden. „So verhält es sich in der Theorie", urteilt Michael Haller, Journalist und Journalistik-Wissenschaftler an der Universität Leipzig (2004, 31f.).

> „In der Praxis wird oft genug schon auf dieser Ebene geschummelt. So manch <objektiv> die Wahrheit vermittelnder Bericht im *Spiegel* oder *Stern* oder *Focus* verschweigt seine Quellen nur deshalb, weil er gar keine authentischen Quellen hat, sondern Berichte anderer Medien verwurstelt; bis hin zu wortwörtlichen Übernahmen ganzer Abschnitte aus fremden Texten reicht der Klau. Die Angabe der Fundstelle würde hier den Diebstahl offenbaren – also deckt der Autor gleich alle Quellen und Fundstellen mit dem Mantel des Informantenschutzes zu."

Andere Medien, zum Beispiel US-amerikanische Zeitungen, nennen in einem Kasten, wie recherchiert und welche Quellen genutzt worden sind. Das gehört für Haller zur notwendigen Transparenz (ebd.) – eine in Deutschland eher ungeliebte und unübliche Notwendigkeit. Deutsche Journalisten fürchten womöglich um ihre Autorität und versuchen, das seit den 1950er Jahren aufgebaute „Omnipotenz-Image" (ebd.) aufrecht zu erhalten. Ein gefährliches Spiel mit der Glaubwürdigkeit und damit auch dem Vertrauen der Rezipienten.

Sorgfältige Recherche, verantwortungsvoller Umgang mit Quellen und Informationen, Transparenz auch in der journalistischen Vorgehensweise, Medienethik und Verantwortung gehören zu den wesentlichen Kriterien eines professionalisierten journalistischen Berufsfeldes. Dies wird in der journalistischen Aus- und Weiterbildung vermittelt – und seit Mitte der 1970er Jahre (Modellstudiengang Journalistik an der Universität Dortmund) auch in der hochschulgebundenen Journalistenausbildung (im Überblick: Altmeppen/ Hömberg 2002). Letztere hat den Vorteil weitgehend unternehmensunabhängiger Ziele, wenn auch nicht marktunabhängiger. Allerdings hat sie die unternehmensabhängige Ausbildung (noch) nicht ablösen können und wird dies wohl nie. Verleger und Medienorganisationen lassen sich dieses wichtige Instrument der Personalakquisition nicht aus der Hand nehmen. Als Pauschalargument dient ihnen die angeblich praxisferne Ausbildung an den Hochschulen – bei Analyse der Hochschulprogramme ein eher unhaltbares Argument. Denn es gibt standardisierbare Kriterien, die eine Notwendigkeit in einer seriösen, glaubwürdigen und professionellen Ausbildung sind, wie die Qualität der Recherche, journalistische Darstellungsformen, Medienrecht und -ethik.

9. Fazit: Journalismus muss Vertrauen (zurück-)gewinnen und pflegen

Journalismus ist – wie oben skizziert – nicht automatisch mit Medien gleichzusetzen. Journalismus muss seine Position innerhalb der Gesellschaft und vor allem in der Landschaft der Massenmedien wiedergewinnen. Ein hehres, aber utopisches, allzu wissenschaftliches Ziel? Journalismus braucht Fürsprecher und vor allem Rahmenbedingungen (Geld, Personal, Zeit), um diesen Anspruch erfüllen zu können. Er muss sich lösen aus den Interessenspielen von Politik und Wirtschaft. Ein schwieriges Unterfangen. Die Wochenzeitung *Die Woche* ist ein gutes Beispiel für einen gescheiterten Versuch. Gescheitert ist er vor allem an der ungenügenden Verzahnung des Leser- und Werbemarktes sowie des Vertriebs und des Marketings; in einem monopolisierten Vertriebssystem hat selbst ein ehrgeiziges Projekt langfristig kaum Überlebenschancen (vgl. Hebel 2004).

In diesem Beitrag ist aufgezeigt worden, dass Vertrauen in Journalismus nicht auf einer Ebene und eindimensional zu begreifen ist, sondern auf mindestens dreien umgesetzt werden muss: Journalismus muss seine gesellschaftliche Aufgabe wahrnehmen, Medienorganisationen müssen die Rahmenbedingungen für journalistische Produkte und Dienstleistungen schaffen, und Programme und Akteure müssen Qualität durch die Umsetzung professioneller Kriterien in der Aus- und Weiterbildung, die Einhaltung ethischer und rechtlicher Standards sowie durch die Transparenz der Recherche und Quellen gewährleisten.

Literatur

Albrecht, Peter (1983): Die Karriere einer Zeitungsente von 1780. In: Publizistik H. 3, 382-389.

Altmeppen, Klaus-Dieter/ Hömberg, Walter (Hrsg.) (2002): Journalistenausbildung für eine veränderte Medienwelt. Wiesbaden.

Bentele, Günter (1988): Der Faktor Glaubwürdigkeit. In: Publizistik H. 2-3, 406-426.

Bentele, Günter (1994a): Objektivitätsanspruch und Glaubwürdigkeit. In: Jarren, Otfried (Hrsg.): Medien und Journalismus 1. Opladen. 295-312.

Bentele, Günter (1994b): Öffentliches Vertrauen – normative und soziale Grundlage für Public Relations. In: Armbrecht, Wolfgang/ Zabel, Ulf (Hrsg.): Normative Aspekte der Public Relations. Opladen. 131-158.

Berg, Klaus/ Kiefer, Marie-Luise (Hrsg.) (1996): Massenkommunikation V. Baden-Baden.

Görke, Alexander (1993): Den Medien vertrauen? In: Löffelholz, Martin (Hrsg.): Krieg als Medienereignis. Opladen. 127-144.

Günther, Markus (2003): Blairs kleine Schurkenstücke. In: Message H. 3, 10-12.

Haller, Michael (2004): Allmächtige Autoritäten. In: Message H. 2, 30-33.

Hebel, Christina (2004): Das Ende der Wochenzeitung? Eine publizistische und medienökonomische Analyse der ZEIT und der WOCHE. Bremen (unveröff. Diplomarbeit).

Hovland, Carl I./ Janis, Irving L./ Kelley, Harold H. (1953): Communication and Persuasion. New Haven/ London.

Jäckel, Michael (1999): Medienwirkungen. Opladen/ Wiesbaden.

Kaiser, Ulrike (2004): Kompromiss statt Chaos. In: Journalist H. 4, 26-29.

Katz, Gitte (2002): Wer's glaubt wird selig – oder? Wiesbaden.

Kohring, Matthias (2001): Vertrauen in Medien – Vertrauen in Technologie. Studie im Auftrag der Akademie für Technikfolgenabschätzung in Baden-Württemberg.

Kohring, Matthias (2002): Vertrauen in Journalismus. In: Scholl, Armin (Hrsg.): Systemtheorie und Konstruktivismus in der Kommunikationswissenschaft. Konstanz. 91-110.

Kohring, Matthias (2004): Vertrauen in Journalismus. Konstanz.

Kohring, Matthias/ Matthes, Jörg (2004): Revision und Validierung einer Skala zur Erfassung von Vertrauen in Journalismus. In: Medien- und Kommunikationswissenschaft H. 3, 52. Jg., 377-385.

Luhmann, Niklas (1990): Ökologische Kommunikation. Opladen, 3. Aufl..

Matthes, Jörg/ Kohring, Matthias (2003): Operationalisierung von Vertrauen in Journalismus. In: Medien- und Kommunikationswissenschaft H. 1, 5-23.

Nawratil, Ute (1997): Glaubwürdigkeit in der sozialen Kommunikation. Opladen.

Schenk, Michael (1987): Medienwirkungsforschung. Tübingen.

Wolling, Jens (2003): Medienqualität, Glaubwürdigkeit und politisches Vertrauen. In: Donsbach, Wolfgang/ Jandura, Olaf (Hrsg.): Chancen und Gefahren der Mediendemokratie. Konstanz. 333-349.

Vox Populi (2004): Meinungsforschung: TV-Moderatoren in Nachrichten und Talkshows. Glaubwürdigkeit und Bekanntheit. Pressemitteilung vom 20.07.04.

Credit und Diskreditierung: zur englischen Presse und Literatur im frühen 18. Jahrhundert[1]

Michael Meyer

In *Strukturwandel der Öffentlichkeit* lokalisiert Jürgen Habermas im England des 18. Jahrhunderts die früheste Entstehung einer bürgerlichen Öffentlichkeit als zentrales Moment des Wandels von der absolutistischen Staatsräson zur demokratischen Gesellschaft. Die bürgerliche Öffentlichkeit bildete und artikulierte sich in Kaffeehäusern und in journalistischen wie literarischen Presseerzeugnissen, in denen Informationen zirkulierten und Meinungen öffentlich diskutiert wurden. Die Öffentlichkeit zwischen den staatlichen Institutionen und der Privatsphäre bildete eine Instanz kritischer Vernunft, der das Parlament und die Regierung gegenüber verantwortlich zu sein hatten. Habermas überging im Rahmen seiner weiträumigen historischen Darstellung Probleme, die für die Wirkung literarischer Erzeugnisse im weitesten Sinne am Anfang des 18. Jahrhunderts von großer Bedeutung waren und die heute wieder überraschend aktuell erscheinen: die unsichere Abgrenzung von Fakten und Fiktionen wie das Problem der Abhängigkeit von der Finanzierung und vom Markt.

Wozu dient diese historische Betrachtung? Warum beschäftigt man sich nicht gleich mit der Inszenierung von ‚Wirklichkeit' im Reality Television oder der Lenkung der Meinungsbildung über die Pressekonzentration in den Händen mächtiger Medienmogule? Die historische Perspektive zeigt zweierlei: Erstens, damals waren die ‚neuen Medien' realistische Romane und Zeitschriften, die Fakten und Fiktionen kombinierten; zweitens, im historischen Abstand scheinen die Probleme klarer erkennbar zu sein, denn die noch unsichere Position dieser neuen Medien im Markt förderte ein hohes Maß an Selbstreflexion und an strategischer Präsentation der eigenen Glaubwürdigkeit wie deren Dekonstruktion rivalisierender Presseerzeugnisse, insbesondere der Verquickung von Politik, Geld und Meinungsmache. Die zentrale Frage dieser Untersuchung lautet: Wie

1 Dieser Beitrag ist eine stark gekürzte und überarbeitete Version von Michael Meyer (2003): Defoes ‚Faktionen' und die Entstehung der bürgerlichen Öffentlichkeit. *Literatur und Journalismus*. Bernd Blöbaum u. Stefan Neuhaus (Hrsg.). Opladen: Westdeutscher Verlag, 111-136.

konstruieren und dekonstruieren Mitglieder der schreibenden Zunft mit rhetorischen Mitteln Glaubwürdigkeit in einem stark umkämpften öffentlichen Markt?

Als Fallstudie bietet sich Daniel Defoe an, der heutigen Lesern als Verfasser des weltberühmten Robinson Crusoe bekannt ist, der aber unter Experten auch als „Vater“ des Journalismus gilt (Earle 1976, 3; Escott 1911, 51-53, 66). Hier geht es nicht darum, die bekannte These zu wiederholen, dass Defoes fiktionale Konstruktionen von Personen und Geschichten in journalistischen Texten als Vorformen seiner realistischen Fiktionen gelten (Novak 2001, 512; Ehrismann 1991, 8-9), sondern darum, anhand exemplarischer Texte Defoes die Probleme und Funktionen des Zusammenspiels zwischen Fakten und Fiktionen für die Glaubwürdigkeit bei der Meinungsbildung der entstehenden bürgerlichen Öffentlichkeit zu analysieren. Um zu klären, welche Rolle Defoes ‚Faktionen‘ (die Verknüpfung faktischer und fiktionaler Textelemente) spielen, muss der kulturelle Kontext kurz erläutert werden.

1. Credit

Credit ist ein Schlüsselbegriff der britischen Kultur im frühen 18. Jahrhundert (vgl. Caruthers 1996). In Gesellschaft und Politik bedeutete Credit guter Ruf und Ehre, Vertrauens- und Glaubwürdigkeit, die wiederum Einfluss und Macht sicherten. In der Wirtschaft und im Finanzmarkt ging die Bedeutung des Kredits weit über die einfache Definition hinaus, nach der Kredit den Glauben an und das Vertrauen in den Käufer oder Schuldner bezeichnet, dass er willens und fähig ist, die geschuldete Summe in Zukunft zurückzuzahlen. Neben der erheblichen privatwirtschaftlichen Funktion wegen der unzureichenden Geldmenge (Colley 1992, 66-67) erhielt Kredit in der finanziellen Revolution am Ende des 17. Jahrhunderts eine bisher ungekannte Relevanz: Die neue Staatsfinanzierung über Kredite stärkte nicht nur die politische Macht der Regierung, sondern machte diese erstens auch vom öffentlichen Vertrauen der Kreditgeber in den Staat und die Bank von England (gegr. 1694) abhängig, bei der Staatsanleihen aufgelegt wurden, und zweitens anfällig für Manipulationen durch Spekulanten. Schließlich musste die Regierung Rücksicht auf die Steuerzahler und Wähler nehmen, die für die Rückzahlung der Kredite letztlich aufkommen mussten. Daher entstand ein komplexes Netzwerk von Abhängigkeiten und Verpflichtungen, Risiken und Vertrauensbeziehungen, die das Interesse an politischer Stabilität und Verlässlichkeit stärkten (Colley 1992, 66-67). Es entwickelte sich eine große und sehr kontroverse öffentliche Diskussion über die ökonomischen, politischen und moralisch-rechtlichen Aspekte des Kreditwesens im 18. Jahrhundert. Das Risiko des Ausfalls oder Missbrauchs des Kredits sorgte für Unsicherheit: „a new amorality was perceived as being part and parcel of the credit economy“ (Hoppit 1990, 316). Die wachsende Nachfrage nach finanziellem Kredit erforderte die häufige Demonstration von Ehrlichkeit und Glaubwürdigkeit (Hoppit 1990, 316).

Glaubwürdigkeit war nicht nur ein zentrales Problem wirtschaftlichen Handelns, sondern auch des Wissens und der Erkenntnis. Locke unterscheidet demonstrierbare und wahrscheinliche Wahrheiten im *Essay Concerning Human Understanding* (O'Brien 1996, 603): Demonstrierbare Wahrheit erhalten wir durch Sinneswahrnehmung, aber den weitaus größeren Teil wahrscheinlicher Wahrheit erfahren wir über andere, da sie aus praktischen oder prinzipiellen Gründen jenseits eigener sinnlicher Wahrnehmung liegt (O'Brien 1996, 604; Locke 1690, 4.14.1). Wir glauben dem „Man of credit“ (Locke 1690, 4.15.1) wegen seiner bewiesenen oder angenommenen Aufrichtigkeit und Autorität, der mit *konsistenten* Argumenten oder Beweisen seine Behauptungen glaubhaft versichern kann, die den Effekt von Wahrheit beim Publikum bewirken. Da wir nur sehr eingeschränkt über sicheres Wissen verfügen, bleibt uns meistens lediglich „the twilight, as I may so say, of *Probability*“ (Locke 1690, 4.14.2), weshalb unser Urteilsvermögen für eine gründliche Meinungsbildung gefordert ist. Der Glaube an die Wahrscheinlichkeit einer Behauptung hängt ab von ihrer Übereinstimmung mit eigenen Erfahrungen und Kenntnissen, den Aussagen anderer, deren Zahl, Integrität, Sachkenntnis, Absicht, weiterhin von der Konsistenz und den Umständen des Berichts und schließlich vom Verhältnis zu gegenteiligen Behauptungen (Locke 1690, 4.16.4). Allerdings beklagt Locke auch, dass häufig ein unzulässiger Grund für den Glauben an die Wahrscheinlichkeit einer Schilderung genannt wird: die Meinung der anderen (1690, 4.16.6). Weil wir gezwungen sind mehr zu glauben als wissen zu können, fordert Locke, sich sorgfältig zu informieren und nicht den scheinbaren, durch Dauer und Gewohnheit verfestigten, Gewissheiten zu trauen (1690, 4.16.4). Was bedeuten Lockes Erkenntnisse für die Presse und ihre Wirkung? Da der Leser die Wahrheit der meisten Informationen nicht selbst überprüfen kann, muss die Presse sehr großen Wert auf die Vermittlung der Glaubwürdigkeit ihrer Journalisten, Nachrichten und Meinungen legen. Deswegen sollen in erster Linie die explizite Diskussion der Wahrhaftigkeit und Wahrheit sowie die implizite Vermittlung der Wahrscheinlichkeit durch die Form der Texte analysiert werden.

Während moralische Integrität und Glaubwürdigkeit finanziellen Kredit bedingten, unterminierte paradoxerweise finanzieller Kredit die Glaubwürdigkeit der Presse nach den Vorstellungen der schreibenden Elite des frühen 18. Jahrhunderts. Wenn Habermas die Entstehung der literarischen Öffentlichkeit einerseits als Beschreibung einer historischen Phase, andererseits als ideale Normvorstellung eines freien Diskurses demokratischer Gesellschaft versteht, in der die Überzeugungskraft des besseren Argumentes siegt (Chandler 1996, 113-14), ignoriert er, dass unter Zeitgenossen im ersten Viertel des 18. Jahrhunderts die Presse einen überaus schlechten Ruf genoss, die kaum als Forum wahrer Informationen und freien Meinungsäußerung galt, sondern als korrupte Stätte der Lüge und Manipulation durch ‚hack writers' (*hack*: Mietpferd). Der Fall des Druckers Samuel Keimer, der seine Glaubwürdigkeit aufs Spiel setzte, indem er falsche Nachrichten im Auftrag seiner Gläubiger druckte, um dadurch seine Kredite bei diesen abzuzahlen, bestätigte das Vorurteil gegenüber den Lohnschreibern (Novak 2001, 501-502). Die literarischen Schriftsteller, die Schreiben als Berufung verstanden, diskreditierten die Berufsschriftsteller, die für die Presse arbeiteten. Gegen Habermas' Vorstellung einer egalitären Teilhabe am öffentlichen Diskurs steht die Verachtung der elitären Autoren, die Schreiben gegen Geld als Prostitution und Berufsschriftsteller als Huren verunglimpften (Chandler 1996, 118).

2. Presse, Politik und Geld: die ‚Faktion' der Wirklichkeit

Credit im weitesten Sinne bildete das zentrale Problem für den Kaufmann und Schriftsteller Daniel Defoe. Riskante Geschäfte und riskante Schriften brachten ihn immer wieder ins Gefängnis und ruinierten seinen Credit als Geschäftsmann und Journalist. Der Autor versuchte, wie in der Zeit üblich, sich durch Anonymität oder fingierte Namen eventueller strafrechtlicher Nachstellungen zu entziehen, doch gab gerade dies Anlass zu Spekulationen und verstärkten Nachforschungen bei umstrittenen Texten. Defoe konnte kein Interesse daran haben, durch mangelnde Kreditwürdigkeit nach wirtschaftlichen Fehlschlägen seine Autorität als Journalist in Frage zu stellen. Außerdem zwang die Anonymität des Verfassers diesen dazu, seine Glaubwürdigkeit möglichst vollständig im Text zu etablieren.

Wegen des satirischen Pamphlets *The Shortest Way with the Dissenters or Proposals for the Establishment of the Church* (Kurzer Prozess mit den Nonkonformisten, 1702) geriet Defoe in die Mühlen der Justiz, die das Pamphlet als Fälschung religiöser Autorität einstufte und ihn der Subversion religiöser Toleranz und des inneren Friedens im Staat beschuldigte (Backscheider 1989, 103-

104). Das Verbrennen des Pamphlets durch den Henker, sieben Jahre Schreibverbot, eine hohe Geldstrafe und Gefängnis auf unbestimmte Zeit war noch nicht alles: In der Urteilsbegründung wurde Defoe Geistesschwäche und ein schlechter Ruf unterstellt (Backscheider 1989, 104), und er wurde dazu verurteilt, dreimal am Pranger zu stehen, um ihn öffentlich zu diskreditieren. Die rechtliche Zerstörung seiner Glaubwürdigkeit als Autor hatte wiederum fatale Folgen für seinen Kredit als Geschäftsmann, denn während seines Gefängnisaufenthaltes ging seine Ziegelfabrik bankrott, wodurch er paradoxerweise indirekt genötigt war, als Journalist zu arbeiten, der eigentlich auf Glaubwürdigkeit angewiesen war. Defoe kam 1704 wahrscheinlich auf Grund der Intervention von Robert Harley frei, dem Staatssekretär und späteren Schatzkanzler, der das Potenzial Defoes als Publizist für staatliche Propaganda erkannte. Man könnte sagen, dass Defoe auf Kredit begnadigt wurde, den er mit Wohlverhalten abzahlen musste. Harley schlug bereits 1702 zu den anstehenden Wahlen vor, die öffentliche Meinung durch die Presse zu beeinflussen: „it will be of great service to have some discreet writer of the government's side, if it were only to state facts right, for the generality err for want of knowledge, being imposed upon by the stories of ill-designing men“ (Downie 1979, 58). Daraus spricht Skepsis gegenüber dem existierenden Journalismus und zugleich die Überzeugung seiner Wichtigkeit für politische Entscheidungen. Die Regierung hatte seit 1702 mit der damals größten Zeitung, der angeblich überparteilichen *London Gazette*, ein offizielles Organ (Downie 1979, 1), um ‚Fakten‘ ‚richtig‘ darzustellen. Es fällt schwer zu glauben, dass Harley nicht den Unterschied zwischen Wissen und Meinen kannte, den Locke so überzeugend erläuterte, und nur an Fakten dachte, als er sich Defoe als Geheimagenten und Journalisten verpflichtete, der doch ausgerechnet wegen der Fingierung des Faktischen im Gefängnis saß. Novak bemerkt lakonisch: Defoe und Harley waren sich bewusst, dass „newspaper reports and pamphlets could be manipulated to achieve control of information“ (2001, 197). Als Geheimagent sorgte Defoe für Informationen über die öffentliche Meinung und als Journalist, Redakteur und Herausgeber für deren ‚Bildung‘ durch die *Review*. Die Briefe Defoes und seine Diskussionen von Leserkommentaren lassen vermuten, dass Defoe einen ständigen Balanceakt zwischen seinen Auftraggebern, seinen eigenen Ansichten und seinen Lesern halten musste. Inwieweit er die Meinung der Öffentlichkeit manipulieren konnte, ist aus prinzipiellen Gründen fraglich, denn der Einfluss der Presse hängt wohl weniger vom Gelesenen selbst ab als vom Leser, dessen Vorwissen, Interpretation und Verwendung der Informationen (Turner 1994, 202-203).

Die *Review* erschien lange Zeit anonym von 1704-13 als politischer Essay in Form und Funktion eines Leitartikels zunächst einmal, dann dreimal pro Woche mit einer durchschnittlichen Auflage von knapp 500 bis unter 1000, hatte aber wesentlich mehr Leser durch die Auslage in Kaffeehäusern (Downie 1979, 6-9). Die wenigen Werbeanzeigen und der Verkauf dürften bei weitem nicht die Herstellungs- und Vertriebskosten gedeckt haben, weshalb Regierungsgelder Defoes Bezahlung sicherten (Downie 1979, 12), wobei zwischen der Entlohnung seiner Tätigkeit als Agent und als Journalist nicht zu unterscheiden ist. Gleich im Titel und der einleitenden Präsentation der Zielsetzungen seiner Zeitschrift setzt sich Defoe deutlich von anderen Blättern ab, denn seine *Review*, so der Untertitel, sei „Purg'd from the Errors and Partiality of *News-Writers* and *Petty-Statesmen*, of all Sides" (19.2.1704, 1.1.1). Als Programm formuliert er: „For the Body of this Paper, we shall endeavour to fill it with Truth of Fact, and not improper Reflections; the Stories we tell you shall be True, and our Observations, as near as we can, shall be just, and both shall Study the Readers Profit and Diversion" (19.2.1704, 1.1.6). Defoe definiert den Nutzen des Lesers genauer: „Men are easily capable to Judge, what, and why Things are done, and will begin to see before them in the World, whereas all the Observations or Reflections I ever yet met with, serve but to Amuse Mankind, Byass our Judgments to Parties, and make us Partial to our selves" (19.2.1704, 1.1.3). Er suggeriert damit, die Öffentlichkeit in die Lage zu versetzen, mit Hilfe der Informationen und Argumente seiner Zeitschrift eine fundierte Meinung bilden zu können. Im Prinzip nimmt Defoe hier eine Aufgabe der Presse als Ziel vorweg, die Fox erst 1792 als Voraussetzung formulierte, wenn die öffentliche Meinung zum Maßstab politischen Handelns werden soll: „I ought to give the public the means of forming an opinion" (zit. nach Habermas 1962, 86). In seinen Vorworten zum ersten Heft und zum ersten Band der *Review* von 1704 grenzt Defoe ausführlich seine Zeitschrift gegen die Nachrichtenpresse ab und hebt gleichermaßen seine eigene Glaubwürdigkeit und die seiner Texte hervor, wenn er folgende Unterscheidungskriterien einander gegenüberstellt, die zum Teil an Lockes Abgrenzung von Wissen und Meinen erinnern: Wissen – Unwissen, Wahrheit – Unwahrheit, Urteil – Vorurteil, Konsistenz – Widersprüche, Genauigkeit – Ungenauigkeit, Sicherheit – Unsicherheit, Überparteilichkeit – Parteilichkeit, Aufrichtigkeit – Unaufrichtigkeit (19.2.1704, 1-6). „Mr. Review" präsentiert sich gewissermaßen im Gewande von Lockes „Man of Credit". Im Vorwort zum ersten Band, der die Nummern des Jahres 1704 zusammenfasst, verteidigt Defoe seine Unabhängigkeit und Wahrhaftigkeit gegen den Verdacht der Käuflichkeit, die den Lohnschreibern anhaftete. Indem er sagt, dass er keinen Profit von der journalistischen Arbeit erwartete, erhebt sich Defoe über die Riege der Lohnschreiber, denn er verfasst seinem Anspruch zufolge Zeitgeschichte, die über die Registrierung täglicher Ereignisse der Nachrichtenpresse hinausgeht (19.2.1704, 1.1.4).

Wenngleich Defoe programmatisch eine klare Unterscheidung zwischen Wahrheit und Lüge trifft und einen hehren Anspruch bezüglich seiner Glaubwürdigkeit aufstellt, muss er selbst eingestehen, dass die Praxis anders aussieht. In der *Review* vom 19.7.1712 stellt Defoe fest, ohne sich selbst dabei auszuschließen, dass die Erfindung oder Fälschung von Nachrichten gängige Praxis im Zeitungswesen sei, weshalb man statt „*What News?*" besser „what is the *LIE* Courant *for the Day*?" (8.207; 8.829) fragt, wobei er auf die erste englische Tageszeitung, den *Daily Courant*, anspielt. Selbst wenn erfundene Nachrichten nur kurzfristig Bestand hätten, so Defoe, reiche es aus, um dem politischen Gegner durch üble Gerüchte nachhaltig zu schaden, da trotz Dementis immer etwas an dessen Person hängen bleibe, oder um durch Börsenmanipulationen Kursschwankungen zu schnellen Gewinnen zu nutzen (*Review* 19.7.1712, 8.207; 8.830-832). In solchen Fällen, so Defoe an anderer Stelle, bedeutet Reden Handeln, denn es wird tatsächlich Schaden angerichtet (1720, 76). Defoe selbst war äußerst „flexibel" bei der Rechtfertigung von zweifelhaften Aussagen, denn der Zweck heiligte die Mittel (Novak 2001, 235): „a Lye Does Not Consist in the Indirect Positioning of words, but in the Design by False Speaking, to Deciev and Injure my Neighbour" (1955, 42).

Die Diskrepanz zwischen Anspruch und Wirklichkeit bedingte einen permanenten Kleinkrieg um die Glaubwürdigkeit der Presse, in dem Defoe und seine Konkurrenten ihre eigene Autorität behaupteten und die der anderen diskreditierten, indem sie sich gegenseitig vorwarfen, sich wie Huren an Interessengruppen zu verkaufen, und indem sie zweifelhafte Berichte anderer Blätter anprangerten (*Review* 19.2.1704, 1.1.4-6; 26.7.1712, 8.210; Novak 2001, 285). Es wundert nicht, dass der Journalist Defoe als Bankrotteur attackiert wurde, der, da er seine Kredite nicht bezahlte, auch keinen Verstand haben könne und daher nicht glaubwürdig sei. Defoe argumentiert zwar, dass die alten Kredite nichts mit den gegenwärtigen Argumenten zu tun hätten. Doch weit davon entfernt, den Zusammenhang zwischen finanziellem Kredit und journalistischer Glaubwürdigkeit zu leugnen, verteidigt sich der Autor Defoe mit dem Argument, dass ihm als Geschäftsmann zur Zeit erhebliche Gelder anvertraut sind, er aber im Gegensatz zu seinem Kritiker sein Geld durch Geschäfte und nicht durch Schreiben verdient, wodurch er impliziert, als Journalist unabhängig zu sein (*Review* 5.1.1712, 8.123.495-496). Ironischerweise bestätigt er an anderer Stelle das prinzipielle Misstrauen in die Glaubwürdigkeit des guten Rufes, denn der „is a thing so Nice, so full of Counterfeits, so daub'd over with false Varnish, so much worn by Hypocrites (...) we have so much Difficulty to know, whether it be the true kind or no" (*Review* 12.1.1706, 3.6.21). Wenn die Glaubwürdigkeit aber so schwierig zu prüfen ist, weil sie so heikel und trügerisch ist, und sich Heuchler damit einen falschen Anschein geben, dann wird der Leser indirekt auch zur Wachsamkeit und Kritik gegenüber der Presse aufgerufen, deren Wirkung gerade auf ihrem Credit bei den Lesern beruht. Die Reflexion der Glaubwürdigkeit ist zweischneidig; sie dient zwar der positiven Selbstpräsentation, doch kann allein ihre Thematisierung schon das Vertrauen in das gegenwärtige Blatt verunsichern, da der Leser außer den Versicherungen des Verfassers wenig Anhaltspunkte hat, die Glaubwürdigkeit der Informationen zu überprüfen.

Defoe schreibt in erster Linie über politische und wirtschaftliche Themen. Er kommentiert Wahlen in England, begründet die notwendige Steuerlast, um die französische Hegemonie in den spanischen Erbfolgekriegen einzudämmen und ein Gleichgewicht der Mächte herzustellen, und erläutert lang und breit die Vorteile der Vereinigung Schottlands und Englands zu Großbritannien gegen innenpolitische Widerstände. Defoe erfindet immer wieder Personen, Dialoge und Szenen in seinen Essays, die Fakten und Fiktionen verknüpfen. Defoe beschreibt beispielsweise Wahlen auf dem Lande, in denen Gentlemen, die sonst nichts für ihre Wähler tun, mit Geld auf Stimmenfang gehen und dabei selbst von Wählern übervorteilt werden, die die Situation zur Begleichung alter und neuer Rechnungen nutzen. Ein Viehzüchter und ein Bauer mokieren sich über einen Kandidaten, der eine Frau küsste und ihr Geld zusteckte, um die Stimme ihres Mannes zu kaufen. Defoe schildert im Detail, wie ein aristokratischer Kandidat zwischen lärmenden Wählern sitzt, deren Stimmen er mit Alkohol kaufen möchte, aber deswegen genötigt wird, mit ihnen aus einem Humpen zu trinken, und wie er es ertragen muss, dass die Betrunkenen ihm Bier über den Rock gießen, ins Gesicht rülpsen und ihn schließlich samt seinem Stuhl umreißen. Doch die Wähler lassen sich von beiden Kandidaten bezahlen. Defoe fährt fort: „I could carry this Scene on to the most sordid monstrous Excesses, to which I have been too much an Eye-Witness" (*Review* 8.6.1708, 5.31.124). Defoe beansprucht also Wahrheit auf Grund eigener Erfahrung und schildert die Szenen im Präsens und Dialoge im Dialekt, um unmittelbare Gegenwart wie Authentizität zu suggerieren, die aber gerade in ihrer Präzision und Zuspitzung fiktionale Züge tragen, weil sie kaum genau so wahrgenommen oder erinnert sein können. Dennoch behauptet er, dass die Wirklichkeit seine Beschreibung noch übertraf. Die Faktion dient dazu, den Anschein der Mimesis zu verstärken, denn sie vermittelt den Eindruck unmittelbar beobachteter und vom Leser nachvollziehbarer Wirklichkeit, wobei sich Detailrealismus und satirische Überzeichnung die Waage halten.

Wie es sich für einen Bankrotteur gehört, thematisiert Defoe wohl am häufigsten die Rolle des Geldes und des Kredits für Konsum, Handel und Staat. Erstens *definiert* Defoe Kredit funktional als Geldersatz, der akzeptiert und gewährt wird, wenn das Vertrauen in die Ehre und pünktliche Zahlungsfähigkeit des Schuldners bisher bewiesen und weiterhin gerechtfertigt erscheint (*Review* 3.1.1706, 3.2.8). Zweitens *leugnet er jede Möglichkeit, das Wesen des Kredits erfassen zu können.* Er preist überschwänglich Kredit als das Herz des Handels und der Macht Englands, das die wundersame Kraft hat, aus Nichts etwas zu machen (14.6.1709, 6.31.122-23), eine Analogie zur göttlichen Schöpfung, der *creatio ex nihilo.* Als „substantial Non-Entity“, ein Wesen „without matter, a substance without form“ (14.6.1709, 6.31.122), erhält Kredit metaphysische Qualitäten, die sich jeder genauen und tieferen Analyse entziehen (vgl. O'Brien 1996, 612-13). Somit steht im Zentrum gesellschaftlicher, wirtschaftlicher und politischer Macht etwas, das nichts ist, und nur durch weitere Zuschreibungen Bedeutung gewinnt. Daher *erfindet* Defoe drittens Geschichten um die allegorische Figur der *Lady Credit*, um die Bedeutung und das Wirken des Kredits *bildlich zu umschreiben.* Allerdings ist die Funktion der Fiktion wie die des Kredits selbst an Glaubwürdigkeit gebunden (vgl. Gernalzik 2000, 6-7), weshalb die Methode des Kredits, aus nichts etwas zu machen, und das Problem, keine feste Bedeutung oder sichere Wahrheit bieten zu können, von der erläuternden Fiktion nur wiederholt und gespiegelt, nicht aber erklärt werden können. Die Lady Credit ist, anders als die Beschreibung der Wahl, eindeutig als fiktionale Allegorie erkennbar und beansprucht daher keine wörtliche oder mimetische, sondern eine bildliche oder symbolische Wahrheit. Fiktionalisierung funktioniert also auf unterschiedliche Weise in der *Review*: Sie verstärkt den Anschein der Präsenta-tion einer unmittelbaren Wirklichkeit wie im Falle konkreter Wahlen, oder sie macht ein abstraktes Phänomen über die Allegorie als Wahrheit der Kunst sinn-lich fassbar (vgl. Backscheider 1981, 100).

Nachdem Defoe wegen weiterer ironischer Pamphlete, die wiederum als politisch subversiv missverstanden wurden, wieder ins Gefängnis geworfen wurde, gab er die *Review* mit dem letzten Heft vom 6. Juni 1713 auf. Wenn man die *Review* vielleicht noch als Kompromiss zwischen Auftraggebern, Lesern und Defoes eigener Meinung verstehen kann, schien Defoe mit dem Ende der *Review* erst richtig zum publizistischen Werkzeug oder, wie West formuliert, zum „Man Friday“ Harleys (1997, 100) geworden zu sein, denn er schrieb fortan unter mehreren Identitäten für gegensätzliche Parteien in verschiedensten Zeitungen und

Zeitschriften, um nicht nur Regierungspropaganda zu verbreiten, sondern auch die gegnerische Presse zu unterwandern, wodurch er seinen Ruf als Journalist vollends ruinierte (Novak 2001, 491-494, 502-512; Backscheider 1989, 349-350; Davis 1983, 170-172). Ein findiger Leser schrieb in einem Brief an das *Read's Weekly Journal* vom 1. November 1718, dass Defoe hinter der *White-Hall Evening Post* steckt, denn der Stil und die Artikel zeigten seine Kunst, eine Geschichte zu erfinden und sie der Welt als Wahrheit aufzuschwindeln: „the little Art he is truly Master of, of forging a Story and imposing it on the World for Truth“ (zit. nach Novak 2001, 503). Genau dies kennzeichnet treffend den Ro-manschriftsteller Defoe.

3. Das Spiel mit der Faktizität der Fiktion im Roman

Die Kehrseite der Überlagerung von Fakten und Fiktionen war für die Literatur weniger problematisch als für die Presse. Literatur konnte durch die Vermittlung nützlichen Wissens gewinnen, aber der Journalismus setzte sich durch die Verwendung literarischer Mittel der Gefahr der Unglaubwürdigkeit aus. Im literarischen Gattungssystem hatte es der noch recht junge bürgerlich-realistische Roman schwer, Anerkennung gegenüber etablierten Genres wie der Versdichtung, dem Drama und der höfischen Romanze zu gewinnen. Der bürgerliche Roman nahm nichtliterarische Formen auf, wie das Tagebuch, den Brief, die Autobiografie oder den Reisebericht (Schmidt 1991, 175). Um unter dem strengen Blick puritanisch eingestellter Bürger und Bürgerinnen, die bloße Fiktion als Lüge verstanden, bestehen zu können, bemühte sich der Roman um Glaubwürdigkeit und Nützlichkeit durch den Anspruch auf Wahrheit und moralische Erbauung.

Komplementär zur Fiktion des Faktischen in journalistischen Texten spielt Defoe mit der Faktizität der Fiktion in seinem ersten Roman, *Robinson Crusoe* (1719), dessen gesamter Titel bereits Glaubwürdigkeit suggeriert:

> „ The Life and Strange Surprising Adventures of Robinson Crusoe, of York, Mariner: Who lived Eight and Twenty Years all alone in an un-inhabited Island on the Coast of America, near the Mouth of the Great River of Oroonoque; Having been cast on Shore by Shipwreck, wherein all the Men perished but himself. With an Account how he was at last as strangely deliver'd by Pyrates. Written by Himself.“

Der Titel hebt das Ungewöhnliche hervor, das unglaublich zu sein scheint, aber durch relativ genaue Zeit- und Raumangaben in der eigenen und einer exotischen Wirklichkeit durch denjenigen, der alles selbst durchlebt hat, glaubhaft versichert wird. Im Vorwort begründet der anonyme Herausgeber, warum diese Lebensgeschichte wert ist, gedruckt und natürlich gekauft zu werden, weil hier das Wundersame unterhaltsam, glaubwürdig und nützlich zugleich ist: Die abwechslungsreichen Ereignisse würden in aller gebotenen Bescheidenheit und Ernsthaftigkeit vom Erzähler als Wirken der Vorhersehung verstanden und dienten der religiösen Erbauung der Leser. Der Herausgeber kann zwar nicht die Wahrheit der Lebensgeschichte verifizieren, kann aber auch nichts finden, was dagegen spräche: „The editor believes the thing to be a just history of fact; neither is there any appearance of fiction in it“ (1719, viii). Wie dem auch sei, der Herausgeber betont den Unterhaltungswert und Nutzen der Geschichte. Der fingierte Erzähler Robinson unterstützt zunächst seinen realen Herausgeber im Vorwort zu den wenige Monate später veröffentlichten *Farther Adventures of Robinson Crusoe*: „All the Endeavours of envious People to reproach it with being a Romance, to search it for Errors in Geography, Inconsistency in the Relation, and Contradictions in Fact, have proved abortive, and as impotent as malicious“ (1719, viii-ix). Der fiktionale Robinson tritt aus seiner Geschichte heraus und verteidigt ihre Wahrheit über die Kriterien der faktisch-überprüfbaren Genauigkeit, der Widerspruchsfreiheit und der Konsistenz des Berichts. Nachdem er jedoch die romanzenhafte Imagination von sich gewiesen hat, schränkt Robinson die frühere Behauptung der faktischen Geschichte ein, denn „all the Part that may be call'd Invention, or Parable in the Story“ (1719, ix) sei wegen ihres religiösen Nutzens legitim. Ein weiterer Schwenk macht jedoch die Einschränkung wieder fragwürdig, denn Robinson wehrt sich gegen Raubdrucke, die die moralischen Reflexionen weglassen, und „pretend, that the Author has supply'd the Story out of his Invention“ (1719, ix), womit er impliziert, dass die parabelartige Geschichte doch nicht erfunden ist.

Was lässt den Roman glaubwürdig erscheinen? Hier kann nicht die gesamte Debatte über den Realismus dieses Romans nachgezeichnet, sondern nur auf einige Stimmen für und wider die Plausibilität und Wahrscheinlichkeit eingegangen werden. Defoe imitiert Genres wie ‚authentische' Reiseberichte mit einer empirischen Fülle von Informationen und zumindest subjektiv wahre geistliche Autobiografien, deren religiöses Deutungsschema der gezeigten Wirklichkeit der Reiseliteratur aber auch nicht fremd war (Kalb 1983, 412-14). Manche Kritiker führen die Glaubwürdigkeit romanintern auf die ungelenke und daher *psychologisch plausible Erzählweise* einer anscheinend authentischen Ich-Erzählung zurück (Schmidt 1991, 178), während andere die *logischen Widersprüche in der Geschichte* kritisieren.

Ilse Vickers argumentiert, dass Robinsons Berichte seiner Erfahrungen in einfacher Sprache voller stilistischer Unsicherheiten und Wiederholungen sind, weil sie detailliert und quasi-wissenschaftlich die Prozesse seiner Beobachtungen, Experimente und Schlussfolgerungen nachvollziehen und den Leser so am Versuch und Irrtum seiner Inselexistenz teilhaben lassen (1996, 130; vgl. James 1972, 52-53). Paula Backscheider lobt die subjektive Glaubwürdigkeit durch die grob chronologische, aber strukturell unsaubere Erzählweise der ersten Person und die Perspektive des Augenzeugen, die die prägnante Erfahrung eines komplexen, aber gewöhnlichen „realistic psychological being" (1985, 50) und „consciousness of the immediate, the physical experience joined inextricably to the feelings the experience awakened" bieten (1985, 42). Die menschliche Einsicht in das Walten Gottes durch die genaue Beobachtung natürlicher Ereignisse stand für damalige Leser nicht im Widerspruch zur Glaubwürdigkeit des Werkes (Vickers 1996, 114), sondern band die moralische Erbauung an die Vermittlung ‚realistischer' Erfahrung.

Charles Gildon bezieht bereits 1719 mit der Satire *The Life and Strange Surprizing Adventures of Mr. D..... De F..., of London, Hosier* satirisch Stellung gegen den Wahrheitsanspruch des Romans und seines Verfassers, wobei er Defoes ‚Kredit' bezweifelt und zentrale Argumente späterer Kritiker vorformuliert. Seine Satire arbeitet aber selbst mit dem Mittel der Faktion, denn er fingiert Defoe, der Robinson und Friday erklärt, dass sie deshalb so inkonsistente Charaktere sind, weil sie seiner eigenen Phantasie entstammen und „the true Allegoric Image" (Gildon 1719, x) seiner selbst sind. Der ‚erfundene' Defoe entlarvt seine eigene Unglaubwürdigkeit, indem er andeutet, dass er sich als Geschäftsmann des großen Kredits, der ihm gegeben wurde, unwürdig erwies, da seine wirtschaftlichen Projekte fehlschlugen, und als Journalist seine Glaubwürdigkeit verlor, weil er wegen des ironischen Pamphlets an den Pranger gestellt wurde und gegen Geld für gegnerische Parteien schrieb (Gildon 1719, x-xv). Paradoxerweise konstruiert hier Gildon *Inkonsistenz als Wirklichkeit* seines ‚faktionalen' Defoe, die Defoe und seine Fiktion aber unglaubwürdig mache: In der Wirklichkeit ist mehr möglich als wahrscheinlich, aber Inkonsistenz unterminiere die Glaubwürdigkeit von *Robinson Crusoe* (vgl. Gildon 1719, 1, 29): Friday beschwert sich Gildon zufolge bei seinem Autor/ Vater Defoe darüber, dass er in einem Monat recht gut Englisch lernt, aber 12 Jahre später immer noch nicht besser spricht; Robinson heißt den katholischen Glauben gut, ist aber dennoch ein guter Protestant (Gildon 1719, viii-ix). Neben der Inkonsistenz der Charaktere kritisiert Gildon die *Inkohärenz* zwischen der Geschichte und ihrer Moral, weil Robinson gegen den Willen seines (Gott-)Vaters verstößt, als er auszieht, um zur See zu fahren und reich zu werden, er aber, nachdem er mit Stürmen und Schiffbrüchen bestraft wurde, für seine Sünde reichlich belohnt wird (Gildon 1719, xvi, 4-6; vgl. Foster 1992, 183). Schließlich kann Gildon nicht erkennen, dass das (unerfüllte) Ziel der Erbauung das Buch rechtfertigt und Fiktion in Wahrheit verwandelt (1719, 33). Während Defoe es aus guten Gründen vorzog, Gildons Argument der mangelnden Kreditwürdigkeit nicht noch einmal widerlegen zu wollen, schlägt Robinson in seinen *Serious Reflexions during the Life and Surprising Adventures of Robinson Crusoe* von 1720 zurück, um die Glaubwürdigkeit seiner Geschichte und ihren moralischen Nutzen zu verteidigen:

> „I, Robinson Crusoe, (...) do hereby declare their objection is an invention scandalous in design, and false in fact; and do affirm that the story, though allegorical is also historical; and that it is the beautiful representation of a life of unexampled misfortunes (...) designed at first, as it is now farther applied, to the most serious uses possible" (ix).

Robinson schlägt die Kritiker mit ihren eigenen Waffen, indem er ihre Einwände als boshafte und unwahre Erfindungen abtut, doch verwirrt er den Wahrheitsanspruch durch die Behauptung, dass seine Erzählung gleichzeitig Allegorie und wahre Geschichte ist. Wenn Robinson behauptet, seine Geschichte sei faktisch wahr (1720, x), ist im Rahmen der Fiktion dagegen nichts einzuwenden, solange man nicht die Existenz Robinsons selbst hinterfragt. Wenn Robinson aber seine eigene Geschichte als historisch wahr und gleichzeitig als Allegorie der Lebensgeschichte eines wirklichen Menschen bezeichnet, verdreht er Gildons Argument, der Robinson als Allegorie auf und von Defoe interpretierte. Robinson fährt fort, dass sein Zwangsaufenthalt auf der Insel eine Allegorie auf die wirkliche Gefangenschaft eines Menschen ist, hinter dem man Defoe vermutete, „as it is to represent anything that really exists by that which exists not" (1720, xii). Davis resümiert die Auseinandersetzung um die Glaubwürdigkeit dieses Romans: „Crusoe is at once true and false; he is a fiction with a true existence and a true story with a fictional structure (...) the distinction between fact and fiction is deliberately unclear" (1983, 157).

Warum treibt Defoe dieses Verwirrspiel? Eine, wie zu erwarten, ambivalente Antwort findet sich bezeichnender Weise im Unterkapitel „Of Talking Falsely" von Robinsons Reflexionen. Hier stellt er nämlich die Romanze auf die gleiche Stufe wie eine erlogene Geschichte, die lediglich der Unterhaltung diene (1720, 103). Selbst Berichten von Augenzeugen, so Robinson, könne man nicht trauen, da sie sich mit wiederholtem Erzählen der Geschichte immer weiter von den Fakten entfernen, weshalb man immer prüfen müsse, ob die Ereignisse wahrscheinlich oder zumindest möglich gewesen sein könnten (1720, 98). Eine rein erfundene Erzählung bezeichnet Robinson als ein äußerst skandalöses Verbrechen (!), nur um auf der nächsten Seite zu vermerken, dass ein allseits bekannter Lügner nicht mehr lügen kann, weil ihm niemand mehr glaubt, und er deshalb niemanden mehr täuschen kann, und falls doch, ist es gleichermaßen der Fehler des Lügners wie desjenigen, der ihm glaubt (1720, 99-101). Von dem Spiel mit der Wahrheit, das Lüge und Romanze treiben, grenzt Robinson aber sein Wahrheitsspiel ab, das sich in Art und Funktion an die in England am meisten gelesenen und respektierten christlichen Schriften anlehnt:

> „The selling or writing a parable, or an allusive allegoric history, is quite a different case, and is always distinguished from this other jesting with truth, that it is designed and effectually turned for instructive and upright ends, and has its moral justly applied. Such are the historical parables in the Holy Scripture, such 'The Pilgrim's Progress', and such, in a word, the adventures of your fugitive friend, 'Robinson Crusoe'." (1720, 101)

Während eine erfundene Geschichte wie eine Romanze angeblich *nur* der Unterhaltung dient und damit einer Lüge gleicht, beabsichtigt die Erfindung einer quasi-historischen allegorischen Erzählung die Unterweisung moralischer Wahrheiten. Diesem Ziel dienen insbesondere die *Serious Reflexions*, die daher einen wesentlichen Teil der Gesamtstruktur von Robinson Crusoe bilden (Suerbaum 2000, 29). Die Faktizität der Fiktion dient also komplementär zur Fiktionalisierung des Faktischen dazu, ‚wahre' moralische, wirtschaftliche und politische Ansichten zu verkaufen. Diese Funktion rechtfertigte die Belletristik bei einem streng protestantischen Publikum, das reine Unterhaltungsliteratur als Sünde verdammte. Die expliziten, selbstreflexiven Diskussionen der Wahrhaftigkeit der Verfasser und der Wahrheit der Texte relativieren allerdings den hohen Grad an Anschaulichkeit und können produktive Unsicherheit bei Lesern hervorrufen, welche ihre kritische Aufmerksamkeit auf die Glaubwürdigkeitskonstruktion des Sprechers sowie die Formen und Funktion der Geschichten und Argumente richtet.

Bernd Blöbaum übernimmt die weitgehend anerkannte These der Ausdifferenzierung der sozialen Systeme von Literatur und Journalismus vom 18. bis zur Mitte des 19. Jahrhunderts (2003, 27). Im frühen 18. Jahrhundert waren die Systeme Literatur und Journalismus noch nicht so deutlich unterschieden wie heute, denn Literatur beanspruchte keine reine Unterhaltungsfunktion, sondern legitimierte sich als Diskussionsforum für moralische, gesellschaftliche und politische Themen (Schmidt 1991, 155-157). Seit der Mitte des 19. Jahrhunderts bis heute dient der Journalismus der aktuellen und sachlichen Informationsvermittlung von Fakten mit Referenz auf eine sozial verbindliche Wirklichkeit, während die Literatur Zeit übergreifende subjektive Wirklichkeitsmodelle imaginärer alternativer Welten zur Unterhaltung und Erbauung entwirft (Blöbaum 2003, 34). Diese verallgemeinernde Beobachtung ignoriert jedoch die interessanten Überschneidungen der Systeme. Auch heute bilden die Grenzüberschreitungen weniger Probleme für Literatur und insbesondere den Roman als für den Journalismus. Von Beginn an erweist sich der Roman als äußerst flexible Gattung, der nichtfiktionale Formen auf vielfältige Weise aufnimmt, wie der Reportage- oder der Tatsachenroman dokumentieren, der aber auch von zeitgenössischen Lesern gerne auf autobiografische oder historische Hintergründe hin befragt wird. Auf der anderen Seite stellen gerade der experimentelle und der postmoderne Roman in selbstreflexiven Passagen immer wieder die Konstruiertheit der fiktionalen Welten, wenn nicht der sozialen Wirklichkeit selbst, heraus. Die letztere Reflexion stünde journalistischen Erzeugnissen schlecht an, weil sie sich damit den Boden der faktischen Wirklichkeit wegziehen würde, auf dem sie steht.

Defoe bildet ein sehr gutes ‚schlechtes' Beispiel für Journalismus, da er sein Spiel mit dem Zwielicht der Wahrscheinlichkeit immer im Blick auf seine Auftraggeber und den Markt der Leser trieb, und im Zweifelsfall eine gute Erfindung über die faktische Wahrheit stellte. Heute fordert die britische *Press Complaints Commission*, zwischen Fakten, Mutmaßungen und Kommentar zu trennen, muss jedoch erkennen, dass dies in der Praxis häufig nicht eingehalten wird (Wilson 1996, 47-48). Defoe setzte bewusst zweifelhafte Praktiken ein, die heute noch zu durchaus üblichen – wenn auch offiziell verpönten – Methoden gehören, um Glaubwürdigkeit herzustellen: „The little deceits are to add credence (...) ‚Don't let the facts get in the way of a good story'" (Wilson 1996, 156-57). In den elektronischen Medien sind die Täuschungen noch überzeugender, weil die Möglichkeiten technischer und digitaler Bearbeitung Manipulationen des Bild- und Filmmaterials erlauben, das von vielen Rezipienten als authentisch und glaubwürdig erlebt wird. Die Inszenierung von Wirklichkeit in Reality Television und in der politisch motivierten zeitgenössischen Kriegsberichtserstattung lässt den Unterschied zwischen Fakten und Fiktionen verschwimmen.

Die besondere Schwierigkeit der Presse am Anfang des 18. Jahrhunderts, Credit zu etablieren, lenkt die Aufmerksamkeit gerade auf ihre Probleme angesichts der Notwendigkeiten:

1. ihre Produkte zu finanzieren und zu verkaufen,
2. die Aufmerksamkeit der Leser zu gewinnen und zu behalten,

3. Interessenskonflikte zwischen Eigentümern beziehungsweise Herausgebern und Parteien, über die berichtet wird, auszuhalten und
4. dennoch der eigenen Berufsethik der Wahrhaftigkeit und Wahrheit verpflichtet zu bleiben.

Escott liegt vollkommen falsch, wenn er enthusiastisch Defoes *Review* bereits als vierte Macht bezeichnet, die die Regierung wachsam überpüft und der die Massen mehr vertrauten als ihren Repräsentanten im Parlament (1911, 78). Gerade das Gegenteil ist richtig, denn die häufige Thematisierung des schlechten Rufes der Presse und der Glaubwürdigkeit ihrer Faktionen trug wahrscheinlich weniger zur Manipulation der Leser als zur Erziehung eines gesunden Misstrauens bei, weshalb die frühe Entstehung der bürgerlichen Öffentlichkeit in doppelter Perspektive zu sehen ist, die bis heute nichts von ihrer Relevanz verloren hat: Der Leser, der an die Presse als Kritik der politischen Macht glaubt, hat nur die Hälfte verstanden, wenn er nicht zur Kritik an der Glaubwürdigkeit der Presse fähig ist.

Literatur

Backscheider, Paula R. (1981): Defoe's Lady Credit. In: The Henry E. Huntington Library Quarterly (44:2), 89-100.

Backscheider, Paula R. (1985): Defoe and the Geography of the Mind. In: Armistead, J. M. (Hrsg.): The First English Novelists: Essays in Understanding (Tennessee Studies in Literature 29). Knoxville: University of Tennessee Press, 41-66.

Backscheider, Paula R. (1989): Daniel Defoe. His Life. Baltimore: the Johns Hopkins University Press.

Caruthers, Bruce G. (1996): City of Capital. Politics and Markets in the English Financial Revolution. Princeton, N.J.: Princeton University Press.

Blöbaum, Bernd (2003). Literatur und Journalismus. Zur Struktur und zum Verhältnis von zwei Systemen. In: Blöbaum, Bernd/ Neuhaus, Stephan (Hrsg.): Literatur und Journalismus. Theorien, Kontexte, Fallstudien. Wiesbaden: Westdeutscher Verlag.

Chandler, Eric V. (1996): The Public Sphere and Eighteenth-Century Anxieties about Cultural Production in England. In: Spinks, C.W./ Deely, John (Hrsg.): Semiotics 1995. Proceedings of 20th Annual Meeting of Semiotic Society of America, 19-22 Oct. 1995. New York: Peter Lang, 111-19.

Colley, Linda (1992): Britons. Forging the Nation 1707-1837. New Haven/ London: Yale University Press.

Davis, Lennard J. (1983): Factual Fictions. The Origins of the English Novel. New York & Guildford, Surrey: Columbia University Press.

Defoe, Daniel (1702): The Shortest Way With the Dissenters or Proposals for the Establishment of the Church. In: The Shortest Way With the Dissenters And Other Pamphlets by Daniel Defoe, 1927. Nachdr. London, Beccles und Colchester: William Clowes & Sons, 1974, 113-134.

Defoe, Daniel (1719): The Life and Strange Surprising Adventures of Robinson Crusoe, of York, Mariner: Who lived Eight and Twenty Years all alone in an un-inhabited Island on the Coast of America, near the Mouth of the Great River of Oroonoque; Having been cast on Shore by Shipwreck, wherein all the Men perished but himself. With an Account how he was at last as strangely deliver'd by Pyrates. Written by Himself. 3 Bde., Oxford: Shakespeare Head Press: 1927. Nachdr. London, Beccles u. Colchester: William Clowes & Sons, 1974.

Defoe, Daniel (1720): Serious Reflexions during the Life and Surprising Adventures of Robinson Crusoe. In: Aitken, George A. (Hrsg.): Romances and Narratives by Daniel Defoe in Sixteen Volumes, Bd. 3., London 1895. Nachdr. New York: AMS Press 1974.

Defoe, Daniel (1938): Defoe's Review. Reproduced from the Original Editions, with an Introduction and Bibliographical Notes by Arthur Wellesley Secord, 22 Bde., New York: Columbia University Press.

Defoe, Daniel (1955): The Letters of Daniel Defoe. George Harris Healey (Hrsg.). Oxford: Clarendon Press.

Downie, J. A. (1979): Robert Harley and the Press. Propaganda and Public Opinion in the Age of Swift and Defoe. Cambridge u. a.: Cambridge University Press.

Earle, Peter (1976): The World of Defoe. London: Weidenfeld and Nicolson.

Ehrismann, Dieter (1991): The Ambidextrous Defoe. A Study of His Journalism and Fiction. Dissertation Universität Zürich. Private Publikation.

Escott, T. H. S. (1911): Masters of English Journalism. A Study of Personal Forces. Nachdr. O. Ort. Folcroft Library Editions 1970.

Foster, James O. (1992) *Robinson Crusoe* and the Uses of the Imagination. Journal of English and Germanic Philology (91:11), 79-202.

Gernalzik, Nadja (2000): Kredit und Kultur. Ökonomie- und Geldbegriff bei Jacques Derrida und in der amerikanischen Literaturtheorie der Postmoderne. Heidelberg: Winter.

Gildon, Charles (1719): The Life and Strange Surprizing Adventures of Mr. D..... De F..., of London, Hosier. In: Dottin, Paul (Hrsg.): Robinson Crusoe Examin'd and Criticis'd, 1923. Nachdr. Folcroft: Folcroft Library Editions 1974.

Habermas, Jürgen (1962): Strukturwandel der Öffentlichkeit. Untersuchungen zu einer Kategorie der bürgerlichen Gesellschaft, 10. Aufl., Darmstadt und Neuwied: Luchterhand, 1979.

Hoppit, Julian (1990): Attitudes to Credit in Britain, 1680-1790. In: The Historical Journal (33.2), 305-322.

James, Antony E. (1972): Defoe's Narrative Artistry: Naming and Describing in *Robinson Crusoe*. Costerus Essays in English and American Language and Literature (5), 51-73.

Kalb, Gertrud (1983): Travel Literature Reinterpreted: *Robinson Crusoe* und die religiöse Thematik der Reiseliteratur. In: Anglia (101), 407-420.

Locke, John (1690): An Essay Concerning Human Understanding, P. H. Nidditch (Hrsg.). Oxford: Oxford University Press, 1979.

Meyer, Michael (2003): Defoes ‚Faktionen' und die Entstehung der bürgerlichen Öffentlichkeit. In: Blöbaum, Bernd/ Neuhaus, Stefan (Hrsg.): Literatur und Journalismus. Opladen: Westdeutscher Verlag, 2003, 111-136.

Novak, Maximilian E. (2001): Daniel Defoe. Master of Fictions. His Life and Ideas, Oxford: Oxford University Press.

O'Brien, John F. (1996): The Character of Credit: Defoe's 'Lady Credit', *The Fortunate Mistress*, and the Resources of Inconstancy in Early Eighteenth-Century Britain. In: English Literary History (63), 603-631.

Payne, William L. (1948): Index to Defoe's Review. New York: Columbia University Press.

Schaffer, Simon (1989): Defoe's Natural Philosophy and the Worlds of Credit. In: Christie, John/ Shuttleworth, Sally (Hrsg.): Nature Transfigured. Science and Literature, 1700-1900. Manchester/ New York: Manchester University Press: 13-44.

Schmidt, Johann N. (1991). Von der Restauration zur Vorromantik. In: Seeber, Hans Ulrich (Hrsg.): Englische Literaturgeschichte. Stuttgart: Metzler, 149-216.

Suerbaum, Ulrich (2000): Retreat from Narrative: Daniel Defoe's Serious Reflexions of Robinson Crusoe. In: Reitz, Bernhard/ Voigts-Virchow, Eckart (Hrsg.): Lineages of the Novel: Essays in Honour of Raimund Borgmeier. Trier: WVT, 23-32.

Sutherland, James (1987): The Relation of Defoe's Fiction to His Nonfictional Writings. In: Harold Bloom (Hrsg.): Daniel Defoe. Modern Critical Views. New York/ New Haven/ Philadelphia: Chelsea House Publ., 45-56.

Turner, John (1994): Powerful Information. Reporting national and local government. In: Keeble, Richard (Hrsg.): The Newspapers Handbook. London/ New York: Routledge, 202-230.

Vickers, Ilse (1996): Defoe and New Sciences. Cambridge: Cambridge University Press.

West, Richard (1997): The Life and Strange Surprising Adventures of Daniel Defoe. London: HarperCollins.

Wilson, John (1996): Understanding Journalism. A Guide to Issues, London/ New York: Routledge.

(Un-)Zuverlässigkeitsurteile aus literaturwissenschaftlicher Sicht: Textuelle Signale, lebensweltliche Bezugsrahmen und Kriterien für die Zuschreibung von (Un-)Glaubwürdigkeit in fiktionalen und nichtfiktionalen Erzählungen

Gaby Allrath, Ansgar Nünning

Wie die Vielzahl und Bandbreite der Artikel in diesem Band belegen, handelt es sich bei der Frage nach der Vertrauenswürdigkeit um ein Themengebiet, dessen Relevanz die Grenzen der Disziplinen überschreitet. Innerhalb der Literaturwissenschaft beschäftigt sich die Narratologie mit Glaubwürdigkeit von Erzählern[1] und Erzählungen. In diesem Zusammenhang ist natürlich besonders die Frage nach den literarischen Verfahren von Bedeutung, mit deren Hilfe in fiktionalen Texten der Eindruck von Unzuverlässigkeit beziehungsweise Zuverlässigkeit erzeugt wird. Eine literaturwissenschaftliche Herangehensweise an das Themengebiet ‚Vertrauen und Vertrauenswürdigkeit' wird also Fragen in den Mittelpunkt stellen wie: Wann kann ein fiktionaler Sprecher in einem literarischen Text als unzuverlässig bezeichnet werden? Welche textuellen Merkmale legen eine solche Interpretation nahe? Handelt es sich bei der Unglaubwürdigkeit einer Sprecherin eher um ein textuelles Phänomen, oder müssen auch Autor und/ oder Leserin in eine Konzeption unzuverlässigen Erzählens einbezogen werden?

Trotz der privilegierten Stellung, die literarischen Texten für eine literaturwissenschaftliche Betrachtungsweise zukommt, sollen die folgenden Überlegungen jedoch nicht auf fiktionale Texte beschränkt werden. Vielmehr legt es sowohl die in jüngster Zeit zu beobachtende Ausweitung des Gegenstandsbereichs der Erzähltheorie auf nichtfiktionale Diskurse als auch die insgesamt in den letzten Jahren festzustellende Ausweitung der Literaturwissenschaft in Richtung einer disziplinübergreifenden Kulturwissenschaft nahe, über den ‚Tellerrand' hinwegzuschauen und einige erste Überlegungen anzustellen, wie man die Einsichten der literaturwissenschaftlichen Unzuverlässigkeitsforschung für nichtliterarische Kontexte fruchtbar machen kann.

---

1 Männliche und weibliche Formen werden im Folgenden alternierend verwendet.

In lebensweltlichen Zusammenhängen kann das Phänomen der Unzuverlässigkeit auf verschiedene Art und Weise mit dem Erzählen in Beziehung gesetzt werden. Einerseits können Erzählungen dazu dienen, die Glaubwürdigkeit einer Aussage zu erhöhen. So werden beispielsweise in audiovisuellen Werbebeiträgen, die im Fernsehen oder auch im Kino zu sehen sind, oftmals kurze Geschichten erzählt, deren Aufgabe es ist, die Vorzüge eines Produkts zu illustrieren. Erzählen kann also selbst als Authentisierungsstrategie dienen. Andererseits gehört die Einschätzung der Glaubwürdigkeit eines Sprechers zu den entscheidenden Kriterien, auf Grund derer Erzählungen beurteilt werden. Diese Fragestellung ist für fiktionale Erzählungen ebenso relevant wie für die Alltagserzählungen, denen wir in einer Vielzahl von Kontexten begegnen (z.B. juristische Zeugenaussagen, psychologische Fallgeschichten oder journalistische Erzählungen). Denn nur wenn lebensweltliche Sprecherinnen glaubwürdig und zuverlässig erscheinen, kann einer von ihnen erzählten Geschichte die oben skizzierte authentisierende Funktion zugeschrieben werden.[2]

Die weitreichende Relevanz dieses Themenkomplexes auch für lebensweltliche Erzählungen steht jedoch in scharfem Kontrast zu der nur sehr begrenzten Aufmerksamkeit, die die Erzähltheorie bisher der Frage nach der Glaubwürdigkeit von Sprechern in nichtfiktionalen Erzählungen gewidmet hat – lediglich Jackson (1990) untersucht beispielsweise juristische Zeugenaussagen unter dem Fokus der Glaubwürdigkeitsfrage. Zum Teil ist diese Beschränkung der narratologischen Unzuverlässigkeitsforschung sicherlich forschungsgeschichtlich bedingt, da die klassische Erzähltheorie sich beinahe ausschließlich mit fiktionalen, literarischen Texten beschäftigt hat. Erst in jüngster Zeit hat die postklassische Narratologie ihren Forschungsbereich auch auf andere Gattungen, Medien oder gar Disziplinen ausgeweitet.[3] Damit soll der Einsicht Rechnung getragen werden, dass Erzählen kein auf den literarischen Diskurs beschränktes Phänomen ist, sondern dass wir auch in unserem Alltagsleben ständig und überall mit Erzählungen konfrontiert werden (vgl. zur Ubiquität von Erzählungen den Bei-

---

2 Wie Andreas Solbach (2004) in einem demnächst erscheinenden Beitrag herausgestellt hat, finden sich schon in der antiken Rhetorik Hinweise darauf, dass sich die politischen Redenschreiber der Bedeutung des Eindrucks der Glaubwürdigkeit für die Wirkung einer Rede bewusst waren: Während Aristoteles die Diskursvoraussetzungen als zentrale Quelle für die Zuschreibung von Vertrauenswürdigkeit ansieht, richtet Cicero sein Augenmerk vielmehr auf inhaltliche Aspekte der Rede.

3 Zur Unterscheidung zwischen klassischer, das heißt strukturalistisch geprägter, und postklassischer Narratologie vgl. Herman 1999b; zur transgenerischen, intermedialen und interdisziplinären Ausweitung der Erzähltheorie vgl. die von Nünning/ Nünning 2002a und Nash 1990 herausgegebenen Sammelbände.

trag von Nünning/ Nünning 2002b, der „das Narrative als ein für viele Gattungen, Medien und Diskurse relevantes Phänomen konzipiert.") Auf Grund der Besonderheiten der Kommunikationssituation in fiktionalen Texten – das heißt auf Grund der zusätzlichen, bei nichtfiktionalen Texten nicht vorhandenen innertextuellen Ebene der erzählerischen Vermittlung – stellt sich die Glaubwürdigkeitsfrage in solchen Texten jedoch signifikant anders dar. Dies hat unter anderem zur Folge, dass die Erkenntnisse der bisherigen, auf fiktionale Texte ausgerichteten narratologischen Unzuverlässigkeitsforschung nicht einfach auf nichtfiktionale Erzählungen übertragen werden können, sondern dass hierfür eine Reihe von Modifikationen notwendig ist.

Im Folgenden soll daher zunächst kurz die Entwicklung der narratologischen Forschung zur erzählerischen Unzuverlässigkeit skizziert werden. Darauf aufbauend sollen dann im zweiten Abschnitt dieses Artikels die wichtigsten Bausteine einer kognitiv-narratologischen Konzeption von *unreliable narration* vorgestellt werden, wobei auch die in jüngster Zeit von der kulturwissenschaftlichen und der feministischen Erzähltheorie vorgebrachten Modifikationen berücksichtigt werden. Schließlich sollen im dritten Abschnitt erste Überlegungen erfolgen, inwiefern die Einsichten der literaturwissenschaftlichen Forschung auf nichtfiktionale Kontexte übertragen werden können, beziehungsweise welche Modifikationen für eine solche Übertragung notwendig sind. Die Fragen, auf Grund welcher textuellen und außertextuellen Merkmale eine Sprecherin als vertrauenswürdig eingestuft wird, welche Erzählstrategien den Eindruck der Glaubwürdigkeit bestärken oder unterminieren und inwiefern kulturelle Referenzrahmen als Bezugsgröße für eine solche Beurteilung herangezogen werden können, dienen dabei als roter Faden der folgenden Überlegungen.

1. Eine kurze Geschichte der erzähltheoretischen Beschäftigung mit dem ‚(un-)zuverlässigen Erzählen'

Seit Wayne C. Booths Prägung des Begriffs *unreliable narrator* in seiner *Rhetoric of Fiction* (1961) sind mehr als vier Jahrzehnte vergangen, in denen eine beinahe unüberschaubar große Zahl von Narratologen sich immer wieder mit dem Phänomen des unzuverlässigen Erzählens beschäftigt hat. Obwohl bislang noch keine Einigkeit über die Frage, wie denn unzuverlässiges Erzählen genau zu definieren sei, erzielt werden konnte, lassen sich einige deutliche Entwicklungslinien innerhalb der Forschung feststellen. So waren die Anfänge der Unzuverlässigkeitsforschung bei Booth dominant rhetorisch ausgerichtet. Sein Ziel war es, Diskrepanzen zwischen dem Inhalt der Erzählerrede und der Gesamtbedeutung eines Romans (oder einer anderen fiktionalen Erzählung) theoretisch zu fassen, indem er die ‚eigentliche', von den Leserinnen zu erschließende Textbedeutung dem *implied author* zuschreibt: „I have called a narrator *reliable* when he speaks for or acts in accordance with the norms of the work (which is to say, the implied author's norms), *unreliable* when he does not" (ebd. 158f.). In dieser Definition setzt Booth somit die „Normen eines Werks" mit den „Normen des impliziten Autors" gleich, ohne dabei zu erläutern, wie Leser diese Normen erschließen können. Durch die Rückbindung des Konzepts des unzuverlässigen Erzählens an das bis heute in der Erzähltheorie umstrittene, hochgradig vage Konstrukt des impliziten Autors bleibt zudem bei Booth offen, inwieweit außertextuelle Instanzen wie der reale Autor oder auch die Leser eine relevante Kategorie für ein solches Unzuverlässigkeitsurteil darstellen.

Als strukturalistische Narratologen wie Seymour Chatman (1978, 1990) oder Shlomith Rimmon-Kenan (1983) Booths Konzept aufgriffen, lösten sie dessen Mehrdeutigkeit auf, indem sie es auf die rein textuelle Dimension beschränkten. In der klassischen Narratologie wird Unzuverlässigkeit demnach oftmals als objektiv messbare, textuell belegbare Eigenschaft einer Erzählinstanz verstanden. Der *implied author* dient zwar weiterhin als Maßstab für die (Un-)Zuverlässigkeit einer fiktionalen Sprecherin, aber auch diese Instanz wird nun rein textuell konzipiert. Neben der Heterogenität der Phänomene, die üblicherweise unter dem Begriff des unzuverlässigen Erzählens subsumiert werden, sind vor allem die mangelnde theoretische Präzision, methodische Operationalisierbarkeit und typologische Differenzierung solcher Definitionen von *unreliable narration* kritisiert worden.

Es hat mehrfach Versuche einer grundlegenden Neukonzeption unzuverlässigen Erzählens gegeben, von denen der von Tamar Yacobi (1981) entwickelte Ansatz, Unzuverlässigkeit als ‚kommunikatives Problem' zu begreifen, auf kognitiv-narratologische Konzeptionen vorausweist. Yacobi geht davon aus, dass Leser textuelle Widersprüche, Inkonsistenzen und Ambiguitäten unter anderem dadurch auflösen können, dass sie diese Auffälligkeiten der verzerrenden Perspektive der Erzählinstanz zuschreiben. Gemäß der von Yacobi entwickelten Konzeption unzuverlässigen Erzählens ist Unzuverlässigkeit also nicht länger als Eigenschaft der Erzählinstanz zu verstehen, sondern als Rezeptionsstrategie der Leserinnen. Dieser Gedanke wurde durch Ansgar Nünning in einer Reihe von Aufsätzen (1997, 1998, 1999) zu einer kognitiv-narratologischen Theorie unzuverlässigen Erzählens weiterentwickelt, die nun im Folgenden kurz vorgestellt werden soll.

2. Zentrale Bausteine einer kognitiv-narratologischen Theorie (un-)zuverlässigen Erzählens in fiktionalen Texten

Um das komplexe Phänomen der *unreliability* adäquat fassen zu können, bedarf es eines Rückgriffs auf einen rezeptionsorientierten pragmatischen oder kognitiven Theorierahmen, wie er in den letzten Jahren unter dem Begriff ‚kognitive Narratologie' bekannt geworden ist. Dieser postklassische erzähltheoretische Ansatz geht insofern über die engen Grenzen der strukturalistischen Erzähltheorie hinaus, als dass er sein „Interesse v.a. auf die Wirkung von Texten, die Rolle der Rezipientin im Leseprozeß sowie die Prozesse der Text- und Informationsverarbeitung" (Zerweck 2002, 220) richtet (vgl. zu kognitiven Ansätzen in der Narratologie Fludernik 1996, Jahn 1997 sowie Zerweck 2002.) Den Ausgangspunkt einer kognitiv-narratologischen Konzeptualisierung unzuverlässigen Erzählens bildet also die Einsicht, dass es sich bei *unreliable narration* nicht um ein rein textimmanentes – sei es strukturelles oder semantisches – Phänomen handelt, sondern um ein relationales beziehungsweise interaktionales, bei dem die Informationen und Strukturen des Textes und das von Rezipienten an den Text herangetragene Weltwissen und Werte- und Normensystem gleichermaßen zu berücksichtigen sind.[4]

Einer kognitiv-narratologischen Konzeption unzuverlässigen Erzählens gemäß wird ein Text im Leseprozess dadurch ‚naturalisiert' – also mit bereits existenten Diskurstypen oder Modellen in Beziehung gesetzt (vgl. Culler 1975, 138 zum Begriff der ‚Naturalisierung': „[T]o naturalize a text is to bring it into relation with a type of discourse or model which is already, in some sense, natural and legible.") Das heißt, dass der Text auf das lebensweltliche Wissen der Leser bezogen wird. Textuellen Inkonsistenzen wird somit durch den Rückgriff auf etablierte kulturelle Modelle eine bestimmte Funktion zugewiesen. Einer solchen Konzeption zufolge ‚entnehmen' Rezipientinnen einem Text nicht einfach Informationen, sondern sie konstruieren selbst Bedeutungen unter Rückgriff auf kognitive Schemata und lebensweltliche Erfahrungen: „Readers actively construct meanings and impose frames on their interpretations of texts just as people have to interpret real-life experience in terms of available schemata" (Fludernik 1996, 12).

Wie nicht zuletzt in diesem Zitat deutlich wird, sind kognitiv-narratologische Konzeptionen unzuverlässigen Erzählens eng an lebensweltliche Muster von

4 Zu den wichtigsten Vorarbeiten für eine kognitiv-narratologische Konzeption unzuverlässigen Erzählens gehören neben Yacobi (1981) auch die Beiträge von Renate Hof (1984) und besonders von Kathleen Wall (1994).

Verlässlichkeit angelehnt: Eine Erzählerfigur wird dann als unzuverlässig interpretiert, wenn ihr Verhalten nicht den von den Leserinnen an den Text herangetragenen Erwartungshaltungen und Normalitätsvorstellungen entspricht. Bei diesem Beurteilungsprozess sind deutliche Parallelen zu der Art und Weise zu erkennen, wie wir die Glaubwürdigkeit der Interaktionspartner einschätzen, denen wir in unserer alltäglichen Lebenswelt begegnen. In Analogie zu lebensweltlichen Verhaltensmustern stellen dabei besonders die ‚Persönlichkeit' der fiktionalen Erzählinstanz und ihre ‚soziale Identität' (im Sinne von Lanser 1981) zentrale Kategorien für die Beurteilung ihrer Zuverlässigkeit dar. Solche Aspekte des ‚sozialen Status' einer Erzählinstanz wie ihr „Beruf, Geschlecht, Nationalität, Ehestand, sexuelle Präferenzen, Bildung, Rassen- und sozioökonomische Klassenzugehörigkeit" (ebd. 166) geben den Lesern nicht nur wichtige Informationen über die Erzählerfigur selbst, sondern tragen auch zu ihrer Bewertung als zuverlässige oder unzuverlässige Sprecherinstanz bei. Wenn man mit der kognitiven Narratologie davon ausgeht, dass Unzuverlässigkeit keine *Eigenschaft* einer Erzählinstanz ist, sondern dass es sich hierbei um eine *Zuschreibung* durch die Rezipientinnen handelt, dann hat das Bild, das wir uns von fiktiven Personen machen, großen Einfluss darauf, ob wir sie als glaubwürdig oder unglaubwürdig einstufen. Somit stellt die soziale Identität, die ein Autor für seine Erzählinstanz kreiert, eine wichtige Strategie zur Lenkung (wenn auch sicherlich nicht zur letztendlichen Festlegung) der Rezeption einer fiktionalen Erzählung dar.

Die Beurteilung der Glaubwürdigkeit einer Erzählinstanz hängt entscheidend von dem allgemeinen Weltwissen, den Werten, Normen, Moral- und Normalitätsvorstellungen sowie dem Vorwissen über literarische Konventionen ab, das die Rezipientinnen an den Text herantragen. Bei der Zuschreibung von Unzuverlässigkeit an eine fiktionale Erzählinstanz handelt es sich also um den (mehr oder weniger unbewussten) Versuch, den Text mit verbreiteten kulturellen Modellen oder literarischen Konventionen in Einklang zu bringen. Erst die Bezugnahme auf solche lebensweltlichen und literarischen Muster stellt für die Rezipienten einen außertextuellen Maßstab bereit, an dem der Grad der Zuverlässigkeit einer Erzählerfigur gemessen werden kann. Somit gilt das, was Jonathan Culler (1975, 144) über die meisten literarischen Wirkungen schreibt, in besonderem Maße für Texte mit einer unzuverlässigen Erzählerfigur: „[M]ost literary effects, particularly in narrative prose, depend on the fact that readers will try to relate what the text tells them to a level of ordinary human concerns, to the actions and reactions of characters constructed in accordance with models of integrity and coherence." Wenn es nicht allein die vom Text vorgegebenen

Informationen, sondern auch die kulturellen Modelle und Bezugsrahmen der Leserinnen sind, die die Wahrnehmung und Beurteilung der Unglaubwürdigkeit von Erzählinstanzen bestimmen, dann ist Unzuverlässigkeit keine *Eigenschaft* des Erzählers. Es handelt sich bei solchen Unzuverlässigkeitsurteilen vielmehr um eine Feststellung der Betrachterinnen, die historisch, kulturell und letztlich sogar individuell stark variieren kann.[5]

Trotz der entscheidenden Rolle, die kulturelle Modelle sowie gesellschaftliche Normen und Werte als Bezugsrahmen für die Frage nach der mangelnden Glaubwürdigkeit von Erzählern spielen, handelt es sich bei der Unzuverlässigkeitshypothese jedoch nicht um eine Rezeptionsstrategie, die beliebig auf jeden Text angewendet werden kann. Vielmehr ist ein Aufrufen dieser Interpretationsstrategie nur dann wahrscheinlich, wenn eine Reihe von Voraussetzungen erfüllt sind. Zu diesen Vorbedingungen für die Zuschreibung von Unzuverlässigkeit im narratologischen Sinne gehört erstens die starke Personalisierung der Erzählsituation und das Vorhandensein einer anthropomorphen Erzählfigur (vgl. hierzu Margolin 1998 sowie, darauf anbauend, Zerweck 2001, 155-159 und Allrath 2003. Da die Charakterisierung einer Erzählinstanz als ‚nicht vertrauenswürdig' die Übertragung einer Eigenschaft, die normalerweise zur Beschreibung von realweltlichen Menschen verwendet wird, auf eine fiktionale ‚Person' impliziert, setzt ein solcher Transfer die Existenz einer Erzählinstanz voraus, der quasi-menschliche Eigenschaften zugeschrieben werden können. Zweitens stellt das Vorhandensein einer fiktionalen Textwelt eine wichtige Bedingung für die Zuschreibung von Unzuverlässigkeit dar, deren Fehlen beispielsweise in hochgradig experimentellen Erzähltexten zum Aufrufen anderer Naturalisierungsstrategien führt. Darüber hinaus ist in der narratologischen Diskussion drittens häufig die Frage thematisiert worden, ob unzuverlässige Erzählerinnen ausschließlich in Texten zu finden sind, in denen die Erzählinstanz gleichzeitig in Personalunion eine Figur der erzählten Welt ist (‚homodiegetische' bzw. ‚Ich-Erzähler'), oder ob auch Erzählerinnen, die selbst nicht am erzählten Geschehen teilhaben (‚heterodiegetische' bzw. ‚auktoriale Erzähler'), unzuverlässig sein können (vgl. hierzu Jahn 1998). Wenn die Diskussion bisher auch zu keinem befriedigenden

5 Vgl. auch Zerweck (2002, 235), der das komplexe Zusammenspiel zwischen der textuellen und der kontextuellen Dimension unzuverlässigen Erzählens wie folgt zusammenfasst: „Auch wenn die textuellen Informationen den Naturalisierungsprozeß stark beeinflussen (und man deshalb auch nicht davon sprechen kann, dass der Text oder die Intention des Autors keinerlei Rolle spielen), vollzieht sich die Beurteilung von erzählerischer Unzuverlässigkeit zugleich stets auf der Grundlage der ästhetischen, moralischen, philosophischen, kulturellen oder persönlichen Werte und Normen der jeweiligen Leserin."

Abschluss geführt worden ist, sind sich jedoch alle Narratologinnen einig, dass das homodiegetische Erzählen die bei weitem häufigste (wenn auch möglicherweise nicht die einzige) Erzählsituation für *unreliable narration* darstellt.

Das narratologische Konzept des ‚unzuverlässigen Erzählens' geht ferner von einer Reihe von epistemologischen und ontologischen Prämissen aus, die in einer liberal-humanistischen Sichtweise von Literatur (und der außerliterarischen Welt) begründet sind und die ein Verständnis von ‚Wahrheit' und ‚Objektivität' ansetzen, das von den poststrukturalistischen und konstruktivistischen Denkmodellen der letzten Dekaden zunehmend in Zweifel gezogen worden ist. Dazu gehört beispielsweise die Annahme, dass eine glaubwürdige und zuverlässige Schilderung von Ereignissen prinzipiell möglich sei, sowie die Prämisse, dass Sprache ein transparentes Medium darstelle, mit Hilfe dessen eine im Grunde stabile und erfassbare Realität grundsätzlich mehr oder weniger objektiv beschrieben werden könne.

Diese Prämissen von narratologischen Konzeptionen von *unreliable narration* sind insofern auch für nichtfiktionales Erzählen relevant, als auch hier die Annahme zu Grunde gelegt wird, dass eine zuverlässige Schilderung von Ereignissen prinzipiell möglich sei. Dies wird beispielsweise bei der Vereidigung von Zeugen vor Gericht deutlich: Der von Zeugen zu leistende Schwur: „die Wahrheit, die ganze Wahrheit und nichts als die Wahrheit" zu sagen, impliziert nämlich zum einen, dass es Menschen möglich ist, ‚die Wahrheit' überhaupt zu erkennen, und dass sie zum anderen zumindest theoretisch in der Lage sind, diese auch sprachlich darzustellen. Die dieser Vereidigung zu Grunde liegenden Annahmen stehen jedoch der inzwischen weitgehend akzeptierten Erkenntnis, dass jede Wahrnehmung durch das Voraussetzungssystem des Wahrnehmenden und die jeweiligen Umstände des Perzeptionsprozesses beeinflusst wird, unversöhnlich gegenüber.

Ein weiteres Problem, das in der erzähltheoretischen Forschung zum unzuverlässigen Erzählen immer wieder erörtert wurde, ist die Heterogenität der Phänomene, die unter dem Begriff der Unzuverlässigkeit subsumiert wurden. Während einige Narratologen davon ausgehen, dass das Konzept der Unzuverlässigkeit primär zur Beschreibung der problematischen Normen, Werte und Moralvorstellungen von Erzählern eingesetzt werden sollte, plädieren andere dafür, diesen Begriff vor allem für solche Erzählinstanzen zu verwenden, deren Wahrnehmung der erzählten Welt fehlerhaft ist und deren Schilderung der fiktionalen Ereignisse daher Defizite zeigt. Den bisher überzeugendsten Vorschlag zur Lösung dieses Problems liefern James Phelan und Mary Patricia Martin (1999, 94), die auf die große ‚Familienähnlichkeit' (im Sinne Wittgensteins) zwischen den verschiedenen Ausprägungen unzuverlässigen Erzählens hingewiesen haben. Sie schlagen daher vor, alle devianten Formen des Erzählens unter den Begriff der ‚Unzuverlässigkeit' zu fassen und dann drei verschiedene Achsen unzuverlässigen Erzählens zu unterscheiden. In Modifikation von Phelans und Martins Vorschlag gehen wir jedoch nur von zwei grundsätzlichen Achsen erzählerischer Unzuverlässigkeit aus – nämlich der Achse der Fakten und der Achse der Bewertungen –, die dann weiter untergliedert werden können (vgl. Allrath 2003 für eine detailliertere Diskussion dieser Differenzierung). Gegenüber herkömmlichen Konzeptionen hat das hier vorgestellte Modell den Vorteil, dass durch die Differenzierung zwischen zwei separaten, aber miteinander verbundenen Achsen erstmals die komplexen Kombinationsmöglichkeiten der verschiedenen Ausprägungen erzählerischer Unzuverlässigkeit präzise beschrieben werden können. So ist es denkbar, dass eine Erzählerin unzuverlässig auf der einen und gleichzeitig recht zuverlässig auf der anderen Achse ist, dass sie auf beiden Achsen sehr unzuverlässig ist, oder dass sie sowohl in Bezug auf ihre Faktendarstellung als auch in Bezug auf ihre Wertungen relativ nah am Pol des zuverlässigen Erzählens situiert werden kann.

Damit die Rezeptionsstrategie des ‚unzuverlässigen Erzählens' aufgerufen wird, müssen in dem betreffenden Text Widersprüche, Inkonsistenzen oder andere Signale vorliegen, die zumindest die Möglichkeit nahelegen, der Erzähler sei unzuverlässig. Nur wenn die Rezipientinnen durch solche Markierungen wie textuelle Widersprüche, ein problematisches Normen- und Wertesystem der Erzählerfigur, eine Vielzahl von Leseranreden, die Thematisierung der Unzuverlässigkeit von Erinnerungen, durch linguistische Indikatoren für einen hohen Grad an Subjektivität und Expressivität oder durch paratextuelle Elemente wie Titel, Kapitelüberschriften, Vor- und Nachwort auf die *potenzielle* mangelnde Vertrauenswürdigkeit der Erzählinstanz aufmerksam gemacht werden, entsteht nämlich die Notwendigkeit, nach geeigneten Rezeptionsstrategien zu suchen (vgl. A. Nünning 1998, 27f. sowie Allrath 1998 und 2003 zu Signalen für unzuverlässiges Erzählen; vgl. Yacobi 2000, 715 zu einer scharfen Kritik solcher Versuche, Signale für *unreliable narration* zusammenzutragen).

Dabei ist jedoch zu bedenken, dass auch solchen ‚Signalen für erzählerische Unzuverlässigkeit' nicht per se eine Signalwirkung zugesprochen werden kann: Zum einen wird jeder Leser sein Augenmerk auf unterschiedliche Elemente des Textes richten, also eine – zumindest innerhalb bestimmter, kulturell determinierter Grenzen variable – Selektion und Bewertung der Textelemente vornehmen. Zum anderen, und dies ist der wichtigere Einwand, setzen auch ‚Signale' immer bestimmte Normalitätskonzeptionen voraus. Erst in Abgrenzung von solchen Normalitätsvorstellungen wird dann bestimmten Textelementen eine besondere Bedeutung zugeschrieben. So können verschiedene, hochgradig unterschiedliche Präsentationen desselben Geschehens durch die Erzählinstanz innerhalb einer Erzählung nur dann als Markierung von Unzuverlässigkeit betrachtet werden, wenn man von der Überzeugung ausgeht, dass es sich bei Erinnerungen um eine (weitgehend) unveränderliche Rekonstruktion vergangenen Geschehens handelt. Wenn man hingegen annimmt, dass jede Erinnerung notwendigerweise eine aktive Konstruktion vergangener Ereignisse durch die Erinnernde ist, die immer von den gegenwärtigen Umständen des Erinnerungsprozesses beeinflusst wird, sind Differenzen zwischen verschiedenen Versionen erinnerten Geschehens weit weniger normabweichend. Dadurch ist auch die Signalwirkung eines solchen Textmerkmals deutlich eingeschränkt. Ebenso ist auch ein hoher Grad an emotionaler Involviertheit nur dann ein Indikator für die potenzielle Unglaubwürdigkeit einer Erzählung, wenn Rationalität und Distanziertheit als ‚normal' angesehen werden.

Die Relativität der lebensweltlichen und literarischen Maßstäbe, die zur Beurteilung von Unzuverlässigkeit herangezogen werden, ist in jüngster Zeit zunehmend ins Zentrum der narratologischen Aufmerksamkeit gerückt. Wirklichkeitskonstruktionen, Normen und Werte, Moralvorstellungen, literarische Konventionen – all diese Maßstäbe sind ebenso historisch und kulturell variabel wie die darauf aufbauenden Konzeptionen von Zuverlässigkeit und Vertrauenswürdigkeit. Derselbe Text kann demnach vor dem Hintergrund unterschiedlicher lebensweltlicher und literarischer Referenzrahmen mal als sehr zuverlässig, mal als hochgradig ironisch und unzuverlässig gelesen werden (vgl. beispielhaft Vera Nünnings (1998) Analyse der sich wandelnden Rezeption von Oliver Goldsmiths *Vicar of Wakefield*; zur kulturellen und historischen Variabilität von Unzuverlässigkeitsurteilen vgl. auch Zerweck 2001). Die gesteigerte Aufmerksamkeit, die unzuverlässiges Erzählen seit den 1990er Jahren wieder in der Literaturwissenschaft erhalten hat, kann zudem auch im Kontext des *‚ethical turn'* verortet werden, also dem in den letzten Jahren wieder zu beobachtenden zunehmenden Interesse an Fragen nach dem Zusammenhang zwischen Ethik und den Funktionen von Literatur. Durch die Beschäftigung mit Unzuverlässigkeit werden nämlich unvermeidlich auch Werte, Normen und Moralvorstellungen beziehungsweise die Auflösung von verbindlichen Wertvorstellungen am Ende des 20. Jahrhunderts in die Diskussion einbezogen.[6]

6 Es ist bezeichnend, dass auch Wayne C. Booth, der ‚Erfinder' des unzuverlässigen Erzählens, sein Konzept schon im Kontext einer moralisch-ethischen ‚Rhetorik der Erzählkunst' situiert.

Darüber hinaus hat die feministische Narratologie darauf aufmerksam gemacht, dass auch *gender*-spezifische Unterschiede eine wichtige Rolle für die Beurteilung der Zuverlässigkeit einer Erzählinstanz spielen: Weder lebensweltliche noch literarische *frames* sind geschlechtsneutral; vielmehr sind das kulturelle Wissen einer Gesellschaft über geschlechtsspezifische Unterschiede zwischen männlichen und weiblichen Verhaltensmustern und die damit einhergehenden Wertungen in diese Bezugsrahmen eingeschrieben. Zudem kann man davon ausgehen, dass es auf Grund der unterschiedlichen Erfahrungen von Männern und Frauen sowie auf Grund ihrer ungleichen Machtpositionen in der Gesellschaft ebenfalls zu Divergenzen in der Art und Weise kommt, wie männliche und weibliche Leser denselben ‚Fakten' Bedeutung zuschreiben (vgl. Crawford/ Chaffin 1986 zu dem noch relativ unerforschten Bereich der geschlechtsspezifischen Unterschiede bei kognitiven Prozessen; vgl. auch Allrath 2003 und Allrath/ Surkamp 2004 zum Zusammenhang zwischen *gender* und Unzuverlässigkeit).

Innerhalb der narratologischen Forschung ist die Frage, inwiefern die bisherigen narratologischen Überlegungen auf audiovisuelle (fiktionale) Erzählungen übertragen werden können, bisher nur in Ansätzen beantwortet worden. Weitgehende Einigkeit herrscht zwar darüber, dass *unreliable narration* nicht auf geschriebene Texte beschränkt, sondern beispielsweise auch in Filmen zu finden ist; wie diese filmische Unzuverlässigkeit theoretisch konzeptualisiert werden kann, bleibt jedoch meist offen.[7] Ob es in audiovisuellen Erzählungen eine Erzählinstanz gibt und, wenn ja, wie diese beschaffen ist, wird in der Filmnarratologie kontrovers diskutiert (vgl. Bach 1999 sowie Jahn 2002 zur umstrittenen Existenz einer Erzählinstanz bei audiovisuellen Erzählungen). Diese Frage stellt besonders auch für eine Theorie filmischer Unzuverlässigkeit ein signifikantes Problem dar, weil eine kognitiv-narratologische Konzeption unzuverlässigen Erzählens ja von einer anthropomorphen Sprecherinstanz ausgeht, die als Projektionsfläche für solche Eigenschaften wie Unzuverlässigkeit dienen kann. Darüber hinaus stellen die Kontrast- und Korrespondenzrelationen zwischen der visuell dargestellten Geschichte und der durch einen *voice-over narrator* geschilderten Ereignisse ein weiteres medienspezifisches Mittel der Bestärkung beziehungsweise Unterminierung der Vertrauenswürdigkeit einer Erzählung dar, das ebenfalls bisher weitgehend unbeachtet geblieben ist.

---

7 Erste Überlegungen zu dieser Frage finden sich in Chatman (1978, 235-237); vgl. besonders die Beiträge in dem demnächst erscheinenden, von Thomas Koebner (2004) herausgegebenen Band *Unzuverlässiges Erzählen in Literatur und Film*.

3. Vertrauenswürdige Sprecherinnen und zuverlässige Erzählungen in nichtfiktionalen Kontexten

Im Kontext des vorliegenden Bandes stellt sich nun die Frage, ob und wie sich die kognitiv-narratologischen Kategorien zur Beschreibung von fiktionalen Sprecherinstanzen auf nichtfiktionale Erzählungen übertragen lassen. Durch die Abhängigkeit der Bewertung der Zuverlässigkeit fiktionaler Erzählinstanzen von kognitiven *frames of reference* ist eine Rückbindung an lebensweltliche Vorstellungen von Vertrauenswürdigkeit zum einen schon in der kognitiv-narratologischen Konzeption fiktionaler Erzähler angelegt. Zum anderen gibt es jedoch eine Reihe von signifikanten Unterschieden zwischen der (Un-)Glaubwürdigkeit von fiktionalen und nichtfiktionalen Sprechern, die es zu beleuchten gilt, bevor dann die Übertragbarkeit der oben skizzierten Theorien auf nichtfiktionale Erzählungen diskutiert werden soll.

Zunächst einmal ist es wichtig hervorzuheben, dass es sich bei *unreliable narration* in literarischen Kontexten im Normalfall um ein bewusst eingesetztes ästhetisches Gestaltungsmittel handelt, das bestimmte Wirkungen erzielen soll. Auch wenn Autorinnen natürlich nicht die Rezeptionen eines Textes letztendlich festlegen können, handelt es sich bei fiktionalem unzuverlässigen Erzählen also um eine rhetorische Strategie der Autorin. Bei nichtfiktionalen Erzählungen hingegen kann man im Regelfall davon ausgehen, dass die fehlende Glaub- beziehungsweise Vertrauenswürdigkeit eines Sprechers keine absichtlich hervorgerufene Einschätzung ist, sondern dass ein solcher Eindruck vielmehr ein Nichterreichen des Erzählziels Glaubwürdigkeit bedeutet.

In Bezug auf die Unterschiede zwischen real existierenden Personen einerseits und fiktionalen Figuren und Erzählinstanzen andererseits lässt sich ebenfalls eine Reihe von Punkten festhalten, die für die Frage nach der Zuverlässigkeit von Sprecherinnen relevant sind. Neben dem Unterschied im ontologischen Status (der aber durchaus eine ursächliche Rolle für weitere Unterschiede spielt) ist die Menge an Informationen, die uns über fiktionale Figuren und Erzählinstanzen vorliegt, immer begrenzt und gleichzeitig abgeschlossen; unser Wissen über andere Menschen ist dagegen zumindest potenziell unbegrenzt. Dies hat zur Folge, dass bei lebensweltlichen Sprecherinnen immer die Möglichkeit besteht, dass unser Wissen über diese Sprecherinnen und die von ihnen erzählten Geschichten durch zusätzliche Informationen ergänzt, modifiziert oder sogar völlig in Frage gestellt wird. Im Normalfall bleibt die Menge an Informationen, die uns über eine fiktionale Instanz vorliegen, unverändert – obwohl es auch bei fiktionalen Figuren durchaus (z.B. auf Grund eines veränderten Rezeptionskontextes) zu Veränderungen in der Rezeption durch dieselbe Leserin kommen kann, und obwohl unsere Vorstellungen von fiktionalen ‚Personen' in Analogie zu realweltlichen Menschen konstruiert sind (vgl. Grabes 1978, Schneider 2000 sowie Nünning 2001 zur Konstruktion von Personenvorstellungen bei der Lektüre fiktionaler Erzählungen).

Ein weiterer zentraler Unterschied in der Konzeption von Glaubwürdigkeit von lebensweltlichen und fiktionalen Sprecherinnen ist die wesentlich komplexere Kommunikationssituation in literarischen Erzählungen. In fiktionalen Texten liegt üblicherweise ein Einbettungsverhältnis zwischen den verschiedenen Kommunikationsebenen vor: Ein (realer) Autor setzt eine fiktionale Erzählinstanz ein, die wiederum einer fiktiven Leserin eine Geschichte über fiktionale Figuren erzählt. Auch in Texten, die von einem Ich-Erzähler erzählt werden, in denen also eine Instanz „ich" sagt, kann man von einer Nichtidentität von Autorin und Erzählerin als Regelfall ausgehen. Es geht in der erzähltheoretischen Forschung zum unzuverlässigen Erzählen also nicht um die Frage, ob ein Autor unzuverlässig ist, sondern um die Glaubwürdigkeit der von ihm eingesetzten beziehungsweise konstruierten Erzählinstanz. Dies führt zu einem wesentlich komplexeren Rezeptionsprozess bei der Lektüre literarischer Texte. Dabei tragen Interferenzen zwischen den verschiedenen Ebenen zu dem Eindruck mangelnder Glaubwürdigkeit bei, da die Darstellung und Bewertung der fiktionalen Ereignisse durch die unzuverlässige Erzählinstanz nicht mit anderen, ebenfalls durch den Text vermittelten Informationen übereinstimmt. In lebensweltlicher Kommunikation hingegen ist ein Erzähler üblicherweise mit dem Urheber des Erzählten identisch, was zur Folge hat, dass nur in Ausnahmefällen eine Situation vorliegt, bei der ein nichtfiktionaler Sprecher bewusst Strategien einsetzt, um die Verlässlichkeit des von ihm Gesagten zu unterminieren.

Aus diesem Grund kommt es schließlich zu einer Fokusverschiebung, wenn anstelle von fiktionalen Erzählungen nichtfiktionale Geschichten ins Zentrum der Aufmerksamkeit rücken. In der bisherigen narratologischen Forschung zum fiktionalen unzuverlässigen Erzählen liegt der Schwerpunkt eindeutig auf denjenigen Strategien, die die Zuverlässigkeit einer Sprecherin *unterminieren*. Dabei nehmen die meisten theoretischen Konzeptionen von *unreliable narration* stillschweigend an, dass die als unzuverlässig interpretierte Erzählung von einer – zumindest potenziell erschließbaren – zuverlässigen Schilderung der Ereignisse abweicht; zuverlässiges Erzählen wird somit als Norm angesetzt. Bei nichtfiktionalen Erzählungen hingegen scheint das Erkenntnisinteresse neben einer Erfassung der Kriterien, die zur Beurteilung von Vertrauenswürdigkeit und Zuverlässigkeit herangezogen werden, eher auf der Frage zu liegen, wie die Vertrauenswürdigkeit eines Sprechers *bekräftigt* werden kann. Politische Redner, Pressesprecher, Zeugen von Gericht – all diese nichtfiktionalen Erzähler streben an, zuverlässig und vertrauenswürdig zu erscheinen und jeden Eindruck mangelnder Verlässlichkeit zu vermeiden. Zumindest bei manchen Berufsgruppen und innerhalb bestimmter Kontexte (wie z.B. den Erzählungen in Werbeclips) kann man jedoch vermuten, dass die Zuhörer schon als Vorannahme davon ausgehen, dass ihnen der Redner nicht die (ganze) Wahrheit erzählen wird.

Ebenso wie bei fiktionalen Texten kann auch bei nichtfiktionalen Erzählungen davon ausgegangen werden, dass die Person der Sprecherin ein zentrales Kriterium bei der Beurteilung der Vertrauenswürdigkeit einer Geschichte darstellt. Zu den soziokulturellen Kategorien, die Lanser unter dem Begriff der ‚sozialen Identität' eines Sprechers subsumiert, treten bei nichtfiktionalen Sprecherinnen aber andere Faktoren hinzu, die bei fiktionalen Erzählungen eine weniger große Rolle spielen. Dazu gehören neben der durch Vorinformationen der Zuhörer mitbestimmten Reputation der Sprecherin besonders die (narrative) Autorität, die eine bestimmte Sprecherrolle mit sich bringt: So kommt beispielsweise den Schilderungen einer Anwältin, die verschiedene Zeugenaussagen zusammenfasst, durch ihre Rolle im Verhältnis zu den einzelnen Zeugen eine größere Autorität zu (vgl. auch Toolan 2001 [1988], 237, der in seiner Analyse von Erzählungen in Gerichtsverfahren die „two leading counsels" als „chief narrators" bezeichnet).

Eine besonders signifikante Kategorie für die Einschätzung der Glaubwürdigkeit eines Sprechers ist weiterhin die Sprache, die er für seine Schilderungen verwendet. Wie Michael Toolan (ebd. 235-239) unter Rückgriff auf frühere Forschungsarbeiten gezeigt hat, wird Zeuginnen, die eine *machtvolle Sprache* („powerful language") verwenden, unabhängig von ihrem Geschlecht mehr Glaubwürdigkeit zugesprochen als Zeugen, die eine *machtlose Sprache* („powerless language") sprechen.[8] Abgesehen von den unterschiedlichen Be-

8 Diese Unterscheidung geht zurück auf Robin Lakoff (1975), die aber selbst zwischen „women's language" und „men's language" differenziert, also einen Zusammenhang zwischen den verschiedenen Sprachmustern und dem Geschlecht der Sprecherinnen herstellt. Unter Rückgriff auf Lakoffs Definition differenziert Toolan (2001 [1988]: 236) zwischen „powerful" und „powerless language", indem er die Merkmale von „powerless language" wie folgt benennt: „[A] high frequency of intensifiers like *so* and *very*; of ‚empty' adjectives like *cute* and *charming* and *ghastly*; hyper-correct grammar; polite forms (*would you like to ...?*); higher frequency of accompanying gestures; more hedges (*well, I guess*); rising (question-type) intonation in declarative sentences; greater pitch range and more rapid pitch changes (heard as more dramatic than the powerful male's drone)." „Powerful language" ist dann ex negativo definiert als Sprache, die nicht durch diese Merkmale gekennzeichnet ist.

wertungen der Zeugenaussagen durch die Richterinnen, die als Testpersonen dienten, variierten die Zeugenaussagen in der von Toolan zitierten Untersuchung durch Lind und O'Barr (1979) zudem in signifikanter Art und Weise in der Länge der Antworten der Zeuginnen: Während einigen Zeugen längere Erzählungen zugestanden wurden, gaben andere nur kurze, fragmentarische Antworten auf die Fragen der Richterin. Das Zugeständnis von längeren Erzählungen impliziert dabei, dass ein Zeuge vertrauenswürdig ist, womit – auf Grund des Gegensatzes zwischen den Geschichten, die Anklage und Verteidigung jeweils zu konstruieren suchen – gleichzeitig die Schilderungen der Gegenseite entkräftet werden sollen. Toolan (2001 [1988], 237) fasst die Erkenntnisse der Untersuchung, die vorher nur intuitiv zu erschließendes Wissen untermauert, wie folgt zusammen: „In short, as barristers have long known informally, the manner in which witnesses and attorneys speak in the presentation of testimony – the manner and format of narratives in court – can affect social and even judicial evaluation of them by jurors." Bei mündlichem Erzählen und bei audiovisuellen Erzählungen kann zudem davon ausgegangen werden, dass über die gesprochene Sprache hinaus auch Aussehen, Kleidung, Körpersprache, Mimik und Gestik einer Sprecherin wichtige Faktoren bei der Bewertung ihrer Vertrauenswürdigkeit darstellen, denn wie die Kommunikationsforschung gezeigt hat, hängt der Eindruck, den Zuhörer von einer Sprecherin haben, nur zu einem geringen Teil vom Inhalt des Gesagten und zu einem wesentlich größeren Teil von sonstigen Faktoren ab.

Um die eigene Vertrauenswürdigkeit zu betonen und der eigenen Schilderung der Ereignisse größeres Gewicht zu verleihen, können nichtfiktionale Erzähler auf eine Vielzahl von Erzählstrategien zurückgreifen. So kann erstens die Konstruktion einer innertextuellen Kommunikationssituation der Inszenierung von Glaubwürdigkeit dienen. Bei erzählenden Werbefilmen trifft der Zuschauer beispielsweise häufig auf ein zunächst skeptisches Gegenüber, dem die Hauptfigur oder ein *voice over*-Sprecher die Wirksamkeit des zu bewerbenden Produkts anpreist. Wenn die skeptische Person schließlich selbst erkennt, wie ihre Probleme durch das Produkt gelöst werden können, wird der Zuschauerin damit suggeriert, dass sie selbst ebenfalls ihre Probleme – sei es nicht glänzendes Geschirr, Kopfschmerz oder eine finanziell ungesicherte Zukunft – mit Hilfe des zu bewerbenden Produkts lösen könne.

Zweitens kann durch eine geschickte Selektion und Präsentation der Fakten eine Illusion der Widerspruchsfreiheit hervorgerufen werden. Durch Auslassen von Informationen, die das Gesagte relativieren oder in Frage stellen, werden dabei potenzielle Ungereimtheiten oder Ungenauigkeiten, die die Glaubwürdigkeit einer Erzählung unterminieren könnten, unterdrückt. Auf diese Weise wird beim Zuhörer der Eindruck erweckt, dass die geschilderte Version der Ereignisse die einzig mögliche sei. Neben der schon im Kontext literarischer Unzuverlässigkeit hervorgehobenen zentralen Rolle, die Widersprüche für den Eindruck der mangelnden Glaubwürdigkeit spielen, ist neben der geschickten Selektion der Fakten für nichtfiktionale Erzählungen aber auch eine Auseinandersetzung mit anders lautenden Versionen des Geschehens wichtig, da nichtfiktionale Erzählungen sich im Gegensatz zu fiktionalen Texten auf referentialisierbare Fakten beziehen. Somit reicht es für die Erweckung des Eindrucks der Zuverlässigkeit einer Geschichte unter Umständen nicht aus, konträre Fakten einfach zu ignorieren, wenn die Rezipientinnen auf anderen Wegen leicht Zugang zu anders lautenden Darstellungen haben. Vielmehr bedarf es sowohl einer Auswahl der zu präsentierenden Informationen als auch einer Auseinandersetzung mit Erzählungen gegenteiligen Inhalts, deren Glaubwürdigkeit möglichst entkräftet werden muss.

Indem zwischen narrativen und nicht-narrativen Elementen eine Vielzahl von Bezügen hergestellt wird, kann drittens die Botschaft einer Aussage bestärkt und ihre Glaubwürdigkeit betont werden. So erwecken eingespielte audiovisuelle Erzählungen in den Fernsehnachrichten die Illusion einer großen Authentizität und vermitteln dem Zuschauer den Eindruck, er selbst werde Augenzeuge des Geschehens. Somit erhalten die Aussagen der Nachrichtensprecherin weitere Bestätigung. Eine Bezugnahme auf Zahlen und Statistiken innerhalb eines narrativen Kontextes dient weiterhin häufig als Beweis für die Genauigkeit und faktische Richtigkeit der erzählten Geschichte.

Ein vierter Faktor, der zur Stärkung beziehungsweise Unterminierung der Glaubwürdigkeit einer Erzählung beiträgt, ist der institutionelle Rahmen, in dem eine Erzählung situiert ist. Adressatinnen von narrativen Werbetexten gehen wohl in der Regel von der Vorannahme aus, dass hier ein Produkt in ein möglichst günstiges Licht gerückt werden soll. Daher wird eine solche Erzählung nur bedingt als glaubwürdig und zuverlässig wahrgenommen. Einer Erzählung über dasselbe Produkt in einem journalistischen Artikel wird hingegen tendenziell ein wesentlich höherer Grad an Glaubwürdigkeit zugeschrieben.

Ebenso wie bei fiktionalen Erzählungen ist Vertrauenswürdigkeit bei nichtfiktionalen Erzählungen keine Eigenschaft des Sprechers oder der Erzählung. Vielmehr sind es die Rezipientinnen der Geschichte, die einen Sprecher auf Grund bestimmter innertextueller sowie textexterner Faktoren als glaubwürdig oder unglaubwürdig einstufen. Eine signifikante Rolle spielen außerdem die kognitiven Referenzrahmen, die Zuhörer an das Erzählte herantragen und auf die bezogen sie einer Erzählung überhaupt erst (Un-)Glaubwürdigkeit und Sinn zuschreiben. Dabei hat die bisherige Forschung gerade im Bereich des juristischen Diskurses gezeigt, dass der Eindruck der Glaubwürdigkeit weniger durch den tatsächlichen Wahrheitsgehalt einer Zeugenaussage, also dem Maß an Übereinstimmung zwischen einer Erzählung und dem ‚tatsächlichen' Geschehen, bedingt ist. Vielmehr entscheidet der Grad an Übereinstimmung zwischen einer Aussage und den kognitiven Mustern der Zuhörerinnen über den Eindruck der Glaubwürdigkeit. Narrative Modelle beeinflussen zum einen bereits nachweislich die retrospektive Rekonstruktion von Abläufen in der Erinnerung (vgl. Jackson 1990, 32); zum anderen spielt der Rückgriff auf narrative Modelle und entsprechende Schemata (*story schemata* bzw. *narrative frameworks*) – allen voran das Konzept der ‚narrativen Kohärenz' – auch bei der Beurteilung von Wahrscheinlichkeit, Plausibilität und Glaubwürdigkeit der von Zeugen erzählten Geschichten eine zentrale Rolle.[9] Die Einsicht in die nicht bloß rhetorische, sondern konstitutive Bedeutung des Narrativen und des Kriteriums der narrativen Kohärenz im Rechtssystem führt Jackson (ebd. 28) daher zu folgender Hypothese: „[T]he construction of truth within the court room was primarily a matter of the *overall* narrative plausibility of the story told."

Wenn aber auch die Einschätzung der Verlässlichkeit von nichtfiktionalen Sprecherinnen weniger von der tatsächlichen faktischen Richtigkeit der Erzählungen abhängt als von dem Grad ihrer Übereinstimmung mit kulturell vorgegebenen Mustern, dann spielen auch in diesem Zusammenhang kulturelle Unterschiede eine wesentlich größere Rolle, als bisher allgemein anerkannt wird. Wenn sich ein Sprecher an Adressatinnen wendet, deren kultureller Hintergrund deutlich von seinem eigenen abweicht, kann man nämlich dann davon ausgehen, dass die erlernten Wissensstrukturen und Konzepte von Glaubwürdigkeit und narrativer Kohärenz von Sprecher und Zuhörerinnen ebenfalls signifikante Differenzen aufweisen. Das Gesagte wird folglich in Kommunikationssituationen, in denen Erzähler und Zuhörerinnen verschiedene kulturelle Hintergründe haben, mit höherer Wahrscheinlichkeit als unglaubwürdig eingestuft als bei Sprechern, deren kultureller Hintergrund mit dem ihrer Zuhörerinnen identisch ist. Die Einsicht, dass kulturelle Differenzen allein ausreichen, um die Glaubwürdigkeit einer Sprecherin zu unterminieren, hat zum einen signifikante Konsequenzen für juristische Verfahren: Wenn man die von der narratologischen Forschung erbrachte Erkenntnis der Abhängigkeit des Eindrucks der Glaubwürdig-

9 Jackson (1990, 27) greift auf eine Konzeption von ‚narrativer Kohärenz' zurück, die Neil MacCormick (1984) als „a test of truth or probability in questions of fact and evidence upon which direct proof by immediate observation is unavailable" beschreibt.

keit einer Erzählung von kulturellen Mustern ernst nimmt, dann müsste bei der Befragung jedes Zeugen vor Gericht immer auch sein kultureller Hintergrund und die darin eingeschriebenen Vorstellungen von Plausibilität berücksichtigt werden. Zum anderen müssen aber auch nichtfiktionale Erzähler wie Pressesprecherinnen oder Journalisten, die anstreben, eine glaubwürdige Geschichte zu erzählen, noch stärker die kulturellen Muster ihrer unterschiedlichen Zielgruppen berücksichtigen, wenn sie vertrauenswürdig wirken wollen, also beispielsweise kulturspezifische Körperwahrnehmung bei der Bezugnahme auf Krankheiten und deren Symptome beachten. Nur wenn sie solche kulturellen Unterschiede und die daraus resultierenden, möglicherweise abweichenden Wahrnehmungs- und Denkmuster ihrer Rezipientinnen einbeziehen, werden sie das Erzählziel ‚Vertrauen' erreichen.

4. Zusammenfassung und Ausblick

Abschließend lässt sich festhalten, dass es sich beim Thema ‚erzählerische Unzuverlässigkeit' um ein hochgradig interdisziplinäres Forschungsgebiet handelt, das noch lange nicht erschöpfend behandelt ist. Gerade in jüngster Zeit hat die literaturwissenschaftliche Beschäftigung mit unzuverlässigem Erzählen und besonders die kognitiv-narratologische Konzeption von *unreliability* die Bedeutung von ethischen und moralischen Fragestellungen für das Phänomen der Unzuverlässigkeit hervorgehoben. Neben anderen Fragestellungen eröffnet die Beschäftigung mit diesem Themenbereich auch wichtige Ansatzpunkte für die narratologische Analyse von Unzuverlässigkeit in nichtfiktionalen Texten. Darüber hinaus stellt die erzähltheoretische Beschäftigung mit *unreliable narration* in nichtfiktionalen Erzählungen insgesamt ein Desiderat für die sich entwickelnde transgenerische, intermediale und interdisziplinäre Erzähltheorie dar. Aufbauend auf die im vorliegenden Aufsatz vorgestellten ersten Überlegungen, bedarf es hierbei besonders der Entwicklung einer systematischen Theorie unzuverlässigen Erzählens in nichtfiktionalen Texten. Dabei müssen zum einen die Besonderheiten der unterschiedlichen Disziplinen und der Erzählungen in verschiedenen Diskursen und Kontexten berücksichtigt werden; zum anderen verdienen auch die unterschiedlichen Medien, in denen erzählt wird, und die medienspezifischen Strategien zur Bekräftigung beziehungsweise Unterminierung der Glaubwürdigkeit einer Erzählung noch wesentlich mehr Aufmerksamkeit, als ihnen bislang zuteil geworden ist. Insbesondere erzählerische Unzuverlässigkeit in Film und Fernsehen – sowohl in fiktionalen wie auch in nichtfiktionalen Erzählungen – ist zudem ein Forschungsbereich, der Fragen aufwirft, auf die die bisherige narratologische Forschung noch keine zufrieden stellenden Antworten gefunden hat.

Bei einer solchen Ausweitung der Forschung zur erzählerischen Unzuverlässigkeit ist gerade die gegenseitige Beeinflussung von literarischen und lebensweltlichen Konzeptionen von Glaubwürdigkeit von hoher Relevanz. Zum einen hat die kognitive Narratologie erkannt, dass lebensweltliche Muster wie Normalitätsvorstellungen und Wahrscheinlichkeitsannahmen eine große Rolle bei der Beurteilung der Glaubwürdigkeit von fiktionalen Sprecherinnen spielen. Zum anderen können im Kontext der Literaturtheorie entwickelte Theorien – unter Modifikation bestimmter Aspekte – dazu dienen, auch die Frage nach der Glaubwürdigkeit von lebensweltlichen Erzählungen präziser beantworten zu können. Eine breit angelegte, interdisziplinär ausgerichtete Unzuverlässigkeitsforschung kann somit dazu beitragen, das derzeit wieder ins Zentrum der Aufmerksamkeit gerückte Thema ‚Vertrauen' theoretisch fundiert zu beleuchten. Gleichzeitig kann sie eine Vielzahl von Anregungen aus anderen Disziplinen aufgreifen und auf fiktionale Erzählungen übertragen, um so im Gegenzug die erzähltheoretische Konzeption von *unreliable narration* weiter zu präzisieren.

Literatur

Allrath, Gaby (1998): ‚But why *will* you say that I am mad?' Textuelle Signale für die Ermittlung von *unreliable narration*. In: Nünning/ Surkamp/ Zerweck (1998), 59-79.

Allrath, Gaby (2003): (En)Gendering Unreliable Narration: Towards a Feminist-Narratological Theory and Analysis of Women's Novels Since the 1960s. Unveröffentlichte Dissertation, Universität Gießen.

Allrath, Gaby/ Surkamp, Carola (2004): *Narrating gender – gendered narratives*: Erzählerische Vermittlung, unzuverlässiges Erzählen, Multiperspektivität und Bewusstseinsdarstellung aus Sicht einer geschlechterkritischen Erzähltheorie. In: Vera Nünning/ Ansgar Nünning (Hrsg.): Erzähltextanalyse und Gender Studies. Stuttgart/ Weimar: Metzler, 143-179.

Bach, Michaela (1999): Dead Men – Dead Narrators: Überlegungen zu Erzählern und Subjektivität im Film. In: Grünzweig/ Solbach, 231-46.

Booth, Wayne C. (1961): The Rhetoric of Fiction. Chicago, IL: University of Chicago Press.

Brooks, Peter/ Gewirtz, Paul D. (Hrsg.) (1996): Law's Stories: Narrative and Rhetoric in the Law. New Haven: Yale UP.

Chatman, Seymour (1978): Story and Discourse: Narrative Structure in Fiction and Film. Ithaca, NY/ London: Cornell UP.

Chatman, Seymour (1990): Coming to Terms: The Rhetoric of Narrative in Fiction and Film. Ithaca, NY/ London: Cornell UP.

Crawford, Mary/ Chaffin, Roger (1986): The Reader's Construction of Meaning: Cognitive Research on Gender and Comprehension. In: Elizabeth A. Flynn/ Schweickart, Patrocinio P. (Hrsg.): Gender and Reading: Essays on Readers, Texts and Contexts. Baltimore, MD: Johns Hopkins UP, 3-30.

Culler, Jonathan (1975): Structuralist Poetics: Structuralism, Linguistics and the Study of Literature. London: Routledge & Kegan Paul.

Fludernik, Monika (1996): Towards a ‚Natural' Narratology. London/ New York: Routledge.

Grabes, Herbert (1978): Wie aus Sätzen Personen werden...: Über die Erforschung literarischer Figuren. In: *Poetica* 10.4, 405-428.

Grünzweig, Walter/ Solbach, Andreas (Hrsg.) (1999): Grenzüberschreitungen: Narratologie im Kontext/ Transcending Boundaries: Narratology in Context. Tübingen: Narr.

Herman, David (Hrsg.) (1999a): Narratologies: New Perspectives on Narrative Analysis. Columbus: Ohio State UP.

Herman, David (1999b): Introduction: Narratologies. In: ders. (1999a), 1-30.

Hof, Renate (1984): Das Spiel des ‚unreliable narrator': Aspekte unglaubwürdigen Erzählens im Werk von Vladimir Nabokov. München: Fink.

Jackson, Bernard S. (1990): Narrative Theories and Legal Discourse. In: Nash (1990), 23-50.

Jahn, Manfred (1997): Frames, Preferences, and the Reading of Third-Person Narratives: Towards a Cognitive Narratology. In: *Poetics Today* 18.4, 441-468.

Jahn, Manfred (1998): *Package Deals*, Exklusionen, Randzonen: Das Phänomen der Unverläßlichkeit in den Erzählsituationen. In: Nünning/ Surkamp/ Zerweck (1998), 81-106.

Jahn, Manfred (2002): A Guide to Narratological Film Analysis. In: ders.: Poems, Plays, and Prose: A Guide to the Theory of Literary Genres. English Department, University of Cologne. Abgerufen unter http://www.uni-koeln.de/~ame02/pppf.htm.

Koebner, Thomas (Hrsg.) (2004): Unzuverlässiges Erzählen in Literatur und Film. St. Augustin: Gardez. [in Vorbereitung]

Lakoff, Robin (1975): Language and Woman's Place. New York: Harper & Row.

Lanser, Susan Sniader (1981): The Narrative Act: Point of View in Prose Fiction. Princeton, NJ: Princeton UP.

Lind, E. Allan/ O'Barr, William M. (1979): The Social Significance of Speech in the Courtroom. In: Howard Giles/ St. Clair, Robert N. (Hrsg.): *Language and Social Psychology*. Oxford: Blackwell, 66-87.

Margolin, Uri (1998): *Brief an Ansgar Nünning, 21. September 1998.*

MacCormick, Neil (1984): Coherence in Legal Justification. In: Werner Krawietz (Hrsg.): Theorie der Normen: Festgabe für Ota Weinberger zum 65. Geburtstag. Berlin: Duncker & Humblot.

Nash, Christopher (Hrsg.) (1990): Narrative in Culture: The Uses of Storytelling in the Sciences, Philosophy and Literature. London: Routledge.

Nünning, Ansgar (1997): ‚But why *will* you say that I am mad?': On the Theory, History, and Signals of Unreliable Narration in British Fiction. In: *Arbeiten aus Anglistik und Amerikanistik* 22.1, 83-105.

Nünning, Ansgar (1998): *Unreliable Narration* zur Einführung: Grundzüge einer kognitiv-narratologischen Theorie und Analyse unglaubwürdigen Erzählens. In: Nünning/ Surkamp/ Zerweck, 3-39.

Nünning, Ansgar (1999): Unreliable, Compared to What? Towards a Cognitive Theory of *Unreliable Narration*: Prolegomena and Hypotheses. In: Grünzweig/ Solbach, 53-73.

Nünning, Ansgar (2001): Mimesis des Erzählens: Prolegomena zu einer Wirkungsästhetik, Typologie und Funktionsgeschichte des Akts des Erzählens und der Metanarration. In: Jörg Helbig (Hrsg.): Erzählen und Erzähltheorie im 20. Jahrhundert: Festschrift für Wilhelm Füger zum 65. Geburtstag. Heidelberg: Winter, 13-47.

Nünning, Ansgar/ Surkamp, Carola/ Zerweck, Bruno (Hrsg.) (1998): Unreliable Narration: Studien zur Theorie und Praxis unglaubwürdigen Erzählens in der englischsprachigen Erzählliteratur. Trier: WVT.

Nünning, Vera (1998): *Unreliable narration* und die historische Variabilität von Werten und Normen: *The Vicar of Wakefield* als Testfall für eine kulturgeschichtliche Erzählforschung. In: Nünning/ Surkamp/ Zerweck, 257-285.

Nünning, Vera/ Nünning, Ansgar (Hrsg.) (2002a): Erzähltheorie transgenerisch, intermedial, interdisziplinär. Trier: WVT.

Nünning, Vera/ Nünning, Ansgar (2002b): Produktive Grenzüberschreitungen: Transgenerische, intermediale und interdisziplinäre Ansätze in der Erzähltheorie. In: diess. (Hrsg.) 2002a, 1-22.

Olson, Greta (2003): Reconsidering Unreliability: Fallible and Untrustworthy Narrators. In: *Narrative* 11.1, 93-109.

Phelan, James/ Martin, Mary Patricia (1999): The Lesson of ‚Weymouth': Homodiegesis, Unreliability, Ethics, and *The Remains of the Day*. In: Herman (1999a), 88-109.

Rimmon-Kenan, Shlomith (1983): Narrative Fiction: Contemporary Poetics. London/ New York: Methuen.

Schneider, Ralf (2000): Grundriß zur kognitiven Theorie der Figurenrezeption am Beispiel des viktorianischen Romans. Tübingen: Stauffenburg.

Solbach, Andreas (2004): Die Unzuverlässigkeit der Unzuverlässigkeit: Verlässlichkeit als Erzählziel. In: Koebner (Hrsg.) 2004 [in Vorbereitung].

Toolan, Michael J. 2001 [1988]: Narrative: A Critical Linguistic Introduction. London/ New York: Routledge.

Wall, Kathleen (1994): *The Remains of the Day* and Its Challenges to Theories of Unreliable Narration. In: *Journal of Narrative Technique* 24.1, 18-42.

Yacobi, Tamar (1981): Fictional Reliability as a Communicative Problem. In: *Poetics Today* 2, 113-126.

Yacobi, Tamar (2000): Interart Narrative: (Un)Reliability and Ekphrasis. In: *Poetic Today* 21.4, 712-749.

Zerweck, Bruno (2001): Historicizing Unreliable Narration: Unreliability and Cultural Discourse in Narrative Fiction. In: *Style* 35.1, 151-178.

Zerweck, Bruno (2002): Der *cognitive turn* in der Erzähltheorie: Kognitive und ‚Natürliche' Narratologie. In: Ansgar Nünning/ Vera Nünning (Hrsg.): Neue Ansätze in der Erzähltheorie. Trier: WVT, 219-242.

Glaubwürdigkeit in der PR: In Jahren erarbeitet, in Sekunden zerstört
Fünf Thesen aus der Sicht eines PR-Praktikers

Marlene Odenbach

„Wer einmal lügt, dem glaubt man nicht, und wenn er auch die Wahrheit spricht." Der Volksmund weiß schon, was er sagt. Glaubwürdigkeit ist ein höchst sensibles, fragiles Gut. Einmal verletzt – kaum wieder wirklich zu heilen. Einen Schaden in der Glaubwürdigkeit einer Organisation – ob Unternehmen, Verein, Regierung, Gewerkschaft oder Kirche – wieder Schritt für Schritt auszumerzen, kostet Zeit, Geld und gelingt nur über lange Zeiträume von etlichen Jahren, wenn überhaupt. Geklebt ist eben nicht so gut wie neu.

Enttäuschtes Vertrauen hat ein ausgezeichnetes Gedächtnis. In diesem Punkt unterscheidet sich das Zusammenspiel von Organisationen und ihrer Umwelt kaum von zwischenmenschlichen Beziehungen. Deshalb gilt in der erfolgreichen PR neben allem wissenschaftlichen Unterbau und operativ-professionellem Handwerk: Erkenne dich selbst, erkenne, wie Menschen sind, denken und handeln, dann weißt du fast alles, was für die PR als Grundvoraussetzung wichtig ist. Alles andere ist Handwerkszeug, Methode, Vehikel. Der eigentliche Gegenstand von PR aber ist der Mensch mit seinen Sehnsüchten, Hoffnungen, Trieben, Ängsten, Sorgen und Nöten. PR hat deshalb auch immer mit dem gesunden Menschenverstand zu tun. Man sollte zwar nicht unbedingt immer von sich auf andere schließen, aber ein guter Check im Vorfeld jeder PR-Aktivität ist die Frage „Wie würde ich denn reagieren, wenn mir jemand so kommt?" allemal.

Alle langfristigen menschlichen Beziehungen gründen auf Vertrauen, und Vertrauen wächst mit jeder Aktivität in Kommunikation und Handeln, die beim Gegenüber die Sicherheit erzeugt: Auf den kannst du dich verlassen, der ist glaubwürdig. Je öfter diese Glaubwürdigkeit unter Beweis gestellt wird, desto fester ist das Vertrauen, desto weniger leicht und schnell ist dieses Vertrauen zu erschüttern. Doch auch das hat seine Grenzen, und bei wiederholten Vertrauensbrüchen verbraucht sich auch der größte Vertrauensvorrat. Sind erst einmal Zweifel an der Glaub- und Vertrauenswürdigkeit entstanden, verläuft die Verfallskurve nicht mehr linear, sondern exponentiell.

Jede Organisation, die nachhaltig in der jeweiligen Gesellschaft Wirkung entfalten will, tut daher gut daran, ihre Glaubwürdigkeit als ein hohes Gut zu betrachten und entsprechend zu pflegen. Der Aufbau dauert seine Zeit, ist eine Investition an Zeit, Kosten und Engagement. Das Erreichte gilt es dann mit Disziplin und Fingerspitzengefühl zu schützen. Schaden ist schnell angerichtet und der Wiederaufbau ist meist noch mühevoller als der Neustart.

In guter PR-Tradition möchte ich mit Thesen arbeiten. Sie sind bestimmt nicht so revolutionsauslösend wie jene zu Wittenberg, aber Thesen fordern immer auch zu Antithesen auf und fördern so den Prozess hin zu einer tragfähigen und Erkenntnis steigernden Synthese. In diesem Fall stützen sich die Thesen auf Erfahrungen sowohl in Presse als auch Unternehmenskommunikation aus fast 20 Berufsjahren, auf selbst Erlebtes, von glaubwürdigen Kollegen Berichtetes und auf die mir als Praktiker verfügbaren wissenschaftlichen Ergebnisse. Der Beitrag erhebt keinen Anspruch auf Vollständigkeit, sondern soll und will Impulse geben, Schlaglichter werfen und den gesunden Menschenverstand ermutigen, sich mehr als klugen Ratgeber zu verstehen und zu positionieren. Wer den Menschen an sich kennt und versteht, der kann auch Organisationen und ‚die Öffentlichkeit' verstehen.

Noch ein sehr ernstzunehmender Hinweis in eigener Sache: Alle in diesem Beitrag aufgeführten Beispiele haben sich so nie zugetragen, sind von der Autorin rein erfunden, und Ähnlichkeiten mit dem Berufsalltag sind auf gar keinen Fall beabsichtigt...

These 1: Glaubwürdigkeit in der PR ist ein Thema so alt wie die Menschheit.

Schon in der Steinzeit dürfte gute PR das Überleben erleichtert haben, auch wenn es damals den Begriff sicherlich nicht gab. Stellen Sie sich folgende Szene vor: Chsl ist ein guter Jäger, seine Felle sind gefragt. Mkl und Smkl sind Feuersteinschläger, beide leben davon, gegen ihre Messer und Pfeilspitzen andere Waren einzutauschen. Wenn Chsl, Mkl und Smkl nicht gerade im gleichen Clan leben, müssen sie irgendwie voneinander erfahren, sei es auf Festen, bei gemeinsamen Jagden oder anderen ‚Vertriebsevents'. Produkt-PR ist angesagt: „Tausche Felle gegen Messer – Tausche Messer gegen Felle." Nun hat aber Smkl einen viel schlechteren Ruf als Mkl, hat er doch mehrmals Klingen, die brüchig waren, für teure Felle getauscht. Also erhält Jäger Chsl den Tipp:

„Wenn du Messer brauchst – geh zu Mkl.“ Vertrauen, Glaubwürdigkeit, gutes Image – zum Überleben nicht unwichtig.

So direkt ans Überleben geht es heutigen Organisationen wohl nicht, wenn ihre Glaubwürdigkeit einen Knacks bekommt. Wird aber nicht schnell und zügig gegengesteuert, kann fahrlässiger Umgang mit der Glaubwürdigkeit den Verlust von Eigenständigkeit bis hin zum wirtschaftlichen Aus bedeuten. Die Berg- und Talfahrt des Neuen Marktes ist dafür ein aktuelles Beispiel: In einem Wahn des falschen Vertrauens und gegen jeden gesunden Menschenverstand flossen Abermillionen in Unternehmen, von denen die meisten Kleinanleger weniger als nichts wussten. Vom anschließenden Platzen so vieler Seifenblasen hat sich das Image dieses Segments an der Börse bis heute nicht erholt, und selbst seriöse und zukunftsträchtige Unternehmen der New Economy kämpfen mit dem nachhaltigen Misstrauen der Kleinanleger, das durch die mäßige gesamtwirtschaftliche Lage auch nicht gerade verringert wird. Das Segment ‚Neuer Markt‘ verschwand gänzlich in der Versenkung.

Unangenehm sind solche Erfahrungen mit drohenden oder bereits einsetzenden Imageschäden allemal. Mercedes hätte sicherlich das Geld, das für das Vergessenmachen des Elch-Tests bei der A-Klasse ausgegeben werden musste, anderweitig genutzt. (Die Reaktion auf diese Schleuderpartie ist übrigens eines der positiven Beispiele für Krisenmanagement und Krisenkommunikation – teuer war's trotzdem). Und auch der Multi Shell hatte mit der Brent Spar-Affäre sein ganz spezielles Lernprogramm. Brent Spar ist immer noch lebendig und wird als plastische Unternehmenskrise durch wiederholtes Zititeren am Leben gehalten. Folgendes Beispiel ist gar zu schulbuchhaft: „Die Bedeutsamkeit einer Krise resultiert daraus, dass durch einen einzigen Vorfall das mit jahrelanger Unternehmenskommunikation aufgebaute gute Image zerstört werden kann (z.B. Brent Spar und Shell)“ (Mast 2002, 389).

These 2: Schmutzige Botschaften korrodieren auf Dauer den saubersten Kanal. Auch die saubersten Botschaften bekommen durch einen schmutzigen Kanal einen Grauschleier.

PR ist ein wechselseitiger Kommunikationskanal, der Botschaften von innen nach außen und von außen nach innen befördert. Produkte, Weltanschauungen, Strategien, Visionen, Entscheidungen, Entwicklungen – im Informationszeitalter werden diese Inhalte größtenteils über PR transportiert. Umgekehrt transportieren PR-Verantwortliche wichtige Botschaften aus der Umwelt von Organisationen in diese hinein. Fragen von Journalisten, Befürchtungen von Eltern, Anwohnern, Wünsche oder Ansprüche von Kunden, Wählern, Kirchenmitgliedern, Umweltorganisationen, Interessenverbänden, Mitarbeitern, Anteilseignern, Lieferanten und vom Kapitalmarkt – die Liste ist unvollständig, zeigt aber, wie vielfältig die von PR zu beobachtenden und zu bearbeitenden Umwelten sind.

Zwischen Kanal und Botschaften besteht eine enge Beziehung, eine direkte Abhängigkeit. Um im Bild zu bleiben und die obige These zu bekräftigen: Ein schmutziger Kanal macht auch saubere Botschaften schmutzig. Schmutzige Botschaften färben auf einen sauberen Kanal ab, und je öfter über diesen Kanal schmutzige Botschaften rutschen, desto schmutziger wird auch der Kanal.

- *Feuern Sie nicht so schnell den PR-Chef – er ist vielleicht nicht das wahre Problem*

Stellen wir uns folgendes Beispiel vor: Ein Journalist, anerkannt von vielen seiner Kollegen in ganz Deutschland, professionell in Schreibe, Wortwahl und Aufbereitung von Themen, persönlich integer, sozial kompetent, gut in Selbstorganisation, belastbar, flexibel und engagiert, wechselt in ein mittelgroßes deutsches Unternehmen als PR-Chef. Seine Glaubwürdigkeit als Person ist unbestritten. Er freut sich auf seine neuen Aufgaben, die Kollegen aus der Presse auf einen kompetenten Ansprechpartner, der sie gut mit Informationen versorgen wird. Die ersten Kontakte gestalten sich viel versprechend; die Berichterstattung über Produkte und Strategien läuft für das Unternehmen höchst zufrieden stellend. Dann kommt es zu einer kleineren Krise. Der Pressesprecher empfiehlt, aktiv die Öffentlichkeit über den Produktfehler zu informieren und den betroffenen Kunden kleine Gutscheine anzubieten. Mit diesem Vorschlag trifft er im Unternehmen nicht auf Gegenliebe: „Wir wollen doch nicht unnötig Staub aufwirbeln.“ Es ergeht Order, „Gras über die Sache wachsen“ zu lassen. Gegen seine Überzeugung schweigt der Pressesprecher. Was folgt, ist weder überraschend noch neu. Ein Kunde beschwert sich bei der lokalen Presse, Presseanfrage, Pressesprecher in der Defensive. Auf Grund seiner guten Kontakte fällt die Berichterstattung weniger negativ aus, als sie an Hand der Fakten sein könnte. Das Unternehmen schließt daraus: „War doch gar nicht so schlimm.“ Bis zum nächsten kritischen Vorfall. Der Pressesprecher verliert Schritt für Schritt sein Renommee, die Berichterstattung wird schärfer. Das Unternehmen wirft seinem Pressesprecher vor, die Medien nicht im Griff zu haben. Die Medien werfen dem Pressesprecher vor, eine unsaubere Informationspolitik zu betreiben. Die Öffentlichkeit macht sich ein Bild von dem Unternehmen, das gerade nicht von Souveränität im Umgang mit Fehlern, Wille zur Transparenz und Glaubwürdigkeit im Handeln und Kommunizieren geprägt ist. Die Imagewerte sinken. Der PR-Leiter wird gefeuert. Alles total übertrieben! Wirklich?

Auch andersherum wird ein Schuh daraus: Genießt eine PR-Abteilung und in der Spitze ein Pressesprecher keine Reputation in der Öffentlichkeit oder ist das Image einer Organisation nicht das beste, werden die klarsten, positivsten und transparentesten Botschaften misstrauisch beäugt, nicht wahrgenommen oder sogar fehlinterpretiert. Die Öffentlichkeit braucht ihre Zeit, um ihre dunkle Brille gegen klare Gläser auszuwechseln.

Ein kurzer Exkurs: *Image* – oft bemüht, schwer zu beschreiben, noch schwerer wirklich zu messen und doch so wertvoll; so langwierig aufzubauen und so schnell zu beschädigen. Image bezeichnet das zumeist stark vereinfachte, typisierte und mit Erwartungen und Wertvorstellungen verbundene Vorstellungsbild über einen Sachverhalt, eine Person oder ein Unternehmen. Das Image ist wie ein Schatten. Man hat es, ob man will oder nicht; man kann es nicht abstreifen, aber es kann durch eigenes Verhalten gründlich geändert werden. Während der Schatten jedoch jede Bewegung mitmacht, kann sich das Image verselbstständigen und fremden Einflüssen gehorchen (vgl. Buß/ Fink-Heuberger 2000).

Gerade unter dem Gesichtspunkt des in sich stimmigen Images müssen Kanal und Inhalt also kongruent sein, um glaubwürdig ‚rüberzukommen', und um die entsprechende Wirkung des Beziehungsaufbaus oder der Beziehungsfestigung zu erzielen, die wiederum zum Imageaufbau oder zur gewollten Imageänderung beitragen.

Manche Organisationen meinen, ihrem mäßigen Image könne am ehesten durch den Austausch von Personen in der PR-Abteilung entgegengewirkt werden. Der oben beschriebene Zusammenhang zwischen Botschaft und Kanal führt aber meist nur dazu, dass die Fluktuation in der PR-Abteilung hoch ist, am Image der Organisation sich aber nichts zum Besseren wendet. Es hilft nun einmal nichts, einen Koch nach dem nächsten zu ‚verbraten', wenn schlicht die Zutaten gammelig sind oder eine Pilzsuppe gekocht werden soll, ohne dass Pilze vorhanden wären. In solchen Fällen muss das System an sich selbst arbeiten, was viel schwerer fällt, als Köpfe rollen zu lassen. Und das leitet direkt zur nächsten These über.

These 3: Glaubwürdige PR kann nicht allein von der PR-Abteilung gewährleistet werden. Das ganze System muss in sich glaubwürdig sein.

Ein bisschen glaubwürdig, das geht nicht. Entweder man ist glaubwürdig, oder man ist es nicht. Glaubwürdigkeit ist immer gesamtheitlich: Glaubwürdigkeit der Organisation, Glaubwürdigkeit der Entscheider, Glaubwürdigkeit des Überbringers von Botschaften, Glaubwürdigkeit im Handeln, Glaubwürdigkeit in den Botschaften selbst, Glaubwürdigkeit nach innen wie nach außen. Agiert ein Element im Gesamtsystem nicht glaubwürdig, wird das ganze System davon in die Sphäre des Unglaubwürdigen gezogen. Ein Unternehmen, das von sich behauptet, Grundwert seines Geschäftsgebarens sei Kooperationsfähigkeit, braucht auch ein Management und eine Mitarbeiterschaft, die tatsächlich kooperieren. Die Pressestelle muss tatsächlich mit Medien kooperieren und kann diese nicht abspeisen. Kooperation muss ebenso mit dem Betriebsrat stattfinden, mit Lieferanten, Kunden, Anteilseignern, schlicht mit allen Bezugs-, Ziel- und Anspruchsgruppen dieses Unternehmens. Wer zum Beispiel mit den Kunden kooperiert, aber mit seinen Mitarbeitern nicht, ist nicht glaubwürdig. Günter Bentele (1993, 42) schlägt in die gleiche Kerbe:

> „Die allgemein menschliche und speziell die journalistische Fähigkeit, Diskrepanzen unterschiedlicher Art wahrzunehmen, ist stark ausgeprägt. Kommunikative Diskrepanzen werden auch direkt via Fernsehen vom Publikum sehr schnell und sehr differenziert wahrgenommen. Images, deren Herstellung, Aufrechterhaltung beziehungsweise Veränderung ja wesentliche Aufgabe von PR ist, können durch die Wahrnehmung solcher Diskrepanzen sehr schnell in negative Richtung verändert werden, sie lassen Vertrauensverluste entstehen oder verstärken ohnehin vorhandene Vertrauensvorbehalte. Das heißt, daß Lügen, Unehrlichkeit, Ungenauigkeit, Täuschungen, Inkonsistenzen in der PR-Kommunikation ähnlich stark beeinflussen können wie zum Beispiel ein die Umwelt schädigendes Verhalten von Organisationen. Daß die möglichen Wirkungen weiterreichen können als nur bis zu den Images und auch das Kaufverhalten breiter Bevölkerungsteile gegenüber den Produkten bestimmter Unternehmen beziehungsweise das Wahlverhalten beeinflussen können, ist deutlich und hat sich schon vielfach gezeigt."

- *Luftschlösser haben kurze Beine, oder: offen und ehrlich ist nie falsch*

Aus dem oben beschriebenen Zusammenhang von Kanal und Botschaften ergibt sich völlig logisch die Forderung: Glaubwürdig kommunizieren lässt sich nur glaubwürdiges Material. Ein beliebter Spruch in PR-Abteilungen ist: „Ich kann doch nicht aus Sch... Gold machen!" Etwas weniger deftig formuliert: An sich krause Inhalte kann eine PR nicht zum Schein glätten, übertünchen oder ‚anhübschen', ohne die Glaubwürdigkeit der gesamten Organisation zu gefährden. Kurzfristig lässt sich vielleicht ein Luftschloss bauen oder lassen sich Probleme unter der Decke halten. Doch der wahre Sachverhalt kommt meist irgendwann heraus oder das Problem wird ruchbar. Und dann sehen sich Organisationen regelmäßig mit der Frage konfrontiert: „Warum haben Sie das heruntergespielt? Warum haben Sie das nicht angesprochen?" Das ist zumindest peinlich, und oft schwingt bei den Fragern auch der Verdacht mit: „Wenn die da schon gemogelt haben, was haben die denn noch viel Schlimmeres im Keller liegen?" In einer solchen Situation wieder einen Status der Glaubwürdigkeit herzustellen, bedarf vieler positiver Erlebnisse seitens der Öffentlichkeit.

Der hohe Druck, unter dem viele PR-Leute stehen, rührt mitunter nur zu einem Teil von der an sich hohen Arbeitsbelastung her. Belastender als ein voller Terminkalender und eine große Themenfülle ist, immer mal wieder damit umgehen zu müssen, mit nicht einwandfreien Zutaten ein Drei-Sterne-Menü kochen zu sollen. Informationen kommen sehr spät oder zu spät, können nicht mehr durchgecheckt werden, der Zeitpunkt für eine Ansprache der Öffentlichkeit könnte günstiger sein, die Organisation will aber unbedingt jetzt kommunizieren, Galionsfiguren sind nicht einsetzbar, weil anderweitig gebunden, trotzdem muss es jetzt und sofort sein.

Ist das so und jetzt zu verantworten unter dem Gesichtspunkt der langfristigen Beziehungspflege? Diese Frage quält oft, und der PR-Verantwortliche balanciert auf einem schmalen Grat zwischen pragmatischem Agieren mit einer 80-Prozent-Lösung und der Gefahr, durch qualitativ nicht einwandfreie PR auf Grund interner Versäumnisse der Organisation dem Image zumindest nicht zu nützen.

PR kann einen guten Inhalt gut ‚rüberbringen'. PR kann und darf einen unstimmigen Inhalt nicht schönreden und der Öffentlichkeit ein X für ein U vormachen. Oder konkreter gesprochen: Ein mieses Produkt wird durch vollmundige Werbetexte und krachige Marketing-Events nicht besser. Kunden, die auf eine solche Praxis einmal hereinfallen und dann später im Alltagsgebrauch ihre Erwartungen enttäuscht sehen, glauben diesem Unternehmen in Zukunft maximal noch die Hälfte.

Oder ein anderes Beispiel: Ein Unternehmen kommuniziert seine besondere Service- und Kundenorientierung in Mailings, auf Plakaten und in Anzeigen. Möchte ein Kunde jedoch diese Kompetenz für sich in Anspruch nehmen, findet er leider keine Telefonnummer oder Adresse, wohin er sich wenden könnte.

Was für Produkte gilt, gilt auch für Strategien. Eine dürftige Strategie wird nicht inhaltlich dichter, indem ich sie ‚zukunftsweisend‘ nenne. Gebetsmühlenartiges Wiederholen von Absichten, gewisse Marktanteile erobern zu wollen, macht noch keine glaubwürdige Positionierung in diesem Markt aus. „Man muss etwas nur oft genug sagen, dann wird das auch geglaubt“, ist ein gefährlicher Ansatz, weil diese Geisteshaltung schnell dazu führen kann, das Verhältnis zwischen Anspruch und Wirklichkeit falsch einzuschätzen und sich nur noch lächerlich zu machen oder lästig zu fallen. Wenn es das Image einer Organisation ist, heiße Luft zu verbreiten, dann mag sie zwar ab und zu auch etwas Substanzielles zu sagen haben – die Öffentlichkeit aber wird auch dies unter „eh wieder nur heiße Luft“ abbuchen. Einmal gebildete Vorurteile (und nichts anderes besagt Image) funktionieren wie Schubladen. Einmal in eine Schublade gepackt, wird alles andere vom gleichen Absender ebenfalls dort einsortiert. Man kann es gar nicht oft genug wiederholen: Der Wechsel in eine andere, positivere Schublade ist langwierig, teuer und nur durch sehr konsequentes Agieren und Kommunizieren zu erreichen.

- *Gute PR braucht gute Vorarbeit – auch außerhalb der PR-Abteilung*

„Das lässt sich nicht verkaufen.“ Dieser Stoßseufzer von PR-Profis hat meist nicht zu bedeuten, dass sie zu faul zum Arbeiten sind und deshalb ein Thema mies machen, sondern dass entweder das angelieferte Material noch nicht in sich stimmig ist oder dass die Innensicht den Sieg über die eigentlich richtige ‚Denke vom Markt, vom Kunden, vom Mitarbeiter her‘ davon getragen hat.

In diesem Sinne ist eine gute PR-Abteilung auch eine Art Korrektiv. Frühzeitig in Überlegungen einbezogen, die in Produkte, Aktionen, Strategien, Programme münden sollen, können PR-Fachleute wichtige Hinweise frühzeitig im Entwicklungsprozess geben, was die Erfolgsaussichten sowohl der PR-Arbeit als auch des Themas in der jeweiligen Öffentlichkeit im Regelfall günstig beeinflusst.

Langfristige Beziehungen sind nicht auf Schein zu gründen, sondern auf Sein. Deshalb setzt gute PR auf Nachhaltigkeit und meidet kurzfristige Effekte, die auf Kosten der langfristigen Beziehungspflege gehen könnten. Außerdem entwertet sich die PR selbst, sägt am Ast, auf dem sie sitzt, wenn sie immer wieder das X zum U zu verbiegen versucht. Gemäß These 2 schlägt das auf Dauer auf den ganzen Berufsstand zurück, dem dann per se keine Glaubwürdigkeit mehr zugetraut wird. Wird PR ein Synonym für „Vorsicht, Mogelkommunikation“, kann sie ihrem eigentlichen Auftrag nicht gerecht werden. Dass hier in der Vergangenheit vielleicht nicht alles so war, wie es sein sollte, zeigt das Image der PR selbst: „Nur 17 Prozent der Deutschen bringen den Angehörigen der PR hohes oder sehr hohes Vertrauen entgegen“, so Bentele (2003, 24) in der Frankfurter Allgemeinen Zeitung.

These 4: Glaubwürdigkeit ist das A und O in jeder Krise. Aber gefestigt sein muss Glaubwürdigkeit vor der Krise, und da kommt auch das Handwerk ins Spiel.

Gerade wenn eine Organisation in eine kritische Situation gerät, merkt sie, wie viel Glaubwürdigkeit sie genießt und wie hilfreich Glaubwürdigkeit sein kann. Damit Glaubwürdigkeit jedoch als Sicherheitsnetz bei Krisen tragfähig sein kann, muss sie Zeit gehabt haben sich zu entwickeln. Glaubwürdigkeit wächst deshalb in guten Zeiten. In Krisen kann die Organisation dann von ihr zehren, sollte sich jedoch davor hüten sie zu missbrauchen.

Wie erreiche ich Glaubwürdigkeit? Von den Grundvoraussetzungen im ‚in sich glaubwürdigen System‘ wurde bereits gesprochen. Sie sind beim Thema Glaubwürdigkeit das Nonplusultra. Es müssen aber noch ein paar handwerkliche Gesichtspunkte beachtet werden, damit sich Glaubwürdigkeit und Vertrauen nachhaltig festigen. Es sind einfache Regeln, aber notwendig. Wie bei jedem Handwerk:

- *PR – kein Job für Fetischisten der festen Arbeitszeit*
  Der Kanal PR muss zugänglich sein, intern und extern. Es geht um einfache Erreichbarkeit. Erreichbar zu sein bedeutet gleichwohl, eine recht ausgedehnte Ansprechzeit zu gewährleisten. Es kann durchaus vorkommen, dass die PR-Abteilung ab spätestens 8 Uhr besetzt sein muss, damit interne Informationen frühzeitig an sie übermittelt werden können, und dass ab 19 Uhr das Haupttelefon auf ein Handy umgestellt wird, damit auch noch der Endredakteur der Abendausgabe jemanden in der Pressestelle erreicht. Wer einfach erreichbar ist, den spricht man auch gerne an, weil man schnell Informationen und Fragen los wird.

- *PR – darauf muss man sich verlassen können*
  Das nächste Thema ist Zuverlässigkeit. Interne Informanten müssen sich darauf verlassen können, dass sich die PR-Abteilung mit ihnen zuverläs-

sig abstimmt, um die Qualität der Botschaften zu sichern. Journalisten müssen sich darauf verlassen können, dass ihre Fragen zügig behandelt und ihre eigenen zeitlichen Zwänge dabei berücksichtig werden. Die PR-Abteilung ist gut beraten, von sich aus aktiv an anfragende Medienvertreter über den Stand zum Beispiel von Recherchen im Unternehmen zu berichten, etwa im Sinne: „Es dauert noch etwas, weil wir noch ein wichtiges Detail klären. Wollen Sie die bereits geklärten Daten jetzt sofort, oder nachher alles in einem Schwung?"
Nichts ist lästiger für einen Journalisten als eine Anfrage an die Pressestelle zu richten, einen Rückruf versprochen zu bekommen und fünf Stunden später selbst wieder anzurufen, nur um dann auf einem Anrufbeantworter zu landen. Diese Pressestelle zählt nach der zweiten Erfahrung dieser Art nicht mehr zu den ersten Adressen bei einem bestimmten Thema. Der Kontakt reißt ab, das Unternehmen verliert die Chance, als guter Ansprechpartner zu gelten und so seine Positionen regelmäßig platzieren zu können. Man muss im Gespräch bleiben.

- *PR – souverän im Umgang, hart in der Sache*
  Zu Erreichbarkeit und Zuverlässigkeit gehören außerdem Seriosität und Konsequenz. Wenn man zu einem Thema derzeit nicht aussagefähig ist, dann sollten beim Journalisten auch keine falschen Erwartungen geweckt werden. Fairer und Ziel führender im Hinblick auf Glaubwürdigkeit ist es, schlicht zu sagen, dass ein Thema noch nicht so weit ist. Und bei diesem Standpunkt sollte man auch bleiben, selbst bei heftigem Nachbohren. Herumeiern, innerhalb eines Tages ein Ja in ein Jein bis in ein Nein zu verändern, gemachte Aussagen wieder zurückzurudern, erst eine Stellungnahme ablehnen und dann kurzfristig ohne grundsätzlich veränderte Ausgangssituation sich doch wieder für ein Statement bereit erklären – all das schadet der Glaubwürdigkeit. Der Gesprächspartner muss im Hinterkopf haben: „Wenn die das so sagen, dann stimmt das auch, sonst würden sie es so nicht sagen." Dieses positive Vor-Urteil bildet sich über viele einzelne verlässliche, seriöse und konsequente Handlungen aus, verfestigt sich und ist in Krisensituationen Gold wert, weil erst gar keine Diskussionen entstehen, ob man das jetzt glauben kann oder nicht. Wie viel Zeit lässt sich dadurch sparen, wie viele überflüssige Diskussionen. Und wie schwer ist das durchzuhalten, weil jede Handlung auf diese Glaubwürdigkeit einzahlen muss. Oder nach Günter Bentele (2003, 24):

„Wichtig ist langfristig, daß PR durch saubere und professionelle Informationsarbeit, durch Offenheit für Kommunikation überzeugt."

- *PR – Informationsdienstleistung mit strikter Kundenorientierung*
  Fast schon selbstverständlich, aber nicht unerwähnt bleiben soll die zielgruppengerechte Aufbereitung aller Themen. Texte, O-Töne oder Bilder, die eine Organisation verlassen, sollten so gestaltet sein, dass sie der Nutzer direkt gebrauchen kann, nachdem er die Quelle überprüft und für sauber befunden hat. Zeit und Nerven raubende Machwerke wie zum Beispiel eine ungegliederte Presseinformation über fünf Textseiten, bei der die eigentliche Nachricht auf Seite Fünf versteckt ist und bei der die enthaltenen Botschaften auch gut auf einer einzigen Seite Platz gefunden hätten, dienen weder einem positiven Image noch der Glaubwürdigkeit. Kann der Empfänger doch mutmaßen, dass ihm das Auffinden der News absichtlich erschwert wurde, um damit verbundene Probleme zu verstecken. Von einer schwer verständlichen oder sogar verwirrenden Sprache ganz zu schweigen. „Zu oft machen scheinbar einfache sprachliche und begriffliche Unzulänglichkeiten die Glaubwürdigkeit von Reden, Statements oder Texten zunichte", so Dirk Barghop (Deekeling/ Barghop 2003, 42). Die sprachliche oder bildliche Verpackung entscheidet letztlich darüber, ob eine klare Botschaft auch klar beim Adressaten ankommt oder als verzerrtes Trugbild.

These 5: Der Hüter der Glaubwürdigkeit muss die Macht haben, sie zu beschützen. Die Positionierung der PR-Verantwortlichen in einer Organisation sagt viel über deren Glaubwürdigkeit aus.

Bei vielen Berufen käme man nie auf die Idee zu diskutieren, ob man da wirklich Profis braucht oder nicht doch lieber selbst loslegen kann. Für eine Wurzelbehandlung geht man zum Zahnarzt und nicht ins Piercingstudio. Eine Autobahnbrücke lässt man von einem Ingenieur konstruieren und nicht vom Schornsteinfeger, und das Auto lässt man in einer KfZ-Werkstatt warten und nicht vom Tierarzt.

Auch PR ist ein Handwerk, dessen Regeln man kennen und beherrschen muss, damit PR funktioniert. Auf dem Papier und offiziell wird sich niemand dazu versteigen, PR als unwichtig, überflüssig und verzichtbar zu bezeichnen. Bei zig Studien, Befragungen und Kongressen wird sogar die zunehme Wichtigkeit von PR betont. Bloß in der Realität ist es noch immer nicht durchgängig in Organisationen bis in jeden Hinterkopf vorgedrungen, dass man in Controllingfragen den Controller fragt und dessen Rat befolgt, in Rechtsfragen den Juristen und bei Fragen der PR eben den PR-Spezialisten. Da schließlich jeder reden und schreiben kann oder zumindest überzeugt ist, das auch professionell zu tun, ist das Standing der PR ein Dauerbrenner.

- *PR und Marketing – Partner, aber zwei Paar Stiefel*

PR kann ihre Funktion, zum Erfolg einer Organisation nachhaltig beizutragen, nur dann erfüllen, wenn zu den stimmigen Inhalten und der Professionalität der PR-Spezialisten auch die entsprechenden Rahmenbedingungen in der so genannten ‚Aufhängung' der PR passen. PR muss die Möglichkeit haben, ihr Handwerk auszuüben. Eine Organisation, die die PR als Unterabteilung des Marketings ansiedelt, hat das Spiel um die Glaubwürdigkeit von vornherein verloren. PR und Marketing sind zwei Paar Stiefel, zwar auf dem gleichen Weg in die gleiche Richtung unterwegs, aber mit anderen Aufträgen und daher immer getrennt.

> „Während Werbung und PR in einem Unternehmen durchaus das Ziel verfolgen, den ökonomischen Erfolg zu fördern, haben sie unterschiedliche Funktionen und Schwerpunkte. Unter Werbung versteht man in der Regel die möglichst überzeugend präsentierte Verkaufsbotschaft für Produkte oder Dienstleistungen in den Medien zu möglichst niedrigen Werbepreisen. Für die Werbung wird bezahlt. PR hat nicht das Verkaufsgespräch zum Ziel, will nicht überreden, sondern den Teilöffentlichkeiten Informationen zur Verfügung stellen, damit sie sich ein Urteil bilden können." (Mast 2002, 20)

Deshalb gilt grundsätzlich: Die PR-Verantwortlichen innerhalb des Marketings ‚aufzuhängen', erschwert von Beginn an den Aufbau der Glaubwürdigkeit, weil immer Verkaufsabsichten a priori unterstellt werden und nicht Beziehungspflege. In ihrem Werk *Unternehmenskommunikation* (2002) unterstreicht Claudia Mast des Weiteren:

> „Glaubwürdigkeit: Redaktionen erwarten klar auf Fakten und Realitäten bezogene Inhalte, nicht die schön gefärbten Aussagen der Werbung. Sowohl die Wahl der Themen als auch die Aufbereitung der Inhalte müssen den Anforderungen der Journalisten entsprechen – im Idealfall zugleich wahrheitsgemäß, vollständig, sachlich und prägnant." (ebd. 321)

- *PR – nur wirksam, wenn auch schlagkräftig*

Wirksame PR lässt sich nur – und diese Ausschließlichkeit wird hier mit Nachdruck behauptet – unter der Prämisse hoher Eigenständigkeit und mit Ansiedelung direkt beim Zentrum der Macht in einer Organisation realisieren. Zentrum der Macht hört sich zwar pathetisch an, doch hier geht es um ein entscheidendes Erfolgskriterium für wirksame und kosteneffiziente PR und da mag der plakative Begriff helfen.

Nur wenn PR als wichtiger strategischer und operativer Faktor erkannt, eingesetzt und daher auch so positioniert wird, kann PR wirken; und nur dann lohnen sich die Investitionen in diesen Bereich. Eine Organisation, die eine PR-Abteilung mit Profis bezahlt, sollte den Rat dieser Spezialisten einholen und möglichst befolgen. Genau wie sie den Rat ihres Steuerspezialisten befolgt.

Da Kommunikation insgesamt und PR nicht durchgängig als eigenständiges Fachgebiet anerkannt ist, werden Unternehmen, Parteien, Gewerkschaften, Kirchen und Verbände noch einiges an Lehrgeld zahlen, bis die Inanspruchnahme von PR-Spezialisten und die Ausrichtung an deren Votum – vorausgesetzt die Argumente sind nachvollziehbar – genauso selbstverständlich ist wie bei Juristen oder Finanzexperten.

Auf der anderen Seite haben immer mehr Organisationen erkannt, dass sich Investitionen in eine professionelle PR auf Dauer lohnen. In diesen Organisationen werden die PR-Leute frühzeitig in wichtige Prozesse eingebunden, ihre Anmerkungen führen auch zu Veränderungen von Produkten oder Strategien, prominente Vertreter der Organisation lassen sich vor jedem öffentlichen Auftreten von den PR-Leuten vorbereiten, PR-Leute haben dort ein Vetorecht gegenüber Vertrieb und Marketing, PR-Leute entwickeln die Philosophie, das Geschäftsgebaren und die Corporate Identity des Unternehmens mit. Kurz: Es gibt sie – die Organisationen, wo PR-Leute ihr Geld wert sein dürfen.

Die hohen Anforderungen, die in den vorangegangenen Thesen aufgestellt wurden, sind oft unbequem. Sie erfordern laufende Selbstreflexion, Bereitschaft zu Korrekturen und Disziplin in der Abarbeitung. Unbequemes tut sich meist nicht von selbst. Umso wichtiger ist es, dass die Möglichkeit zur Durchsetzung auch gegen Widerstände möglich ist, wenn alle Versuche der konsensual angelegten Bewusstseinbildung und der sachlichen ausgedehnten Diskussion gemacht wurden und nicht erfolgreich waren. Da interne Konflikte jedoch Energie kosten, die dann intern verpufft und nicht dem eigentlichen Arbeitsfeld (der Öffentlichkeit) zugeführt wird, sollten Konflikte immer die letzte aller möglichen Maßnahmen sein. An diesem Punkt kommt das für jeden PR-Profi unverzichtbare interne Netzwerk ins Spiel.

- *Das interne Netzwerk – Lebensversicherung für den PR-Spezialisten*

Die Positionierung der PR im ‚Zentrum der Macht' ist wie oben gesagt notwendig für die Durchschlagkraft der PR-Arbeit. Diese Position bedeutet jedoch nicht, dass nur das obere Management zum internen Netzwerk eines PR-Mitarbeiters gehören darf. Interne Netzwerke auf allen Ebenen sind eine notwendige Voraussetzung für die Qualität der zu transportierenden Inhalte. Die PR-Abteilung ist darauf angewiesen, möglichst breite und umfassende Informationen zu haben, weil sie nur so beurteilen kann, ob eine Botschaft insgesamt glaubwürdig ist.

Deshalb zählen auch die verschiedenen Gruppierungen in einer Organisation zum notwendigen ‚Dunstkreis' eines PR-Profis. Um Glaubwürdigkeit gewährleisten zu können, muss man in dieser Position viele Antennen in der Organisation haben. Bezogen auf ein Unternehmen heißt das: Man muss als Person und Fachmann ebenso vom Vorstandsvorsitzenden anerkannt sein wie vom Betriebsrat, von den Geschäftsführern der Beteiligungen ebenso wie von den Abteilungsleitern der Holding, vom Pförtner ebenso wie beim Postdienst, beim Controlling, in der Rechtsabteilung und so weiter.

Der PR-Profi, der neu in ein Unternehmen einsteigt, ist gut beraten, sein internes Netzwerk mit einem kleinen zeitlichen Vorlauf neben seinem externen Netzwerk aufzubauen. Nur so kann er sicher sein, auf Fragen intern schnell Antworten zu bekommen, auf Entwicklungen rechtzeitig hingewiesen zu werden und Krisenprävention betreiben zu können. Das interne Netzwerk entscheidet zu einem großen Teil über den Erfolg einer PR-Abteilung mit. Es ist Themenquelle, Recherchepool, Testgebiet für die Verständlichkeit von Botschaften und Frühwarnsystem. Das beste externe Netzwerk nützt im Fall der Fälle wenig, wenn der PR-Mensch kein internes Standing genießt. Er wird von der Organisation auf Dauer ausgetrocknet und verliert dann auch Ansehen im externen Netzwerk. Das geht ganz einfach: Führungskräfte verschanzen sich hinter Terminnot, Anfragen werden verschleppt, Informationen kommen unvollständig, es gibt kein offenes Feedback zu neuen Ideen, man lässt den unliebsamen PR-ler ins Messer rennen.

Insofern macht es Sinn, sich zügig ein internes Netzwerk zu schaffen und genauso sorgfältig zu pflegen wie das externe Netzwerk. Einige Hinweise, wie diese Netzwerk-Pflege funktioniert: sich öfter persönlich sehen lassen, die Sinnhaftigkeit und Schlagkraft von PR immer wieder elegant ins rechte Licht rücken, interne ‚Zulieferer' an den Erfolgen der PR-Aktion teilhaben lassen („Das haben wir nur so gut hinbekommen, weil Sie so schnell zurückgerufen haben.") sowie über die Tücken und Freuden der PR-Arbeit bei entsprechend lockeren Anlässen erzählen. Tue Gutes und rede darüber, denn viele Kollegen können sich nicht vorstellen, was so ein PR-Fritze denn den lieben langen Tag lang überhaupt tut.

Ziel jedes PR-Profis sollte sein, dass seine Organisation gerne mit ihm zusammenarbeitet, auch wenn man in Sachthemen manchmal unterschiedlicher Meinung ist. Von einem Sympathieträger lässt man sich eher mal sagen, dass es so nicht oder auch gar nicht so geht. Insofern gelten die Grundregeln der Markenlehre auch für die persönliche Positionierung des PR-Spezialisten: Eindeutigkeit, Transparenz, Wiedererkennbarkeit. Klare Standpunkte zu haben, sie verständlich zu machen und dies mit einem freundlich-konsequenten Auftreten zu verbinden, ist eine im Allgemeinen erfolgreiche Mischung.

Ob zum Beispiel ein Text gut oder schlecht ist, entscheidet sich nach fachlichen Kriterien, nicht am Rangabzeichen des Autors. Und kein PR-Profi sollte den Fehler machen, einen schlechten Text abzulehnen, der zum Beispiel vom Bereichsleiter des Marketings kommt, ihn aber als tragbar zu bezeichnen, wenn der gleiche Text unter gleichen Rahmenbedingungen am nächsten Tag von der Geschäftsführung zur Veröffentlichung vorbeigebracht wird. Macht der PR-Mensch hier einen Rückzieher, lernt die Organisation: Hier gelten keine fachlichen Gründe, sondern es heißt allein „Ober sticht Unter".

Natürlich ist auch jeder Geschäftsführer gut beraten, sich nicht vor eine solche Karre spannen zu lassen, da er sonst das Standing seines PR-Profis selbst untergräbt. Es gehört schon Rückgrat dazu, seinem Chef zu sagen, dass er auf dem Holzweg ist und der Text einfach schlecht und daher nichts für die Öffentlichkeit ist, wenn der Chef mit den Worten durch die Tür kommt: „Was haben Sie denn gegen Kollegen Müller aus dem Marketing? Der Text ist doch gut?"

- *Der Vorgesetzte – Förderer oder Behinderer von Effizienz*

Das Beispiel mit dem Geschäftsführer, der es besser weiß als sein PR-Spezialist, leitet zu einem weiteren Gesichtspunkt innerhalb einer Organisationen über, der über den Erfolg und die Effizienz von PR maßgeblich beteiligt ist: zum Vorgesetzten des PR-Profis.

Im Idealfall weiß der Vorgesetzte, dass PR wichtig ist und wie sie funktioniert. Dann ist die Zusammenarbeit einfach. Grob geschätzt, liegt in einem solchen Fall das Verhältnis zwischen inhaltlicher Arbeit und Selfmarketing bei 90:10 – vorausgesetzt, die Chemie stimmt. Sonst funktioniert das Zusammenspiel auf Dauer ohnehin nicht. Der PR-affine Vorgesetzte lässt den PR-Menschen seines Vertrauens einfach machen und will nur vorab informiert sein, um seine Meinung kurz einbringen zu können. Oder der Vorgesetzte ist inhaltlich selbst so fit, dass eine fachliche Diskussion zustande kommt. In solchen Fällen ist die Arbeit effizient, das Kosten-/ Nutzenverhältnis stimmt.

Hat der Vorgesetzte hingegen wenig Ahnung, was gute PR an Vorteilen bringt und dass sie bestimmten Regeln gehorchen muss, um erfolgreich zu sein, dann verschiebt sich das Verhältnis zwischen inhaltlicher Arbeit und internem Lobbying im Vorfeld der eigentlichen Arbeit bis hin zu 30:70. Der PR-ler muss also länger arbeiten, um den gleichen inhaltlichen Output zu erreichen wie sein Kollege mit einem PR-freundlichen Chef, oder er arbeitet bei gleichem Zeiteinsatz ineffizienter, weil mehr Zeit dafür aufgewendet wird, den eigenen Chef zu überzeugen.

Ein fiktives Beispiel: Ein Unternehmen möchte die Medien hinter seine Kulissen schauen lassen und bietet zweimal im Jahr ein lockeres Treffen an, das jedoch nicht zur direkten Berichterstattung gedacht ist, sondern Gedankenaustausch und Know-how-Transfer zum Ziel hat. Tagesaktuelle Informationen sollen dort nicht stattfinden, um dieses Event nicht zu einer verkappten Pressekonferenz zu machen. Diese Konzeption des Events kennen auch die eingeladenen Medienvertreter und schätzen genau diese Art der Veranstaltung, die in dieser Weise schon mehrmals stattgefunden hat. Nun findet eine solche Veranstaltung zufällig einen Tag nach dem Feststehen der Halbjahreszahlen des Unternehmens statt.

Ein PR-orientierter Geschäftsführer würde entweder seinen PR-Berater fragen, ob es Sinn macht, die Zahlen bei dieser Abendveranstaltung (mit dem Thema: So sieht eine moderne Rasenmäher-Produktion aus) zu veröffentlichen, oder er würde von selbst darauf kommen, dass hier Anlass und Botschaft nicht zusammen passen.

Für einen Chef, der mit den Spielregeln von PR nicht so vertraut ist und der den ganzen Firlefanz für eher unnötig hält, ist es nicht einsichtig, warum es unklug wäre, die Botschaft loszuwerden, wenn man die Leute schon mal zusammen hat. Dass Teile der Medien, die an dieser Information auch interessiert sind, an dem Abend nicht anwesend sind und die Bekanntgabe als bewusste Bevorzugung ihrer Kollegen auslegen könnten, dass dadurch Beziehungen wegen unterstellter Ungleichbehandlung empfindlich gestört werden können, wischt er mit einer Handbewegung zur Seite: „Sehen Sie das doch nicht immer so eng!"

Viele Organisationen, die sich professionelle PR-Abteilungen oder externe PR-Berater leisten, sollten sich fragen, warum sie dieses Geld ausgeben, den Rat dieser Leute dann aber entweder nicht einholen oder ihn nur teilweise oder gar nicht annehmen. Dann wäre es wirtschaftlich sinnvoller, erst gar keine PR-Leute zu bezahlen. Das ist natürlich etwas zugespitzt, aber trifft im Kern zu.

Dieses Nicht-Beachten-Wollen von Regeln der PR frei nach dem Motto „reden und schreiben kann doch jeder" reicht bis in die letzte Formulierung hinein. Ein schönes Beispiel sind Pressemitteilungen. Der Pressereferent hat intern gut recherchiert, schreibt eine gute Pressemitteilung, die den Regeln journalistischer Texte genügt, und gibt den Beitrag zur letzten inhaltlichen Abstimmung in die Fachabteilungen und zur Geschäftsführung.

In Unternehmen, die PR als wichtigen Faktor zum Unternehmenserfolg ansehen, in denen der PR-Profi a priori und wegen seiner guten Leistungen und sozialen Kompetenz a posteriori ein gutes Standing genießt, kommt der Text zügig und mit höchstens einer inhaltlichen Korrektur zurück.

In Unternehmen, wo PR als eher lästig gesehen wird und Pressemitteilungen nicht dazu da sind, die Medien und die Öffentlichkeit anzusprechen, sondern die internen Eitelkeiten zu pflegen, können gute Texte bis zur Unbrauchbarkeit entstellt werden.

Urtext für die lokale Wirtschaftspresse:

Premiere in der Deutschen Rasenmäher-Branche:
Schnups GmbH führt Balanced Scorecard ein – „Damit werden wir noch besser"

Hinterheimerlingen, 1. April 2001 – „Dieses Instrument zur Steuerung unseres Unternehmens wird sich für unsere Kunden, Mitarbeiter und Anteilseigner positiv auswirken", so Herbert Rasinger, Geschäftsführer der Schnups GmbH zur Einführung einer Balanced Scorecard (BSC) beim führenden Hersteller für Rasenmäher in Süddeutschland. „Um auch in Zukunft hervorragende Produkte zu liefern, sichere Arbeitsplätze anzubieten und eine angemessene Rendite zu erzielen, reicht es heute nicht mehr, sich allein an Finanzkennzahlen zu orientieren." Die BSC helfe der Schnups GmbH, alle für ihren Geschäftserfolg wichtigen Stellschrauben gleichermaßen im Auge zu behalten, Stärken auszubauen, Schwächen zu erkennen und zu beheben und so den nachhaltigen Erfolg des Unternehmens zu sichern. In die BSC der Schnups GmbH fließen die Themenfelder Markt, Finanzen, Prozesse und Mitarbeiterpotenziale gleichermaßen ein. „Wir sind mit unseren 500 Mitarbeitern zwar kein Großkonzern, aber auch ein mittelständisches Unternehmen ist gut beraten, diese Faktoren zu beachten und sein unternehmerisches Handeln daran auszurichten. Die BSC ist lediglich eine Methode, das besser zu organisieren, was man als Unternehmer ohnehin beachten muss."

Beispiel 1:
Freigabe einer Pressemitteilung in einem PR-freundlichen Unternehmen. Änderungen der Geschäftsführung sowie der an der Entwicklung der BSC beteiligten Fachabteilungen Controlling und Unternehmensentwicklung (Rückmeldung am nächsten Tag).

Premiere in der Deutschen Rasenmäher-Branche:
Schnups GmbH führt Balanced Scorecard ein – „Damit werden wir noch besser"
Hinterheimerlingen, 1. April 2001 – „Dieses Instrument zur Steuerung unseres Unternehmens wird sich für unsere Kunden, Mitarbeiter und Anteilseigner positiv auswirken", so Herbert Rasinger, kaufmännischer Geschäftsführer der Schnups GmbH zur Einführung einer Balanced Scorecard (BSC) beim führenden Hersteller für Rasenmäher in Süddeutschland. „Um auch in Zukunft hervorragende Produkte zu liefern, sichere Arbeitsplätze anzubieten und eine angemessene Rendite zu erzielen, reicht es heute nicht mehr, sich allein an Finanzkennzahlen zu orientieren." Die BSC helfe der Schnups GmbH, alle für ihren Geschäftserfolg wichtigen Stellschrauben gleichermaßen im Auge zu behalten, Stärken auszubauen, Schwächen zu erkennen und zu beheben und so den nachhaltigen Erfolg des Unternehmens zu sichern. In die BSC der Schnups GmbH fließen die Themenfelder Markt, Finanzen, Prozesse und Mitarbeiterpotenziale gleichermaßen ein. „Wir sind mit unseren 500 Mitarbeitern zwar kein Großkonzern, aber auch ein mittelständisches Unternehmen ist gut beraten, diese Faktoren zu beachten und sein unternehmerisches Handeln daran auszurichten. Die BSC ist lediglich eine Methode, das besser zu organisieren, was man als Unternehmer ohnehin beachten muss."
Die BSC wurde von den Abteilungen Controlling und Unternehmensentwicklung den tatsächlichen Bedürfnissen der Schnups GmbH angepasst, so dass sich der Aufwand in sinnvollen Grenzen bewegt. „Die BSC soll ja im alltäglichen Geschäft helfen und nicht durch zu hohen administrativen Aufwand behindern", so Rasinger.

Beispiel 2:
Freigabe einer Pressemitteilung in einem Unternehmen, das PR nicht professionell einsetzt (Rückmeldung nach vier Arbeitstagen und erst nach dreimaliger Bitte um Freigabe durch den Pressereferenten).

Erstmalige Premiere in der Deutschen Rasenmäher-Branche:
Schnups GmbH führt Balanced Scorecard als modernes Management-Tool nach gesamtheitlichen internen Roll-out ein
Hinterheimerlingen, 1. April 2001 – Nach drei Workshops, die vom Leiter Unternehmensentwicklung systemisch moderiert wurden, hat die Geschäftsführung der Schnups GmbH die Entscheidung getroffen, in der Rasenmäher-Branche in Deutschland modell- und vorbildhaft das moderne Management-Tool einer Balanced Scorecard einzuführen. Damit hat die Schnups GmbH, die am Standort Hinterheimerlingen 500 Mitarbeiter beschäftigt und der führende Hersteller von qualitativ hochwertigen Präzisions-Rasenmähern ist, einem einmaligen Wettbewerbsvorteil den Kick off gegeben. „Dieses Management-Tool wird sich für unsere Stakeholder positiv auswirken", erläuterte Dipl.-Kfm. Herbert Rasinger, kaufmännischer Geschäftsführer

der Schnups GmbH zur Einführung einer Balanced Scorecard (BSC) beim führenden Hersteller für Rasenmäher in Süddeutschland. „Um auch in Zukunft hervorragende Produkte zu liefern, sichere Arbeitsplätze anzubieten und eine angemessene Rendite zu erzielen, reicht es heute nicht mehr, sich allein an Finanzkennzahlen zu orientieren." Die BSC helfe der Schnups GmbH, alle für ihren Geschäftserfolg essentiellen Kriterien miteinander zu verknüpfen im Sinne einer Wirkungskette, Stärken auszubauen, Schwächen zu erkennen und zu beheben und so den nachhaltigen Erfolg des Unternehmens zu sichern. In die BSC der Schnups GmbH fließen die Themenfelder Markt, Finanzen, Prozesse und Potenziale gleichermaßen ein. „Wir sind mit unseren 500 Mitarbeitern ein bedeutender Wirtschaftsfaktor in der Region und übernehmen deshalb zeitnah dieses Management-Tool, mit der Großkonzerne wie Siemens und Daimler-Chrysler gute Erfahrungen gemacht haben", unterstreicht der kaufmännische Geschäftsführer Dipl.-Kfm. Herbert Rasinger. Die Bereiche Unternehmensentwicklung und Controlling haben insgesamt ein Mannjahr in die Vorbereitung und den Roll-out der BSC investiert und ein auf die Schnups GmbH adaptiertes Reporting-System installiert. Der jährliche BSC-Review wird in einer Kaskade über sämtliche Hierarchiestufen heruntergebrochen, um dann in einem Bottom-up-Prozess wieder an die Geschäftsführung hochgespiegelt zu werden.

Diese Pressemitteilung ist zwar erfunden, aber sie ist nicht aus der Luft gegriffen. Die Autorin hat sich in ihrer Laufbahn als Journalistin oft genug über Pressemitteilungen nach Art des Beispiels 2 geärgert.

- *Positionierung und Standing – Grundbedingung für erfolgreiche Arbeit*

Der Aufruf an alle möglichen Organisationen, denen es um Nachhaltigkeit in der PR und Glaubwürdigkeit geht, kann nicht deutlich genug sein: Lassen Sie Ihre PR von Profis machen! Und lassen Sie diese Profis ihre Arbeit machen! Glaubwürdigkeit ist für jede nachhaltig denkende Organisation ein zu hohes Gut, als dass sie es darauf ankommen lassen könnte, sich ein mögliches Versagen schon dadurch einzuhandeln, dass sie ihr eigenes Korrektiv PR-Abteilung zu einem zahnlosen Löwen degradiert – sei es durch unangemessene Platzierung in der Hierarchie oder durch Nichtbeachtung der fachlichen Ratschläge.

An Kommunikation kommt keine Organisation vorbei. Kommunikation geschieht. Ob gesteuert oder ungesteuert, gewollt oder ungewollt, aktiv oder durch Verweigerung. Wie zielgerichtet und unterstützend Kommunikation im Sinne der jeweiligen Organisation ausfällt, das hat sie zum überwiegenden Teil selbst in der Hand. Communicare necesse est (frei übersetzt: Kommunikation ist eine Notwendigkeit).

Literatur

Bentele, Günter (1993): Immer weniger öffentliches Vertrauen. In: Bertelsmann Briefe, Mai 1993, 39-43.

Bentele, Günter (2003): Das Image der Image-Macher. In: Frankfurter Allgemeine Zeitung, 26. Mai 2003, 24.

Buß, Eugen/ Fink-Heuberger, Ulrike (Hrsg.) (2000): Image-Management: wie Sie Ihr Image-Kapital erhöhen! Erfolgsregeln für das öffentliche Ansehen von Unternehmen, Parteien und Organisationen. Frankfurt/ Main: F.A.Z.-Inst. für Management-, Markt- und Medieninformationen.

Deekeling, Egbert/ Barghop, Dirk (Hrsg.) (2003): Kommunikation im Corporate Change: Maßstäbe für eine neue Managementpraxis. Wiesbaden: Gabler.

Mast, Claudia (2002): Unternehmenskommunikation: ein Leitfaden. Stuttgart: Lucius & Lucius.

Wissen und Macht: Der amerikanische Krieg um Massenvernichtungs- und Massenverwirrungswaffen

Michael Meyer

Blickt man durch liberale deutsche Medien über den großen Teich nach Amerika, fragt man sich: Wie war es möglich, dass Präsident George W. Bush viele Amerikaner Glauben machen konnte, wegen der angeblichen Bedrohung durch irakische Massenvernichtungswaffen (MVW) in den Krieg ziehen zu müssen, und auch danach noch Vertrauen einzufordern, obwohl die Experten bis heute keine finden konnten? Führt der offenbare Widerspruch zwischen einer politischen Behauptung und der wissenschaftlich nachweisbaren Wahrheit nicht zum absoluten Verlust von Bushs Glaubwürdigkeit? Nicht unbedingt, wie dieser Fall beweist, in dem die Medien eine sehr große Rolle spielen. Ziel dieses Beitrages ist der Versuch, aus der Perspektive der Rhetorik und der Psychologie die Funktion von und den Kampf um Glaubwürdigkeit und Vertrauen im Wechselspiel zwischen Politik, Wissenschaft und Publizistik im Kontext amerikanischer Kultur zu verstehen.

Politik, Publizistik und Wissenschaft überlagern und verflechten sich. Fraglich ist, welche Systeme, Organisationen und Personen wie miteinander verknüpft sind und wie sie versuchen, trotz der möglichen Interessenskonflikte Glaubwürdigkeit und Vertrauenswürdigkeit zu beanspruchen. Im Zentrum der Untersuchung stehen die Strategien, wie in Kommunikationsprozessen Glaubwürdigkeit und Vertrauen aufgebaut, angegriffen und wieder hergestellt werden.

Die Diskussion um Massenvernichtungswaffen im Irak als einer der wesentlichen Kriegsgründe wuchs zu nichts weniger als einem politischen und medialen Krieg um Massenverwirrungswaffen. Heftig und andauernd wurde um die Glaubwürdigkeit von Informationen, Personen und Institutionen gerungen. In einer Schlammschlacht gegenseitiger Bezichtigungen der Lügen in der Politik und Publizistik beherrschte „das Spiel mit der Wahrheit jede Debatte“ (Kreye 2003). Das Misstrauen explodierte förmlich unter Politikern, Medienvertretern, Experten und zwischen diesen Gruppen. Im Rahmen dieses Beitrages möchte ich mich weitgehend auf einige zentrale Auseinandersetzungen um die MVW in den USA von Oktober 2002 bis Oktober 2003 konzentrieren, die in den sechs Monaten vor und nach dem Krieg gegen den Irak ihren Höhepunkt erreichten.

Am Anfang der heißen Phase stand Bushs Aufsehen erregende Rede über die umfassende Bedrohung durch den Irak am 7. Oktober 2002 in Cincinnati, Ohio, deren Wirkung durch Bushs Ansprache zur Lage der Nation am 28. Januar 2003 und Colin Powells Präsentation vor den Vereinten Nationen am 5. Februar 2003 verstärkt wurde. Nach dem Ende der Hauptkriegshandlungen im April 2003 ersetzten die USA die Inspektoren der UN durch ihre eigene Iraq Survey Group. Schon lange bestehende Zweifel an der Argumentation der amerikanischen Regierung wurden nach dem April 2003 lauter und mündeten in die Etablierung einer Untersuchungskommission. Der Bericht des scheidenden Leiters der amerikanischen Iraq Survey Group im Oktober 2003 kündigte eine längere Überprüfung der MVW des Irak an, die bis dato nicht gefunden wurden.

Die Klärung der grundlegenden Rolle von Glaubwürdigkeit und Vertrauen in Politik, Wissenschaft und Publizistik erlaubt zu verstehen, welche Probleme bei welchen Organisationen und Vertretern dieser Systeme in den USA in der Debatte um die MVW auftreten. Danach folgt die Erläuterung von Kriterien und Strategien zur Beurteilung und Verhandlung von Glaubwürdigkeit und Vertrauen in Konflikten, um schließlich ausgewählte Reden und Diskussionen von Politikern, Experten und Publizisten im Detail zu analysieren.

1. Glaubwürdigkeit und Vertrauen in Wissenschaft

Glaubwürdigkeit und Vertrauen werden oft ‚durcheinander' definiert und analog verwendet. Die Begriffe und ihre Ableitungen haben aber unterschiedliche Spielräume. Man kann von streng vertraulichen Informationen sprechen, die aber diejenigen, die sie ausschließen und möglicherweise betreffen, misstrauisch machen. Wir reden von glaubwürdiger Abschreckung eines internationalen Gegners, die sich aus dem eigenen Misstrauen ergibt und die das Vertrauen und die Sicherheit der eigenen Bevölkerung herstellen soll. Entscheidend ist, dass Glaubwürdigkeit und Vertrauen keine objektiven und allgemein gültigen, sondern in Kommunikationsprozessen ausgehandelte Konstrukte sind (Nawratil 1997, 27-28; Deppermann 1997, 381). In einem wechselseitigen Prozess beanspruchen Kommunikationspartner die Wahrheit einer Aussage und Glaubwürdigkeit beziehungsweise Vertrauen und schreiben sie dem anderen zu – oder im Zweifelsfalle nicht (Deppermann 1997, 376-81). Die Funktion von Vertrauen definiert Niklas Luhmann allgemein als Mittel, um die wachsende Komplexität der modernen Wirklichkeit zu reduzieren, die wir nicht mehr sicher erfassen und beherrschen können (1989, 8-9, 18-19). Die Grundlage von Vertrauen ist nach

Luhmann die prinzipielle Möglichkeit, sich verbindlich über etwas als wahr verständigen und sich daher auf die Informationsverarbeitung durch andere verlassen zu können (1989, 66). Wenn man anderen vertraut, haben beide Freiräume für Handlungen, doch geht man ein gewisses Risiko ein, seine Erwartungen enttäuscht zu sehen. Statt komplexer Informationen, die außerhalb der eigenen Kompetenzen liegen, kontrolliert man das symbolische Handeln der anderen, denen man Vertrauen schenkt, um im Falle der Enttäuschung Vertrauensbrüche mit Sanktionen belegen zu können (Luhmann 1989, 35-37). Man kann Vertrauen in Sozialsysteme, wie Wissenschaft, Publizistik und Politik von Vertrauen in Organisationen und Personen unterscheiden.

Die Autorität der Wissenschaft beruht auf der Gewissheit, dass ihre Aussagen wahr sind, weil man darauf vertraut, dass bestimmte Regeln bei der systematischen Erforschung von Wissen gelten und die Verfahren wie die Ergebnisse wechselseitig durch Experten geprüft werden (Luhmann 1989, 68-69). Der Laie, der sich auf Expertenwissen stützt, kann dies selbst nicht überprüfen, sondern muss dem System der Wissenschaft vertrauen.

Die Suche nach MVW im Irak erfordert wissenschaftlich ausgewiesene Experten aus der Biologie, der Chemie, der Nuklearphysik und hochspezialisierte Experten für Waffensysteme. Im Fall der UN-Inspektionen zur Verifikation der MVW des Irak traten mehrere Anforderungen und Probleme auf, welche das Vertrauen auf die Unabhängigkeit der Experten und ihrer Ergebnisse beeinträchtigen konnten. Die Untersuchungen fanden in einem hochpolitisierten Kontext statt, denn die wissenschaftliche Aussage diente der Legitimation politischen Handelns und beeinflusste das mögliche Ende der Sanktionen gegen den Irak oder deren Verschärfung bis zum militärischen Einsatz durch die UN beziehungsweise durch die USA als wichtigster Gegenspieler des Irak. So argumentiert Michael Ehrke (2003, 11), dass der Irak, die Inspektoren und die westlichen Geheimdienste interessegeleitet sind und daher von keiner Seite klare Informationen zu erwarten sind. In diesem Zusammenhang sind die Auswahl der Experten, ihre Arbeitsbedingungen, ihr Wissen und ihre Schlussfolgerungen von größter Wichtigkeit.

Scott Ritter, der ehemalige Inspektor der UNSCOM (nach ihrem Auftraggeber, dem Sicherheitsrat der United Nations Security Commission), legitimierte prinzipiell die Berufung von Mitarbeitern des Central Intelligence Agency (CIA) zu Inspektoren wegen ihrer Expertise, solange sie sich allein dieser Aufgabe widmen. Zwar wurde der CIA zur Sammlung von Informationen im Ausland gegründet, doch kompromittierte er seinen Ruf durch illegitime und illegale Operationen von Desinformation bis zur Unterstützung von Staatsstreichen

(Raeithel 2002, 439). Die doppelte Aufgabenfunktion und die Geheimhaltung lassen die Transparenz vermissen, die vertrauenswürdige Experten in der Öffentlichkeit benötigen. Warum soll der Rezipient einer Information Vertrauen schenken, wenn die Quelle geheim ist? Warum soll man einer Institution trauen, deren offene und geheime Finanzierung im Wesentlichen von den Dienstleistungen gegenüber einer Regierung abhängt, die in diesem Falle Partei ist? Ein größeres Problem ist jedoch, dass CIA-Mitarbeiter unter den Inspektoren offenbar gar nicht an einer Verifikation der Abrüstung interessiert waren, um die Behauptung des Irak, über keine MVW zu verfügen, nicht bestätigen zu müssen und demzufolge Forderungen des Irak nicht zu legitimieren, wie die gegnerischen Experten Scott Ritter im Einzelfall (2002, 39) und Kenneth M. Pollack für die amerikanischen Interessen im Allgemeinen übereinstimmend bemerken (2002, 175). Man sollte wissen, dass Ritter keinen nennenswerten Verstoß gegen die UN-Resolution fand und daher einen Krieg ablehnte, während Pollack, ein ehemaliger CIA-Militäranalytiker, Professor an der National Defense University und Direktor für Angelegenheiten am Persischen Golf im Nationalen Sicherheitsrat der USA, für einen Militärschlag wegen der MVW argumentierte (2002, xiv, 175).

Die Arbeitsbedingungen der Experten waren, gelinde gesagt, ungünstig. Inspektionen benötigen Vertrauen auf beiden Seiten (Ritter 2002, 68). Die misstrauischen Iraker behinderten die Arbeit, wodurch wiederum das Misstrauen der Inspektoren und das der USA an deren Ergebnissen geweckt wurde. Solange der „Irak sein Waffenprogramm nicht vollständig offen gelegt hat, ist das Vertrauen, bei der Überwachungstätigkeit den richtigen Schwerpunkt gesetzt zu haben, gering" (Kraatz-Wadsack 2002, 30). Ein Problem aus irakischer Sicht waren unter anderem Inspektionen sicherheitsrelevanter Einrichtungen, weil ‚sensible' Informationen offen gelegt werden konnten und umgekehrt ihre Sicherheit bedrohen konnten. Übrigens verweigern die USA aus den gleichen Gründen bestimmte internationale Inspektionen nach dem Chemiewaffenkontrollabkommen (Krutzsch/ Wagner 2002, 58). Der Streit über die Art der Inspektionen, die dem Irak zufolge nicht den Regeln der UN-Resolution entsprach, führte 1998 zu deren Beendigung (Solomon 2003, 49-51). Scott Ritter (2002, 51) verließ 1998 die UNSCOM unter anderem wegen der Spionage von CIA-Mitarbeitern unter den Inspektoren, die das UN-Mandat verletzt und die gesamten Inspektionen diskreditiert hätten.

Mit dem Schweden Dr. Hans Blix trat ein unabhängiger Experte an die Spitze der Inspektoren der UNSCOM. Die Inspektionen wurden Ende 2002 wieder aufgenommen. Blix betonte in Notizen zu seinem letzten Bericht über die Inspektionen bis zum Kriegsbeginn am 18. März 2003, dass bei den bisher deklarierten Waffen und Einrichtungen auch in den gesamten letzten Jahren keine nennenswerten Mengen von MVW oder Hinweise auf die Wiederaufnahme von Programmen gefunden werden konnten. Vorsichtig erklärte er, dass ein negatives Ergebnis nicht bedeute, dass keine MVW vorhanden sind, aber auch nicht, dass sie existieren, weil keine irakischen Dokumentationen über ihre Vernichtung vorgelegt wurden. Man kann daher nicht darauf vertrauen, so Blix, dass die Programme und Waffen vernichtet wurden, sondern muss weiter prüfen. MVW konnten nicht gefunden werden, weil sie entweder versteckt oder zerstört worden waren. Zurück bleiben also die klassischen Probleme der Komplexität und Unsicherheit. Da kein Vertrauen in dieser Situation vorhanden ist, muss die Option Kontrolle heißen. Gehen wir davon aus, dass dem Experten, seinem Wissen und seinem Bericht zu vertrauen ist, dann kann Blix' Unsicherheit keine andere politische Entscheidung legitimieren, als die Inspektionen fortzusetzen, wofür er sich als Wissenschaftler ausspricht.

2. Glaubwürdigkeit und Vertrauen in Politik und Publizistik

Forscher diskutieren, ob es wichtig ist, von Vertrauen im Bereich Politik zu sprechen. Ronald Inglehart (1999) zufolge spielen wirtschaftliche und kulturelle Faktoren eine größere Rolle für stabile und funktionierende Demokratien als Vertrauen, das eher diffus in politische Institutionen und in Regeln für Machtwechsel vorhanden sein müsse. Luhmann spricht von generalisiertem Vertrauen in das politische System und seine Entscheidungsprozesse im Gegensatz zur Erwartung an bestimmte politische Entscheidungen (1989, 71-72). Allerdings haben gewählte Politiker keine Verpflichtung zur Interessensvertretung bestimmter Individuen, sondern sind nur dem Gemeinwohl verpflichtet (Luhmann 1989, 71). Zwar können die Bürger in Wahlen im Nachhinein politische Entscheidungen und ihre Träger gut heißen oder ablehnen, doch sind ihre Sanktionsmöglichkeiten gegen einzelne Politiker sehr beschränkt. Luhmanns allgemeine Aussage trifft genau für die Auseinandersetzungen um die MVW zu: „Das Systemvertrauen ist dagegen hochgradig unbestimmt, involviert aber andererseits ein Engagement und Folgen, die bis an Leben oder Tod gehen können" (1989, 72).

Russell Hardin behauptet, in repräsentativen Demokratien sei Vertrauen nicht möglich, weil keine persönlichen Beziehungen vorhanden sind, die ein solches rechtfertigten (1999, 29-32). Doch greift dieses Argument gerade in der amerikanischen Politik nicht ganz. Der Präsidentschaftskandidat stellt sich mit seiner ganzen Persönlichkeit der Bevölkerung zum Wahlkampf. Sein ganzes Leben wird bis ins Kleinste durchleuchtet. Der einzelne Bürger baut eine medial vermittelte, quasi-persönliche Beziehung zum Präsidenten auf. Politische Entscheidungen, die der mit großer Macht ausgestattete Präsident vertritt, sind zwar das Ergebnis eines komplexen Entscheidungsprozesses, werden aber durch ihn personifiziert. Daher ist es prinzipiell möglich, ein „quasi persönliches Vertrauen" (Luhmann 1989, 71) in die Spitze dieses Systems aufzubauen. Auch um dieses Vertrauen geht es in der amerikanischen Diskussion um die MVW.

Entgegen der weit verbreiteten Meinung, dass der Vertrauensverlust in die Politik eine Krise der Demokratie und ihrer Legitimation bedeute, stehen Argumente, die gerade die Wichtigkeit des Misstrauens betonen, um Politiker zur Rechenschaft zu verpflichten (Orren 1997, 78-79; Warren 1999, 347-348). Das politische Instrument der Täuschung hat eine ebenso lange Tradition wie das politische Misstrauen (Orren 1997, 102; Leyendecker 2004, 21-22). Es gibt jedoch – in der politischen Theorie wie im Wahlkampf – eine gewisse Toleranzschwelle für unwahre Behauptungen ebenso wie Bezichtigungen der Unwahrheit in der politischen Debatte (Leyendecker 2004, 22). Peter Johnson nennt als Grundproblem des Vertrauens in die Politik das „dirty hands"-Dilemma (1993, 10), also den durchaus üblichen und pragmatischen Versuch oder die Tatsache, wünschenswerte politische (nicht persönliche) Ziele mit verborgenen und unlauteren Mitteln zu erreichen. Das Problem sei, dass bei Akzeptanz der schmutzigen Hände der moralische Normverstoß zur Normalität zu werden droht und denjenigen, die ihr Vertrauen schenken, durch Missbrauch geschadet werden kann (Johnson 1993, 6, 20). Geht es um internationale Politik, ist die Akzeptanz für Täuschungen des Gegners im eigenen Lager akzeptabler, wenn damit dem eigenen Gemeinwohl geholfen wird (Johnson 1993, 5). Dies ist – neben Selbstzensur und Opportunismus – einer der Gründe, warum die Spionage amerikanischer Inspektoren im Irak kein großer öffentlicher Skandal in den USA wurde, sondern sogar aus nationalen Interessen heraus legitim erscheinen konnte (vgl. Solomon 2003, 48-51). Die Vorwürfe der Täuschung des eigenen Volkes wegen partikularer Interessen sind jedoch gravierend.

Die Verhandlungen politischer Glaubwürdigkeit und die Legitimationen politischer Entscheidungen werden zum großen Teil über die öffentlichen Massenmedien ausgetragen und verbreitet. Die Medien und die Politik sind voneinander abhängig und in Hassliebe verbunden. Einerseits benötigen die Politiker die Medien, um sich und ihre Entscheidungen öffentlich darzustellen, andererseits beklagen sie den „mean world effect“ (Nye 1997, 17), weil die Massenmedien tendenziell mehr Aufmerksamkeit auf negative als auf positive Meldungen legen.

Um glaubwürdig zu sein und dadurch Vertrauen zu gewinnen, müssen Medien, die Informationen verbreiten und zur Meinungsbildung beitragen wollen, unabhängig und überparteilich sein. Sie haben die Aufgabe, Informationen zu prüfen, wichtige auszuwählen, nachprüfbar zu dokumentieren und ‚objektiv‘, so weit das überhaupt möglich ist, darzustellen. Dadurch setzen sie bestimmte Themen für die Öffentlichkeit und blenden andere aus. Zudem liefern Kommentare den Lesern und Leserinnen Interpretationsangebote. Die Glaubwürdigkeit der Medien, so Beatrice Dernbach in diesem Band, hängt unter anderem von ihrer Transparenz und Selbstkontrolle ab. Die Funktion der Medien als Kontrollinstanz der Politik wird unterlaufen, wenn bestimmte Medien, die Vorgaben politisch engagierter Eigentümer erhalten, zu Foren politischer Public Relations werden oder der Unterhaltungscharakter die Berichterstattung dominiert (siehe Dernbach in diesem Band).

Im Falle der MVW ging der politischen Entscheidung für den Kriegseinsatz eine Art PR-Kampagne im Herbst 2002 voraus, in der sich Politik, Wissen und Massenmedien untrennbar miteinander verflochten, wie die Medienkritiker Norman Solomon, Direktor des Institute for Public Accuracy, und Reese Erlich, investigativer Reporter und Dozent für Medientheorie- und Praxis an der University of California, im Detail nachweisen (2003, 51-54). Die Medienbeobachter Sheldon Rampton und John Stauber, Herausgeber und Autoren von PR Watch, bestätigen, dass Konservative Think Tanks wie das Project for a New American Century (PNAC), die aus politischen ‚Experten‘ bestehen, und der Iraq National Council (INC), eine vom CIA und dem PR-Berater Rendon unterstützte Gruppe von Exil-Irakern, zusammen mit Regierungsstellen massenhaft Informationen an die Medien lieferten, die Saddam Hussein mit Terror in Verbindung brachten, die Forderung nach einem ‚Regimewechsel‘ intensivierten und den INC als politische Alternative vorschlugen (Rampton/ Stauber 2003, 37-63). Die Presse übte Selbstzensur, indem sie diese Informationen verbreitete und widersprechende Informationen verschwieg (Solomon/ Erlich 2003, 40-50, 67-69). Im Herbst 2002 glaubten mehr als die Hälfte der Amerikaner, Saddam Hussein sei mitverantwortlich für die Attentate vom 11. September (Solomon/ Erlich 2003, 64).

Auf dem Buchmarkt etablierte sich eine liberale Gegenmacht, die allerdings erst 2003 an Fahrt gewann und deren unbestrittener internationaler Star Michael Moore ist, dessen regierungskritische Bücher *Stupid White Men* (2001/ 2002) und *Dude, Where's My Country* (2003) in den USA wie Europa Rekordauflagen erzielten. Die Titel seiner Mitstreiter, Joe Conasons *Big Lies* und Al Frankens *Lies and the Lying Liars Who Tell Them. A Fair and Balanced Look at the Right*, lassen keinen Zweifel an ihrer Absicht, mit der Regierung und ihren Unterstützern abzurechnen. Diese Bücher zeichnen sich durch eine Überlagerung von Politik, Entertainment und Wissen aus. Sie sind tendenziös, ironisch und satirisch, dokumentieren aber auch ihre Quellen. Trotz Parteilichkeit beanspruchen sie Wahrhaftigkeit, um das Misstrauen von Gleichgesinnten gegenüber dem politischen Gegner zu vertiefen. Die teilweise sehr hohen Auflagen dieser Bücher können nicht darüber hinweg täuschen, dass die Regierung über eine wesentlich größere Präsenz in den Massenmedien und über die weitaus größere Macht verfügt, Themen zu setzen und Meinungen zu platzieren. Dabei geht es nicht unbedingt darum, ob oder dass eine Aussage, ein Kommunikator oder eine Organisation objektiv oder für alle gleichermaßen glaubwürdig oder vertrauenswürdig sind. Entscheidend ist, dass Glaubwürdigkeit und Vertrauen in andauernden Kommunikationsprozessen auf dem Spiel stehen, und wie sie verhandelt werden (Nawratil 1997, 27-28; Deppermann 1997, 381).

3. Kriterien und Strategien von Verhandlungen

Glaubwürdigkeit und Vertrauen bilden die implizite pragmatische Grundlage von Kommunikation und reduzieren Komplexität: Ein andauerndes Misstrauen gegenüber der Wahrheit und Wahrhaftigkeit des anderen würde jede fruchtbare Kommunikation unterbinden und ständige Meta-Reflexion erfordern, um Anhaltspunkte für Kritik zu finden. Glaubwürdigkeit und Vertrauen werden erst explizit verhandelt, wenn irgendein Anlass besteht, sie in Zweifel zu ziehen, indem beispielsweise Erwartungen an ein oder mehrere Kriterien nicht erfüllt werden (Köhnken 1990, 162, 166). Die Psychologie, Gesprächsanalyse und Rhetorik stellen folgende Anhaltspunkte für Glaubwürdigkeitsbeurteilungen auf:[1]

- *Kontext:* Situation, Publikum, Medium, vorausgehende Thematisierung des Inhaltes
- *Vorinformationen:* Ruf der allgemeinen Vertrauenswürdigkeit des Kommunikators, der Erwartungen prägt; äußere Erscheinung und Verhalten
- *Selbstpräsentation:* Herkunft, Position und Funktion in Organisation, Kompetenz, Motivation, Interesse, Kontaktaufnahme

1 Vgl. Günter Köhnken (1990, 140-164), Ute Nawratil (1997, 35-85), Alexander Kirchner (2000, 115-160) und Arnulf Deppermann (1997, 211-216).

- *Nonverbales Verhalten:* Dynamik, Mimik, Gestik
- *Sachverhalt:* aus der Sicht des Kommunikators und in der Relevanz für die Rezipienten
- *Präsentationsweise von Informationen:* rhetorisch, erzählerisch und logisch plausible Darstellungsweise

In der Alltagskommunikation werden äußere Erscheinung und nonverbales Verhalten als wahrer Ausdruck der inneren Einstellungen und der Persönlichkeit betrachtet (Köhnken 1990, 168). In der Politik sind öffentliche Auftritte in der Regel sorgfältig einstudierte Inszenierungen. Bush begründet als Staatsmann seriös im dunklen Anzug und mit vor Selbstvertrauen strotzender Mimik und Gestik vor dem Kongress, warum ein Militäreinsatz möglicherweise notwendig sei. Er verkündet sportlich in grauer Fliegermontur und ‚codpiece', einem Kleidungsstück, das die Männlichkeit mindestens genauso betont wie schützt, auf einem Flugzeugträger mit vor Stolz geschwellter Brust das „Ende der Mission". Für die einen hat er mit diesen Auftritten das Vertrauen, das in ihn als starken Führer der Nation gesetzt wurde, erfüllt, für die anderen das Misstrauen gegenüber dem Kriegsbefürworter verstärkt. Sein eigener Sprechstil zeigt kurze, stark betonte Einheiten aus drei bis fünf Worten, die leicht verständlich sind, und Wirkungspausen, in denen er häufig ein leichtes, unergründlich vieldeutiges Lächeln zeigt. Meist präsentiert ihn die Kamera aus leichter Untersicht, die ihn höher als die Zuschauer stellt und überlegen wirken lässt. In offiziellen Ansprachen im Weißen Haus und im Kongress weiß er die amerikanische Flagge und das Siegel des Präsidenten hinter sich, die ihn als obersten Repräsentanten der USA mit einem Vertrauensbonus auszeichnen. Da Bushs Auftritt in den Reden, die später analysiert werden, ähnlich wie in seinen anderen offiziellen Verlautbarungen aussieht und aus Fernsehnachrichten als bekannt vorausgesetzt werden kann, gehe ich später nicht mehr näher darauf ein.

Die grundlegende Schwierigkeit, die Aufrichtigkeit in politischen Inszenierungen aus dem Verhalten ableiten zu wollen, betrifft auch die Beurteilung der anderen Kriterien. Sie kann zu dem Problem führen, dass ein öffentlicher Kommunikator bei einem skeptischen Publikum versucht, besonders glaubwürdig zu wirken, aber gerade dadurch dessen Misstrauen bestärkt, selbst wenn er oder sie glaubwürdige Informationen vermittelt (vgl. Köhnken 1990, 159). Die Attribution von Glaubwürdigkeit hängt nicht nur einseitig von den Erwartungen an den Kommunikator ab, sondern auch von den Einstellungen, Positionen und Situationen der Rezipienten. Diese können je unterschiedliche Kriterien anwenden oder keine der oben genannten (Nawratil 1997, 125-126), insbesondere bei festgelegten Voreinstellungen, wie den ‚goldenen Regeln': „Traue niemals einer Frau", „Trau keinen fremden Männern" oder „Never trust a black/ white/ Arab/ American/ young/ old man".

Konstruktivistische Theorien erklären, wie Rezipienten Informationen verarbeiten, um zu Urteilen zu kommen, beispielsweise Schemabildungen von Prozessen und Persönlichkeiten (siehe Köhnken 1990, 136-41, 165-69; Nawratil 1997, 125-30). Mich interessieren hier eher die rhetorisch markanten Kommunikationsprozesse, die Aushandlungen von Glaubwürdigkeit und Vertrauen beobachtbar machen.

Im Konfliktfall werden nach Deppermann (1997, 211-216, 371-378) die Selbstpräsentationen und die Behauptungen von Sachverhalten der Gegner verhandelt: Während man selbst seine eigene Identität, Motive und Interessen an Gewissheit, Wahrheit und Verständigung dokumentiert, dekonstruiert man die Selbstpräsentation des anderen. Die Version des anderen hinterfragt man und stellt eine Gegenversion auf, die Details, Beweise und wenn möglich Zeugen anführt. Zur Strukturierung der Verhandlungen eignen sich die Themensteuerung (ein- oder ausblenden), die Beziehungsbewertung (anerkennen/ nicht anerkennen), die Organisation der Interaktion (Beiträge zulassen, beantworten und bewerten oder nicht) und die Bekundung von Handlungsabsichten (Kooperation sichern oder ablehnen). Man kann auf die destruktive Betonung der Unterschiede oder die konstruktive Hervorhebung der Gemeinsamkeiten abzielen. Zur Eskalation führen Versuche, die eigene Position gegenüber anderen durchzusetzen, sich wechselseitig zu diskreditieren, den Streit zu intensivieren, zu personalisieren oder zu verallgemeinern. Dagegen führt die kooperative Bemühung um Einigung und positive künftige Zusammenarbeit zur Deeskalation. Die Defokussierung der Diskussion, Konzessionen, Entschuldigungen, die Annahme von Bußen und die rituelle Anerkennung des anderen entspannen den Konflikt.

4. Die Eskalation des Misstrauens gegenüber dem Irak

Im Zentrum der Debatte standen zunächst zwei Fragen: die Glaubwürdigkeit der Abrüstung des Irak und dann die der Regierung der USA. Jedoch weitete sich diese Auseinandersetzung auf die Glaubwürdigkeit der UN, ihrer Inspektoren, der Geheimdienste, der Medien und der politischen Gegner Bushs aus. Eine Spirale des Misstrauens führte zur Beobachtung der Beobachter, nämlich des Irak durch die UN-Inspektoren, durch die US-Informationsdienste, durch die Regierung, durch politische Institutionen (Parlament, Kongress, Opposition), durch

Medien, durch deren Kritiker und umgekehrt. Hier soll und kann also gar nicht beurteilt werden, ob Bush tatsächlich glaubwürdig und vertrauenswürdig ist, sondern welche zum großen Teil rhetorischen Strategien er und seine Gegner einsetzen, um den medialen Krieg eskalieren oder deeskalieren zu lassen. Eine punktuelle Untersuchung ausgewählter Verhandlungsschritte von Glaubwürdigkeit und Vertrauen in einem Rahmen allgemeiner Entwicklungen soll helfen, wesentliche Strategien und Funktionen der Diskussion in den USA nachzuvollziehen.

Bushs Rede in Cincinnati am 7. Oktober 2002 ist deswegen von großem Interesse, da sie sehr ausführlich die meisten Informationen über die Bedrohung durch den Irak in geballter Form vor die amerikanische Öffentlichkeit bringt, die später häufig wiederholt, aber auch heftig kritisiert werden. Der Kontext von Bushs Rede am 7. Oktober 2002 war für die Glaubwürdigkeit eines ‚worst case'-Szenarios hilfreich. Seit 1998 waren keine Inspektionen im Irak erfolgt und daher herrschte eine große Unsicherheit über dessen MVW, die in den Vereinten Nationen zu einer Diskussion um die Wiederaufnahme verschärfter Inspektionen und der letzten Chance zum Nachweis der Abrüstung führte, wie am 8. November 2002 in der Resolution 1441 festgeschrieben. Wie oben skizziert, brachte eine leichte Mehrheit der amerikanischen Bevölkerung die Terroranschläge vom 11. September 2001 mit Saddam Hussein in Verbindung (Solomon/ Erlich 2003, 64) und befürwortete einen Krieg gegen Saddam Hussein, weshalb Pollack zufolge ein günstiges öffentliches Klima für einen Militäreinsatz herrschte (Pollack 2002, xxiii). Daher kann man davon ausgehen, dass Bushs Bedrohungsszenario auf viele offene Ohren stieß. Wenn man eine Meinung teilt, steigt die Einschätzung der Glaubwürdigkeit des anderen (Nawratil 1997, 157). Außerdem drückten eine satte Mehrheit von 70 Prozent der Befragten ihr Vertrauen in George Bushs Charakter und Kompetenz aus, weil er ehrlich sei und eine internationale Krise meistern könne (Jacobson 2003, 218). Bush hielt seine Rede im Vorfeld der Entscheidung im Kongress über seine Ermächtigung zur Anwendung militärischer Gewalt gegen den Irak, die mit einem großen Medienecho rechnen und daher die Abstimmung beeinflussen konnte.

Er verknüpft den Irak, MVW und Terrorismus: Saddam Hussein bedrohe die USA direkt und indirekt, indem er MVW produziere, gegen Amerika einsetzen und feindlichen Terroristen zur Verfügung stellen könnte. Die Rede ist rhetorisch perfekt strukturiert. Die Einleitung umreißt die Geschichte der Bedrohung durch den Irak, den Terroranschlag am 11. September 2001 und Amerikas Entschlossenheit, die Welt gegen diese Bedrohung zu führen („confront"). Bush führt einen allgemeinen Konsens über die Forderung nach Abrüstung ins Feld und stellt als entscheidende Frage, wie diese zu erreichen ist. Der Hauptteil besteht darin, eine Reihe legitimer Fragen vieler Amerikaner zum Ausmaß der Gefahr, der Dringlichkeit des Handelns und der Verbindung zwischen der irakischen Entwicklung von MVW und dem Krieg gegen Terror einzuräumen. Es wird suggeriert, alle Zweifel ernst zu nehmen, nur um sie in einer Serie von Antworten mit vielen Wiederholungen auszuräumen. Daher nimmt der Hauptteil weniger die Form der Diskussion gleich gewichteter Stimmen ein, sondern die Form eines Lehrdialogs, der aber gleichermaßen auf die Überzeugung wie die Emotionen des Publikums ausgerichtet ist. Die Schlussfolgerung appelliert an nationale Affekte und lautet konsequenterweise, dass der Sicherheitsrat der Vereinten Nationen und die USA nach allen vergeblichen Bemühungen neue Wege und harte Mittel finden müssen, um den Irak nun zum Abrüsten zu zwingen.

Die Präsentation des Selbst und der anderen polarisiert deutlich in „us" und „them". Der Präsident spricht für die Regierung, Amerika und ein verallgemeinertes wir, das die Bedrohung anerkennt und Mitglieder beider Parteien im Kongress, Mitglieder des UN-Sicherheitsrates, die Koalition derjenigen, die gegen den Irak zu kämpfen bereit sind und die ‚zivilisierte Welt' (gegenüber den ‚Barbaren') einschließt. Dagegen stehen einzig Terroristen sowie Saddam Hussein und der Irak beziehungsweise die irakische Regierung im Gegensatz zur Bevölkerung. Auf ambivalente Weise zwischen „us" und „them" befinden sich „some", die das Gefährdungspotenzial durch Saddam und die akute Notwendigkeit zu handeln noch nicht sehen, die aber in der Rede weitgehend nur durch Fragen und kaum durch Argumente repräsentiert werden.

Die einzelnen Argumente sind in eine doppelte Erzählung eingebettet. Eine Erzählung zeigt die eindeutige und für sich genommen plausible Geschichte des zwölfjährigen irakischen Fehlverhaltens, die sich von der Vergangenheit bis in die Gegenwart erstreckt und für die Zukunft dasselbe oder Schlimmeres erwarten lässt. Die Handlungsstruktur dieser Geschichte folgt der Entwicklung vom Zirkel der wiederholten Gewalt und Täuschung zur Spirale der Bedrohung durch den Irak, der im Diktator Saddam Hussein personifiziert wird. Demgegenüber steht die Geschichte der USA, die in den heißen Kriegen wie im Kalten Krieg immer der Anwalt der Unterdrückten gegen die Brutalen und Gesetzlosen gewesen seien, und die nun auf der Seite des irakischen Volkes gegen seine Unterdrücker im eigenen Lande stünden: Hier findet sich eine zirkuläre Geschichte des permanenten Kampfes der Moral gegen die Willkür. Die siegreiche Geschichte der USA stellt sich aber auch als linearer Fortschritt der Freiheit und Menschlichkeit dar, der allerdings implizit auf dem Spiel steht, weil die Bedrohung bekämpft werden muss, bevor sie zu stark wird (und die Macht des Guten zu besiegen droht).

Wie die Erzählung bedient sich die Präsentationsweise zweier zentraler rhetorischer Mittel, der Wiederholung und der Steigerung. Bush stärkt den Eindruck der eigenen Kompetenz und Sicherheit durch die wiederholte Betonung des eigenen Wissens („we know") und der Beweise („evidence"), die den Amerikanern vorlägen. Er stützt seine Aussagen gelegentlich explizit auf nicht-amerikanische Quellen, wie Mitarbeiter der UN und Experten aus dem Irak, die geflohen waren. Bush hebt immer wieder auf die Steigerung der Gefahr ab („growing", „worse", „even worse", „worst").

Details veranschaulichen Bushs rhetorische Argumentation: In der Vergangenheit habe der Irak MVW produziert und gegen den Iran und die eigene Bevölkerung eingesetzt, das eigene Volk unterdrückt, Kuwait überfallen, Terroristen unterstützt, die Sanktionen durch illegalen Handel verletzt, Überwachungsflüge in der Flugverbotszone beschossen, die legitime und vollständige Verifikation der Abrüstung unterlaufen und die Inspektoren 1998 hinausgeworfen. Seit 1998 bis in die Gegenwart habe der Irak weiter MVW produziert. Bush führt seine Beweise auf die sichtbare Wahrheit von Überwachungsfotos und genau zählbare und überprüfte Fakten zurück: Informationen über Know-how, Art, Zahlen und Mengen von Produktionsmitteln und -stätten, von Waffen, biologischen, chemischen, nuklearen Grundstoffen und fertigen Kampfstoffen, ballistischen Raketen, bemannten und unbemannten Fluggeräten für chemische und biologische Kriegführung und auf den versuchten Ankauf von Aluminiumröhren und Uran.

Die Geschichte habe die „Natur" Saddam Husseins und seines Regimes gezeigt, das tyrannische, gnadenlose, mörderische, waffensüchtige, aggressive und feindliche Wesen. Auf der Grundlage dieses Wissens und der Geschichte entwirft der Präsident die künftige Bedrohung der Welt und vor allem der USA durch MVW. Am ausführlichsten stellt Bush die nukleare Bedrohung dar. Die Argumentation steigert sich von der kognitiven Ungewissheit der körperlichen Unsicherheit zur verunsichernden Sicherheit der Bedrohung. Sie spricht zunächst rationale Argumente an, das *Logos* nach der Rhetorik, und dann die Gefühle des Publikums, das *Pathos*. Auf die Frage, wie nahe Hussein am Bau einer Nuklearwaffe ist, antwortet Bush: „Well, we don't know exactly, and that's the problem." Er führt als implizite Analogie der Zukunft und damit als noch unausgesprochene Begründung für einen Krieg an, dass der Irak schon 1993 eine Atomwaffe hätte haben können, wäre der Golfkrieg 1991 nicht verloren gegangen. Er nennt weiterhin angebliche Beweise für die Wiederaufnahme des Programms und die Möglichkeit, dass der Irak hoch angereichertes Uran in die Hände bekommt und innerhalb eines Jahres (!) eine Atombombe baut. Dadurch verkürzt er den Handlungsspielraum seines historischen Beispiels, nach dem der Golfkrieg dem Irak zwei Jahre zuvorgekommen wäre. Er fährt fort: „Knowing these realities, America must not ignore the threat gathering against us. Facing clear evidence of peril, we cannot wait for the final proof – the smoking gun – that could come in the form of a mushroom cloud." Er weckt die Assoziation zeitlich und räumlich dringender Gefahr, die durch das Bild des Atompilzes und die Erinnerung an die Schrecken von Hiroshima plastisch wird, die nun den USA in der Kubakrise drohten:

> „As President Kennedy said in October of 1962: ‚Neither the United States of America, nor the world community of nations can tolerate deliberate deception and offensive threats on the part of any nation, large or small. We no longer live in a world,' he said, ‚where only the actual firing of weapons represents a sufficient challenge to a nations security to constitute maximum peril.'"

Bush beruft sich nicht nur auf den Mythos von Präsident Kennedy und dessen erfolgreicher Bewältigung der Kubakrise, sondern rückt über den impliziten Vergleich zur damaligen realen Gefahr die mögliche nukleare Bedrohung des Irak in unmittelbare Nähe. Das prestigeträchtige Zitat von Kennedy erscheint im Nachhinein Modell bildend für Bushs Handeln. Auf die rhetorische Frage, ob es Sinn mache, mit der ‚Konfrontation' zu warten, bis die Gefahr noch stärker sei, antwortet Bush selbst, dass Warten die riskanteste Option sei und allen Beweisen widerspreche.

Die Gefahr wird durch die abwechselnde Beschreibung und Verflechtung der nuklearen Bedrohung, dem 11. September und Verbindungen von Saddam Hussein zu Terroristen eindringlicher. Bush verweist auf Treffen mit namentlich genannten internationalen Terroristen (Abu Nidal, Abu Abbas) und hohen Mitgliedern von Al-Kaida, die auch im Bombenbau und der Herstellung von Chemiewaffen unterrichtet worden seien. Bush bewegt sich von der Parallele zur Wechselbeziehung zwischen dem Irak und dem Terror über MVW. Es gäbe einen „link between Iraq developing weapons of terror and the wider war on terror (...) Saddam Hussein is harboring terrorists and the instruments of terror, the instruments of mass death and destruction. And he cannot be trusted. The risk is simply too great that he will use them, or provide them to a terror network." Vertrauen kann in diesem Zusammenhang nur als unverantwortlich hohes Sicherheitsrisiko erscheinen. In seiner Forderung nach einem beschönigend formulierten ‚Regimewechsel' weiß sich Bush mit Clinton einig und minimiert dadurch die Möglichkeit parteipolitisch motivierter Opposition.

Am Ende seiner Rede fordert Bush eine neue, strenge Resolution des UN-Sicherheitsrats mit unmittelbar und bedingungslos zu erfüllenden Anforderungen, die einen Monat später als Resolution 1441 verabschiedet wurde. Er kehrt den Handlungsdruck, unter dem die USA und die UN stünden, gegen den Irak: Dieser habe wenig Zeit für die letzte Chance, sich vollkommen den Bedingungen des UN-Sicherheitsrates zu unterwerfen. Er unterstreicht die Glaubwürdigkeit seiner Drohung durch die Warnung des Irak vor dem Einsatz von MVW im Ernstfall mit der Vorwegnahme der Entscheidung des Kongresses über den militärischen Einsatz: „America speaks with one voice [so wie er in dieser Rede beansprucht, für Amerika zu sprechen, M.M.] and is determined to make the demands of the civilized world mean something." Unter der Hand nimmt Bush vorweg, dass die wenigen Bedenkenträger („some ask") überzeugt seien und ihm zustimmen.

Am Ende spielt Bush noch einmal die nationale Trumpfkarte, die er schon während seiner Rede immer wieder angezogen hat, indem er sich auf die Gründungsväter und vor allem auf die Gründungsprinzipien und gemeinsamen Werte, also das *Ethos* Amerikas beruft: Wahrheit, Friede, Freiheit, Hoffnung, Menschenrechte, Würde, Fortschritt, Wohlstand, Selbstbestimmung, Sicherheit, Verantwortung, Entschiedenheit, moralische Führung, Macht, Einsatz- und Opferbereitschaft, Mut und Siegesgewissheit. Er schließt in rhythmisch harmonischen, dreigliedrigen Satzteilen mit anaphorischer Wiederholung des Selbstbezuges am Anfang und des Fremdbezuges am Ende:

> „Like other generations of Americans, we will meet the responsibility of defending human liberty against violence and aggression. By our resolve, we will give strength to others. By our courage, we will give hope to others. And by our actions, we will secure the peace, and lead the world to a better day. – May God bless America. (Applause.)"

Bush betont die Verantwortung und die missionarische Führungsrolle Amerikas in der Welt, die nicht nur Werte verteidige, sondern auch entschieden handle, um die Welt zu bessern. Damit bekräftigt er den großen amerikanischen Glauben an das eigene Idealbild als *die* starke, *die* außergewöhnliche und *die* führende Nation in der Welt (vgl. Moss 2003, 137). Dass „actions", die den Frieden sichern sollten, im Falle des militärischen Eingreifens auch eigene Stärke, Gewalt und Aggression gegen andere bedeuten, fällt unter den Tisch. Machtpolitische oder wirtschaftliche Gründe (‚Blut für Öl') blendet der Präsident vollkommen aus. Damit beruft sich Bush in schöner amerikanischer Tradition auf selbstlose

Friedens- und Freiheitsmissionen. Bush wirkte so glaubwürdig, dass er sogar einen absoluten Gegner der Republikaner, Al Franken, von der akuten Gefahr überzeugte und dieser die Botschaft weiter verbreitete, was ihm im Nachhinein äußerst peinlich war (Franken 2003, 344-345).

Die Rede ist selbst ein ausgezeichnetes Beispiel für eine eskalierende Verhandlung von Glaubwürdigkeit und Vertrauen: Saddam wird jegliches Vertrauen abgesprochen; wer ihm dennoch vertraue, riskiere sein Leben. Die Behauptungen des Irak, über keine MVW zu verfügen und keine zu bauen, erscheinen angesichts der massiven ‚Beweise', dem ‚Wesen' und ‚der Geschichte' vollkommen unglaubwürdig. Umgekehrt zeichnet sich die amerikanische Position durch ihre moralische Integrität, Kompetenz und historische Konsistenz als absolut glaubwürdig und vertrauenswürdig. Die Rede demonstriert die Glaubwürdigkeit des Misstrauens gegenüber dem Irak. Sie dürfte die Meinung der Mehrheit bestärkt haben, dass der Irak und der Terror zusammenhängen und militärisch bekämpft werden müssen, und einen Teil der Minderheit zumindest verunsichert haben.

Es dürfte nicht verwundern, dass im Rahmen dieser Eskalation des Misstrauens der Irak die spiegelbildliche Gegenposition übernimmt. Als Beispiel diene hier der Brief des irakischen Außenministers Nadschi Sabri vom 13. November 2002 an den Generalsekretär der UN, Kofi Annan, über die Annahme der Resolution 1441 vom 8. November 2002. Der Iraker dokumentiert sein Misstrauen gegenüber den USA und versucht, eigene Glaubwürdigkeit herzustellen. Er bezichtigt die USA der offenen Lüge und der Täuschung ihres eigenen Volkes und der gesamten Öffentlichkeit (ebd. 111). Er hält die USA für einen Repräsentanten der Gier, des Bösen, der Bedrohung, Ungerechtigkeit, Aggression und Tyrannei (ebd. 108-9) in Komplizenschaft mit dem „hassenswerten Zionismus" (ebd. 109). Sabri bittet um die Überprüfung der eigenen Behauptung, seit 1998 keine MVW hergestellt zu haben (ebd. 108, 110) und verspricht die Widerlegung der Verdächtigungen. Er fordert sozusagen Inspektionen als vertrauensbildende Maßnahme des Irak, bezweifelt aber gleichzeitig das alleinige Ziel der Überprüfung von MVW (ebd. 110) durch die äußerst scharfe Resolution 1441. Er kündigt eine sehr detaillierte und umfangreiche Dokumentation der irakischen Abrüstung an. In Übereinstimmung mit UN-Resolutionen befürworte der Irak die Abrüstung der MVW im gesamten Nahen Osten, einschließlich Israels und des Iran (ebd. 109, 111). Er spricht sich für Gerechtigkeit aus und gegen zweierlei Maß bei der Beurteilung des Irak und Israels (ebd. 111). Wie die USA verallgemeinert der Irak die eigene Position, wenn Sabri die Furcht vor dem Vertrauensverlust der UN artikuliert, falls sie einseitig mächtigen Interessen diene (ebd. 109). Im Gegensatz zu den „schändlichen“ USA beansprucht der Irak selbst die Position der Moral, im „Vertrauen auf Gott“ (ebd. 109) für Wahrheit, Stabilität, Fairness, Gerechtigkeit, Völkerrecht und für „Frieden, Freiheit und Zusammenarbeit zwischen den Völkern“ (ebd. 110) einzutreten. Zum Verwechseln ähnlich sind Bushs und Sabris Anspruch auf Würde, Sicherheit, Unabhängigkeit und Souveränität des irakischen Volkes. Ähnlich wie Bush konstruiert Sabri eine freiheitliche und fortschrittliche Geschichte des irakischen Kampfes gegen Kolonialismus und Imperialismus und droht mit opferbereitem Kampf im Notfall (ebd. 111-112).

Der Brief zielt weniger auf das eigene Volk (wie Bushs Rede) als auf einen emotionalen Appell an die Gerechtigkeit der UN. Er will nicht überzeugen: Fakten und Details fehlen. Während die umgekehrten Konstruktionen der Selbst- und Fremdbilder des Irak und der USA einander sehr ähnlich sind, ergeben sich selbstverständlich Unterschiede der Themen und Geschichten. Sabris Brief spricht nur über die MVW, nicht den Terror, den er unter Umständen einfach unter amerikanischen Lügen verbucht. Mit Gier und Aggression spielt er auf das Thema ‚Blut für Öl‘ an, das er allerdings im Fall Kuwaits als eigenes Problem ignoriert. Ebenso fehlt jeder Hinweis auf den Krieg gegen den Iran, die Unterdrückung des eigenen Volkes und der jahrelange Widerstand gegen die UN-Inspektionen. Kolonialismus und Imperialismus erscheinen hier als Aggression der anderen und sprechen an, was Bushs idealisierende Motive ausblenden, nämlich wirtschaftliche und strategische ‚Interessen‘ der USA für ein ‚Eingreifen‘ im Nahen Osten (vgl. Ehrke 2003, 21). Schließlich thematisiert Sabri einen weiteren blinden Fleck in Bushs Rede: das israelische und iranische Gefahrenpotenzial. Hier demoniert Sabri den amerikanischen Anspruch auf Gerechtigkeit und Rechtmäßigkeit und sieht die Sicherheit und die Position des Irak im Machtgefüge des Nahen Ostens bedroht.

Unter dem Vorzeichen absoluten Misstrauens dürfte die irakische Position kaum einen Eindruck auf Amerikaner gemacht haben. Der Kongress übernahm am 10. Oktober 2002 voll und ganz Bushs Argumentation und ermächtigte ihn zum Militäreinsatz, wenn nach der Entscheidung des Präsidenten diplomatische und friedliche Mittel die USA nicht mehr angemessen vor der Bedrohung durch den Irak schützen können (Ermächtigungsresolution 2002, 96). Er beruft sich dabei auf sein bereits am 14. August 1998 gefälltes Urteil, dass die MVW-Programme des Irak die vitalen Interessen der USA und die internationale Sicherheit bedrohen, und auf das Gesetz, den Sturz des irakischen Regimes zu unterstützen (Ermächtigungsresolution 2002, 94-95).

Die Reden zur Lage der Nation sprechen die Öffentlichkeit breit und wirksam an. Bushs Rede zum „State of the Union“ am 28. Januar 2003 vor dem Kongress macht keine Ausnahme. Bush rüstet rhetorisch auf und bettet die Gefahr durch den Irak in den (‚erfolgreichen‘) Kampf gegen den Terror ein. Nach einem Katalog innenpolitischer Leistungen seiner Regierung geht der Präsident auf den internationalen Kampf gegen Aids ein, was er als Naturkatastrophe parallel zum menschlichen Bösen stellt: „This nation can lead the world in sparing innocent people from a plague of nature. And this nation is leading the world in confronting and defeating the man-made evil of international terrorism. (Applause.)“ Bush bewegt sich vom Schutz der Unschuldigen zum Kampf gegen Schuldige. Die Analogie der weltweiten Plage und des weltweiten Bösen ruft biblische Motive von apokalyptischer Dimension auf, die so explizit in der Rede von Cincinnati noch nicht enthalten waren. Die Verhinderung einer angedeuteten Apokalypse (des Untergangs des Guten durch MVW) diente schon häufig zur Verschleierung militärischer Aktionen und zum Stimmenfang in der Bevölkerung (Raeithel 2002, 435). Im Wesentlichen macht Bush die Notwendigkeit des Kriegseinsatzes durch drei zusätzliche Argumentationsmuster plausibler, die den Krieg um die Glaubwürdigkeit des Irak eskalieren lassen:

1. *Vergleich mit unterschiedlichen und ähnlichen Beispielen:*
   Bush befasst sich mit den Staaten der ‚Achse des Bösen‘ (Woodward 2003, 363). Im Iran würden die USA die vorhandenen Bestrebungen der Bevölkerung nach Freiheit unterstützen. Aber von Nordkorea hätten die USA eine Lektion gelernt, da es sich nicht durch Verhandlungen davon abhalten ließ, Nuklearwaffen zu bauen. Doch würden die USA in Zusammenarbeit mit anderen Nationen nach einer friedlichen Lösung suchen, während im Irak „eine noch größere Gefahr“ für die Region und die USA drohe.
2. *Verbreiterung und Verschärfung der Argumentation des Misstrauens:*
   Bush betont Informationen durch „unabhängige“ Quellen wie die Vereinten Nationen und die Internationale Atomenergiebehörde deutlicher. Er kontrastiert eigene Erkenntnisse über vorhandene MVW mit mangelnden Nachweisen der Abrüstung, zu denen der Irak verpflichtet war. Er spitzt das Problem auf Saddam zu und wiederholt fünfmal: „He's given no evidence that he has destroyed it.“ Er betont mehrfach, dass Saddams Arsenale tausende, ja Millionen von Menschen töten können. Bush liefert doppeldeutige Botschaften: „If Saddam Hussein does not fully disarm, for the safety of our people and for the peace of the world, we will lead a coalition to disarm him.“ Diese Bedingung ist aber nach einer zweiten Aussage schon eingetreten, denn Sad-

dam habe die letzte Chance bereits verstreichen lassen. Colin Powell werde dies vor dem United Nations Security Council (UNSC) belegen. Damit hat Bush für sich schon entschieden, dass der Irak die Resolution 1441 nicht erfüllt hat, bevor der Bericht der Inspektoren vom Sicherheitsrat diskutiert wird, was nach der Ermächtigung durch den Kongress bedeutet, dass er militärisch vorgehen könnte.

3. *Stärkung der Selbstpräsentation:*
   Bush beschwört, dass die amerikanischen Streitkräfte den Frieden wahrten, der ‚verteidigt' werden müsse, wenn ihnen der Krieg ‚aufgezwungen' werde: „We seek peace. We strive for peace. And sometimes peace must be defended. (...) If war is forced upon us, we will fight in a just case and by just means – sparing, in every way we can, the innocent." Diese Gleichung von Krieg und (= für) Frieden, Angriff und (= als) Verteidigung gleicht dem ideologischen Doublespeak von Orwells Roman 1984, das verbale (und reale) Oppositionen einebnet, zum Beispiel in dem Slogan „WAR IS PEACE" (vgl. Rampton/ Stauber 2003, 114). Bush setzt einen Schlusspunkt, der den seiner Rede in Cincinnati bei weitem an religiösem Ethos und Pathos übertrifft. Er motiviert hier den missionarischen Eifer christlich und vermeidet vorsichtig die ‚Sünde' der Überheblichkeit, ohne auf nationale Selbstüberhöhung zu verzichten:

   > „The liberty we prize is not America's gift to the world, it is God's gift to humanity. (Applause) We Americans have faith in ourselves, but not in ourselves alone. We do not know – we do not claim to know all the ways of Providence, yet we can trust in them, placing our confidence in the loving God behind all of life, and all of history. May he guide us now. And may God continue to bless the United States of America. (Applause.)"

Amerika vertraut darauf, das gesegnete Instrument in Gottes Vorhersehung der Weltgeschichte zu sein. Damit schließt Bush an die Kreuzzugsrhetorik an, die er auch an anderen Orten für den Konflikt verwendet. Bereits 2002 schrieb der Sicherheitsexperte Kenneth M. Pollack mit großer Zustimmung, dass Amerikas aggressiver Rhetorik nun auch Taten folgen müssten, um Saddams Einhaltung der Resolution zu erzwingen (xxiv). Es wäre verfehlt, aus säkularer europäischer Sicht die religiöse Perspektive als vollkommen unglaubwürdig abzutun, da sie an das Mittelalter erinnere. So weit ich sehe, kritisiert keiner der zahlreichen amerikanischen Gegner Bushs, auf die ich im Literaturverzeichnis verweise, die religiöse Selbstpräsentation der Nation, die auf eine lange politische Tradition im protestantischen Amerika zurückblickt.

Auf der Bühne der Vereinten Nationen präsentiert Colin Powell am 5. Februar 2003 ausführlich Zahlen, Bild- und Tondokumente, die die von Bush in der Rede von Cincinnati aufgeführten Argumente über MVW, Verbindungen zum Terror und die Verstöße gegen die Forderung der vollen Kooperation des Irak mit den Inspektoren glaubwürdig detaillieren sollen (United Nations Security Council 2003). Viele Vertreter der einzelnen Nationen sehen die Glaubwürdigkeit der UN auf dem Spiel stehen und werfen dem Irak mangelnde Kooperation vor, sprechen sich aber für weitere Inspektionen aus. Lediglich Syrien fragt nach der Überprüfung von Powells Informationen, leugnet eine Gefahr durch den Irak für seine Nachbarn, bezweifelt offen, ob die Kriegsoption eine sinnvolle und erfolgreiche internationale Konfliktregelung wäre und fordert vertrauensbildende Maßnahmen zwischen UN und Irak. Wie zu erwarten, spricht der Irak Powells Bericht die Wahrheit ab und sieht dessen Funktion darin, die Welt gegen den Irak zu mobilisieren. Er führt als Zeugen den Bericht von Dr. Blix an, der keine MVW fand, und reagiert auf Vorwürfe der Behinderung der Inspektionen mit dem Versprechen aktiver Kooperation und einem umfangreichen Bericht. Interessanterweise bezieht er sich aber auch auf Informationen des britischen Geheimdienstes, der keine Beweise für Verbindungen zwischen Saddam und der Al-Kaida kenne, und auf die *New York Times*, dass Mitarbeiter des CIA die Regierung beschuldigten Berichte aufzublasen, um Stimmen für den Krieg zu fangen. Auch wenn die Meinungen nicht offiziell im Forum der UN diskutiert wurden, deutet sich hier eine Wende in der Agenda des Misstrauens an, die zwar den Irak nicht aus den Augen lässt, aber stärker als 2002 die Regierung der USA in den Blick nimmt.

Die amerikanische Öffentlichkeit war für den Krieg gegen Terror, aber deswegen nicht automatisch gleich für einen Krieg der USA gegen den Irak, sondern für die ordnungsgemäße Beendigung der Inspektionen, das Ausschöpfen diplomatischer Mittel und einen international koordinierten Militäreinsatz (Jacobson 2003, 220-221). Der Krieg ist die Fortsetzung des Misstrauens mit anderen Mitteln. Dabei misstraute die Regierung der USA nicht nur dem Irak, sondern auch den Medien und der eigenen Bevölkerung, indem sie die Berichterstattung durch „embedded journalists“ und so die Meinung der Öffentlichkeit zu kontrollieren versuchte.

5. Die Eskalation der Glaubwürdigkeitsfrage Bushs

Die wichtigsten Worte im Repertoire von Bushs Gegnern sind Lüge und Täuschung. Die Lüge kennzeichnet die absichtliche Behauptung eines Sachverhaltes, von dem der Sprecher weiß, dass er nicht wahr ist. Täuschung ist ein flexiblerer Begriff, der auch Halbwahrheiten, Implikationen, Mehrdeutigkeiten und so weiter umfassen kann, die falsche Eindrücke oder Schlüsse nahe legen. Allein schon die Behauptung, geschweige denn der Nachweis einer Lüge kann die Glaubwürdigkeit schwer beschädigen. Von Interesse dürfte sein, dass unterhaltsame Polemiker wie Michael Moore, Al Franken, und Joe Conason im Wesentlichen die gleichen Argumente und viele ähnliche Quellen wie den romanhaft schreibenden James Bamford aus dem Bereich des Infotainment und informative Medienkritiker wie Norman Solomon, Reese Erlich, Sheldon Rampton und John Stauber vorbringen. Offenbar spricht die Medienindustrie gezielt differenzierte Bedürfnisse in einem breiten Markt an.[2]

Der prominenteste unter Bushs Gegnern, Michael Moore, demontierte frühzeitig die Selbstpräsentation des mächtigsten Mannes der Welt durch die Gegengeschichte eines unfähigen (ex-)Alkoholikers, der nur durch Beziehungen und Wahlbetrug ins höchste Amt der Vereinigten Staaten gelangte (2001, 1-28). Im Zusammenhang mit dem 11. September sind ihm die Beziehungen Bushs zur Familie bin-Laden und zu den Saudis äußerst suspekt (2003, 1-40). Er entlarvt reihenweise „Lügen", die die Regierung über den Irak und durch die Medien aufgetischt habe (2003, 41-84). Trotz seiner polemischen und eindeutig parteiischen Satire können seine Behauptungen, die er mit öffentlich zugänglichen Quellen dokumentiert, nicht einfach vom Tisch gewischt werden. Auf der Webseite http://www.moorewatch.com nehmen seine Gegner jedoch jede seiner zum Teil unpräzisen Aussagen genau unter die Lupe, weshalb sie ihn umgekehrt der Lügen bezichtigen, ohne selbst unbedingt glaubwürdig zu sein. Das Misstrauensspiel um die politische Meinungsbildung setzt sich also jenseits der horizontalen politischen wie medialen Personen und Institutionen (also auf gleicher Ebene) potenziell unendlich im vertikalen Bereich fort, da individuelle Rezipienten ebenfalls Kommunikatoren sind und besonders über das Internet die Öffentlichkeit erreichen können.

2 Wo nicht anders angegeben, beruht die folgende Darstellung der gesamten kritischen Argumente auf Ritter 2002, 24-54; Conason 2003, 190-212; Rampton/ Stauber 2003, 81-103; Solomon/ Reese 2003, 44-105; Bamford 2004, 288-377 und Leyendecker 2004, 123-174.

Um ihre eigene Glaubwürdigkeit gegen Vorwürfe der einseitigen Parteinahme zu stützen, betonen Kritiker von Bushs Irakpolitik meist ausdrücklich, dass sie Saddam Hussein eindeutig für einen aggressiven und gefährlichen Diktator halten, der die UN jahrelang täuschte, MVW herstellte und anwendete. Jedoch bezweifeln sie Bushs drei zentrale Behauptungen und argumentieren: Saddam stelle aktuell keine direkte und unmittelbare Bedrohung der USA dar, verfüge (noch) über keine, wenige oder unbrauchbare MVW beziehungsweise deren Produktionsmittel und unterhalte keine relevante Verbindungen zur Al-Kaida. Die Argumente zielen auf den Logos und das Ethos Bushs und seiner Quellen:

1. Die meisten Behauptungen seien unglaubwürdig, da die angeblichen Beweise und Quellen zweifelhaft oder falsch sind.
2. Bush und die Geheimdienste seien unglaubwürdig, weil sie bewusst zweifelhafte oder falsche Informationen verwendeten, um den Krieg zu legitimieren, der persönlichen, wirtschaftlichen und machtpolitischen Interessen diene.

Die Kritiker verwenden die bekannten Strategien der Demontage der Geschichte, der Kompetenz und der Argumentation der Gegner im Kontrast zur Konstruktion der eigenen Version, Fähigkeit und Begründungsweise.

Bushs Kritiker hinterfragen dessen selektive und ,verfälschende' Version der amerikanischen und der irakischen Geschichte und entwerfen eine Gegenversion. Diese beginnt mit der amerikanischen Unterstützung des Irak im Kampf gegen den Iran und der Lieferung von Produktionsmitteln für MVW. Die USA haben Saddam Hussein noch unterstützt, nachdem er diese Waffen bereits eingesetzt hatte, da die Regierung sogar 1988 Forderungen nach Sanktionen gegen Saddam zu Fall brachte. Der Irak hat nicht einfach grundlos die Inspektoren 1998 des Landes verwiesen, sondern diese seien nach einem Streit um die Regeln der gerechten Verifikation abgezogen worden, und um die Inspektoren vor amerikanischer Bombardierung zu schützen. Unter der klaren amerikanischen Zielsetzung des Regimewechsels musste der Irak verständlicherweise besonders misstrauisch gegenüber Spionagetätigkeiten sein. CIA-Agenten unter den Inspektoren haben die Inspektionen gelenkt (Ritter 2002, 72), sensible Daten ausgespäht und so die Sicherheit des Irak bedroht. Umgekehrt ergibt sich keine Geschichte eines konsistenten Verhaltens des Irak: Saddam habe nach 1998 keine MVW mehr gebaut, nicht oder nicht nennenswert gegen die Auflagen des UN-SC verstoßen und stelle keine nachweisbare Bedrohung der USA dar.

Schließlich hat, wie oben bereits skizziert, eine PR-Kampagne auf den Krieg eingestimmt, der auch unabhängig des Ergebnisses der Inspektionen geführt worden wäre.

Im Zusammenhang mit der Geschichte der Inspektionen und ihrer Unterbrechung von 1998-2002 diskreditieren die Kritiker das Wissen und die Kompetenzen der Regierung und ihrer Informanten. Nach 1998 sind ohne Inspektionen vor Ort keine zuverlässigen Informationen über die Programme des Irak erhältlich. Glaubwürdige Experten wurden absichtlich selektiv zitiert, unglaubwürdigen vertraut, weshalb die meisten Beweise des Waffenbesitzes und der Waffenproduktion unglaubwürdig sind. Hussein Kamel, Leiter der irakischen Waffenproduktion, der nach Jordanien floh, gab einerseits – wie von Bush angeführt – die frühere Produktion von MVW zu, sagte aber auch eindeutig und wiederholt, dass alle MVW vernichtet seien, was Bush verschweigt. Umgekehrt ist Khidhir Hamsa kein relevanter und glaubwürdiger Experte, da er vom CIA und den Medien bezahlt, vom Irak National Council gefördert werde und bereits 1995 geflohen ist, weshalb seine Informationen und sein Wert als Zeuge für gegenwärtige MVW im Jahre 2002 nicht aktuell sein können (Rampton/ Stauder 2003, 87-88). Der angebliche britische Geheimdienstbericht über den Ankauf von Uran im Niger hat sich bereits früh als Fälschung von Autorität und Plagiat aus der Feder der Presseabteilung Tony Blairs herausgestellt.

Die Informationen über vorhandene aktuelle Waffenprogramme, Produktionsmittel und MVW seien unglaubwürdig und nicht nachweisbar. Zwar verfügt der Irak noch über das Know-how, aber unterhält keine Massenvernichtungswaffenprogramme. Zwar hat der Irak früher Inspektionen behindert, doch verfügt er den Inspektoren zufolge über keine oder keine nennenswerten Zahlen von Waffen oder Produktionsmitteln mehr, keine oder kaum funktionsfähige ballistische Raketen, keine für den biologischen oder chemischen Krieg geeignete oder umgerüstete, bemannte wie unbemannte, Flugzeuge. Die von Bush angeführten Beweise beruhen auf nicht gesicherten Daten und Fakten. Der Irak hat keine Möglichkeit, mit den vorhandenen Waffen direkt die USA zu bedrohen, keine Produktionsmittel für MVW erworben und keine Produktionsstätten aufgebaut. Schließlich hat der Irak in der Tat keine MVW im Krieg gegen die USA eingesetzt.

Von liberalen Kritikern bis zum Falken Pollack halten es die meisten Kommentatoren für vollkommen abwegig, dass der säkulare Saddam Hussein, ein erklärter Gegner religiöser Islamisten im Iran wie im eigenen Land, Verbindungen zur Al-Kaida unterhält. Unterfüttert wird das Misstrauen gegenüber Bushs Glaubwürdigkeit durch Hintergrundinformationen über lange zurückliegende

Entscheidungen für einen ‚Regimewechsel' im Irak und über die PR-Kampagne seitens der Think Tanks und der Regierung, die Bushs zentrale Argumente für einen Krieg gegen den Irak ab Herbst 2002 bis zum Kriegsbeginn am 17. März 2003 beständig auf die Tagesordnung öffentlicher Medien setzte. Bush hat so viel innen- und außenpolitisches Kapitel in den Regimewechsel und in den Krieg investiert, dass nicht zu handeln das Vertrauen in den Präsidenten erschüttern würde (Pitt 2002, 2). Plausible Gründe für den Krieg dagegen sind die mögliche Bedrohung für Israel und die amerikanische Ölversorgung (Pollack 2002, 151-152). Die Kritik lässt kaum ein gutes Haar an Bushs Ethos, Logos und Pathos. Warum aber erfasst dieses Misstrauen nicht die ganze Nation? Der einzelne Bürger kann selbst weder die Fakten überprüfen noch etliche der Schlussfolgerungen. Der Vorwurf, dass Bush aus machtpolitischen Erwägungen Sachverhalte verfälscht, könnte prinzipiell ebenfalls seine Gegner treffen, die einen Machtwechsel in den USA anstreben. Die rhetorisch geschickt präsentierten Deeskalationsstrategien der Regierung nehmen den Gegnern den Wind aus den Segeln.

6. Deeskalationsbemühungen

Dem innenpolitisch wachsenden Misstrauen in die amerikanische Regierung begegnete Bush nach dem vorläufigen Ende der Kriegshandlungen und der Besetzung (‚Befreiung') des Irak mit folgenden Strategien und Maßnahmen zur Eindämmung des Misstrauens:

1. Bemühen um die retrospektive Stützung der eigenen Argumente durch Experten der amerikanischen Iraq Survey Group.
2. Defokussierung der Glaubwürdigkeitsverhandlungen: Eine selbst eingesetzte Kommission überprüft nicht die Arbeit der Regierung, sondern die der Geheimdienste. Das Weiße Haus konzentriert die Diskussion auf die Glaubwürdigkeit der Quellen, der Rhetorik und indirekt der Journalisten.
3. Verschiebung der Begründung des Krieges von den MVW und den Terrorverbindungen auf die Befreiung des Volkes und der Region vom Tyrannen (Brody 2003, 243-244).

Die USA ersetzen die UN-Inspektionen durch die ihrer eigenen Iraq Survey Group. Die Prüfung der Informationen über die MVW erfolgt also vor Ort innerhalb des Systems Wissenschaft. Andere Experten suchen nicht nur einfach weiter nach MVW, sondern kontrollieren das Wissen und die Interpretationen der UN-Inspektoren. Dieses Vorgehen spricht für das Misstrauen der Regierung gegenüber den Inspektionen unter Dr. Blix, der nach der heißen Phase des Krieges in einem Interview mit der BBC vermutete, dass die USA den Krieg auch ohne den Nachweis von MVW führen wollten (Office of the Press Secretary 2003a). Bushs Pressesprecher Ari Fleischer ging zum Gegenangriff über. Er verweigert auf mehrfache Nachfrage von Journalisten in einer Pressekonferenz jeglichen Kommentar über die Glaubwürdigkeit von Blix und von UN-Inspektoren, griff jedoch Blix' Kritik der USA an. Stereotyp wiederholt er, dass eigene Inspektoren MVW aufspüren und vernichten sollen (Office of the Press Secretary 2003a). Nichts anderes hatten die UN vor. Dieses Wissen um das Misstrauen der USA in die (halbwegs) unabhängigen UN-Inspektoren schafft allerdings gleichzeitig Misstrauen in das Wissen der rein amerikanischen Organisation, die vor allem nach dem Krieg gar kein Interesse an fehlenden MVW haben kann: Misstrauen schafft Misstrauen. Gegenüber den UN-Inspektoren hat die Iraq Survey Group aber das Glaubwürdigkeitsproblem, letztendlich den Präsidenten zu legitimieren. Aber auch die Iraq Survey Group konnte – weder unter der Leitung von Kay bis zum Oktober 2003 noch unter der Duelfers bis heute – keine MVW finden.

Wegen der anhaltenden Kritik an den Kriegsgründen und an seiner Glaubwürdigkeit setzt Bush im Februar 2004 eine Untersuchungskommission ein, die Unabhängigkeit verspricht, jedoch die Aufmerksamkeit von der Regierung, vom Krieg und vom Irak weg auf die Geheimdienste lenkt: Die Kommission hat die Aufgabe, „to look at American intelligence capabilities, especially our intelligence about weapons of mass destruction" (Bush 2004). In seiner Bekanntmachung gesteht Bush ein, dass einige Einschätzungen zu irakischen Waffenarsenalen falsch gewesen seien, aber dennoch laut David Kay von der Iraq Survey Group Husseins Waffenprogramme und Aktivitäten Resolutionen verletzt hätten, womit er indirekt seine Kriegsentscheidung legitimiert. Er setzt auf die akkurate und gründliche Informationsrecherche durch die professionellen Geheimdienste in der Zukunft und „bestätigt" durch die Untersuchung, dass die Politik willens und fähig ist, die Glaubwürdigkeit ihres Wissens zu überprüfen. Daher kann der Regierung vertraut werden, dass sie alles daran setzt, stets zuverlässige Informationen zu erhalten. So werden die Bedenken der Kritiker geradezu umgekehrt, dass nämlich politischer Druck auf die Geheimdienste ausgeübt wurde, um Krieg begründende Informationen zu erhalten, beziehungsweise dass sich die Regierung über geheimdienstliche Bedenken der Glaubwürdigkeit von Informationen und Informanten hinwegsetzte. Die Regierung hat damit einen perfekten PR-Coup gelandet: die Argumente, die das Misstrauen der anderen in die Regierung begründen, werden geradezu umgedreht und als eigene vertrauensbildende Maßnahme verkauft.

In den Pressekonferenzen vom 18. und 22. Juli 2003, auf die sich die folgenden Informationen stützen, wird das Misstrauen in die Geheimdienste entschärft (Office of the Press Secretary 2003a, 2003b). Die Pressesprecher entpersonalisieren weitgehend mögliche Fehlentscheidungen und verweisen auf komplexe Informationsverarbeitungsprozesse mit vielen beteiligten Personen und Diensten, die aber mehrheitlich die Einschätzungen der Lage geteilt hätten. Um das angekratzte Organisationsvertrauen in die Geheimdienste wieder herzustellen, werden die kritisierten Probleme zu Einzelfällen heruntergespielt und beschwichtigend eingeräumt. Der Pressesprecher betont, dass erst die Untersuchungen nach dem Krieg die Fehleinschätzungen offen gelegt hätten. Wiederholt verspricht er die intensive Arbeit an der Verbesserung der Informationsprüfung und internen Zusammenarbeit. Die Kritiker erhalten dadurch implizit die positive Rückmeldung, dass ihr Misstrauen letztendlich zur Stärkung künftiger Glaubwürdigkeit der Geheimdienste führt. Sogar Tenets Glaubwürdigkeit wird gerettet, da der Direktor des CIA sozusagen nur den Kopf für andere hinhalte. Die formelle Verantwortung und deren Sanktion sollen den Weg für künftiges Vertrauen frei machen.

Die Pressekonferenzen rechtfertigen Bushs Reden in Cincinnati und zur Lage der Nation: Die Reden zielten auf die Unterrichtung („education") der Öffentlichkeit über die Gefahr für das amerikanische Volk, wodurch der Pressesprecher implizit die Täuschung oder Mobilisierung der Öffentlichkeit negiert. Regierungsvertreter antworten auf Kritik an Informationen, Quellen, und der Glaubwürdigkeit der Regierung mit der Offenlegung ihrer Strategien der verbalen Glaubwürdigkeitskonstruktion in den Reden. Damit erscheint die Kritik an der mangelnden Glaubwürdigkeit als vollkommene Fehlinterpretation, welche die unschuldigen Absichten der Regierung verdreht: ‚Wir bemühen uns, unser Wissen durch die Nennung von Quellen glaubwürdiger zu präsentieren. Wir wollten den Fall nur gut erklären, und ihr kreidet uns unsere guten Absichten an' –

> „we thought it would be much more credible, much more explanatory to the American people to explain how we knew these things. So when we did that, when we came to the conclusion that would be a much more effective way and more credible way of informing the public about the case, we asked the speechwriters to go fill in the sources" (Office of the Press Secretary 2003a).

Die Pressesprecher diskutieren Glaubwürdigkeit eher als sprachliches Problem der Vermittlungsweise, keines der Prüfung des Wissens – womit die Regierung die rhetorische Konstruktion von Glaubwürdigkeit bestätigt. Dabei geht es den Kritikern gar nicht um die Nennung, sondern die problematische Glaubwürdigkeit von Quellen, und um die Frage, ob und warum trotz großer Zweifel an der Glaubwürdigkeit von Informationen und Quellen diese dennoch als ‚Beweise' aufgeführt wurden.

Die Antworten beschwichtigen: Die Regierung aber treffe keine Schuld, denn sie habe die Rede vom CIA verifizieren lassen. Wenn wir damals gewusst hätten, dass die Informationen nicht stimmen, hätten wir nicht behauptet, dass der Irak Uran und Zentrifugenröhren gekauft habe. Aber entscheidend sei, dass die kritisierten Aspekte nichts an der damaligen Richtigkeit der Entscheidung für den Krieg änderten, denn die fraglichen Argumente seien nicht zentral („key judgements") gewesen. Sprich: Unter damaligen Bedingungen seien die Informationen und Quellen nach mehrheitlicher Meinung glaubwürdig gewesen, weshalb implizit die Regierung damals wie heute Vertrauen verdient. Wiederholungen bläuen die These ein: „there's a compelling, comprehensive case of the WMD[3] program (…) a clear and compelling case that Saddam Hussein was a threat to the American people (…)", und die Zukunft werde es zeigen (Office of the Press Secretary 2003a). Deswegen sei der Präsident nach wie vor im Recht: „as the President has said on many occasions, the underlying evidence and the totality of evidence that he based his decision on was clear and compelling as it was then, as it is today" (Office of the Press Secretary 2003b). Schließlich argumentiert der Sprecher im Zirkelschluss, dass die Antizipation der Kritik an der Rede ausschließe, dass überhaupt bewusst unglaubwürdige („discredited"), verdächtige oder gefälschte Informationen verwendet würden, um die gesamte Angelegenheit nicht zu Fall zu bringen. Das heißt, die mögliche Überführung des Lügners verhindert die bewusste Lüge – ein Argument, das zwar plausibel erscheint, aber jeder Erfahrung widerspricht. Die Zweifel der Journalisten an der Glaubwürdigkeit der Regierung kehrt diese gegen die Journalisten, da deren Fokus und Fragen nicht unbedingt Fairness und Unparteilichkeit bewiesen und auf Worten herumritten, statt Fakten zur Kenntnis zu nehmen: „the real failing [!] is that we've had a national discussion on 16 words, and it's taken away from the fact that the intelligence case supporting concerns about WMD in Iraq was overwhelming" (Office of the Press Secretary 2003b). Aber es geht eigentlich um die Legitimation und die Verantwortung für die Entscheidung zum Krieg. Durch diese Strategien entschärfte die Regierung die öffentliche Wirkung des Misstrauens.

3 WMD steht für Weapons of Mass Destruction (= MVW).

Wenn Bush auch wahrscheinlich skeptische Kritiker nicht unbedingt überzeugen konnte, wie zahlreiche Publikationen beweisen, so kann ihm auf der anderen Seite nicht mit absoluter Sicherheit nachgewiesen werden, dass er absichtlich log. Bush denkt gar nicht daran, Lügen, Vorurteile, die einseitige Interpretation von Daten oder ihre täuschende Vermittlung einzuräumen. Er dachte entweder genau das, was er sagte, oder er hielt sich an die Prinzipien der Konsistenz der Selbstpräsentation und der Kontinuität des Verhaltens, die beide persönliche Integrität versprechen und Vertrauen begründen (Luhmann 1989, 82). Im Rahmen des Vertrauenskredits (Luhmann 1989, 36-37), den auch Politiker genießen, dürften zahlreiche Amerikaner die Ungenauigkeiten oder Unwahrheiten in der Begründung des Krieges tolerieren oder sogar zweckrational billigen: ‚In einem dreckigen Krieg (gegen Terrorismus) muss man sich schon einmal die Hände schmutzig machen, wenn man ihn gewinnen will'. Diese Einschätzung der möglichen Überzeugungskraft der Regierung darf nicht außer Acht lassen, dass es auch eine große Opposition des Misstrauens gegen die Regierung in den USA gibt.

7. Zynische Resignation oder neue Perspektiven?

Der Streit um die MVW zeigt in eklatanter Weise das Problem der Komplexität und Unsicherheit in modernen Gesellschaften, welches gerade Vertrauen notwendig macht: Für die einzelnen Bürger sind die Mengen und die Komplexität der Informationen selbst nicht überprüfbar und erfassbar. Ihre Aufmerksamkeit muss sich stärker auf die Vermittler und Vermittlung der Informationen richten, also auf die Fragen: Wer sagt was zu welchem Zeitpunkt in welcher Situation und welchen Medien auf welche Weise und aus welchen Gründen? Allerdings dürfte die Komplexität dieser Fragen gerade angesichts der Vernetzung von Politik, Wissenschaft und Publizistik für viele Bürger selbst wiederum eine große Herausforderung darstellen, da ihre Beantwortung ein hohes Maß an Zeit und medienkritischem Bewusstsein verlangt.

Der Streit um die MVW war jedoch mehr als nur ein gutes Beispiel für die Notwendigkeit von Vertrauen und Glaubwürdigkeit, denn er bietet ebenso eine Fallstudie für die negative wie positive Funktionalisierung des Misstrauens. In dem beschriebenen Prozess der Verhandlung von Glaubwürdigkeit eskalierte das wechselseitige Misstrauen, wie gezeigt, in so gut wie alle beteiligten Organisationen und Personen: in die Präsidenten, die Regierungen, die innenpolitische Opposition in den USA, den exil-irakischen Nationalkongress, die UN-Inspektoren, die Geheimdienste, die einzelnen Medien, deren Kritiker und sogar in die Bevölkerung und deren Interessen und Meinungen. Die Eskalationsstrategien der amerikanischen Regierung beispielsweise fachten das Misstrauen gegenüber dem „Feind“ an, sicherten gleichzeitig das Vertrauen in die eigene Stärke und die eigene Führung und legitimierten schließlich den Krieg. So gesehen war die Akzeptanz dieses Spiels um Vertrauen und Misstrauen von existenzieller Bedeutung, denn es geht nicht nur um ungeheure Summen an Steuergeldern, sondern faktisch um Leben und Tod. Bushs Kritiker weckten Misstrauen in diese Strategie, nur um umgekehrt in den Verdacht der Unglaubwürdigkeit wegen parteiischer Interessen zu geraten. Die Verhandlungen um Glaubwürdigkeit und Vertrauen zeigen, wie differenziert Bushs Regierung und ihre Gegner jeweils eskalierende und deeskalierende Strategien einsetzten, um ihre eigene Glaubwürdigkeit zu stärken oder zu retten und die der anderen zu schwächen. Man könnte leicht zynisch werden und jeglichem Glauben und Vertrauen in Politik und Medien vollständig abschwören. Diese Haltung würde jedoch die Unsicherheit nur weiter erhöhen.

Steht denn hier das abstrakte Systemvertrauen in die Medien und die Politik vollständig in Frage? Zwar wird die Glaubwürdigkeit in allen Bereichen erheblich problematisiert, doch bedienen sich die Kritiker selbst wiederum der Mittel, die diese Systeme zur Verfügung stellen: der Möglichkeit systematischer Ermittlung von Wissen und Wahrheit, in schwächerem Maße ihrer glaubwürdigen Vermittlung, und in begrenzter Weise der Möglichkeit, die Legitimation von Entscheidungsmacht öffentlich einfordern und im Zweifelsfall horizontal (z.B. durch Untersuchungsausschüsse) und vertikal (durch Wahlen) sanktionieren zu können. Allerdings gibt es einige Unterschiede in der Art und Weise, wie diese Mittel zu welchen Zwecken verwendet werden.

Die notwendige und an sich legitime Selektion und Kombination von Fakten und Behauptungen diente der Regierung zur Eskalation eines Konfliktes und zum Abblenden von alternativen politischen Entscheidungen; den Gegnern diente sie jedoch dazu, Aufklärung beispielsweise über strategische Realpolitik zu betreiben und politische Entscheidungen offen zu halten. Die Regierung setzte neben der beständigen Wiederholung ihrer Thesen durch die Medien stark auf Pathos und Ethos, das Spiel mit dem Misstrauen und der Angst der Bevölkerung sowie mit dem Nationalgefühl des Vertrauens in den Mut und die Mission der USA unter ihrer Führung. Die Kritiker setzten auf Logos, die Kraft der Argumente, und entlarvten die Instrumentalisierung von Ethos und Pathos (auch wenn sie in ihrer Selbstinszenierung für sich Aufrichtigkeit, Moral und gerechtfertigte Entrüstung in Anspruch nahmen). Zwar muss eingeräumt werden, dass Bush in den USA mit seiner Misstrauenskampagne gegen den Irak zu Hause einen breiten Erfolg hatte und die Kritik an seiner eigenen Glaubwürdigkeit recht gut parierte, doch richtete der angekündigte Krieg ohne UN-Mandat wohl mittel- und langfristig großen internationalen Flurschaden an. Zwar war eines seiner Argumente, den Vereinten Nationen durch konsequentes Handeln wieder zu Glaubwürdigkeit zu verhelfen, doch unterminiert das unilaterale Handeln gegen die Stimmen der UN gerade die Glaubwürdigkeit des eigenen Anspruchs auf den Posten des gerechten Weltpolizisten. So verwundert es nicht, dass amerikanische Konstrukte des Misstrauens zumindest in der arabischen Welt das genaue Gegenstück bewirkten (Rampton/ Stauber 2003, 198-204).

Es wäre verfehlt, in totalen Pessimismus zu verfallen. Die Wissenschaft und die Medien sind ebenso sensibilisiert wie die Rezipienten. Die amerikanische Iraq Survey Group hat auch in ihren letzten Berichten keinen überraschenden Fund von MVW gemeldet und verpflichtet sich zu weiteren Prüfungen, womit sie wissenschaftliche Redlichkeit dokumentiert und sich nicht ohne weiteres politisch vereinnahmen lässt. Die *New York Times* hat selbst am 26. Mai 2004 eingeräumt, dass mindestens sechs Berichte über MVW vor dem Krieg falsch waren. Sie löste dadurch eine Flutwelle in den über 300 amerikanischen Zeitungen aus, die ihren Nachrichtendienst nutzen und nun überlegen müssen, wie sie die Berichtigung melden und ihre publizistische Glaubwürdigkeit retten (Strupp 2004). Es ist davon auszugehen, dass Leser – zumindest vorübergehend – ein gesundes Misstrauen gegenüber ihrer Zeitung an den Tag legen. International gesehen hat gerade die einseitige amerikanische Berichterstattung des Krieges paradoxerweise der arabischen Berichterstattung globale Aufmerksamkeit gebracht: zumindest deutsche, britische und einige US-amerikanische Fernsehsender zitierten regelmäßig den Sender Al-Dschasira, der auch umfangreiche Informationen über das World Wide Web anbietet. Zwar ist es keine Frage, dass eine Mindestausstattung notwendig ist, um am weltweiten Netz teilzunehmen, doch erlaubt dieses individuellen Rezipienten bis vor Kurzem ungeahnte Möglichkeiten, verschiedenste Informationsquellen einzusehen, zu vergleichen und selbst durch eigene Beiträge an der internationalen Informationsverarbeitung und Meinungsbildung teilzunehmen. Insofern wird diese globale Debatte um Glaubwürdigkeit und Vertrauen zum Thema MVW nicht nur auf politischer und wissenschaftlicher, sondern auch auf publizistischer und privater Ebene weitergehen.

Literatur

Bamford, James (2004): A Pretext for War. New York: Doubleday.

Blix, Hans (2003): Notes for the briefing of the Security Council on the thirteenth quarterly report of UNMOVIC. 5. Juni 2003. Abgerufen am 10.6.2004 unter http://www.un.org/Depts/unmovic/new/documents/sc_brifing_notes_05062003.pdf.

Brody, Richard A. (2003): President Bush and the Public. In: Greenstein, Fred I. (2003): The George Bush Presidency. An early assessment. Baltimore and London: The Johns Hopkins University Press, 228-244.

Bush, George Walker (2002): President Bush Outlines Iraqi Threat. 7.10.2002. Abgerufen am 10.6.2004 unter http://www.whitehouse.gov/news/releases/2002/10/20021007-8.html.

Bush, George Walker (2003): President Delivers “State of the Union”. 28.1.2003. Abgerufen am 10.6.2004 unter http://www.whitehouse.gov/news/releases/2003/01/20030128-19.html.

Bush, George Walker (2004): President Bush Announces Formation of Independent Commission. 6.2.2004. Abgerufen am 10.6.2004 unter http://www.whitehouse.gov/news/releases/2004/02/20040206-3.html.

Conason, Joe (2003): Big Lies. The Right-Wing Propaganda Machine and How It Distorts the Truth. New York: Thomas Dunne Books/ St. Martin’s Press.

Deppermann, Arnulf (1997): Glaubwürdigkeit im Konflikt. Rhetorische Technik in Streitgesprächen. Frankfurt et al.: Peter Lang.

Ehrke, Michael (2003): Erdöl und Strategie. Zur politischen Ökonomie eines angekündigten Krieges. In: Internationale Politik und Gesellschaft 1, 9-23.

Franken, Al (2003): Lies and the Lying Liars Who Tell Them. A Fair and Balanced Look at the Right. New York: Penguin.

Greenstein, Fred I. (2003): The George Bush Presidency. An early assessment. Baltimore and London: The Johns Hopkins University Press.

Hardin, Russell (1999): Do we want trust in government? In: Mark E. Warren (Hrsg.) (1999): Democracy and Trust. Cambridge: Cambridge University Press. 22-41.

Inglehart, Ronald (1999): Trust, well-being and democracy. In: Warren, Mark E. (Hrsg.) (1999): Democracy and Trust. Cambridge: Cambridge University Press. 88-120.

Jacobson, Gary C. (2003): The Bush Presidency and the American Electorate. In: Greenstein, Fred I. (2003): The George Bush Presidency. An early assessment. Baltimore and London: The Johns Hopkins University Press. 197-227.

Johnson, Peter (1993): Frames of Deceit. Cambridge: Cambridge University Press.

Kamp, Karl-Heinz. Von der Prävention zur Präemption? In: Internationale Politik 57, Heft 12 (2002), 19-24.

Köhnken, G. (1990): Glaubwürdigkeit: Untersuchungen zu einem psychologischen Konstrukt. München: Psychologie-Verl.-Union.

Kreye, Andrian (2003): Haus der Lügen. In den USA beherrscht das Spiel mit der Wahrheit jede Debatte. Süddeutsche Zeitung 213 (16.9.2003), 13.

Kirchner, Alexander (2000): Die sprachliche Dimension des Politischen: Studien zu Rhetorik und Glaubwürdigkeit. Würzburg: Ergon-Verl.

Kraatz-Wadsack, Gabriele. Die Verifikation biologischer Waffen. In: Internationale Politik 57, Heft 12 (2002), 25-30.

Krutzsch, Walter/ von Wagner, Adolf (2002): Die Verifizierung des Chemiewaffenverbots. In: Internationale Politik 57, Heft 10 (2002), 55-60.

Leyendecker, Hans (2004): Die Lügen des Weißen Hauses. Warum Amerika einen Neuanfang braucht. Hamburg: Rowohlt.

Luhmann, N. (1989): Vertrauen: Ein Mechanismus der Reduktion sozialer Komplexität. 3. Auflage. Stuttgart.

Marr, Phebe (1998): US Policy Toward Iraq. In: Geoffrey Kemp/ Marr, Phebe/ Tanter, Raymond (Hrsg.) (1998): The United States, Iran and Iraq: Containment or Engagement? Paris: Ifri.

Moore, Michael (2001/2002): Stupid White Men, and Other Sorry Excuses for the State of the Nation. London: Penguin.

Moore, Michael (2003): Dude, Where's My Country? New York: Warner Books.

Moss, Kenneth B. (2003): Reasserting American Exceptionalism—Confronting the World. The National Security Strategy of the Bush Administration. In: Internationale Politik und Gesellschaft 3, 135-155.

Nawratil, Ute (1997): Glaubwürdigkeit in der sozialen Kommunikation. Opladen: Westdeutscher Verlag.

Nye, Joseph S. Jr./ Zelikow, Philip D./ King, David C. (1997): Why People Don't Trust Government. Cambridge, Mass. und London: Harvard University Press.

Office of the Press Secretary (2003a): Background Briefing on Iraq WMD. July 18, 2003. Abgerufen am 10.6.2004 unter http://www.whitehouse.gov/news/releases/2003/07/print/20030718-8.html.

Office of the Press Secretary (2003b): Press Briefing on Iraq WMD and SOTU Speech July 22, 2003. Abgerufen am 10.6.2004 unter http://www.whitehouse.gov/news/releases/2003/07/print/20030722-12.html.

Orren, Gary (1997): Fall from Grace: The Public's Loss of Faith in Government. In: Nye, Joseph S. Jr./ Zelikow, Philip D./ King, David C. (1997): Why People Don't Trust Government. Cambridge, Mass. und London: Harvard University Press. 77-108.

Pitt, William Rivers/ Ritter, Scott (2002) War on Iraq. What Team Bush Doesn't Want You to Know. London: Profile Books, New York: Context Books.

Pollack, Kenneth M. (2002): The Threatening Storm. The Case for Invading Iraq. New York: Random House.

Raeithel, Gert (2002): Geschichte der Nordamerikanischen Kultur. Band 3. Vom New Deal bis zur Gegenwart. 1930-2002. Frankfurt: Zweitausendeins.

Rampton, Sheldon/ Stauber, John (2003): Weapons of Mass Deception. The Uses of Propaganda in Bush's War on Iraq. New York: Tarcher/ Penguin.

Sabri, Nadschi (2002): Schreiben an den Generalsekretär der Vereinten Nationen, Kofi Annan, vom 13. November 2002 (gekürzt). In: Internationale Politik 57, Heft 12 (2002), 108-112.

Solomon, Norman/ Erlich, Reese (2003): Angriffsziel Irak. Wie die Medien uns den Krieg verkaufen. München: Goldmann.

Strupp, Joe (2004): 'N.Y. Times' Correction Causes Other Papers that Ran Stories to Scramble for Explanation. In: Editor and Publisher 27. Mai 2004. Abgerufen am 20.9.2004 unter http://www.editorandpublisher.com/eandp/news/article_display.jsp?vnu_content_id=1000519670

Ueding, Gert/ Steinbrink, Bernd (1986): Grundriß der Rhetorik. Stuttgart: Metzler.

United Nations Security Council (2003): 4701st meeting. Wednesday, 5 February 2003. S/PV.4701. Abgerufen am 12.6.04 unter http://ods-dds-ny.un.org/doc/UNDOC/PRO/N03/236/00/PDF/N0323600.pdf?OpenElement.

Warren, Mark E. (Hrsg.) (1999): Democracy and Trust. Cambridge: Cambridge University Press.

Woodward, Bob (2003): Bush at War. Amerika im Krieg. Stuttgart und München: DVA.

Glaubwürdigkeit in der Politik: Vertrauen in Nichtregierungsorganisationen am Beispiel der Kommunikationsstrategie von Greenpeace

Manfred Redelfs

Innerhalb der Politikwissenschaft spielt die Frage nach dem Vertrauen in bestimmte Akteure und Institutionen vor allem bei den Forschungen zur Politischen Kultur eine wichtige Rolle. Gemeint ist mit diesem Begriff die subjektive Dimension der Politik, die sich in den Haltungen einer Bevölkerung gegenüber dem politischen System ausdrückt, sich in dem Umgang mit nationalen Symbolen niederschlägt oder in den vorherrschenden Wertorientierungen widerspiegelt (vgl. Greiffenhagen/ Greiffenhagen 2002, 387). Eine Konstante der Meinungsumfragen, auf die sich diese Forschungsrichtung stützt, ist die Frage nach dem Vertrauen, das die Bevölkerung zentralen politischen Institutionen entgegenbringt. Seit Jahren ist dabei in allen westlichen Ländern der Trend zu beobachten, dass das Vertrauen in die Parteien als klassische Träger politischer Willensbildung sinkt, während neue Akteure wie Nichtregierungsorganisationen (NGOs) einen Glaubwürdigkeitsbonus erlangen. Im Folgenden sollen zunächst einige Daten zu diesem Phänomen vorgestellt und interpretiert werden. Anschließend wird die besondere Rolle der NGOs am Beispiel der Kommunikationsstrategie von Greenpeace untersucht, da diese Organisation erstens eine besondere Glaubwürdigkeit genießt und zweitens mit dem Modell der Kampagnenkommunikation eine sehr spezifische Form entwickelt hat, die Öffentlichkeit zu erreichen.

1. Vertrauen in politische Akteure und Institutionen

Im August 2002 hat das Meinungsforschungsinstitut Gallup im Auftrag des Weltwirtschaftsforums Davos eine international vergleichende Untersuchung zum Vertrauen in 17 verschiedene gesellschaftliche Institutionen und Organisationen durchgeführt. In Deutschland wurden 503 Personen in einer repräsentativen Zufallsauswahl interviewt. Abbildung 1 zeigt den Prozentsatz derjenigen, die den genannten Institutionen „viel" oder „einiges" an Vertrauen entgegenbringen.

Abbildung 1: Vertrauen in Institutionen (Deutschland)

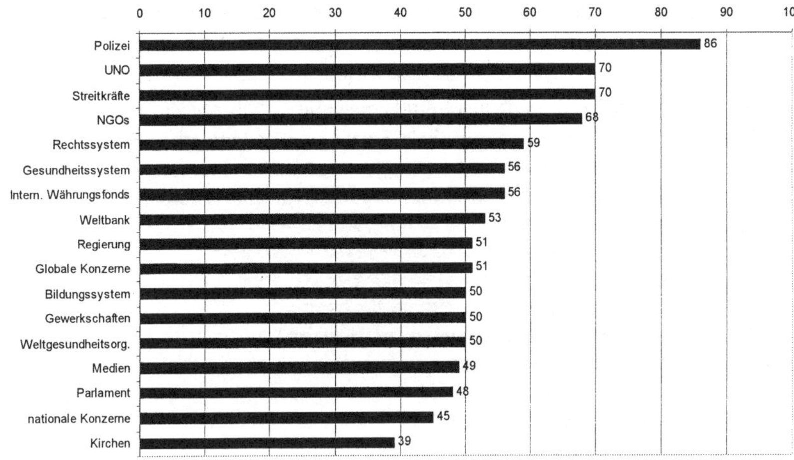

Quelle: World Economic Forum 2002; N = 503

Es fällt auf, dass Sicherheitsorgane und NGOs sehr deutlich vor Regierung und Parlament liegen, aber auch vor den Medien als wichtigen Faktoren öffentlicher Meinungsbildung. Im internationalen Vergleich zeigt sich eine ähnliche Tendenz: Die Untersuchung wurde in 47 Ländern durchgeführt, wobei die Streitkräfte, das Bildungssystem und NGOs auf den ersten Plätzen landeten, die Parlamente jedoch auf dem letzten Platz.

Diese empirischen Befunde werden gestützt durch vergleichbare Untersuchungen. Dabei können die Detailergebnisse je nach Formulierung der Frage und der vorgegebenen Antwortkategorien variieren, die Bewertungstrends bleiben aber gleich. So ermittelte die Eurobarometer-Erhebung vom Juni 2003, für die 16.410 Personen in den damals 15 EU-Mitgliedsstaaten befragt wurden, die in Abbildung 2 aufgeführten Vertrauenswerte.

Das schlechte Ansehen der Politiker und der Parteien dürfte nicht nur auf vordergründige Effekte wie die Wirkung von Parteispendenskandalen und anderen Affären zurückzuführen sein, obwohl dadurch ohnehin vorhandene Vorbehalte gegenüber dem politischen Personal verstärkt werden. Der Vertrauensverlust ist auch mit tiefer reichenden Ursachen zu erklären, wie der Individualisierung und der zunehmenden Auflösung traditioneller Milieus, die früher gleichsam durch die Sozialisation eine enge Bindung und damit ein Vertrauen zu einer Partei befördert haben. In dem Maße, in dem diese politisch-sozialen Milieus verloren gegangen sind, büßen auch soziale Großorganisationen wie Parteien und Gewerkschaften an Bindungskraft ein.

Abbildung 2: Vertrauen in Institutionen (EU)

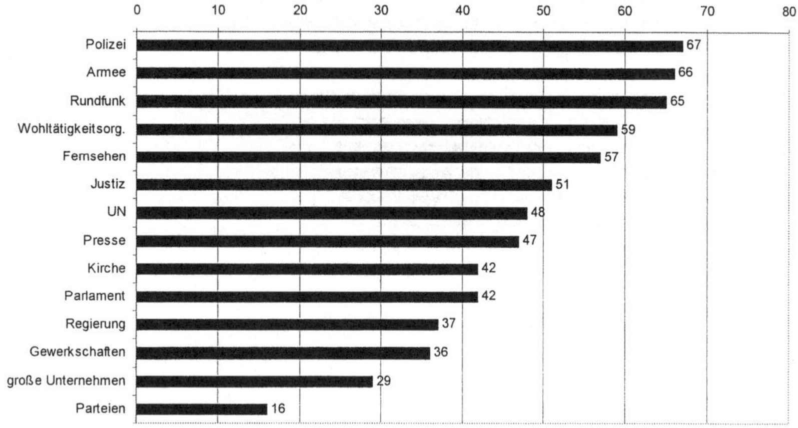

Quelle: Eurobarometer 2003; N = 16.410

Hinzu kommt bei der Beurteilung von Parteien, dass das politische System der Demokratie bei seinen Bürgerinnen und Bürgern eine hohe Konfliktkompetenz voraussetzt, die im Widerspruch zu den privaten Wünschen nach Eindeutigkeit, Harmonie und Sicherheit steht. Diese Sehnsüchte machen es schwer, die Funktion und Arbeitsweise von Institutionen einzuordnen, die im Kern eines konfliktträchtigen Prozesses agieren (vgl. Reinhard/ Tillmann 2001, 11). Verschärft wird diese Diskrepanz in Zeiten, in denen – wie im Augenblick – schon allein auf Grund der demografischen Entwicklung Einschnitte ins soziale Netz vorgenommen werden müssen, die Verhandlungen auf politischer Ebene also als unmittelbare Bedrohung gewohnter Besitzstände wahrgenommen werden können.

Durch diesen Mechanismus dürfte auch zu erklären sein, warum Institutionen, die aus dem Alltagsstreit herausgehoben sind, relativ viel Vertrauen genießen: Gerichte, Polizei und Bundeswehr erscheinen als Garanten von Sicherheit – zum einen, indem sie diese für die Bürger gewährleisten, zum anderen aber auch, weil ihre Aufgabenbestimmung relativ klar ist und sie damit als kalkulierbare, verlässliche ausführende Organe wahrgenommen werden.

Von ihrer Eindeutigkeit profitieren schließlich auch NGOs und Bürgerinitiativen. Im Gegensatz zu Parteien sind sie nicht gezwungen, unterschiedliche Interessen zu bündeln und dabei fortlaufend Kompromisse einzugehen, die zwangsläufig zur Enttäuschung der einen oder anderen Klientel führen. Da NGOs außerdem auf Grund ihrer Stellung außerhalb des parlamentarischen Systems nicht gezwungen sind, selbst Verantwortung für die von ihnen favorisierte Politik zu übernehmen, sondern als *pressure group* auf den politischen Prozess einwirken, kann ihnen auch nicht so leicht das Scheitern bestimmter Politikmodelle zugeschrieben werden. Parteien stehen hier wesentlich direkter in der Verantwortung – auch mit der negativen Konsequenz, dass sich bei ihnen die Enttäuschung der Wählerklientel unmittelbar in einem Vertrauensverlust niederschlagen kann.

So beunruhigend der Glaubwürdigkeitsverlust der Parteien auch sein mag, muss man sich gleichzeitig vor Augen führen, dass daraus keineswegs ein Niedergang des demokratischen Systems abzuleiten ist. Relativierend ist ins Feld zu führen, dass der Begriff des ‚Vertrauens' aus der sozialen Welt kommt, was bei seiner Übertragung auf den politischen Bereich leicht zu Verzerrungen führen kann. Die Umfragedaten lassen nämlich nicht immer erkennen, ob die Befragten bei ihren Bewertungen von der grundsätzlichen Funktion der Institution ausgegangen sind oder ob sie das konkrete Verhalten der Repräsentanten dieser Institution zu Grunde gelegt haben. Umfragen, die auf das demokratische System an sich abheben, zeigen nämlich wesentlich eindeutigere Zustimmungsraten, bei denen sich 70 bis 80 Prozent der Befragten mit der Art und Weise, wie die Demokratie funktioniert, zufrieden zeigen (vgl. Daten für die Gesamtbevölkerung: Greiffenhagen/ Greiffenhagen 1993, 409 sowie zu entsprechenden Befunden bei Jugendlichen: Deutsche Shell 2002, 103). Einige Autoren verweisen auch darauf, die skeptische Haltung gegenüber den Parteien sei nicht nur negativ, denn schließlich wäre es unangemessen, wenn sich ein System auf das blinde Vertrauen seiner Bürger stützen würde, statt auf deren kritisches Urteil (vgl. Westle 1997). Wenn man berücksichtigt, dass in einer pluralistischen Gesellschaft widersprüchliche Interessen von unterschiedlichen gesellschaftlichen Gruppen zum Ausdruck gebracht werden, wäre es demnach ein Alarmsignal, wenn einzelne Gruppen eine sehr hohe Zuversicht in das System zeigen würden, denn dies könnte auf einseitige Entscheidungen hinweisen (vgl. Bierhoff 2002, 251). Nach dieser Argumentation kann sich das Vertrauen in die politischen Repräsentanten bestenfalls im mittleren Bereich bewegen.

Schließlich ist in Rechnung zu stellen, dass sich politische Partizipation auch über andere Engagementformen ausdrücken kann als über die, die von den Parteien repräsentiert werden. Bürgerinitiativen und NGOs genießen nicht nur eine hohe Glaubwürdigkeit, auch gehen ihre Anliegen in den politischen Entscheidungsprozess ein, indem politisch Verantwortliche die von diesen Organisationen vertretenen Inhalte aufgreifen.

2. Zur politischen Rolle von NGOs und den Konsequenzen für ihre Glaubwürdigkeit

Als NGOs werden üblicherweise die Organisationen bezeichnet, die weder dem staatlichen Sektor zuzurechnen sind noch als wirtschaftliche Akteure auftreten. NGOs sind ferner abzugrenzen von Kirchen, Gewerkschaften oder der Industrielobby, die zwar ebenfalls die Zivilgesellschaft repräsentieren, aber eine spezielle Interessengruppe vertreten. Dagegen nehmen NGOs für sich in Anspruch, allgemeine und universelle Gesellschaftsinteressen wahrzunehmen, zumeist im Bereich Menschenrechte, Sozial- und Entwicklungspolitik sowie Umweltpolitik (Altvater/ Brunnengräber 2002, 8f.). Die wachsende Bedeutung der NGOs ist unmittelbar verknüpft mit der Verschärfung von Problemen, die sich der Regelung durch die Nationalstaaten und deren Parlamente entziehen: Die Klimaerwärmung oder die Überfischung der Weltmeere können als globale Herausforderung ebenso wenig im nationalstaatlichen Alleingang gelöst werden wie etwa die Flüchtlingsproblematik. Nicht zufällig fällt daher die verstärkte öffentliche Wahrnehmung von NGOs mit den großen UN-Konferenzen zusammen, beginnend mit der Konferenz für Umwelt und Entwicklung 1992 in Rio de Janeiro.

Weil sich die meisten NGOs für öffentliche Güter wie den Schutz der natürlichen Lebensgrundlagen einsetzen oder für humanitäre Ziele, kann man ihnen schwerlich einen Eigennutz unterstellen. Die klassischen NGO-Themen zeichnen sich vielmehr durch einen hohen moralischen Anspruch aus. Viele Vorbehalte, mit denen sich Parteipolitiker konfrontiert sehen, greifen deshalb bei NGOs nicht: Während Parteienvertreter dem Verdacht unterliegen können, letztlich nur der verlängerte Arm einer bestimmten Lobby zu sein, und sich bei Diätenerhöhungen schnell mit dem Schlagwort vom ‚Selbstbedienungsladen‘ konfrontiert sehen, nimmt man NGO-Repräsentanten leichter ab, dass sie sich für ‚die Sache‘ engagieren, die ihre Organisation vertritt.

Dieser Glaubwürdigkeitsbonus wird dadurch verstärkt, dass NGOs ihre Ziele mit langfristiger Perspektive verfolgen können, während Parteienvertreter mit Blick auf ihre Wiederwahl erheblich kurzfristiger orientiert sind und sich unter Umständen auf wahltaktische Kompromisse einlassen. Nicht zufällig hat daher der Begriff des ‚Wahlversprechens‘ einen fast zynischen Beigeschmack erhalten, bei dem bereits in Rechnung gestellt wird, dass auch die Bürger wissen, dass ihnen im Wahlkampf nicht immer die Wahrheit gesagt wird.

Des Weiteren profitieren die NGOs hinsichtlich ihrer Glaubwürdigkeit von einem klaren inhaltlichen Profil. Weil sie im Gegensatz zu den Parteien keine umfangreiche Interessenaggregation betreiben und nicht auf jedes gesellschaftliche Problem eine Antwort finden müssen, können sie auf ihrem Spezialgebiet ein großes Fachwissen sammeln und somit Kompetenz als Vertrauensbaustein in die Waagschale werfen. Diese Fachkompetenz wird auch von Medienvertretern und Politikern anerkannt und genutzt. NGOs haben deshalb vor allem auf der internationalen Bühne auch für andere politische Akteure eine wichtige Funktion als Vermittler von Spezialwissen zu ihrem jeweiligen Themengebiet (vgl. Schmidt/ Take 1997, 13ff.). Allerdings ist diese Spezialisierung gleichzeitig eine Gratwanderung. Auf der einen Seite kann die Erweiterung von Aufgaben und Zuständigkeiten in eine ‚Omnipotenzfalle' führen, in der sich NGOs überfordern, lähmen und dadurch an politischer Stärke verlieren. Auf der anderen Seite müssen NGOs ihr *single issue* in einen globalen Faktenzusammenhang einordnen, denn unter den Bedingungen internationaler Verflechtung sowie enger Verzahnung von ökologischen und sozialen Problemen hat das Bonmot Berechtigung, dass derjenige, der nur etwas vom Regenwald versteht, auch davon nichts versteht.

Man könnte mutmaßen, dass der Glaubwürdigkeitsbonus von NGOs durch die Legitimationsproblematik wieder ausgeglichen wird. Anders als die Volksvertreter sind die NGO-Mitarbeiter nicht gewählt und damit nicht im klassischen Sinne legitimiert. Dieser Punkt, der vor allem in Zusammenhang mit der Greenpeace-Kampagne gegen die Versenkung der Ölplattform Brent Spar in der Presse diskutiert wurde (vgl. Beisheim 1997, 21), berührt die Öffentlichkeit offenbar wenig, zumal die NGOs sehr wohl betonen, dass sie keineswegs anstreben, den Parlamenten das politische Handeln abzunehmen. Aus politikwissenschaftlicher Sicht ist dieser Aspekt gleichfalls kein wirkliches Handikap, weil NGOs keinerlei Sanktionsgewalt besitzen, für die eine formale Legitimation erforderlich wäre. Sie beanspruchen nicht, kollektiv bindende Entscheidungen herbeizuführen und autoritativ Herrschaft auszuüben, wofür ein konstitutives Verfahren durch Wahlen die Voraussetzung wäre. Ihre Macht ist vielmehr auf Überzeugungsarbeit und die erfolgreiche Mobilisierung der öffentlichen Meinung gegründet. Hinzu kommt, dass NGOs für den Staat eine zusätzliche Leistung erbringen, indem sie vernachlässigte Themen auf die politische Agenda setzen, alternative Informationen für Politiker und Bürger zur Verfügung stellen oder auf internationaler Ebene als Bindeglied zwischen lokalen Projekten und nationalen Parlamenten fungieren. Sie können damit auf Leistungen verweisen, die nicht nur ihre eigene Legitimität stärken, sondern letztlich auch die der gewählten Entscheidungsgremien.

3. Greenpeace als Beispiel für einen NGO-Akteur

Bei Umfragen zum Vertrauen in Organisationen liegen in Deutschland die beiden NGOs Amnesty International und Greenpeace stets auf den vorderen Plätzen (vgl. Edelman 2001 und 2002). Im Fall der Menschenrechtsorganisation ist das nicht verblüffend, weil Amnesty mit dem Engagement für politisch Verfolgte ein humanitäres Anliegen vertritt, das in der Bundesrepublik weitgehend konsensfähig ist. Auch die Form des Auftretens der Organisation bewegt sich mit öffentlichen Appellen und Briefen an politisch Verantwortliche innerhalb des Rahmens von konventionellem Engagement. Überraschender ist die hohe Vertrauensrate für Greenpeace, weil sich diese Organisation bei ihren gewaltfreien Aktionen der gezielten Regelverletzung bedient, also wesentlich provozierender und polarisierender auftritt.

Die hohen Vertrauenswerte werden auch erzielt, wenn nicht vergleichend zwischen Organisationen aus unterschiedlichen Politikbereichen gefragt wird, sondern monothematisch zum Umweltschutz, wie es das Allensbach-Institut im Herbst 2002 gemacht hat – das einer besonderen Greenpeace-Sympathie sicherlich unverdächtig ist. Abbildung 3 zeigt die Ergebnisse dieser Befragung von insgesamt 2.081 Bundesbürgern über 16 Jahre.

Abbildung 3: Vertrauen in Institutionen im Umweltbereich

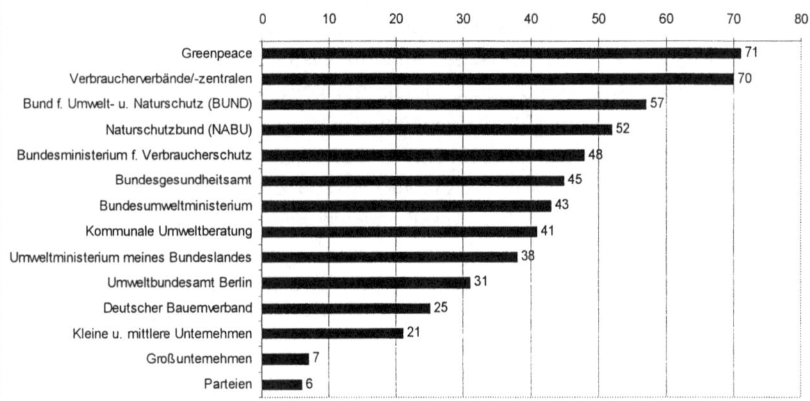

Quelle: Allensbach 2002; N = 2.081

Wie ist dieser Vertrauensbonus für Greenpeace zu erklären? Die Ablehnung, die eine Regelverletzung bei einem Teil der deutschen Öffentlichkeit hervorruft, wird offenbar mehr als kompensiert durch die Anerkennung, die mit dem persönlichen Risiko der Aktivisten einhergeht: Indem Greenpeace-Aktivisten zum Beispiel das Abwasserrohr eines Industriebetriebes, der giftige Rückstände in einen Fluss einleitet, nicht nur demonstrativ verstopfen, sondern sich auch den juristischen Konsequenzen dieser begrenzten Regelverletzung stellen, gewinnen sie in der Öffentlichkeit an Anerkennung. Die Bevölkerung honoriert also, dass die politischen Forderungen von Greenpeace keine Rhetorik sind, sondern durch persönliches Handeln untermauert werden – beziehungsweise dass sie überhaupt erst mit Hilfe der direkten gewaltfreien Aktion einer breiteren Öffentlichkeit zur Kenntnis gelangen. Die Glaubwürdigkeit resultiert somit aus der (für jeden offensichtlichen) Einheit von Reden und Handeln.

Da Greenpeace die symbolische Aktion gewählt hat, um auf umweltpolitische Missstände aufmerksam zu machen, lehnt sich das Politikmodell der Organisation wesentlich näher an den persönlichen Erfahrungsbereich der Bürger an als dies normalerweise in der Politik der Fall ist: Während Parteien über ihre Programmatik Zustimmung bei der Bevölkerung zu gewinnen versuchen und damit einen Handlungsauftrag erhalten, kommuniziert Greenpeace seine Programmatik hauptsächlich über die konkrete Aktion. Die Erfahrung, dass inhaltliche Ziele und Taten in eins fallen, ist deshalb bei Greenpeace in der Form der Öffentlichkeitsstrategie angelegt und wird durch die Aktionen fortlaufend im Bewusstsein der Öffentlichkeit aktualisiert. Diese ‚Verlässlichkeit' der Greenpeace-Strategie, die in dem Organisationsslogan „Taten statt Warten" auf den Punkt gebracht wird, folgt dem Glaubwürdigkeitsmerkmal der Kohärenz. Vertrauen stellt sich durch eine ständig wiederholte Erfahrung ein (vgl. Bentele 1988, 408) – in diesem Fall, dass die Aktivisten unter persönlich riskantem Einsatz ein öffentliches Gut verteidigen (Gesundheit, Schutz der natürlichen Lebensgrundlagen). Der Umstand, dass die Organisation unabhängig von Partikularinteressen ist, verstärkt die Glaubwürdigkeit und wird noch dadurch untermauert, dass die Aktivisten von ihrem Auftreten für jeden sichtbar eher Nach- als Vorteile haben. Wer von Walfängern mit Wasserkanonen beschossen oder nach dem Protest vor einem Fabriktor von der Polizei abgeführt wird, gerät schwerlich in den Verdacht, aus Eigennutz aktiv geworden zu sein.

Ein weiterer Faktor ist in diesem Zusammenhang das oft zitierte David-gegen-Goliath-Schema: Aktivisten, die freiwillig einen starken Gegner herausfordern, gehen offensichtlich nicht den Weg des geringsten Widerstandes, sondern sie nehmen erstens ein Risiko in Kauf und müssen zweitens von der Lauterkeit ihrer Ziele absolut überzeugt sein. In diesem Sinne sind sie glaubwürdiger als viele andere politische Akteure. Der moralische Impetus, mit dem Greenpeace sich für den Schutz öffentlicher Güter einsetzt, bietet überdies ideale

Identifikationsmöglichkeiten für die Teile der Öffentlichkeit, die das inhaltliche Anliegen wichtig finden, aber selbst nicht aktiv werden können und daher das ‚Stellvertreterhandeln' durch Greenpeace begrüßen.

All diese Faktoren, die zur Glaubwürdigkeit von Greenpeace beitragen, haben allerdings eine ebenso simple wie zentrale Grundvoraussetzung: Dass der Wahrheitsgehalt zentraler Argumentationslinien, auf denen eine Kampagne basiert, nicht erschüttert werden kann. Was sich selbstverständlich anhört, ist aber weitaus komplexer, als man zunächst denkt, denn bei etlichen Themen aus der Umweltdebatte gibt es widerstreitende Wahrheitsbehauptungen – je nachdem, welche Experten man zu Rate zieht und welche Risiken als tragbar oder als zu weitgehend bewertet werden. Hinzu kommt, dass Greenpeace mit dem Mittel der Kampagnenpolitik arbeitet und deshalb eine gewisse Zuspitzung der eigenen Argumentation braucht. Chancen und Risiken einer solchen Politikstrategie sollen im Folgenden anhand der Brent-Spar-Kampagne näher beleuchtet werden.

4. Kampagnenpolitik und Glaubwürdigkeitsproblematik: Fallbeispiel Brent Spar

Die Kampagne gegen die Versenkung der ausgedienten Öl-Plattform Brent Spar im Jahr 1995 ist sicherlich die Greenpeace-Aktivität, die in den zurückliegenden Jahren die meiste Aufmerksamkeit gefunden hat. Die Kampagne endete mit einem politischen Erfolg, nämlich erstens der Erklärung von Shell, die Brent Spar an Land zu entsorgen, und zweitens mit einem weitgehenden generellen Versenkungsverbot in der Nordsee und im Nordost-Atlantik, das wenig später von dem zuständigen internationalen Gremium ausgesprochen wurde. Trotzdem hatte das gesamte Kapitel Brent Spar für die Glaubwürdigkeit von Greenpeace einen negativen Effekt, weil die Organisation im Nachhinein einräumen musste, kurz vor dem Ende der Kampagne falsche Berechnungen über die Restmengen von Schadstoffen in den Plattformtanks veröffentlicht zu haben. Der Fall ist aus diesem Grunde ein interessantes Beispiel für Chancen wie Risiken der Kampagnenpolitik und gut geeignet, Prinzipien dieser Strategie mit ihren Auswirkungen auf die Glaubwürdigkeit von NGOs zu erklären.

4.1 Merkmale von Kampagnenpolitik

Greenpeace unterscheidet sich von anderen NGOs durch die frühe Ausrichtung auf international angelegte Umweltschutz-Kampagnen, die mit dem Mittel der direkten gewaltfreien Aktion geführt werden. Während andere Umweltverbände wie der Bund für Umwelt- und Naturschutz (BUND) oder der Naturschutzbund Deutschland (NABU) ihren Schwerpunkt in regionaler und lokaler Naturschutzarbeit haben – inklusive der Betreuung konkreter Schutzprojekte wie Feuchtbiotope oder Streuobstwiesen –, ist Greenpeace eine politische *pressure group*. Ihr Ziel ist es, mit dem Mittel einer Kampagne die öffentliche Meinung für Umweltschutzanliegen zu mobilisieren und so Druck auf politische Entscheidungsträger wie auf privatwirtschaftliche Akteure aufzubauen. Unter einer ‚Kampagne' ist somit die strategische Herstellung eines öffentlichen Meinungsklimas zu verstehen, die durch den verstärkten Einsatz von Ressourcen in einem definierten Zeitraum erreicht werden soll (vgl. Greven 1995, 41f.). Als politisches Instrument ist die Kampagne fest etabliert, sei es als weiches Steuerungsinstrument des Staates (‚Aufklärungskampagnen', zum Beispiel über die Gefahren des Rauchens) oder vor allem zu Wahlkampfzeiten, um Anhänger zu mobilisieren oder neue Unterstützer zu gewinnen.

Dass Greenpeace sich des Mittels der Kampagnenpolitik bedient, entspringt keineswegs einem raffinierten Kalkül, sondern eher einem Zufall aus der Gründungsgeschichte der Organisation: Die erste Greenpeace-Aktion richtete sich 1971 gegen die amerikanischen Atombombentests vor der Küste Alaskas. Die Gründer beschlossen, über herkömmliche Protestformen wie Demonstrationen oder Unterschriftensammlungen hinauszugehen und mit einem Boot direkt in das Testgebiet zu fahren. Diese Idee entsprang dem religiösen Prinzip des *bearing witness*, des gewaltfreien Protests an dem Ort, an dem Unrecht geschieht, um anschließend darüber Zeugnis ablegen zu können. Mehrere Greenpeace-Aktivisten der ersten Stunde gehörten der Friedenskirche der Quäker an, die sich an der Regel des *bearing witness* orientieren, wobei Greenpeace heute allerdings keinerlei religiöse oder parteipolitische Bindung hat. Zwar konnte der Atombombentest nicht verhindert werden, aber allein der Versuch, in das Testgebiet einzudringen, generierte so viel Medienaufmerksamkeit, dass sich die USA entschlossen, auf weitere Zündungen in dem Seegebiet zu verzichten (Brown/ May 1991, 7-15).

Das 1971 bereits vorhandene Muster, durch eine öffentlichkeitswirksame, symbolträchtige und mit hohem persönlichen Einsatz verbundene Aktion Empörung über einen Missstand hervorzurufen und so politische Entscheidungen zu beeinflussen, ist noch heute ein Grundprinzip der Greenpeace-Strategie. Auch an der Finanzierung der Kampagnen allein durch Spenden von Privatleuten hat sich seither nichts geändert: Greenpeace nimmt grundsätzlich keine Gelder von der Industrie oder aus Regierungsquellen an, weil dies zu Interessenkonflikten führen und die Glaubwürdigkeit der Organisation untergraben könnte. Die konfrontative Haltung, die Greenpeace immer wieder einnimmt, erfordert eine solche Grundsatzentscheidung. Der zweitgrößte deutsche Umweltverband WWF, der Worldwide Fund for Nature, hat sich dagegen für eine intensivere Zusammenarbeit mit der Industrie entschieden, muss sich allerdings auch deutliche Kritik an Sponsoring-Projekten gefallen lassen: Das gemeinsame Projekt zum Urwaldschutz, bei dem Krombacher Pilsener in den Jahren 2002 und 2003 für jeden verkauften Kasten Bier rund 7 Cent an den WWF gezahlt hat und die Fluggesellschaft LTU für jeden Flugpassagier rund 17 Cent überwies, damit der WWF von dem Geld Urwaldflächen kaufen kann, wurde von *Der Spiegel* und *Süddeutscher Zeitung* unter dem Glaubwürdigkeitsgesichtspunkt heftig kritisiert (Broder 2003; Lugger 2003).

Das Prinzip der Kampagnenkommunikation von Greenpeace ist, dass ein komplexes Problem über einen für die breite Öffentlichkeit verständlichen Fall beispielhaft thematisiert wird. Die gewaltfreie Aktion, durch die Bilder für die Medienberichterstattung entstehen, ist also nur der Aufhänger für eine größere Thematik, auf die die Kampagne zielt. Dieses Vorgehen nach der Devise des *pars pro toto* gilt für die Brent-Spar-Kampagne in klassischer Weise.

4.2 Ziele und Verlauf der Brent-Spar-Kampagne

Im Fall der Brent-Spar-Kampagne ging es politisch darum, ein Versenkungsverbot für die mehr als 400 Ölplattformen im Atlantik zu erreichen, die in den nächsten Jahren zur Verschrottung anstehen. Adressat dieser politischen Botschaft war – wie sehr oft bei Greenpeace-Kampagnen – ein internationales Gremium, die Meeresschutzkonferenz nach dem Oslo-Paris-Abkommen (OSPAR). Es wäre also ein Missverständnis, die Diskussion um die Brent-Spar-Kampagne auf den Fall dieser einen Plattform zu reduzieren und allein an diesem Beispiel Vor- und Nachteile der Land- oder See-Entsorgung zu diskutieren. Vielmehr ging es Greenpeace um den Präzedenzfall, der mit der Versenkung der Brent Spar drohte. Hätte sich die Versenkung als akzeptierte Form der Entsorgung durchgesetzt, wäre dies voraussichtlich auch bei allen anderen im Nordost-Atlantik zur Verschrottung anstehenden Plattformen so praktiziert worden. Dabei ist zum Beispiel im Golf von Mexiko nach amerikanischem Recht eine Landentsorgung gesetzlich vorgeschrieben und wurde von den Ölfirmen schon seit Jahren in insgesamt über tausend Fällen praktiziert, bevor es zum Konflikt um die Brent Spar kam.

Wie häufig bei Greenpeace-Kampagnen, interessierten sich die Medien allerdings nur bedingt für diese Hintergründe und nahmen auch kaum Notiz von der Besetzung der Plattform am 30. April 1995. Erst als Shell drei Wochen später zum ersten Mal die Plattform räumte, stieg das Interesse von Presse und Fernsehen. Die Berichterstattung folgte damit den üblichen Nachrichtenfaktoren: Durch den Konflikt, der mit dramatischen Bildern illustriert werden konnte, stieg das Interesse an der Aktion. Da die Räumung nicht im ersten Anlauf gelang, gab es überdies eine sich aufbauende Handlungssequenz, die dem Geschehen Spannung verlieh und aus journalistischer Perspektive ebenfalls zur Beachtung beigetragen haben dürfte. In den folgenden drei Wochen steigerte sich das Medieninteresse erheblich, nachdem die örtlichen Greenpeace-Gruppen an Shell-Tankstellen über die Aktion informiert hatten und der Ölmulti trotz wachsender öffentlicher Kritik an seinem Versenkungsbeschluss festhielt.

Der Aspekt der Glaubwürdigkeit spielte in dem gesamten Konflikt eine wichtige Rolle: Greenpeace konnte auf die Widersprüchlichkeit einer zur gleichen Zeit anlaufenden, lange geplanten Image-Kampagne von Shell Deutschland verweisen, in der unter dem Slogan „Das wollen wir ändern“ unter anderem ein Engagement gegen Verkehrsrowdytum und das Wegwerfen von Müll angekündigt sowie bei den Rezipienten angemahnt wurde. Die Diskrepanz dieser Botschaft mit dem Verhalten von Shell im Brent-Spar-Konflikt war für jeden deutlich. Das Dilemma offenbarte sich insbesondere dann, wenn die vom Unternehmen selbst unfreiwillig thematisierte Differenz der Maßstäbe zwischen Unternehmenspolitik und privaten Handlungsmaximen ins Blickfeld genommen wurde: Während Privatpersonen bestraft werden können, wenn sie ihr altes Auto einfach in den Wald fahren und dort verrosten lassen, nahm Shell für sich in Anspruch, eine ausrangierte Plattform mit Ölschlämmen in den Tanks im Atlantik zu versenken. Mehr noch: Der Konzern schwang sich in dieser Situation auf, die Bürger in einer großen Anzeigenserie zum sorgsamen Umgang mit Abfall zu ermahnen – ein Glaubwürdigkeitsproblem, das Shell nur lösen konnte, indem die Imagekampagne wieder gestoppt wurde (Johanssen 1997).

Die Kampagne als öffentlich inszenierter Konflikt entfaltet dann ihre größte Wirkung, wenn der Sprung von der Medienkommunikation in die Anschlusskommunikation gelingt, wenn also die Berichterstattung dazu führt, dass das thematisierte Problem auch zum Gegenstand der Alltagsgespräche der Bürger sowie der Positionierung anderer gesellschaftlicher Gruppen wird (vgl. Vowe 1997, 130ff.). Genau dieser Effekt ist bei der Brent-Spar-Kampagne eingetreten, da sich viele Bürger über das Verhalten von Shell empörten und dies in ihrer unmittelbaren Umgebung sowie durch einen Boykott der Shell-Tankstellen zum Ausdruck brachten. Dabei hat Greenpeace zu keinem Zeitpunkt zu einem Boykott aufgerufen, sondern lediglich eine Emnid-Umfrage veröffentlicht, die zu dem Ergebnis kam, dass die große Mehrheit der Bundesbürger zu einer solchen symbolischen Handlung bereit sei. Der erste Aufruf zum Shell-Boykott kam laut einer von Shell selbst veröffentlichten Chronologie (Deutsche Shell AG 1995) vielmehr am 24. Mai von der Jungen Union Nordrhein-Westfalen, gefolgt von der JU in Thüringen und in Bayern am 26. Mai sowie der Katholischen Arbeitnehmer-Bewegung am 28. Mai. In den folgenden Tagen schlossen sich etliche Organisationen, Parteien und Privatpersonen dem Boykottaufruf an, darunter Verbraucherzentralen, CSU-Generalsekretär Protzner, FDP-Generalsekretär Westerwelle und die Präsidentin der Synode der nordelbischen Kirche. Allein diese Bandbreite zeigt die öffentliche Unterstützung für die Forderung nach einem Versenkungsverbot. Sie liefert aber auch einen ersten Hinweis darauf, wie schwer sich die Dynamik von Kampagnenkommunikation steuern lässt, denn in der Erinnerung vieler Menschen wird der Boykottaufruf gegen Shell eindeutig Greenpeace zugeschrieben und nicht den genannten Akteuren.

Greenpeace nutzte das öffentliche Interesse, um die Frage des Versenkungsverbots – also das vordringliche politische Ziel – auf die Tagesordnung der Nordseeschutzkonferenz zu bringen, die Mitte Juni im dänischen Esbjerg tagte. Die Politiker konnten sich nicht zu dieser Entscheidung durchringen, doch gewann die politische Debatte erneut an Intensität, als Shell mit dem Abschleppen der Plattform zum Versenkungsort begann und die Bilder von der Konfrontation zwischen Greenpeace-Schlauchbooten und Shell-Schiffen die Nachrichten dominierten. In dieser Situation, die wiederum idealtypisch den Thematisierungskriterien der Medien entsprach, schaltete sich selbst Kanzler Kohl ein und plädierte am Rande des Weltwirtschaftsgipfels für einen Verzicht auf die Versenkung. Shell beugte sich schließlich am 20. Juni dem öffentlichen Druck, der mittlerweile bereits zu Konflikten zwischen den nationalen Büros des Ölkonzerns geführt hatte.

Auch das übergeordnete Greenpeace-Ziel wurde später erreicht, denn angeregt durch die Intensität der Brent-Spar-Debatte beschloss die OSPAR-Kommission, die auf Regierungsebene Vereinbarungen zum Schutz der Küsten und Gewässer des Nordost-Atlantiks sowie der Nordsee trifft, ein weitgehendes Versenkungsverbot für Ölplattformen. Die Brent Spar selbst wurde 1998 in Norwegen zerlegt. Teile sind für den Bau einer Kaianlage wieder verwendet worden. Dieser ‚Abschluss' der Kampagne fand allerdings deutlich weniger öffentliche Beachtung, weil ihm die Dramatik einer Konfrontation fehlte.

4.3 Manipulierter Protest? Rolle und Wirkung des Messfehlers

Eine überraschende Fortsetzung fand die Brent-Spar-Debatte zunächst im September 1995, als sich Greenpeace bei Shell für eine falsche Berechnung der Reststoffe in den Öltanks entschuldigte. Während der Besetzung hatte ein Aktivist Proben genommen. Ein von Greenpeace beauftragtes Labor kam zu dem Ergebnis, es könnten noch bis zu 5.500 Tonnen an Bord der Brent Spar sein, während bisher immer die von Shell selbst publizierten Zahlen von lediglich 100 bis 130 Tonnen angegeben worden waren. Zu der falschen Hochrechnung kam das Labor, weil es einen anderen Messpunkt zu Grunde legte als den tatsächlich gewählten: Die Probe wurde über ein Lüftungsrohr gezogen und nicht direkt aus den Haupttanks, was bei der Hochrechnung unberücksichtigt blieb. Zwar war die Presseerklärung, mit der Greenpeace Deutschland die neue Zahl veröffentlicht hatte, vorsichtig formuliert: „Die inzwischen vom Labor der Universität in Exeter ausgewerteten Proben und Mengenhochrechnungen stützen trotz der wissenschaftlich nicht exakt gesicherten Beprobungstechnik die Aussage, dass sich an Bord der Plattform noch 5500 Tonnen Öl und Ölrückstände befinden könnten" (Greenpeace 1995). Doch der Vorwurf stand im Raum und die nachträgliche Korrektur schlug sich in den Medien mit für Greenpeace verheerenden Kommentaren nieder. *Die Welt* konstatierte am 24.12.1995 unter der Überschrift „Umwelthysterie wegen eines Rechenfehlers": „Ein Irrtum stürzte die Umweltschutzorganisation Greenpeace in eine Glaubwürdigkeitskrise" (zit. nach bfp-Analyse 2000, 206), und die *Westdeutsche Zeitung* schrieb noch Jahre später: „Dass Greenpeace in der Brent-Spar-Kampagne die Umweltschützer mit falschen Zahlen mobilisierte, ist bekannt" (8.8.1998, zit. nach ebd.). Es setzte sich das Urteil durch, der Protest sei manipuliert worden, Greenpeace habe die gesamte Kampagne auf falschen Behauptungen aufgebaut (vgl. ebd. 206 und Greenpeace 1997).

Greenpeace hat sich gegen diesen Schaden für die eigene Glaubwürdigkeit im Wesentlichen mit drei Argumenten verteidigt: Erstens handle es sich um ein bedauerliches Versehen, für das man sich entschuldigt habe. Ein ‚Vorsatz' habe also nicht vorgelegen. Zweitens sei die Zahlenangabe ohne jede Relevanz für den Protest gegen die Versenkung der Brent Spar gewesen, weil die Hochrechnung in England am 16. Juni und in Deutschland erst am 18. Juni veröffentlicht wurde, zwei Tage vor der Shell-Entscheidung gegen die Versenkung – und damit nachdem die Protestbewegung zwischen dem 11. und dem 15. Juni ihren Höhepunkt erreicht hatte. Schließlich sei es drittens der Organisation stets um die Grundsatzfrage einer internationalen Konvention zum Meeresschutz gegangen und nicht um die singulären ökologischen Risiken, die mit dieser einen Plattform verbunden waren.

Diese Argumente konnten unter den zugespitzten Kommunikationsbedingungen einer Kampagne nicht verfangen. So richtig der Hinweis ist, dass die falsche Berechnung nicht absichtlich publiziert wurde, spielt diese Feinheit in einer moralisch hoch aufgeladenen Debatte zu Recht keine Rolle. Wer sich so kämpferisch mit mächtigen Gegnern anlegt, wie Greenpeace es tut, darf sich unter gar keinen Umständen sachliche Fehler erlauben. Die Argumentation, dass die falsche Zahlenangabe für die Breite des Protestes gar keine Rolle gespielt hat, lässt sich dagegen sowohl durch den zeitlichen Ablauf belegen als auch durch die Medienresonanz: Von den insgesamt 1.054 Artikeln zu Brent Spar, die der Presseausschnittdienst Argus Media für die Zeit zwischen dem 17. und dem 23. Juni nachwies, enthielten nur 37 Artikel die 5.500-Tonnen-Vermutung. Das sind nicht einmal vier Prozent der Gesamtmenge. 61 Artikel brachten weiterhin die vorher von Greenpeace angegebene Zahl von bis zu 130 Tonnen und in den restlichen 956 Artikeln wurden gar keine Schadstoffmengen aufgeführt. Auch in der Folgezeit bis zur Entschuldigung von Greenpeace bei Shell spielte die Mengenangabe für die Diskussion um die Brent Spar keine Rolle, obwohl das Thema insgesamt von den Medien weiterhin aufmerksam verfolgt wurde: In dem fraglichen Zeitraum erschienen in der deutschen Presse 961 Artikel, die Greenpeace in Zusammenhang mit der Brent Spar erwähnten. Lediglich drei von ihnen enthielten die Mengenangabe 5.500 Tonnen (bfp-Analyse 2000, 209).

Die Wahrnehmung bei vielen Journalisten, Greenpeace habe die gesamte Kampagne auf falschen Zahlen aufgebaut, deckt sich folglich nicht mit den Fakten, denn der Fehler spielte in der gesamten Auseinandersetzung eine weitaus geringere Rolle, als aus der Rückschau von vielen angenommen. Für die Glaubwürdigkeit der Organisation ist dieser Aspekt jedoch unerheblich, denn in der Kampagnen-Kommunikation wird Glaubwürdigkeit rezipientenorientiert definiert: Entscheidend ist, was die Journalisten und dann auf Grund von deren Berichterstattung auch die Leser und Fernsehzuschauer an Zuschreibung vornehmen. Ihre Wahrnehmung muss sich dabei keineswegs mit den tatsächlichen Abläufen decken, sondern kann durch ganz andere Faktoren beeinflusst sein.

Die Risiken der Kampagnenkommunikation zeigen sich an diesem Ablauf besonders deutlich. Indem Greenpeace übergeordnete umweltpolitische Ziele, die sich öffentlich schwer vermitteln lassen, auf konkrete Fälle herunterbricht – wie hier die Brent Spar, die als Hebel für eine Meeresschutzkonvention benutzt werden sollte –, können zwar Erfolge für den Umweltschutz erreicht werden. Die Medienberichterstattung konzentriert sich aber auf den konkreten, öffentlichkeitswirksam inszenierten Konflikt, so dass die Organisation damit leben muss, dass die politischen Hintergründe nur von einigen Fachblättern und der Qualitätspresse aufgegriffen werden. In diesem Sinne lebt Greenpeace ständig mit dem Risiko, dass das politische Ziel einer Kampagne mit dem konkreten Beispiel einer Aktion verwechselt wird. Wer diese Kommunikationsstrategie wählt, muss folglich in besonderer Weise darauf achten, dass sämtliche Sachaussagen stimmig und für sich gesehen verständlich sind.

Die Steuerungsfähigkeit einer Kampagne nimmt ab, je wirkungsmächtiger sie wird und je weiter sie sich vom Kern der Akteure entfernt. Eine Kampagne zieht Kommunikationskreise von der Binnenkommunikation bei Greenpeace und Shell, über die Konfliktkommunikation zwischen den beiden Akteuren, hin zur Medienkommunikation und schließlich zur Anschlusskommunikation im Gespräch der Bürger sowie anderer politischer Akteure, die das Thema aufgreifen. Dabei kommen Mechanismen hinzu, die der Eigengesetzlichkeit der jeweiligen Akteursebene folgen, zum Beispiel bei Medien und Politikern eine sich selbst verstärkende Publizitätsspirale: Ab einem gewissen Aufmerksamkeitslevel ist es zwingend, dass Politiker sich zu einem Problem positionieren, bis hin zu dem überraschenden Ergebnis, dass Greenpeace sich plötzlich des Zuspruchs von Helmut Kohl erfreuen konnte. Während sich zum Höhepunkt der Brent-Spar-Kampagne auch viele Journalisten sehr deutlich auf die Seite von Greenpeace schlugen, setzte hinterher ein (durchaus gesunder) professioneller Reflex ein: Viele Medienvertreter kommentierten alles, was mit Greenpeace in Zusammenhang stand, plötzlich betont kritisch.

Eine verstärkende Rolle dürfte in dem Zusammenhang auch der Verlauf der Greenpeace-Proteste gegen die französischen Atomtests vor Mururoa gespielt haben. Diese Kampagne war nach Brent Spar mit der übertriebenen Erwartung von Teilen der Öffentlichkeit befrachtet, Greenpeace werde die Atomtests tatsächlich verhindern. In Wirklichkeit ist es der Organisation noch nie gelungen, die Atomtests zu verhindern, sondern diese älteste aller Greenpeace-Kampagnen hatte immer vor allem eine Thematisierungs- und Mobilisierungswirkung. Eine Konfrontation zwischen einem staatlichen Akteur und einer NGO kann schwerlich am Fall der Brent Spar gemessen werden, als es um einen Konflikt mit einem Konzern ging. Es war deshalb nicht überraschend, dass die französische Kriegsmarine durch ihr Eingreifen und die sofortige Beschlagnahme der Schiffe die Greenpeace-Proteste beendete, noch bevor sie richtig begonnen hatten. Eine Reihe von Journalisten, die über die Mururoa-Kampagne berichteten, hatte offensichtlich völlig zu Unrecht ein Fernsehdrama nach dem Muster der Brent Spar erwartet und warf die erlebte Diskrepanz dann Greenpeace vor, so zum Beispiel der ARD-Korrespondent Christoph Lütgert (Lütgert 1995). An diesem Effekt zeigt sich als weiteres Risiko der Kampagnenkommunikation, dass die öffentliche Inszenierung des Konflikts mit dem Verlangen der Medienöffentlichkeit nach ständiger Steigerung verbunden ist: Berichtenswert ist nur noch, was noch spektakulärer ausfällt als das zuvor Gebotene. Diese Sensationsfalle kann zu einem erheblichen Risiko für die Glaubwürdigkeit von NGOs werden, wenn es nicht gelingt, dieser Erwartungshaltung sehr gezielt gegenzusteuern.

Das schnelle Ende der erwartungsüberfrachteten Mururoa-Kampagne fiel zeitlich mit der Veröffentlichung des Rechenfehlers bei der Brent Spar zusammen. Am Tag nach der Entschuldigung durch den britischen Greenpeace-Chef Lord Peter Melchett bei Shell zündete Frankreich seine erste Testbombe. Plötzlich stand Greenpeace als ‚Verlierer' da. In dieser Situation, in der die Medienberichterstattung einen anderen Tenor erhielt, unterstellten viele Journalisten im Rückblick, die gesamte Brent-Spar-Kampagne sei auf falschen Zahlen aufgebaut gewesen. Die Glaubwürdigkeitskrise resultierte somit daraus, dass das positive Interpretationsraster, in dem alle Greenpeace-Aktivitäten noch im Sommer gesehen wurden, plötzlich in sein Gegenteil umgeschlagen war.

4.4 Konsequenzen des Messfehlers für die Glaubwürdigkeit

Bis heute wirkt das Menetekel des Messfehlers vor allem im Kontakt mit Journalisten fort, denn viele erinnern sich in eher diffuser Weise daran, „dass bei der Brent-Spar-Kampagne doch nicht alles stimmte, was Greenpeace behauptet hat". Weil die Organisation es zunächst versäumte, die Darstellung richtig zu stellen, die gesamte Kampagne sei auf falschen Zahlen aufgebaut gewesen, hat diese Version außerdem mittlerweile ihren Eingang in etliche Pressearchive und Buchveröffentlichungen gefunden. Sie reproduziert sich deshalb zu einem gewissen Grad selbst, sobald ein Journalist nachschlägt, was denn 1995 geschehen ist. Es ist somit davon auszugehen, dass Greenpeace noch Jahre lang damit zu tun haben wird, die Glaubwürdigkeitsverluste bei Medienvertretern wieder auszugleichen.

Anders verhält es sich übrigens mit der allgemeinen Öffentlichkeit. Entgegen der landläufigen Meinung hat Greenpeace durch die Brent-Spar-Kampagne keine gravierende Veränderung bei den Spendeneinnahmen erfahren und auch keinen nachhaltigen Imageschaden erlitten. Die Spendeneinnahmen von Greenpeace Deutschland, dem bei der Brent-Spar-Kampagne federführenden nationalen Büro, stiegen von 71,2 Millionen Mark im Jahr 1994 auf 72,7 Millionen im Jahr 1995, um schließlich 1996 auf 69,6 Millionen Mark zurückzugehen. Sie bewegen sich seitdem trotz der wirtschaftlichen Krise in Deutschland auf einem in etwa gleich bleibenden Niveau, wobei 2002 mit 38,88 Millionen Euro der bisher höchste Wert erreicht wurde (Greenpeace Jahresrückblicke 1995, 1996 und 2002). Nach wie vor unterstützen in der Bundesrepublik jedes Jahr rund 520.000 Menschen Greenpeace durch eine Spende. Das Imageprofil von Greenpeace wird in regelmäßigen Abständen durch eine repräsentative Bevölkerungsumfrage erforscht, die EMNID vergleichend für alle größeren Spendenorganisationen in Deutschland durchführt (EMNID 1995, 1996, 2001). Dabei erzielt Greenpeace über die Jahre weitgehend gleich bleibend hohe Werte bei den Items ‚Wirkung', ‚Kompetenz' und ‚Professionalität', die vor den anderen Umweltverbänden liegen und hinter Ärzte ohne Grenzen oder den SOS-Kinderdörfern – also Spendenorganisationen, die weitaus weniger polarisieren, als Greenpeace es tut. Lediglich unmittelbar nach der Brent-Spar-Kampagne gab es außergewöhnlich hohe Bewertungen für Greenpeace, die sich langfristig aber nicht ausgewirkt haben, weil Imagebildung über lange Zeiträume erfolgt. So ist das Greenpeace-Image stark durch die Meereskampagnen geprägt. Die Bevölkerung assoziiert die Organisation mit dem Schutz der Wale, obwohl dies heute nur noch einer von vielen Themenbereichen ist. Neue Arbeitsgebiete wie der Urwaldschutz werden dagegen kaum wahrgenommen, obwohl Greenpeace Deutschland bereits seit etlichen Jahren dazu weitaus intensiver arbeitet als zu den Meeresthemen. Auch die eingangs zitierten Umfragewerte zum politischen Vertrauen sprechen für eine unverändert hohe Glaubwürdigkeit der Organisation.

Die Tatsache, dass der Brent-Spar-Fehler nicht zu einem Vertrauensverlust in der Gesamtbevölkerung geführt hat, kann allerdings kein Grund sein, mit dieser Panne leichtfertig umzugehen. So hat Greenpeace als eine der Konsequenzen die Recherche-Abteilung erheblich ausgebaut und professionalisiert. Das geschärfte Bewusstsein, dass die Glaubwürdigkeit das zentrale Kapital der NGOs ist, hat zu besseren Routinen der internen Qualitätskontrolle geführt, die sich zum Beispiel in kodifizierten Regeln niederschlagen, wie Proben zu nehmen sind, oder in der Vorgabe, dass zwei Labore unabhängig voneinander zu den gleichen Analyseergebnissen kommen müssen, bevor Messdaten veröffentlicht werden dürfen. Der Schock, den die falschen Messergebnisse auch organisationsintern ausgelöst haben, hatte also eine positive Wirkung, weil seitdem die eigenen Professionalitätsansprüche klarer formuliert wurden und deren Einhaltung strenger kontrolliert wird.

5. Fazit und Ausblick: Kampagnenkommunikation als Gratwanderung

Greenpeace genießt wie die meisten NGOs einen großen Vertrauensvorschuss, der auf ein Bündel von Faktoren zurückgeführt werden kann. Er ist zunächst darin begründet, dass die Organisation als unabhängig von Partikularinteressen wahrgenommen wird. Die Konzentration auf einige wenige Themen ermöglicht überdies, mit hoher Sachkompetenz aufzutreten. Im Unterschied zu Parteien müssen NGOs bei der Verfolgung ihrer Ziele nicht ständig Kompromisse machen und eine Vielzahl von Interessen bündeln. Dadurch gewinnen sie in den Augen der Öffentlichkeit an Glaubwürdigkeit, denn es fällt ihnen leichter als den Volksparteien, geschlossen zu agieren und an ihrer Programmatik festzuhalten. Greenpeace zeichnet sich dadurch aus, dass durch die aktionsorientierte Kampagnenpolitik Reden und Handeln in eins fallen: Wenn die Programmatik nicht proklamatorisch, sondern anhand von Aktionen vermittelt wird, entfällt die Diskrepanz, die viele Bürger bei den Politikern kritisieren. Durch das hohe persönliche Risiko, das mit den gewaltfreien Aktionen einhergeht, können Greenpeace-Aktivisten schwerlich in den Verdacht geraten, ihr Engagement nur vorzutäuschen und in Wirklichkeit auf ihren persönlichen Vorteil bedacht zu sein.

Die Strategie der Kampagnenkommunikation, die Greenpeace zur Durchsetzung der umweltpolitischen Ziele gewählt hat, ist allerdings auch mit einer Reihe von Risiken verbunden, wie sich am Beispiel der Brent-Spar-Kampagne besonders deutlich gezeigt hat. Brent Spar verkörperte in vielen Punkten den Idealfall einer NGO-Kampagne: Das übergeordnete Thema des Meeresschutzes ließ sich an einem anschaulichen Fall festmachen, der von weiten Teilen der Bevölkerung als Skandal empfunden wurde. Der mächtige Gegner Shell verhielt sich zunächst äußerst arrogant gegenüber den Forderungen von Greenpeace und auch gegenüber der Besorgnis der Öffentlichkeit. Die zeitlichen Abläufe mit einem im Vorfeld feststehenden Versenkungstermin lieferten eine Dramaturgie, auf die sich auch die Medien einstellen konnten. Die dramatischen Fernsehbilder von der Konfrontation zwischen Greenpeace-Schlauchbooten und Shell-Schiffen entsprachen den Selektionskriterien der Nachrichtenmedien. Gleichzeitig gelang der Sprung von der Medien- in die Anschlusskommunikation, denn der ‚Fall Brent Spar' wurde im Sommer 1995 auch von Politikern aufgegriffen und von der Bevölkerung durch einen Boykott der Shell-Tankstellen symbolisch unterstützt.

Das Nachspiel der Brent-Spar-Kampagne steht allerdings in ähnlich idealtypischer Form für die Risiken der Kampagnenkommunikation. Der Vertrauensvorschuss einer NGO wie Greenpeace muss ständig neu erarbeitet werden und kann durch sachliche Fehler sehr schnell in Gefahr geraten. Gerade Organisationen, die mit einem hohen moralischen Anspruch auftreten und die die Konfrontation mit mächtigen Gegnern suchen, sind in besonderer Weise ‚verwundbar', wenn ihnen ein Fehler unterläuft. Weil Greenpeace seine umweltpolitischen Ziele über die Mobilisierung der Öffentlichkeit verfolgt, wird auch die Fehlerbewertung öffentlich, also rezipientenorientiert entschieden. Das heißt, es spielt keine Rolle, wie der Fehler zustande gekommen ist (bewusste Täuschung oder Versehen) und ob die Vorwürfe in allen Einzelheiten berechtigt sind (Aufbau der gesamten Kampagne auf falschen Zahlen oder nicht). Entscheidend ist, was die Journalisten und die Öffentlichkeit der Organisation zuschreiben. Im Fall der Brent-Spar-Kampagne ist festzustellen, dass der Glaubwürdigkeitsverlust unter den Journalisten größer war als in der Gesamtbevölkerung. Dies hängt vermutlich damit zusammen, dass Greenpeace bereits mit einem großen Vertrauensbonus in die Brent-Spar-Kampagne gegangen ist, der in der Gesamtbevölkerung nicht durch eine einzelne Panne erschüttert wird. Journalisten dagegen reagieren kritischer, zumal sie sich vermehrt darüber bewusst sind, als Multiplikatoren Teil der Kampagnenstrategie von NGOs zu sein. Die skeptische Haltung ist in diesem Sinne ein für beide Seiten durchaus heilsamer professioneller Reflex.

Greenpeace musste am Beispiel der Brent-Spar-Kampagne die Erfahrung machen, dass das übergeordnete umweltpolitische Ziel – nämlich die Verabschiedung einer Meeresschutzkonvention, die ein generelles Versenkungsverbot ausspricht – von vielen Journalisten und damit auch von großen Teilen der Öffentlichkeit nicht verstanden worden war. Das Dilemma der Kampagnenkommunikation ist also darin zu sehen, dass die Breitenwirkung mit einer inhaltlichen Zuspitzung erkauft wird, die sich rächen kann. NGOs wie Greenpeace sind deshalb darauf angewiesen, mehrgleisig zu fahren: Neben der großen Kampagne muss es stets eine vertiefende Öffentlichkeitsarbeit geben, die mit ausführlichen Analysen, mit wissenschaftlichen Studien, Hintergrundgesprächen für Journalisten und Informationsabenden der örtlichen Greenpeace-Gruppen dafür sorgt, dass die symbolische Aktion auch in ihrer Symbolik wahrgenommen und nicht mit dem eigentlichen politischen Ziel verwechselt wird. Die Veränderung der

Medienlandschaft in Deutschland erschwert leider genau dieses Bestreben: Mit dem Trend zum aktionsbetonten Häppchenjournalismus, vor allem bei den privaten Fernsehstationen, wird es immer schwieriger, Hintergrundinformationen zu vermitteln. Die Krise der überregionalen Qualitätszeitungen, die zur Ausdünnung der Redaktionen geführt hat, zieht nach sich, dass vielfach kompetente Fachredakteure als Ansprechpartner fehlen. Für Greenpeace liegt darin ein großes Risiko, denn die Kommunikation der Organisation beruhte immer auf zwei Säulen: Die Kampagne ist der Ritt auf dem Tiger, bei dem Greenpeace bewusst die Selektionskriterien der Massenmedien bedient, um die Öffentlichkeit zu mobilisieren. Doch ohne vertiefende Information, die vorbereitend und begleitend zur Kampagne verbreitet wird, geht die Organisation das beschriebene Glaubwürdigkeitsrisiko ein.

Als Konsequenz aus den Veränderungen der Medienlandschaft setzt Greenpeace vermehrt auf die direkte Kommunikation mit der Öffentlichkeit. So wurde das Internet-Angebot ausgebaut, um allen Interessierten die Möglichkeit zu bieten, schnell und unkompliziert Hintergründe zu den Greenpeace-Kampagnen zu erfahren. Außerdem wurde die Ausstellungsarbeit verstärkt. Nunmehr können mit Greenpeace-Präsentationen auf Bootsmessen oder in den Aquarien der *Sealife Center* Zielgruppen angesprochen werden, die sich offensichtlich für Meeresthemen interessieren. Mit der Gründung des ‚Einkaufsnetzes' als Verbraucher-Lobby bindet die Organisation engagierte Konsumenten in die Kampagnenarbeit ein und informiert die Mitmacher durch Rundbriefe. Weitere Instrumente der direkten Kommunikation sind Mailings und das Schalten von Anzeigen. Erstmals hat Greenpeace überdies im Jahr 2003 eine klare Begrenzung bei der Zahl der Öffentlichkeitsauftritte vorgenommen: Mit weniger und dafür gezielter ausgewählten Presseerklärungen sowie Aktionen soll der gefährlichen Dynamik entgegengearbeitet werden, dass jede Aktion noch größer werden muss als die vorige, wobei die Fülle der Medienauftritte die Wertigkeit der einzelnen Aktion untergräbt. An der Aktionsorientierung von Greenpeace und der Umweltarbeit durch Kampagnenkommunikation wird sich mit Sicherheit nichts ändern, denn dies sind Markenzeichen der Organisation. Aber ohne die beschriebenen Anpassungen an ein verändertes Medienumfeld würde es immer schwieriger, die Ziele von Greenpeace öffentlich zu vermitteln – und das wäre langfristig ein erhebliches Risiko für die Glaubwürdigkeit.

Literatur

Allensbach (2002): IfD-Umfrage 7033; zitiert nach: Klaus Schweinsberg und Markus Kamrad: Umweltschutz: Kein Vertrauen in Unternehmer. In: Impulse, März 2003, 35-38.

Altvater, Elmar/ Brunnengräber, Achim (2002): NGOs im Spannungsfeld von Lobbyarbeit und öffentlichem Protest. In: Aus Politik und Zeitgeschichte. Beilage zur Wochenzeitung Das Parlament, Nr. B 6-7, 6-14.

Beisheim, Marianne (1997). Nichtregierungsorganisationen und ihre Legitimität. In: Aus Politik und Zeitgeschichte. Beilage zur Wochenzeitung Das Parlament, Nr. B 43, 21-29.

Bentele, Günter (1988): Der Faktor Glaubwürdigkeit. Forschungsergebnisse und Fragen für die Sozialisationsperspektive. In: Publizistik, Jg. 33, Nr. 2/3, 406-426.

bfp-Analyse (2000): Brent Spar: eine Falschmeldung und ihre Karriere. Über den Bau von Geschichtsbildern durch kognitive Ignoranz und kommunikative Penetranz. In: Christian Krüger, Matthias Müller-Hennig (Hrsg.): Greenpeace auf dem Wahrnehmungsmarkt. Studien zur Kommunikationspolitik und Medienresonanz, Münster, 205-222.

Bierhoff, Hans-Werner (2002): Politisches Vertrauen: Verschiedene Dimensionen, verschiedene Ebenen der Betrachtung. In: Rainer Schmalz-Bruns und Reinhard Zintl (Hrsg.): Politisches Vertrauen. Soziale Grundlagen reflexiver Kooperation, Baden-Baden, 241-253.

Broder, Henryk M. (2003): Saufen für die Gorillas. In: Der Spiegel, Nr. 28, 91.

Brown, Michael/ May, John (1991): The Greenpeace Story, London.

Deutsche Shell AG (1995): Die Ereignisse um Brent Spar in Deutschland, Hamburg.

Deutsche Shell (2002): Jugend 2002. 14. Shell Jugendstudie, Frankfurt.

Edelman (2001): NGOs and the Public Trust, Edelman PR, New York.

Edelman (2002): Non-Governmental Organizations, the Fifth Estate in Global Governance. Second Annual Study of NGO and Institutional Credibility, Edelman PR, New York.

EMNID: Spendenmonitor 1995, 1996 und 2001, Bielefeld.

Eurobarometer 2003. Die öffentliche Meinung in der Europäischen Union, 59. Erhebung, Brüssel 2003.

Greenpeace: Jahresrückblicke 1995, 1996 und 2002, Hamburg.

Greenpeace (1995): Greenpeace-Untersuchung stellt Shell-Studien in Frage: Mehr Giftstoffe an Bord der „Brent Spar“ als genehmigt? Presseerklärung vom 18. Juni 1995.

Greenpeace (Hrsg.) (1997): Brent Spar und die Folgen. Analysen und Dokumente zur Verarbeitung eines gesellschaftlichen Konfliktes.

Greiffenhagen, Martin und Sylvia (1993): Ein schwieriges Vaterland. Zur Politischen Kultur im vereinigten Deutschland, München.

Greiffenhagen, Martin und Sylvia (2002): Politische Kultur. In: Dies. (Hrsg.): Handwörterbuch zur Politischen Kultur der Bundesrepublik Deutschland. 2., völlig überarbeitete und aktualisierte Auflage, Opladen, 387-401.

Greven, Michael Th. (1995): Kampagnenpolitik. In: Vorgänge, Nr. 132, Heft 4, 40-54.

Johanssen, Klaus-Peter (1997): „Wir kümmern uns um mehr als Autos“. Die Geschichte einer Kampagne. In: Ulrike Röttger (Hrsg.): PR-Kampagnen. Über die Inszenierung von Öffentlichkeit, Opladen, 257-264.

Krüger, Christian/ Müller-Hennig, Matthias (Hrsg.) (2000): Greenpeace auf dem Wahrnehmungsmarkt. Studien zur Kommunikationspolitik und Medienresonanz, Hamburg.

Lütgert, Christoph (1995): Vom Atomprotest in die Krise? Das Greenpeace-Debakel. In: Die Woche vom 8. September 1995.

Lugger, Beatrice (2003): Fliegen für den Regenwald. Der Worldwide Fund for Nature (WWF) arbeitet eng mit der Wirtschaft zusammen – und stößt zunehmend auf Kritik von Umweltschützern. In: Süddeutsche Zeitung vom 11. Juli 2003, 11.

Reinhardt, Sibylle/ Tillmann, Frank (2001): Politische Orientierungen Jugendlicher. Ergebnisse und Interpretationen der Sachsen-Anhalt-Studie „Jugend und Demokratie". In: Aus Politik und Zeitgeschichte. Beilage zur Wochenzeitung Das Parlament, Nr. B 45, 3-13.

Vowe, Gerhard (1997): Feldzüge um die öffentliche Meinung. Politische Kampagnen am Beispiel von Brent Spar und Mururoa. In: Ulrike Röttger (Hrsg.): PR-Kampagnen. Über die Inszenierung von Öffentlichkeit, Opladen, 125-147.

Westle, Bettina (1997): Politische Folge- und Konfliktbereitschaft der Deutschen. In: ZUMA-Nachrichten, Jg. 21, Nr. 41, 100-126.

World Economic Forum (2002): Survey on Trust; zitiert nach: Ansgar Graw: Vertrauen ist gut, die Armee ist besser. In: Die Welt vom 14. November 2002, 3.

Vertrauen in Naturwissenschaft und Technik

Uwe Apel

Die Tätigkeit von Naturwissenschaftlern und Ingenieuren innerhalb einer modernen Industriegesellschaft ist sehr stark durch das ‚Machen' getrieben, also das Erlangen von Erkenntnissen und das Erzeugen von technischen Lösungen zur Erfüllung konkreter Bedürfnisse der Gesellschaft beziehungsweise ihrer Mitglieder. Die sich ergebenden Arbeitsinhalte sind in der Regel sehr konkret, auch wenn zur Durchdringung der Zusammenhänge komplexer natürlicher und technischer Systeme ein hohes Abstraktionsvermögen bei den Beteiligten notwendig ist. Üblicherweise wird der Aufgabenbereich eines Naturwissenschaftlers oder Ingenieurs von den übrigen Mitgliedern der Gesellschaft als wenig mit ihrer eigenen Tätigkeit verknüpft angesehen. Das trifft insbesondere auf den in Geisteswissenschaften tätigen Personenkreis zu, da es hier eine Reihe von Tätigkeiten gibt, die durch ihre Ausrichtung auf abstrakten Erkenntnisgewinn wenig oder eher indirekten Bezug zu anderen Tätigkeitsfeldern innerhalb der Gesellschaft haben. Die Sichtweise des Naturwissenschaftlers oder Ingenieurs ist hier zumeist, dass sein prinzipiell auf Veränderung des Ist-Zustandes angelegtes Tätigkeitsprofil (‚Machen' bedeutet immer ‚Verändern') immer eine Reflektion im Gesamtkontext der Gesellschaft erfordert, da sein Tun direkte und konkrete Folgewirkungen hat. Als Beispiel sei hier genannt, dass sich ein Ingenieur stärkere Gedanken darum machen muss, welche Folgewirkungen eine technische Neuerung für die gesellschaftliche Entwicklung haben kann, als sich ein Historiker Gedanken machen muss, welche Folgewirkungen eine neue historische Erkenntnis hat. Der Umgang mit einem eher geistes-sozialwissenschaftlichen Thema wie Vertrauen und Glaubwürdigkeit ist für einen Ingenieur somit bis zu einem gewissen Grad Teil des eigenen Selbstverständnisses, setzt jedoch eine methodisch andere Vorgehensweise voraus als die bei naturwissenschaftlich-technischen Problemen übliche.

Die Beschäftigung mit der Problematik von Vertrauen und Glaubwürdigkeit in Naturwissenschaft und Technik wirft deshalb vor allem Fragen bezüglich der Wechselwirkung von Naturwissenschaft und Technik einerseits und der Gesellschaft andererseits auf. Aus meiner Sicht sind die zentralen Aspekte dabei die folgenden:

- Welches Bild hat die Gesellschaft von Wissenschaft und Technik und welches ist ihr Selbstbild?
- Wie ist das Verhältnis zwischen Technik und Natur?
- Was bedeutet Technikentwicklung psychologisch in einer Gesellschaft?
- Welche ökonomische Bedeutung hat technische Entwicklung?
- Welcher Zusammenhang besteht zwischen Sicherheit und Zuverlässigkeit von Technik sowie Vertrauen und Kommunikation?
- Was bedeuten Vertrauen und Glaubwürdigkeit im Kontext von Wissen versus Glauben?
- Wie erzeugen Naturwissenschaft und Technik Vertrauen und Glaubwürdigkeit und wie werden sie ge- beziehungsweise zerstört?

Auf der Basis obiger Fragestellungen soll im Folgenden die Thematik anhand von Beispielen diskutiert werden.

1. Das Bild von Wissenschaft und Technik im zeitlichen Wandel

Das durch die Naturwissenschaften erzeugte Wissen löste seit dem späten Mittelalter durch religiösen Glauben gefestigte Überzeugungen als Basis des Weltbildes der Menschen in den westlichen Gesellschaften zumindest teilweise ab. Daher war die Haltung großer Teile der Gesellschaft zu den Naturwissenschaften zunächst ambivalent. Einerseits wurden die Beiträge wissenschaftlicher Erkenntnisse zur Verbesserung der Lebensqualität, zum Beispiel in der Medizin, begrüßt. Andererseits wurden sie als ‚Teufelswerk' betrachtet und abgelehnt, wenn sie im Widerspruch zur religiösen Lehrmeinung standen oder sich versprochene beziehungsweise erhoffte Erfolge nicht oder nicht schnell genug einstellten. Die Glaubwürdigkeit von Wissenschaft sowie das in sie gesetzte Vertrauen waren deshalb zum einen sehr stark an sichtbare Erfolge und zum anderen an deren Einklang mit den vorherrschenden Glaubensgrundsätzen geknüpft. Die Mehrheit der Wissenschaftler hatte im ausgehenden Mittelalter ein sehr starkes Vertrauen in die eigenen Fähigkeiten und Erkenntnisse der Wissenschaften. Dieses Vertrauen in die selbst geschaffene Erkenntnis beruhte vor allem auch darauf, dass diese mit sehr viel Mühen erlangt wurde und dann mit langwieriger Überzeugungsarbeit, zum Teil unter Einsatz des eigenen Lebens, gegen geltende kirchliche und weltliche Lehrmeinungen durchgesetzt werden musste.

Der Beginn von Industrialisierung und gesellschaftlicher Aufklärung ging mit einer erheblichen Steigerung des Vertrauens in Naturwissenschaft und Technik als Motor dieser Entwicklung einher. ‚Fortschrittsgläubigkeit‘ als Ausdruck dieses praktisch unbeschränkten Vertrauens entwickelte sich zu einer verbreiteten Haltung unter dem Teil der Gesellschaft, welcher der technischen Entwicklung prinzipiell positiv gegenüberstand. Eine große Mehrheit des gebildeten Teils der Bevölkerung vertraute in Naturwissenschaft und Technik bezüglich ihrer prinzipiellen Problemlösungsfähigkeit, zumal die sich einstellenden positiven materiellen Folgewirkungen der Industrialisierung ein hohes Maß an Glaubwürdigkeit für die Akteure in dieser Entwicklung vermittelten. Weniger Vertrauen wurden Wissenschaft und Technik seitens des Teils der Bevölkerung entgegengebracht, der entweder direkt selbst negativ durch die Entwicklung betroffen oder die negativen Folgewirkungen der Nutzung von Wissenschaft und Technik als schwer wiegender als deren positive Errungenschaften ansah. Hier sind insbesondere die kriegerische Nutzung von Naturwissenschaften und Technik und die mit der Industrialisierung verbundene Schädigung der natürlichen Umwelt zu nennen. Innerhalb der Naturwissenschaften und der Technik entwickelte sich gleichzeitig ein differenziertes Selbstbild der Akteure, wobei die Bandbreite der Sichtweisen von absoluter Forschrittsgläubigkeit, gepaart mit einem unerschütterlichen Vertrauen in die eigenen Fähigkeiten und Möglichkeiten, bis hin zum grundsätzlichen Zweifel am Sinn der wissenschaftlich-technischen Entwicklung reichte.

Die immer stärkere Industrialisierung mit ihren revolutionären Wirkungen auf Struktur und Funktion der industriellen Gesellschaften haben im Laufe des 20. Jahrhunderts und des gerade begonnenen 21. Jahrhunderts zu einem kontroversen gesellschaftlichen Diskurs über die weitere Technisierung und Industrialisierung geführt. Auslösend für diesen Diskurs waren dabei immer bahnbrechende wissenschaftliche Erkenntnisse, die darauf aufbauenden Technologien und schließlich die zu beobachtenden Folgewirkungen in der Gesellschaft. Als Stichworte seien hier die beiden Weltkriege, die atomare Aufrüstung, die Forschungen zu den Grenzen des Wachstums, die friedliche Nutzung der Kernenergie, die Informations- und Kommunikationstechnologie sowie neuerdings die Gen- und Reproduktionstechnologie genannt. In der Folge des gesellschaftlichen Diskurses über Naturwissenschaft und Technik ist die Differenziertheit, mit der ihnen die Gesellschaft Vertrauen entgegen bringt und deren Aussagen für glaubwürdig hält, weiter gewachsen. Das trifft analog auch für die Binnensicht der Akteure zu, wobei diese tendenziell zu stärkerem Vertrauen in Naturwissenschaft und Technik neigen als der Bevölkerungsdurchschnitt.

2. Technik versus Natur

Technik und Natur werden in den Industrienationen heute meist als Gegensätze betrachtet. Die durch Industrialisierung und Technisierung der Gesellschaft erfolgte Schädigung natürlicher Lebensräume und die Ausbeutung von natürlichen Ressourcen legt dies nahe. Andererseits ist klar, dass es prinzipiell möglich ist, Technik so anzuwenden, dass die Schädigung und Beeinträchtigung der natürlichen Umgebung minimiert wird. Dies bedeutet letztendlich, die durch Technik unterstützte Lebensweise des Menschen in die natürlichen Stoff- und Energiekreisläufe einzubinden. Die Schwierigkeit liegt dabei darin, dass die Komplexität der Zusammenhänge in der irdischen Biosphäre die in der Naturwissenschaft und Technik übliche ‚Handhabbarmachung' eines Systems durch vereinfachende Modellbildung und Reduzierung auf die wesentlichsten Parameter und Einflussgrößen praktisch nicht zulässt. Hinzu kommen durch ökonomische oder politische Rahmenbedingungen vorhandene äußere Zwänge, die eine Durchsetzung ‚naturkompatibler' technischer Lösungen in einer Gesellschaft oft be- oder verhindern. Der menschliche Wunsch, einerseits Naturwissenschaft und Technik zur Generierung angenehmer Lebensumstände zu nutzen, aber gleichzeitig die natürliche Umgebung möglichst zu erhalten wie sie ist, lässt sich somit immer nur teilweise verwirklichen und hat in der Folge eine starke Wirkung auf die Akzeptanz von Naturwissenschaft und Technik und auf das in sie gesetzte Vertrauen.

Ein weiterer Aspekt in der Diskussion um Technik versus Natur ist die Frage, inwieweit technische Systeme erfolgreiche natürliche Lösungen nachbilden können, da Letztere in den meisten Fällen durch die Evolution einen Effizienzgrad erreicht haben, von dem technische Lösungen in der Regel noch weit entfernt sind, und darüber wieder eine bessere Kompatibilität mit der natürlichen Umgebung erreichen. Die Bionik beschäftigt sich als Wissenschaft in zunehmendem Maße mit dieser Frage, und eine Reihe von der Natur ‚abgeguckte' Lösungen technischer Probleme haben bereits Einzug in den Lebensalltag genommen (z.B. Fassadenfarbe, die den Selbstreinigungseffekt der Lotusblüte nachahmt).

3. Technikentwicklung und Psychologie

Eine zentrale Frage im Zusammenhang von Vertrauen und Technik ist die nach den grundsätzlichen Beweggründen des Menschen, Technik zu entwickeln und zu nutzen. Im Altertum erlaubten vergleichsweise simple technische Errungenschaften, die zumeist nicht das Produkt zielgerichteter wissenschaftlicher Forschung waren, sondern auf eher zufälligen Entdeckungen beruhten, die Etablierung einfacher menschlicher Gesellschaftsformen. Die Erzeugung und Erhaltung des Feuers als Wärmequelle und zur Nahrungszubereitung kann mit ziemlicher Sicherheit als eine der ersten ‚technischen' Errungenschaften des Homo sapiens beziehungsweise eines seiner direkten Vorfahren betrachtet werden. Es ist anzunehmen, dass bereits die Nutzung des Feuers in den prähistorischen ersten Menschengemeinschaften zunächst sowohl Zustimmung wie Ablehnung auslöste, da Feuer bis zu diesem Zeitpunkt vornehmlich als Gefahr (Wald- und Steppenbrände) für Leib und Leben wahrgenommen wurde. Den Frühmenschen wurden aber offenbar sehr schnell die Vorteile der Feuernutzung so augenscheinlich, dass die damit verbundenen Risiken in Kauf genommen wurden und die Ängste davor in den Hintergrund traten. Angst wird beherrschbar, sobald sie konkret wird, sich also objektivieren lässt. Für einen psychisch stabilen Menschen lassen sich objektivierbare, konkrete Ängste handhaben und schränken ihn nicht grundsätzlich in seinem Handeln ein. Diffuse, nicht konkretisierbare Ängste sind dagegen kaum zu beherrschen und führen oft zu Handlungsunfähigkeit oder irrationalen Handlungen. Angst vor der Nutzung einer neuen Technik kann deshalb vor allem durch Kenntnis ihrer Wirkungsweise und durch die Demonstration ihrer Beherrschbarkeit soweit reduziert werden, dass eine Grundakzeptanz entsteht. Auf der Basis der Beherrschung des Feuers entwickelten sich die Techniken zur Herstellung von Jagdwaffen (z.B. Bearbeitung von Nicht-Eisen-Metallen) und Haushaltsgeräten (z.B. Brennen von Ton), die auf deutlich geringere Akzeptanzprobleme gestoßen sein dürften. Ein wesentlicher nächster Schritt in der Beherrschung von Technik und deren Psychologie dürften die technischen Großprojekte des Altertums wie der Bau der Pyramiden, größeren kriegstechnischen Gerätes (Schiffe, Katapultwaffen, etc.) sowie infrastruktureller Maßnahmen (Viadukte, Aquädukte) gewesen sein. Die neue Qualität dieser technischen Projekte lag in ihrer Komplexität und Arbeitsteiligkeit, die erstens eine umfangreiche und genaue Planung und zweitens eine Motivation einer großen Gruppe von Menschen für die Ausführung erforderte. Motivation der Mehrheit der Beteiligten und Beseitigung eventueller Ängste wurden in den Feudalgesellschaften des Altertums durch Zwang seitens der Herrschenden erzeugt. Aus Sicht der Wissenschaft und Technik war zur Initiierung technischen Fortschrittes somit die Überzeugung der Herrschenden von essenzieller Bedeutung. Dabei spielte deren Streben nach Erhalt und Ausbau ihrer Macht sowie materiellem Gewinn die entscheidende Rolle. Technische Errungenschaften, die diesem Zweck dienten, wurden in der Regel akzeptiert und eingeführt. Umgekehrt stießen Erkenntnisse und Neuerungen, die nicht offensichtlich diesem Zweck dienten, eher auf wenig Akzeptanz und brauchten lange für ihre Etablierung. Diese sehr stark mit dem politischen System des Feudalismus verbundene Haltung dauerte bis ins ausgehende Mittelalter an. Die Erfindung des Schießpulvers ist ein Beispiel einer technischen Innovation von zentraler machtpolitischer Bedeutung, die sich in der Folge sehr schnell durchsetzte. Dem gegenüber benötigten die Grund legenden Erkenntnisse zur Himmelsmechanik durch Kepler, Brahe, Galilei und andere sehr lange, um gesellschaftliche Akzeptanz zu finden, da sie einerseits nicht unmittelbar den Interessen der Herrschenden dienten und zum anderen das religiöse Weltbild veränderten, an das die weltliche Macht in starkem Maße gebunden war. Die durch letzteren Umstand aufgebaute psychologische Barriere in der Gesellschaft war sehr hoch. Allerdings hat das Einzelne nie davon abgehalten, sich unabhängig von ökonomischen Erwartungen oder gesellschaftlicher Akzeptanz mit naturwissenschaftlichen Entdeckungen und technischen Innovationen zu beschäftigen, da hier Neugierde und Forscherdrang die treibende Kraft waren. Naturwissenschaft und Technik basieren sehr stark auf dem Willen und der Fähigkeit des Menschen, Vorstellbares auch zu realisieren. Das Galileo Galilei zugesprochene Zitat „Was einmal gedacht ist, kann nicht mehr zurückgenommen werden" verdeutlicht diese dem Forscher und Erfinder im Menschen zuordbare Grundhaltung: Was denkbar ist, wird irgendwann auch machbar. Was machbar ist, wird über kurz oder lang auch realisiert, unabhängig davon, ob es gesellschaftliche Akzeptanz findet und deshalb im großen Stil angewendet wird oder nicht. Der Menschheitstraum vom Fliegen beschäftigte zum Beispiel viele Wissenschaftler und Erfinder über Jahrtausende. Er gehörte zu den essenziellen Menschheitsträumen, da er ein weit entferntes Ziel beschrieb, das nichtsdestotrotz auf Grund vorhandener natürlicher Vorbilder realisierbar erschien und so nicht in die Kategorien ‚unmöglich' oder ‚reines Denkmodell' abgeschoben werden konnte. Für seine Erfüllung fehlten allerdings über lange Zeit die wissenschaftlichen wie die technischen Grundlagen. Die Realisierung wurde letztendlich in einem relativ kurzen Zeitraum von nur etwa zehn Jahren durch die zufällige Vereinigung der Persönlichkeitsmerkmale des Naturwissenschaftlers, genialen Konstrukteurs und Unternehmers in einer Person voran gebracht. Otto Lilienthal hatte sowohl den naturwissenschaftlichen Zugang zur detaillierten Analyse des Vogelfluges als auch das technische Talent, daraus eine funktionierende Maschine abzuleiten, sowie die ökonomischen Möglichkeiten, als erfolgreicher Unternehmer diese Maschine auch zu bauen, und letztendlich den Mut, sein eigenes Leben in deren Erprobung zu riskieren.

Teilt man die Menschen in zwei Grundtypen des ‚Veränderers' und ‚Bewahrers' (zugegebenermaßen etwas grob und vereinfachend, da praktisch jeder Mensch beide Persönlichkeitsaspekte in unterschiedlich starker Ausprägung in sich trägt), so wird klar, dass die Geschwindigkeit der Umsetzung von naturwissenschaftlichen Entdeckungen und technischen Neuerungen in einer menschlichen Gesellschaft sehr stark vom Kräftegleichgewicht zwischen diesen beiden Grundhaltungen abhängig ist. Geschichtlich gesehen, waren und sind die meisten menschlichen Gesellschaften vom Wechsel zwischen kurzen Zeiträumen der Dominanz durch Veränderer mit hohen Änderungsraten und etwas längeren Zeiträumen der ‚Bewahrerdominanz' geprägt.

4. Technikentwicklung und Ökonomie

Die Aufklärung als Folge wissenschaftlicher Erkenntnisse im ausgehenden Mittelalter erlaubte über die Technisierung die Erzeugung von materiellem Wohlstand. Dadurch begann die ökonomische Bedeutung von Wissenschaft und Technik sprunghaft zuzunehmen. Wissenserwerb war nicht mehr primär Selbstzweck, sondern Wissen konnte wirtschaftlich ‚genutzt' werden. Technik war die Voraussetzung für industrielle Produktion und damit verbundene neue Wertschöpfungsketten, die sich als wesentlich effizienter als die Wirtschaft im Feudalismus erwiesen. Die sich mit der industriellen Revolution einstellenden gesellschaftlichen Veränderungen trugen stark zu Akzeptanz beziehungsweise Ablehnung technischer Innovationen bei. Immer wenn eine neue Technologie eine vorhandene ersetzt, werden diejenigen, die von der ‚alten' Technologie profitierten, aber die Neuerung ‚verschlafen' haben, sich schon aus vordergründigen ökonomischen Bedürfnissen gegen die Neuerung stellen, obwohl das erfahrungsgemäß deren Umsetzung in der Gesellschaft eher beschleunigt als verhindert oder verzögert. Als Beleg dieser These sei hier die Einführung der Katalysatortechnik für PKW-Motoren Mitte der achtziger Jahre des vorherigen Jahrhunderts in Deutschland angeführt. Obwohl die deutschen Autohersteller bereits seit längerem andere Märkte (z.B. die USA) mit Katalysatorfahrzeugen belieferten, stemmten sie sich aus Angst vor einer möglichen Verringerung der Wettbewerbsfähigkeit gegen die Einführung im eigenen Land. Dies erhöhte dann den gesellschaftlichen Druck, so dass schnell eine politische Entscheidung getroffen wurde. Davon profitierten einige ausländische Hersteller, die ihren Marktanteil kurzfristig deutlich steigerten, da sie bereits entsprechende Fahrzeuge liefern konnten, als die deutschen Hersteller ihre Produktion noch nicht umgestellt hatten. Psychologisch wird bei technologischen Innovationen oft im Sinne von „Es kann nicht sein, was nicht sein darf“ eine offensichtliche Entwicklung einfach negiert. So hat etwa der deutsche Kaiser Wilhelm II. Anfang des 20. Jahrhunderts gesagt: „Ich setze auf das Pferd, das Automobil ist eine vorübergehende Erscheinung“ (zit. nach http://www.zitate.de) und lag total falsch mit dieser Prognose, da sie nicht von der Wahrnehmung tatsächlicher Entwicklungen sondern von eigenem Wunschdenken geprägt war. Ein weiteres Beispiel ist der berühmte Ausspruch des Vorstandsvorsitzenden von IBM, Thomas Watson, 1943 (zit. nach ebd.): „Meiner Einschätzung nach mag es auf der Welt einen Bedarf von fünf Computern geben.“

Betrachtet man die Frage nach dem Zusammenhang zwischen technischer, ökonomischer und gesellschaftlicher Entwicklung vor dem Hintergrund der derzeitigen Situation in Deutschland, so hängt die Akzeptanz technischer Neuerungen sehr stark mit den direkten ökonomischen Folgewirkungen für den Einzelnen zusammen. Während die durch Technisierung ständig steigende Produktivität den möglichen materiellen Wohlstand der Mitglieder der Gesellschaft insgesamt steigert, erlebt der durch Rationalisierung direkt betroffene Einzelne, der seinen Arbeitsplatz verliert, die entsprechende technische Innovation als sehr negativ. Dadurch entstehen Ängste vor technischer Innovation und Veränderung. Der mit hohem finanziellen Aufwand subventionierte Betrieb einzelner nicht mehr konkurrenzfähiger Industriezweige (z.B. Kohlebergbau) wird aus politischer Sicht auch deshalb Aufrecht erhalten, um das Angst- und Protestpotenzial gegenüber aus gesamtgesellschaftlicher Sicht notwendigen technischen Entwicklungen in Grenzen zu halten.

Ein weiterer Aspekt des Vertrauens in technische Entwicklung betrifft die Vorhersagbarkeit ihrer ökonomischen Wirkungen. Wird beispielsweise die Einführung einer neuen Technik mit sinkenden Kosten eines Produktes oder einer Dienstleistung begründet, so entsteht eine gesellschaftliche Erwartungshaltung, die bei Nichterfüllung Ablehnung der entsprechenden Technik auslösen kann. Die Beurteilbarkeit der ökonomischen Wirkung technischer Entwicklungen wird in der modernen ‚Spaßgesellschaft‘, in der technische Neuerungen nicht mehr der Befriedigung primärer, sondern sekundärer oder gar tertiärer (künstlich geweckter) Bedürfnisse dienen, zunehmend schwieriger. Hier erweisen sich selbst die Voraussagen sehr guter Marketingstrategen oft als Irrtum. Ein gutes Beispiel dafür ist die derzeitige Nutzung der Mobilfunknetze in Deutschland. Ursprünglich für das Geschäftsmodell des drahtlosen Telefonierens entwickelt, wird heute ein Großteil des Umsatzes mit technischen Möglichkeiten der Funknetze gemacht, die von deren Erfindern bestenfalls als Nebennutzungsmöglichkeit gesehen wurden. Hier steht in Deutschland und ganz Mitteleuropa der "Short Message Service" (SMS) an erster Stelle. Interessanterweise ist die Einführung von Technologien zur Befriedigung sekundärer und tertiärer Bedürfnisse sehr viel stärker kulturabhängig als die zur Befriedigung primärer Bedürfnisse. So ist die besagte Nutzung der SMS, vor allem durch Jugendliche, in den USA längst nicht so verbreitet wie in Mitteleuropa. Da es dazu meiner Kenntnis nach noch keine detaillierten Studien gibt, ist nur zu vermuten, dass hier Unterschiede in der Kommunikations- und Freizeitkultur entscheidend sind. So spielt die direkte, verbale Kommunikation in der amerikanischen Kultur eine stärkere Rolle als zum Beispiel in Deutschland. Dagegen spielt schriftliche Kommunikation in der amerikanischen Jugendkultur eine noch geringere Rolle als in der deutschen.

5. Sicherheit und Zuverlässigkeit

Beim vertrauensvollen oder kritischen Umgang mit Technik und im Zusammenhang mit Sicherheit spielt als weiterer Aspekt auch Zuverlässigkeit eine große Rolle. Der Zusammenhang zwischen Sicherheit und Zuverlässigkeit aus technischer Sicht deckt sich dabei nicht mit deren Wahrnehmung durch den technisch nicht versierten Techniknutzer. Dazu als Beispiel die Zuverlässigkeit und Sicherheit moderner Kraftfahrzeuge. Die Sicherheit von Kraftfahrzeugen ist in den letzten 30 Jahren signifikant gestiegen. Das lässt sich anhand der stark gesunkenen Todesrate im Verkehr trotz wesentlich höherer Verkehrsdichte statistisch nachweisen (vgl. Statistisches Bundesamt). Die Zuverlässigkeit von Kraftfahrzeugen ist im gleichen Zeitraum ebenfalls gestiegen, allerdings nicht im gleichen Maße. Das erscheint im Hinblick auf den technischen Fortschritt zunächst als Widerspruch, lässt sich jedoch über die gestiegene Komplexität durch Erhöhung von Sicherheit und Komfort erklären. Eine höhere Systemkomplexität durch immer mehr Bauteile wie Airbag, ABS, ESP, elektrische ‚Helferlein' (z.B. Fensterheber) und so weiter führt zu einer höheren Ausfallwahrscheinlichkeit des Gesamtsystems durch ein nicht funktionierendes Teilsystem. Das ist insbesondere ärgerlich, wenn wegen eines sehr geringen Defekts nicht mehr weitergefahren werden kann. In diesem Zusammenhang spielt die ‚Fail safe'-Philosophie für die Konstruktion komplexer technischer Systeme als wünschenswerte Voraussetzung für hohe Betriebssicherheit eine entscheidende Rolle. Sie fordert, dass denkbare Ausfälle von Teilsystemen zwar die Nutzbarkeit des Systems bis hin zur Unbrauchbarkeit einschränken, aber nicht zur Gefahr für Leib und Leben von Menschen führen dürfen. Das bedingt die redundante

Auslegung von essenziellen Teilsystemen mit entsprechender Erhöhung der Komplexität und der möglichen Fehlerrate. In der Konsequenz wird die Realisierung der Forderung ‚Fail Safe' mit einer etwas geringeren Zuverlässigkeit des technischen Systems erkauft.

Beim technisch nicht gebildeten Nutzer wird Unzuverlässigkeit eines technischen Systems allerdings oftmals direkt mit Unsicherheit gleichgesetzt, da ihm die genannten Zusammenhänge nicht bewusst sind. Dabei spielen die Komforteinbußen durch den Ausfall des Systems eine wichtige Rolle in der Einschätzung.

Das durch Sicherheit und Zuverlässigkeit erzeugbare Vertrauen in Technik und Wissenschaft hängt wiederum davon ab, wie Risiken und Chancen kommuniziert werden. Als Beispiel sei hier der Umgang mit systematischen Fehlern in technischen Serienprodukten wie PKWs, Haushaltsgeräten oder Consumer-Elektronik genannt. Tritt der gleiche Fehler in einem Serienprodukt gehäuft auf, so ist im Allgemeinen von einem systematischen Fehler auszugehen, der seine Ursache in fehlerhafter Konstruktion oder Fertigung hat. Oft reagiert der Hersteller eines solchen fehlerhaften Produktes zunächst abwiegelnd und spricht von ‚bedauerlichen Einzelfällen' – das heißt, er versucht einen nicht-systematischen Fehler außerhalb seines Einflussbereiches zu unterstellen. Ist der Druck durch die Öffentlichkeit groß genug, erklärt er sich schließlich zu einer ‚Kulanzregelung' bereit, möglichst ohne Anerkennung irgendeiner Schuld. Durch diesen Mechanismus der Kommunikation, der von der Minimierung des zu erwartenden Aufwands zur Schadensregulierung und Fehlerbeseitigung getrieben ist, wird allerdings das Vertrauen des Nutzers in den Hersteller des Produkts und damit auch in dessen Produkte insgesamt gestört, insbesondere wenn die ‚Kulanzregelung' für die Betroffenen wirtschaftlich unbefriedigend ausfällt. So ist im Nachhinein für den Hersteller die angestrebte kostenoptimale Lösung oft Gewinn schmälernd. Umgekehrt steigt das Vertrauen eines Nutzers in ein technisches System (und dessen Hersteller/ Betreiber), wenn er umfassend über dessen Stärken und Schwächen informiert ist und deswegen eine realistische Einschätzung von Nutzen, Kosten, Sicherheit und Zuverlässigkeit erhält.

6. Vertrauen und Glaubwürdigkeit im Kontext von Naturwissenschaft und Technik

War es zu Zeiten eines Galileo Galilei oder Isaac Newton einem Wissenschaftler noch möglich, einen einigermaßen kompletten Überblick über alle wesentlichen Zweige der Natur- und Geisteswissenschaften sowie der aktuellen technischen Entwicklung zu erwerben, ist dieser Typus des ‚Universalwissenschaftlers' heute nicht mehr denkbar. Die Fülle der naturwissenschaftlichen Erkenntnisse der letzten beiden Jahrhunderte und die daraus resultierende Komplexität technischer Lösungen erlauben keine vollständige Kenntnis allen verfügbaren Wissens oder Durchdringung aller Zusammenhänge durch einzelne Menschen mehr. Arbeitsteiligkeit als notwendige Voraussetzung für die Beherrschbarkeit von Komplexität führt in der Folge dazu, Erkenntnissen anderer – insbesondere wenn diese außerhalb des eigenen Kenntnis- und/ oder Verständnishorizontes liegen – ohne Detailüberprüfung praktisch ‚blind' vertrauen zu müssen. Dies bedeutet zunächst, Vertrauen in die Fähigkeit des einzelnen Akteurs (d.h. des Naturwissenschaftlers, Ingenieurs oder Technikers) zu haben, in seinem Fachgebiet ‚gemäß dem Stand der Wissenschaft und Technik' sachkompetent zu sein. Dieses Vertrauen lässt sich im Allgemeinen über zwei Wege herstellen:

1. Durch Erfahrung, wenn die Aussagen und Einschätzungen des betrachteten Akteurs in der Vergangenheit zutreffend waren und die Fachkompetenz durch Aktion erwiesen ist.
2. Der Akteur wird durch andere Akteure des gleichen Fachgebietes als kompetent eingeschätzt. Das setzt aber bezüglich der Einschätzenden die Erfüllung von 1. voraus.

Die gesellschaftliche Glaubwürdigkeit eines Akteurs in Naturwissenschaft und Technik setzt Vertrauen in dessen Sachkompetenz voraus. Letztere ist aber keine hinreichende Bedingung, da zum Beispiel ein nicht fachlich begründetes oder bewusst entgegen dem eigenen fachlichen Kenntnisstand geäußertes Urteil eines Experten dessen Glaubwürdigkeit erschüttert, aber nicht zwangsläufig in jedem Fall seine Sachkompetenz in Frage stellt. In der Konsequenz ist somit die Glaubwürdigkeit gerade für die Naturwissenschaft und Technik gesellschaftlich von sehr hoher Bedeutung, da deren Verlust für einen Akteur in diesem Bereich auf Dauer unweigerlich dazu führt, dass seine Sachkompetenz nicht mehr genutzt wird. Glaubwürdige, ‚belastbare', also der nachträglichen Überprüfung standhaltende, Aussagen zu machen, ist deshalb für das Vertrauen in Naturwissenschaft und Technik von zentraler Bedeutung.

Die Einschätzung der Sachkompetenz eines einzelnen Experten basiert dabei unmittelbar oder mittelbar auf dem Urteil anderer Experten des gleichen Fachgebietes. Auf dem Gebiet der Wissenschaften geschieht dies in der Regel durch anerkannte Veröffentlichungen in einschlägigen Publikationsorganen. Im Bereich der Technik muss ein bestimmter Kenntnisstand in einem Fachgebiet in der Regel durch eine formale Prüfung bei einer staatlich anerkannten Stelle nachgewiesen werden, insbesondere dann, wenn dieser in offizieller gutachterlicher Tätigkeit genutzt werden soll.

Die Aufgabe von Naturwissenschaft und Technik, natürliche Phänomene und Zusammenhänge zu erforschen, zu erklären und sie für den Menschen nutzbar zu machen, verlangt eine möglichst unvoreingenommene Vorgehensweise. Da dies bedeutet, dass mit Hilfe wissenschaftlicher Methodik gewonnene und gesicherte Erkenntnisse zwar bis zur Erlangung weitergehender Einsichten als gültig zu betrachten sind, aber der kontinuierlichen Überprüfung und Weiterentwicklung durch die Wissenschaft unterliegen, ist deren Verfestigung zu ‚Glaubensgrundsätzen' nicht wünschenswert. Ein starkes Vertrauen in Technik und Naturwissenschaft verbunden mit einer hohen Glaubwürdigkeit der Akteure kann jedoch leicht dazu führen, naturwissenschaftliche Erkenntnisse oder deren technische Umsetzung als für alle Zeit feststehende unumstößliche Grundsätze zu betrachten, die sich ähnlich religiöser Glaubensgrundsätze einer rationalen Diskussion weitgehend entziehen. Aus ihrer Funktion heraus müssen Naturwissenschaft und Technik somit zur dauerhaften Wirkung in der Gesellschaft auf eine Balance zwischen einer auf Vertrauen und Glaubwürdigkeit basierenden hohen Akzeptanz ihrer Erkenntnisse und der mit deren Weiterentwicklung verbundenen notwendigen Veränderungsbereitschaft hinwirken. Für die genannte Balance ist die Kommunikation wissenschaftlicher Erkenntnisse und deren technischer Umsetzung in die Gesellschaft von entscheidender Bedeutung. Einerseits müssen Grund legende Erkenntnisse und Entwicklungen auch dem fachlichen Laien gegenüber so vermittelt werden, dass Vertrauen und Akzeptanz entstehen, andererseits müssen bestehende Erkenntnisunsicherheiten und daraus resultierende Risiken offen gelegt werden. Vertrauen in Naturwissenschaft und Technik und deren Glaubwürdigkeit gehen somit im Idealfall mit einer hohen Urteilsfähigkeit auch des fachlichen Laien über deren Erkenntnisse und Problemlösungen einher.

7. Gewinnung und Zerstörung von Vertrauen

Entsprechend der unterschiedlichen Wahrnehmung und Verarbeitung positiver und negativer Erlebnisse durch das menschliche Gehirn (negative Erlebnisse gelangen leichter ins Langzeitgedächtnis) ist es sehr viel einfacher, Vertrauen zu zerstören als es aufzubauen. Der Bericht über ein das Vertrauen in eine bestimmte Technik erschütterndes Erlebnis durch einen nahe stehenden Menschen kann im Extremfall zum völligen eigenen Vertrauensverlust gegenüber der gleichen Technik führen. Umgekehrt bauen selbst hunderte positiver Berichte ein einmal zerstörtes Vertrauen nicht ohne weiteres wieder auf.

Typisch für die Mechanismen, die zu Gewinn oder Verlust von Vertrauen in die Technik führen, ist das Verhalten von Menschen nach Schadensereignissen im Zusammenhang mit technischen Systemen, bei denen hohe Verluste an Menschenleben zu beklagen waren. So ist regelmäßig ein Rückgang des Flugverkehrs nach größeren Flugzeugabstürzen, vor allem im Umfeld der betroffenen Luftfahrtgesellschaft, zu verzeichnen, da das Vertrauen in die Sicherheit der Luftverkehrstechnik oder zumindest der des entsprechenden Anbieters erschüttert wurde. Andererseits ist das Grundvertrauen in diese Technik groß genug, dass diese Vertrauenserschütterung zumeist nur vorübergehender Natur ist. Dies begründet sich durch die statistisch und somit rational nachweisbare Tatsache, dass trotz gelegentlicher Unfälle der Flugverkehr offensichtlich keine grundsätzlich gefährliche Angelegenheit ist. Die Nachfragezurückhaltung nach einem größeren Unfall beruht dagegen auf der direkten emotionalen Reaktion auf das Ereignis. Für die nicht persönlich Betroffenen wirkt diese Reaktion zeitlich begrenzt und führt in der Regel nur bei häufiger Wiederholung zu einem Grund legenden Vertrauensverlust.

Der Grad des Vertrauensverlustes durch großtechnische Schadensereignisse hängt erfahrungsgemäß sehr viel stärker davon ab, inwieweit ein solches Ereignis für die Mehrheit der Betroffenen eine ‚Alltagserfahrung' darstellt und wie es öffentlich kommuniziert wird, als vom objektiven Ausmaß des entstandenen Schadens. Auch dazu ein Beispiel. Eine Massenkarambolage auf einer Autobahn mit einer Vielzahl von getöteten und verletzten Menschen erzeugt typischerweise ein maximal wenige Tage dauerndes überregionales Medienecho und erzeugt außer für direkt Beteiligte (unverletzt oder verletzt Überlebende) keine Frage nach dem prinzipiellen Sinn und Unsinn des Autoverkehrs oder der eigenen Teilnahme daran. Der Absturz der Raumfähre Columbia am 1. Februar 2003 dagegen erzeugte über die Medienwirksamkeit von Raumfahrt und die Tatsache, dass es hier um eine Technik im Grenzbereich des Machbaren geht, mit der die meisten Menschen keine eigenen Erfahrungen besitzen, ein über Wochen dauerndes internationales Medienecho, wobei viele grundsätzliche Fragen zum Sinn von (bemannter) Raumfahrt gestellt und diskutiert wurden. Entscheidend für die unterschiedliche Wirkung der beschriebenen Ereignisse ist nicht der Schadensumfang (hohe Zahl an unbekannten menschlichen Opfern und überschaubarer Sachschaden gegenüber einer geringen Zahl an bekannten

Opfern bei hohem Sachschaden), sondern die Wahrnehmung. Im Falle der Massenkarambolage handelt es sich um ein alltägliches Ereignis, in das fast jeder tagtäglich verwickelt werden kann und das deshalb emotional schnell verdrängt wird, während der Raumfahrtunfall etwas Seltenes, Spektakuläres ist, mit dem man sich ohne direkte persönliche Betroffenheit gut emotional auseinander setzen kann.

Da der fachliche Laie mangels Kenntnis der detaillierten Funktion nur eine sehr begrenzte Urteilsfähigkeit über die technischen Systeme hat, die er nutzt beziehungsweise denen er sich aussetzt oder ausgesetzt ist, beruht der Aufbau und Erhalt von Vertrauen hier sehr stark auf Einschätzungen, denen eine sehr begrenzte Zahl eigener Erlebnisse beziehungsweise Erlebnisse nahe stehender Menschen zu Grunde liegen. Sind diese Erlebnisse positiv und werden durch statistische Zahlen bestätigt, entsteht ein hohes Vertrauen in die betreffende Technik. Schwieriger ist die Situation bei technischen Systemen, die sich dem direkten Erfahrungshorizont des Einzelnen entziehen. Hier finden die Einschätzung von Gefahrenpotenzial und das damit verbundene Vertrauen beziehungsweise Misstrauen über das Hörensagen, also vor allem über Berichte in den Medien statt. Technisch-wissenschaftlich wenig qualifizierte Berichterstattung führt dabei regelmäßig eher zu Misstrauen als Vertrauen, da meist die Nachteile und Gefahrenpotenziale der betreffenden Technik reißerisch in den Vordergrund gestellt werden.

Ein weiterer zu diskutierender Aspekt in Bezug auf die Gewinnung beziehungsweise Zerstörung von Vertrauen in die Technik ist die oft nach Unfällen gestellte Frage nach ‚technischem‘ versus ‚menschlichem‘ Versagen. Diese, vor allem juristisch üblicherweise gemachte Unterscheidung stellt sich bei genauerer Betrachtung als künstlich dar. Das Versagen eines technischen Systems hat immer mit den Grenzen des Menschen zu tun, im Sinne der Zielsetzung fehlerfrei zu handeln. Stürzt ein Flugzeug ab oder entgleist ein Zug weil der Pilot oder Lokführer falsch gehandelt hat, so ist dies unmittelbar der Kategorie ‚menschliches Versagen‘ zuzuordnen. Versagt dagegen ein Bauteil eines Flugzeugs und verursacht dadurch einen Absturz, wird von ‚technischem Versagen‘ gesprochen. Letzterer Fall stellt aber auch nur das Resultat begrenzter menschlicher Fähigkeiten dar, da die Ursache des Bauteilversagens nur in falscher Auslegung der Konstruktion, unsachgemäßer Fertigung, unvorschriftsmäßiger Wartung oder im Betrieb außerhalb der vorgesehenen Betriebsgrenzen liegen kann. Alle vier genannten Ursachen stellen aber letztendlich wieder das Resultat einer menschlichen Fehlleistung dar. Es ist lediglich schwieriger hier eine Schuldzuweisung an einen Einzelnen vorzunehmen, da die Beweislage komplexer ist.

8. Fallbeispiel Raumfahrt

Nachdem in den vorangegangenen Betrachtungen die Thematik von Vertrauen in Naturwissenschaft und Technik bezüglich der aus meiner Sicht wesentlichen Aspekte erläutert wurde, möchte ich im Folgenden die Entwicklungsgeschichte der Raumfahrt als Fallbeispiel darstellen.

Der Wunsch, Raumfahrt zu betreiben ist deutlich älter als unser heutiges heliozentrisches Weltbild, da der Mond als weithin sichtbarer Himmelskörper bereits im Altertum die Fantasie der Menschen angeregt hat dorthin zu reisen. Die wissenschaftlichen Grundlagen für die Raumfahrt wurden durch Kepler, Brahe und Galilei gegen Ende des Mittelalters gelegt. Das heliozentrische Weltbild und die Gesetze der Himmelsmechanik als Ergebnis der naturwissenschaftlichen Forschungen des 16. und 17. Jahrhunderts waren Grundvoraussetzungen, um sich dem Thema Raumfahrt zu nähern. Wie bereits weiter oben erwähnt, hatten die genannten Wissenschaftler erhebliche Schwierigkeiten, gesellschaftliche Akzeptanz für ihre Erkenntnisse zu erlangen, da das darin liegende Veränderungspotenzial den damals Mächtigen nur zu deutlich war. Auf der praktischen, technischen Seite der Entwicklung der Raumfahrt sind die Erfindung des Schießpulvers und der Bau erster Raketen in China – zunächst für friedliche Zwecke wie Feuerwerk, später auch für militärische Zwecke – als wichtige Meilensteine zu nennen. In Mitteleuropa begann die Raketentechnik, die eine notwendige Voraussetzung für Raumfahrt darstellt, erst im beginnenden 19. Jahrhundert, als in den Napoleonischen Kriegen erstmals Feststoffraketen als Gefechtsfeldwaffen von der englischen Armee eingesetzt wurden (vgl. Urbin).

Das Thema Raumfahrt wurde wissenschaftlich erst zu Beginn des 20. Jahrhunderts aufgegriffen, wobei sicher die Science Fiction Romane von Jules Verne gegen Ende des 19. Jahrhunderts eine stimulierende Rolle gespielt haben. Science Fiction als Möglichkeit, die Extrapolation künftiger technischer Entwicklungen auf der Basis vorhandener naturwissenschaftlicher Erkenntnisse und Technologien in Romanform, also als Unterhaltung darzustellen, reflektiert dabei den gesellschaftlichen Wandel hin zu einer stärker Technik bejahenden Haltung in Folge von Aufklärung und beginnendem Industriezeitalter. Die Arbeiten von Ziolkowski und Oberth zu den Grundlagen der Raketen- und Raumfahrttechnik sowie von Hohmann (1925) zur Bahnmechnik zwischen 1900 und 1925 waren noch geprägt von großer gesellschaftlicher Skepsis. So wurde Oberths 1923 ursprünglich als Dissertation eingereichtes Werk „Die Raketen zu den Planetenräumen“ (vgl. Oberth 1984) nicht angenommen und verlacht, weil es den damaligen akademischen Wissensstand weit übertraf. Hier spielte offensichtlich akademischer Neid bei der Beurteilung eine große Rolle.

Der nächste große technische Schritt in Richtung der Raumfahrt war der Bau und erfolgreiche Start der ersten Flüssigkeitsrakete durch den US-Amerikaner Goddard im Jahre 1926 (vgl. NASA online). Auch er wurde zunächst trotz nachweisbarer Erfolge von der wissenschaftlichen Gemeinschaft nicht akzeptiert, da er seine Entwicklungen ganz aus eigener Kraft durchführte und finanzierte. In der Folge veröffentlichte er seine Forschungsergebnisse zunächst nicht mehr.

Die stürmische technische Entwicklung, vor allem in den Bereichen Automobiltechnik und Luftfahrt, nach dem ersten Weltkrieg erzeugte ein zunehmend technikfreundliches Klima in den großen Wirtschaftsnationen. Dazu kam die militärische Aufrüstung, durch die technische Entwicklungen begünstigt wurden. In den dreißiger Jahren des 20. Jahrhunderts begann eine Gruppe von Raketenbegeisterten in der Nähe von Berlin mit dem Bau von Flüssigkeitsraketen, darunter Wernher von Braun. Von Brauns Talent für Raketentechnik und Projektmanagement wurde schnell von den Machthabern des dritten Reichs erkannt und er leitete in der Folge die militärische Großraketenentwicklung in Deutschland. In den USA begann diese dagegen später, da auf Grund der Zurückgezogenheit Goddards das Militär erst relativ spät auf ihn aufmerksam wurde. Die genannten Rahmenbedingungen führten zur Entwicklung der ersten Großrakete (A4-Rakete) in Deutschland, die als Waffe in großem Stil produziert wurde.

Nach dem zweiten Weltkrieg wurde die militärische Raketenentwicklung unter der politischen Doktrin der atomaren Abschreckung des kalten Krieges in den USA und der UDSSR auf der Basis der Technologie der A4-Rakete mit Vehemenz vorangetrieben. Trotz auch starker vorhandener Gegnerschaft, hatte die atomare Abschreckung eine deutliche Mehrheit in beiden politischen Lagern, was die Entwicklung der Raketentechnik begünstigte. Ende der fünfziger Jahre waren schließlich USA und UDSSR in der Lage, mit der vorhandenen Raketentechnologie Weltraummissionen durchzuführen. Dass die sowjetische Seite in Folge ihrer schlechteren Technologie bei den Atomwaffen größere Raketen brauchte und deshalb mit *Sputnik 1* am 4.10.1957 den ersten Satelliten in den Weltraum beförderte, führte zum ‚Sputnik-Schock' und in der Folge zu einem technologischen Wettrennen zwischen Ost und West um die erste bemannte Mondlandung. Die rasante Entwicklung der Raumfahrt in den sechziger Jahren war somit primär politisch motiviert und wurde deshalb auch gesellschaftlich mit großer Mehrheit akzeptiert. Darüber hinaus führten die raumfahrttechnischen Erfolge auch zu einer hohen gesellschaftlichen Akzeptanz der Technik insgesamt. Selbst der erste Verlust von Menschenleben in der Raumfahrt bei dem Unfall mit *Apollo 1* während eines Bodentests verminderte diese Akzeptanz nicht, da – durch die sehr klare politische Zielsetzung und die Kommunikation als ein sehr wichtiges, aber dennoch nicht risikofreies Unterfangen – die Alternative, bei einem Rückschlag aufzugeben, nicht in Frage kam. Das Apolloprogramm wirkte durch seine Größe und Dauer auch wirtschaftlich sehr stark. Die amerikanische Volkswirtschaft profitierte in hohem Maße durch die während dieser Zeit gemachten technologischen Entwicklungen. Heutige Schätzungen in den USA gehen von einem siebenfachen Rückfluss der in das Apolloprogramm investierten staatlichen Mittel durch darüber erzeugtes wirtschaftliches Wachstum in anderen Bereichen aus. Da die Wissenschaft den politischen Wettstreit um die Raumfahrt von Anfang an begleitete und nutzte, wurden neben einer Reihe von wissenschaftlichen Missionen in den sechziger Jahren insbesondere die technologischen Grundlagen für die spektakulären unbemannten wissenschaftlichen Raumfahrtmissionen in den siebziger Jahren gelegt.

Da die Mondlandung, auch wenn sie mehrfach durchgeführt wurde, ein singuläres Ziel war, und weil sich insbesondere durch den Vietnamkrieg Anfang der siebziger Jahre eine Verschiebung der politischen und damit finanziellen Prioritäten in den USA ergab, erfolgte die weitere Entwicklung der Raumfahrt in den siebziger Jahren deutlich langsamer. Die USA legten die Schwerpunkte auf die Entwicklung des Space Shuttle als (teilweise) wieder verwendbares Transportsystem und auf die unbemannte Erkundung der äußeren Planeten unseres Sonnensystems, während die Sowjets, vor allem getrieben durch militärische Bedürfnisse, die Entwicklung von Raumstationen vorantrieben. Der Einstieg der westeuropäischen Nationen in die Raumfahrt war durch den politischen Wunsch nach eigenständigem Zugang zum Weltraum, vor allem wegen des wachsenden Marktes für Nachrichtensatelliten, sowie Kooperation mit den USA im Bereich der bemannten Raumfahrt geprägt.

Die achtziger Jahre waren in der Raumfahrt durch bemannte Aktivitäten im Erdorbit (Space Shuttle/ Spacelab, Raumstation MIR) sowie die verstärkte Nutzung von Satelliten gestützter Telekommunikation (Fernsehsatelliten) geprägt. Das Vertrauen in die Raumfahrt war bis zum Challenger-Unglück 1986 relativ hoch, da bis zu diesem Zeitpunkt die meisten Missionen gelungen waren und es seit Apollo im Westen keine Verluste an Menschenleben zu beklagen gab. Die hohe gesellschaftliche Sichtbarkeit der Raumfahrt führte dazu, dass seit dem Challenger-Unglück in der bemannten Raumfahrt das Thema Sicherheit in der Öffentlichkeit eine sehr große Rolle spielt und, zumindest in Europa, immer auch mit der Frage der Sinnhaftigkeit bemannter Raumfahrt an sich verknüpft wird. Diese Verknüpfung erscheint zumindest im Hinblick auf andere gefahrenträchtige menschliche Aktivitäten, die nicht Grundbedürfnissen dienen (z.B.

Extremsportarten) fragwürdig, unterstreicht aber die weiter oben erlangte Erkenntnis, dass es sich hier offensichtlich um ein Wahrnehmungsproblem handelt. Eine weitere Akzeptanzproblematik der Raumfahrt ist seit den achtziger Jahren durch überzogene Erwartungen der Politik in Bezug auf eine schnelle Kommerzialisierung von Raumfahrtaktivitäten entstanden. Dies betraf insbesondere die Mikrogravitationsforschung an Bord von Raumlaboratorien (Spacelab) und Raumstationen (ISS). Diese sind durch unrealistische Aussagen von Beteiligten bezüglich möglicher Vermarktbarkeit von Weltraumforschung allerdings geschürt worden. Fakt ist hierbei, dass sich die Erfolge, zum Beispiel die Weltraum gestützter Materialforschung, typischerweise in der Verbesserung terrestrischer Produkte niederschlagen, nicht aber in der Finanzierung von Raumfahrtprojekten. Im Ergebnis ist das Vertrauensverhältnis zwischen der Politik als Geldgeber und der Raumfahrtforschung und -industrie nicht sehr gut. Das spiegelt sich dann 1:1 in der politischen Prioritätensetzung sowie der gesellschaftlichen Akzeptanz von Raumfahrt wieder. Politisch hat die Raumfahrt zum Beispiel in Deutschland zurzeit eine untergeordnete Bedeutung, und ihre gesellschaftliche Akzeptanz ist von weitgehender Neutralität bis Ablehnung auf der Basis von Uninformiertheit gekennzeichnet.

Die letzten 15 Jahre Raumfahrtgeschichte sind einerseits geprägt von Wechselbädern scheinbar hoher politischer Ambitionen in Bezug auf die Raumfahrt und andererseits von nicht ausreichender Prioritätensetzung, um diese zu erfüllen, beziehungsweise nicht ausreichend vorhandener finanzieller Mittel. Dies betrifft interessanterweise alle Raumfahrt treibenden Nationen und hängt mit der vormals engen Verknüpfung von Raumfahrttechnik mit militärischer Überlegenheit zusammen, die seit dem Ende des kalten Krieges so nicht mehr vorhanden ist. Die Entwicklung der Raumstation ISS ist ein typisches Beispiel in diesem Zusammenhang. Ursprünglich als Raumstation *Freedom* für einen Baubeginn 1992 geplant, nach dem Zerfall der Sowjetunion als *ISS* neu definiert und seitdem mehrfach umgeplant und verkleinert, ist sie zurzeit im Bau und ihre Fertigstellung (unter anderem wegen des Columbia-Unglücks) nicht vor 2010 zu erwarten. Mit jeder Konzeptänderung auf Grund neuer politischer und/ oder finanzieller Rahmenbedingungen ist dabei die Unterstützung in der Bevölkerung der beteiligten Nationen und das Vertrauen in die Raumfahrt sowie ihre Glaubwürdigkeit gesunken. Da das Columbia-Unglück laut Aussage der Untersuchungskommissionen im Wesentlichen auf technisches Versagen in der Folge von Missmanagement und fehlender politischer Unterstützung zurückzuführen ist (vgl. NASA), ist der Glaubwürdigkeitsverlust in der bemannten Raumfahrt als ein Prozess zu sehen, der gesellschaftlich seit Mitte der achtziger Jahre zu verzeichnen ist. Der bei deutschen Schülern, aber auch bei denen anderer Industrienationen, zu verzeichnende Rückgang des Interesses an Naturwissenschaft und Technik ist in diesem Zusammenhang ein Indiz, dass die Raumfahrt hier ein symptomatisches, gut sichtbares Beispiel für eine gesamtgesellschaftliche Entwicklung in Bezug auf die Glaubwürdigkeit und Akzeptanz von Naturwissenschaft und Technik darstellt.

Eine Besonderheit der Raumfahrt in Bezug auf Ihre Akzeptanzfähigkeit stellt auch die Tatsache dar, dass der Weltraum bisher nur für eine sehr kleine Gruppe sehr selektiv ausgewählter Astronauten und Kosmonauten persönlich erreichbar war. Alle übrigen Menschen waren lediglich Zuschauer eines zwar zeitweise sehr interessanten Geschehens, konnten aber nicht selbst involviert sein. Zumindest die prinzipielle Möglichkeit, selbst Beteiligter zu sein, lässt aber die Akzeptanz einer Ressourcen verschlingenden Aktivität erfahrungsgemäß deutlich steigen. Die neuesten Entwicklungen in Richtung eines künftigen Weltraumtourismus durch den Gewinn des X-Prizes für den ersten vollständig privat finanzierten Flug in den Weltraum (vgl. Scaled Composites) und deren positive Begleitung durch die Medien lassen, was diesen Akzeptanzfaktor angeht, künftig eine Veränderung erwarten.

9. Fazit

Zusammenfassend kann aus meiner Sicht gesagt werden, dass Vertrauen in Naturwissenschaft und Technik sowie deren Glaubwürdigkeit durch die Handelnden in diesen Feldern stark beeinflusst, aber nicht allein bestimmt werden. Die geschickte Balance zwischen Innovation und Stagnation, von der das langfristige Prosperieren einer Gesellschaft insgesamt stark abhängt, hat auf die Wahrnehmung von Naturwissenschaft und Technik durch die Mitglieder einer Gesellschaft einen hohen Einfluss. Seitens der Naturwissenschaftler und Inge nieure müssen diese Zusammenhänge wahrgenommen und berücksichtigt werden. Dazu ist eine gute Information möglichst aller Mitglieder der Gesellschaft über die Chancen und Risiken neuer wissenschaftlicher Entdeckungen und technischer Innovationen sowie die Sicherheit und Zuverlässigkeit komplexer technischer Systeme nötig. Dabei sind technische, ökonomische, ökologische, soziale und psychische Aspekte zu berücksichtigen. Dazu ist ein engeres Zusammenwirken zwischen Wissenschaft, Wirtschaft, Medien und Politik erforderlich, was eine neue Qualität der Informationskultur erfordert, zu der alle Beteiligten beitragen müssen.

Literatur

Apel, Uwe (1999): Sinn und Zweck der Raumfahrt. In: Astronomie + Raumfahrt im Unterricht. Heft 5, 17-19. Seelze: Friedrich Verlag.

Apel, Uwe (2003): Migration of Humankind into the solar system – Motivation, Strategies and Means. AIAA-2003-2916, International Air & Space Symposium and Exposition: The Next 100 Years. 14.-17. Juli 2003. Dayton, USA (Ohio).

Hohmann, Walter (1925): Die Erreichbarkeit der Himmelskörper. München: Verlag von Roldenbourg.

NASA – National Aeronautics and Space Administration: Columbia Accident Investigation Board Report. Zuletzt abgerufen am 05.12.2004 unter http://caib.us/news/report/default.html.

NASA online – National Aeronautics and Space Administration: fact sheets. Abgerufen unter http://www.gsfc.nasa.gov/gsfc/service/gallery/fact_sheets/general/goddard/goddard.htm am 05.12.2004.

Oberth, Hermann (1984): Die Raketen zu den Planetenräumen. Berlin: Michaels-Verlag.

Scaled Composites: URL: http://www.scaled.com/projects/tierone/ zuletzt abgerufen am 05.12.2004.

Statistisches Bundesamt: Verkehrsunfälle 2001-2003. Zuletzt abgerufen am 05.12.2004 unter http://www.destatis.de/themen/d/thm_verkehr.php.

Urbin, Hans-Georg. URL: http://urbin.de/historie/historie.htm. Zuletzt abgerufen am 05.12.2004.

Zitate zum Teil abgerufen unter URL: http://www.zitate.de – zuletzt am 05.12.2004.

Autorenverzeichnis

Gaby Allrath, Dr., geb. 1971; Studium der Anglistik, Germanistik und Geschichte in Köln, Hull/ Großbritannien und Gießen, Promotion 2003 an der Justus-Liebig-Universität Gießen mit einer Dissertation über „(En)Gendering Unreliable Narration: Towards a Feminist-Narratological Theory and Analysis of Unreliability in Women's Novels since the 1960s". Veröffentlichungen zur Erzähltheorie, zur Gender-Theorie, zum Erzählen in Fernseh-Serien sowie zum englischen Roman des 19. und 20. Jahrhunderts. Derzeit Projektmanagerin in einer Marketingagentur. Kontakt: gaby.allrath@web.de.

Uwe Apel, Prof. Dr.-Ing., geb. 1959; Studium der Luft- und Raumfahrttechnik an der Technischen Universität (TU) Berlin; Diplom 1984. Wissenschaftlicher Mitarbeiter am Institut für Luft- und Raumfahrt der TU Berlin 1984-1989; Promotion 1989. 1989-1994 Systemingenieur bei Dasa-RI in Bremen im Bereich ‚Orbitalsysteme'. Seit 1994 Professor an der Hochschule Bremen, Fachbereich Maschinenbau. Seit 2000 Konrektor für Forschung der Hochschule Bremen. Lehrgebiete: Raumfahrzeuge, Luft- und Raumfahrtantriebe, Systemintegration, Informatik. Forschungsgebiete: Autonome Flugsysteme leichter als Luft, Kleinstraumfahrzeuge, neuartige Raumfahrtantriebe und Weltraumtourismus. Kontakt: uapel@fbm.hs-bremen.de.

Beatrice Dernbach, Prof. Dr., geb. 1964; Studium der Diplom-Germanistik mit dem Schwerpunkt Journalistik und Soziologie an der Otto-Friedrich-Universität Bamberg. 1989-1993 Volontariat und Redakteurin beim Verlag Nürnberger Presse. 1994-1999 wissenschaftliche Mitarbeiterin an der Universität Bamberg, 1998 Promotion. Seit 1999 Professorin an der Hochschule Bremen und Leiterin des Internationalen Studiengangs Fachjournalistik (BA). Nähere Informationen hierzu unter http://www.fachjournalistik.de. Lehr- und Forschungsschwerpunkte: die Zukunft der Zeitung und des Zeitungslesens, Journalismus und Public Relations, Fachjournalismus, Umwelt und Ökologie in den Medien. Kontakt: dernbach@fbawg.hs-bremen.de.

Uwe Laucken, Prof. Dr., geb. 1941; Studium der Psychologie an der Freien Universität Berlin; wissenschaftlicher Assistent am Psychologischen Institut der Universität Tübingen. Seit 1974 Professor an der Universität Oldenburg für das Fach Sozialpsychologie im Diplomstudiengang Psychologie. Forschungsschwerpunkte: Logographische Analysen des Umgangswissens, Geschichte der Psychologie, Psychologie des Vertrauens und Theoretische Psychologie. Nähere Informationen unter http://www.uwe-laucken.de. Kontakt: uwe.laucken@uni-oldenburg.de.

Michael Meyer, Prof. Dr., geb. 1958; Studium der Anglistik, Amerikanistik und Germanistik an den Universitäten in Mannheim, Iowa City und Freiburg. Forschung und Lehre (anglophone Literaturen) an den Universitäten in Bamberg (1989-1999, 2001), Bayreuth (1999-2000) und Koblenz-Landau (seit 2002). Publikationen zu neoklassizistischen, romantischen, viktorianischen und postkolonialen Literaturen und Kulturen. Aktuelle Forschungsschwerpunkte: post-koloniale Literaturen sowie die Kultur der Glaubwürdigkeit und des Vertrauens. Kontakt: mimeyer@uni-koblenz.de.

Guido Möllering, Dr., geb. 1972; wissenschaftlicher Mitarbeiter am Institut für Allgemeine Betriebswirtschaftslehre der Freien Universität Berlin und Mitglied der dortigen Forschungsgruppe Unternehmungsnetzwerke. Promotion zum Thema „Trust: Social science theories and their application to organisations“ an der Universität Cambridge in Großbritannien. Schwerpunkte in Forschung und Lehre: inner- und zwischenbetriebliche Beziehungen, derzeit insbesondere im Bereich Produktion, Beschaffung und Technologieentwicklung sowie allgemein Organisation, Management und (nach wie vor) Vertrauen. Kontakt: moelleri@wiwiss.fu-berlin.de.

Ansgar Nünning, Prof. Dr., geb. 1959; seit 1996 Professor für Englische und Amerikanische Literatur- und Kulturwissenschaft an der Justus-Liebig-Universität Gießen. Gründungsdirektor des ‚Gießener Graduiertenzentrums Kulturwissenschaften‘ (GGK), Sprecher des Graduiertenkollegs ‚Klassizismus und Romantik im europäischen Kontext‘, Projektkoordinator des internationalen Promotionsstudiengangs ‚Literatur- und Kulturwissenschaft‘ und Teilprojektleiter im SFB ‚Erinnerungskulturen‘. Forschungsschwerpunkte: Literatur-, Kultur- und Erzähltheorie, Englische Literatur vom 18. bis 20. Jahrhundert, interdisziplinäre und kulturwissenschaftliche Ansätze und Fragestellungen. Kontakt: ansgar.nuenning@anglistik.uni-giessen.de.

Marlene Odenbach, geb. 1966; Studium der Philosophie und Kommunikationswissenschaften 1985-1989 in München. 1989-1991 Volontariat bei der KNA-Nachrichtenagentur in München und Bonn. Diverse Redakteurinnen-

tätigkeiten und Freie Mitarbeiterschaft bei Zeitungen und beim Rundfunk sowie zwei Jahre Chefin vom Dienst und stellvertretende Chefredakteurin bei der Augsburger Sonntagszeitung. 1994-1998 Redakteurin des internationalen Mitarbeitermagazins von Vorwerk & Co. in Wuppertal. Seit 1999 Leiterin der Presse- und Öffentlichkeitsarbeit beziehungsweise seit 2000 Leiterin der Unternehmenskommunikation bei der swb AG in Bremen.
Kontakt: marlene.odenbach@swb-gruppe.de.

Iris Pompesius, geb. 1949, Journalistin und Autorin, lebt und arbeitet in Hamburg. Veröffentlichte Kurzgeschichten: *Auch von der Liebe tun schon die Knochen weh*, in: Wer vor mir liegt ist ungewiss. Frauen und Sexualität ab vierzig. Annette Garbrecht (Hrsg.), Ingrid Klein Verlag, 1994; *Die rote Hille*, in: Gute Nacht-Geschichten für Männer, die nicht einschlafen wollen. Ingrid Kahl (Hrsg.), Ingrid Klein Verlag, Hamburg 1996; *Katzenhaus*, in: Die kratzt nicht. Ingrid Klein (Hrsg.), Rowohlt Taschenbuch Verlag, Reinbek 2001; *Quartett in Sprechakten*, in: Blinde Worte. Herbert Starek, Verlag die lockere Gesellschaft, TRANSFUSION, Wien 2002.

Manfred Redelfs, Dr., geb. 1961; Studium der Politikwissenschaft und Journalistik in Hamburg, Washington, Berkeley und Oxford. Volontariat beim Norddeutschen Rundfunk; Tätigkeit als Journalist; parallel dazu Promotion über Recherchejournalismus in den USA. Seit 1996 Leiter der Recherche-Abteilung von Greenpeace. Lehrbeauftragter in Journalistik an den Universitäten Hamburg und Dortmund. Interessenschwerpunkte: Recherche, Informationsfreiheit, Kampagnenpolitik, Politik und Medien in den USA.
Kontakt: manfred.redelfs@greenpeace.de.

Manfred Rühl, Prof. Dr. habil., Dr. rer. pol., Dipl.-Volksw., geb. 1933; Emeritus für Kommunikationswissenschaft an der Otto-Friedrich Universität in Bamberg. Arbeitsgebiete: Allgemeine Kommunikationswissenschaft, Kommunikationspolitik, Journalismus sowie Public Relations. Aktuelle Forschungsprojekte: Kommunikationskulturen der Weltgesellschaft. Wege zu einer Allgemeinen Kommunikationswissenschaft; Alltagspublizistik. Publizistisch angewandte Kommunikationssysteme. Nähere Informationen unter: http://www.uni-bamberg.de/split/kowi/mitarbeiter/ruehl.

Martin K.W. Schweer, Prof. Dr., geb. 1964; Studium der Psychologie; Diplom 1988; Promotion 1990; Habilitation an der Ruhr-Universität Bochum 1995.

Seit 1998 Inhaber des Lehrstuhls für Pädagogische Psychologie an der Hochschule Vechta sowie Leiter des dortigen Zentrums für Vertrauensforschung (ZfV). Arbeitsschwerpunkte: pädagogisch-psychologische Anwendungsforschung (Schule und Organisation), Vertrauens- und Medienforschung sowie sportpsychologische Forschung.
Kontakt: martin.schweer@uni-vechta.de.

Jörg Sydow, Prof. Dr., geb. 1955; Professor für Betriebswirtschaftslehre, insbesondere Unternehmenskooperation, an der Freien Universität (FU) Berlin und Leiter der Forschungsgruppe Unternehmungsnetzwerke. Studium der Betriebswirtschaftslehre (Dipl.-Kfm.) und der Management Science (M.Sc.) an der Freien Universität Berlin sowie am Imperial College of Science and Technology in London, danach Promotion und Habilitation an der FU. Forschungsschwerpunkte: Management- und Organisationstheorie, strategische Unternehmenskooperation, Innovations- und Projektmanagement, industrielle Beziehungen. Kontakt: sydow@wiwiss.fu-berlin.de.

Barbara Thies, Dr., geb. 1968; Studium der Psychologie; Diplom 1996; Promotion 2001. Seit 2002 wissenschaftliche Assistentin am Lehrstuhl für Pädagogische Psychologie der Hochschule Vechta. Arbeitsschwerpunkte: pädagogisch-psychologische Anwendungsforschung (Schule und Organisation) sowie Vertrauensforschung. Kontakt: barbara.thies@uni-vechta.de.